Alfred Bellebaum

Langeweile, Überdruß und Lebenssinn

Alfred Bellebaum

Langeweile, Überdruß und Lebenssinn

Eine geistesgeschichtliche und kultursoziologische Untersuchung

Westdeutscher Verlag

CIP-Titelaufnahme der Deutschen Bibliothek

Bellebaum, Alfred:
Langeweile, Überdruss und Lebenssinn: eine
zeitgeschichtliche und kultursoziologische
Untersuchung / Alfred Bellebaum. – Opladen:
Westdt. Verl., 1990
   ISBN 3-531-12206-1

Der Westdeutsche Verlag ist ein Unternehmen der Verlagsgruppe Bertelsmann International.

Umschlaggestaltung: Horst Dieter Bürkle, Darmstadt
Umschlagbild: Hieronymus Bosch, Die sieben Todsünden (Accidia)
Satz: ITS Text und Satz HmbH, Herford
Druck und buchbinderische Verarbeitung: Lengericher Handelsdruckerei, Lengerich
Printed in Germany

ISBN   3-531-12206-1

Inhalt

Vorwort

Acedia is a subtle and complicated vice.
Die Natur verabscheut ein Vakuum,
auch im Geist.

(Aldous Huxley: 20, 19)

• Bei Vorbereitungen zu Lehrveranstaltungen über 'Soziologie der Gefühle' und 'Soziologie abweichenden Verhaltens' war es mir für die Einzelthemen 'Angst' und 'Sucht' – in Unkenntnis offensichtlich wichtiger Zusammenhänge – sehr hilfreich zu lesen: Im Rahmen psycho-physischer Unterforderung kommt es zunächst zu einem <u>Sinken der Lebensfreude,</u> meist unmerklich progredient und diffus. Bei stärkerer Unterforderung bleibt es aber nicht dabei. Hinzu treten Zustände unmotivierter <u>Verzweiflung</u> und vor allem frei flottierender <u>Angst</u> [...]. Und in einer Fußnote steht: Daß Trägheit traurig macht, daß acedia eng verschwistert mit tristitia ist, das wußten im 13. und 14. Jahrhundert schon Thomas von Aquin und Dante, ersterer aus der Beobachtung besonderer mönchischer Lebensbedingungen. (Gundel: 25, 31) Interessant erschien mir das: Angst, Langeweile, Sucht, Trägheit, Traurigkeit, Unterforderung ... Es ist also doch angebracht, so kam mir in den Sinn, daß ein von mir damals noch nicht gelesenes Buch den Titel 'Angst und Langeweile' trägt – ein im übrigen, wie ich später feststellte, sehr häufig erörterter Zusammenhang. Und Langeweile, so meinte ich vermuten zu dürfen, wird in den mir damals bekannten soziologischen Schriften nur selten erörtert. Warum eigentlich?

• Langeweile – mit diesem Wort verbinden sich manche Vorstellungen, von denen einige nur entfernt etwas gemeinsam haben.

Wer Langeweile – nicht als akademisches Fach, versteht sich – studiert, tut gut daran, sich zunächst mit den traditionsreichen, in zahllosen Abhandlungen behandelten, ungemein bedeutungsreichen, Phänomenen Acedia, Melancholie und Ennui zu beschäftigen. Ich bin dem seit 1984, staunend über ein nahezu zweieinhalbtausend Jahre hindurch erörtertes Thema, einmal nachgegangen. – Es fällt übrigens auf, daß manche Autoren einschlägiger Abhandlungen über Acedia/Melancholie/Ennui/Langeweile sich für betroffen erklären, wenngleich es immer auch modisch bedingte Selbstbezichtigungen gegeben hat.[1] Schon Aristoteles hat angeblich erkannt: Warum erweisen sich alle außergewöhnlichen Männer in Philosophie und Politik

9

oder Dichtung oder in den Künsten als Melancholiker; [...]?[2] und nach den Ursachen gesucht. Es sind freilich nicht alle Melancholiker bedeutende Menschen, und nicht alle, die sich zu diesem Thema äußern, sind deshalb notwendigerweise Melancholiker.

Was üblicherweise als Langeweile verstanden wird, reicht allerdings nicht entfernt an 'Krankheit' heran. Vermutlich denken viele Menschen bei dem Wort Langeweile nur an gelegentlich unbefriedigende Abende, Wochenende, Urlaube, Gesellschaften, Theateraufführungen, Konzerte, Lehrer, Krimis, Predigten, Pornos, Gespräche, berufliche Tätigkeiten, Landschaften, Frauen, Politiker, Gesichter ... Fachleute sprechen in solchen Fällen von gelangweilt werden durch widrige Umstände im Unterschied zum sich Langweilen ohne erkennbaren äußeren Anlaß und als möglichen Ausdruck einer psychischen Belastung. Das ist zwar eine vereinfachende, aber trotzdem wichtige und weit verbreitete, Unterscheidung. Sie läßt einen allerdings gelegentlich zweifeln, ob es sinnvoll ist, so unterschiedliche Phänomene mit ein und demselben Wort, Langeweile, zu bezeichnen.

• Es ist für einen Menschen allein unmöglich, das komplexe Thema Langeweile nebst angrenzender Erscheinungen kulturgeschichtlich und gegenwartsbezogen umfassend genug zu studieren. Ich kenne nur die im Verzeichnis erwähnte Literatur und habe mich auf die folgenden Ausführungen beschränkt.

Der Haupttext kann ohne Einblick in die Studien-Anmerkungen gelesen und verstanden werden. Die Anmerkungen enthalten, je nach Anlaß, mir sinnvoll erscheinende Belege, weiterführende Literaturhinweise, ergänzende und vertiefende Informationen sowie ab und zu einige Aussagen, die herkömmlich (wie man früher so sagte) geisteswissenschaftlich Gebildeten sicherlich bekannt, vermutlich nicht wenigen anderen Menschen jedoch unbekannt sind – und übrigens auch mir größtenteils unbekannt waren.

Für die beiden ersten Teile waren mir besonders wichtig die auf ihre je eigene Weise bedeutsamen, allesamt materialreichen, gelehrten und hier gar nicht ausschöpfbaren Abhandlungen von Blaicher, Bloomfield, Bouchez, Endres, Jehl (1982), Klibanski/Panofski/Saxl, R. Kuhn, Lepenies, Revers, Schings, Völker (1975) und Wenzel. Möglicherweise ähnlich wichtige Arbeiten sind mir nicht bekannt. In diesem Zusammenhang sind freilich auch meine fehlenden hebräischen und altgriechischen sowie meine begrenzten lateinischen Sprachkenntnisse erwähnenswert.

• Was die üblichen Verbeugungen betrifft, so gilt mein Dank zunächst den hilfreichen Bibliothekar/inn/en der Universität Koblenz-Landau/Abteilung Koblenz, der Theologischen Hochschule der Pallottiner in Vallendar sowie der Stadtbibliothek Koblenz.

Der Wissenschaftlichen Hochschule der Pallottiner danke ich für die Benutzung ihrer ergiebigen Bibliothek und ihres beruhigenden Lesesaals. Sodann verdanke ich speziell für den ersten Teil manche wertvollen Hinweise Mitgliedern des Lehrkörpers, nämlich den Herren Proff. Drs. Courth, Eisenkopf, Heinen, Köster, Lück und Probst; Herr Pater Lück hat mir mit Literaturhinweisen und Erläuterungen im ersten Teil an mehreren Stellen gezielt geholfen.

Frau Dr. Karin Gundel/Universität Göttingen hat mich über Jahre wiederholt auf wertvolle Literatur hingewiesen und mir auch sonst wichtige Informationen gegeben. Ein mir namentlich nicht mehr bekannter Teilnehmer meines soziologischen Oberseminars im Wintersemester 1985/86 an der Universität Bonn über gesellschaftliche Bedingungen und Folgen von Acedia/Melancholie/Ennui/Langeweile hat mir dankenswerterweise Kopien mehrerer einschlägiger in- und ausländischer Zeitschriftenbeiträge überlassen, auf die ich sonst wohl größtenteils nicht aufmerksam geworden wäre. Sodann danke ich vielen Damen und Herren und Institutionen, die meine Anfragen beantwortet, mir Gelegenheit zu Gesprächen oder mir schriftliche Interpretationshilfen gewährt haben.[3] Dank gebührt Frau Marlis Werner, Frau Doris Heinen und Frau Brigitte Zumhagen vom Sekretariat des Erziehungswissenschaftlichen Fachbereichs der Universität Koblenz-Landau, Abteilung Koblenz, für die Reinschrift des Manuskripts. Weiteren Dank verdienen Frau Irmgard Rathscheck/Koblenz, und Herr Ernst Náthan M.A./Köln für ihre kritische Lektüre des Manuskripts.

Meine Frau legt Wert darauf, daß ich ihr nicht eigens danke, obwohl ich ihr, außer technischen und organisatorischen Hilfen sowie der wegen moderner Drucktechnik erforderlichen allerletzten Reinschrift, viele literarische Hinweise und Übersetzungen altgriechischer Ausdrücke verdanke. Die jahrelange Rederei über anderer Leute Langeweile und deren Ansichten über Langeweile war wohl zuviel.

Vallendar, Herbst 1989   *Alfred Bellebaum*

1. Einstimmung: Schreckensmeldungen über Langeweile

1.1 Einige Behauptungen

In der Presse kann man immer wieder lesen, daß es heutzutage viel Langeweile gebe. Dazu einige ausgewählte Nachrichten:

- Roboter und Arbeitsautomaten sind die auffälligsten Repräsentanten jener schematisierten Welt, die das menschliche Individuum immer leidenschaftsloser, einsamer, lethargischer macht. Der hektische Automatismus einer leeren 'langen Weile' nährt auch im Heranwachsenden das Gefühl der Sinnlosigkeit.
- Die Krisengewinnler stecken vor allem in der Freizeitbranche. Tendenz: Kino, Basteln, Freibad gut. Auch die 'Video-Insel' hat Aufschwung. Das Geschäft mit der Langeweile bringt die beste Rendite.
- Langeweile ist ihr ärgster Feind. Die häufigste Beschäftigung jener deutschen Aussteiger und Rentner, die als Dauertouristen in ihrem spanischen Exil späte Lebenserfüllung suchen, kreist um den Vorgarten: Rasen gießen, düngen, nähen – das grüne Einerlei.
- Doch über allem schwebt in der sirrenden Hitze die große Langeweile; und wenn die Aktienkurse im 'Wall Street Journal', im Desert Sund ausgelesen sind, dann sehnt sich das reiche Wüstenvolk nach Neuem – selbst wenn es nur eine neue Speisekarte ist.
- Über jugendliche Gangs heißt es: Es ist eigentlich nichts da, jeder trifft sich aus Langeweile, um mit den anderen die Langeweile durchzustehen.
- Um die Gruppe herum harren die 'Böcke', hochglänzende, kraftstrotzende Motorräder. Hin und wieder erhebt sich einer langsam, phlegmatisch, scheinbar teilnahmslos, steigt in den Sattel, startet und schießt [...] durch die kleine Wohnstraße, 150 Meter vor 150 Meter zurück. Der Mund öffnet sich leicht. Eine Andeutung physischen Vergnügens wird ahnbar. Laues Behagen. Scharfes Bremsen. Langsames Absteigen. Bier.
- 40 Prozent aller Bürger unseres Landes langweilen sich sonntags.
- Bemerkenswert der Titel einer Abhandlung, in der es um Langeweile geht: Durch mehr Freizeit volle Irrenhäuser?
- In Marbella dagegen ist etwas abgewogene Dekadenz gesellschaftsfähig solange sie der Erfüllung des elften Gebots dient: Du sollst Dich nicht langweilen.[4]

Wenn diese und viele andere Behauptungen stimmen, dann kann man tatsächlich den Eindruck gewinnen: in der Bundesrepublik scheint sich zusammen mit einer unübersehbaren Verbesserung der Lebensbedingungen zugleich die Erfahrung der Langeweile ausgebreitet zu haben. Bezugnehmend auf eine Untersuchung heißt es kurz und bündig: Die Langeweile breitet sich aus wie eine Krankheit. Und eine Erklärung beansprucht der Hinweis: die Industriegesellschaft erzeugt inzwischen Langeweile.[5] Viele Menschen langweilen sich angeblich bei der Arbeit, in der Freizeit, am Wochenende, im Urlaub, vor dem Fernseher, in der Ehe, in der Kirche, auf Parties, als Singles, beim Jogging, (und gegebenenfalls bei der Lektüre soziologischer Texte).

1.2 Umständehalber – Eigenschaft des Menschen

Was so häufig und oft negativ wertend von der modernen Gesellschaft behauptet wird, ist sicherlich untersuchungsbedürftig und bedarf vermutlich vieler Einschränkungen. An dieser Stelle ist aber zunächst nur beiläufig daran zu erinnern, daß auch schon früher häufig von Langeweile gesprochen wurde. So heißt es über adlige Kreise des 17. und 18. Jahrhunderts in Frankreich:

> Das ganze Leben der Mächtigen dieser Erde [...] ist nichts als ein 'mühseliger Versuch, sich gegen die Langeweile zu schützen [...] ihr ganzes Leben ist selbst weiter nichts, als mühselige Langeweile' [...] Das alles trifft für den Bürger nicht zu. Er kennt nicht die Langeweile, oder wenigstens nicht diese Art von Langeweile (Groethuysen: 21, den Prediger Massillon zitierend).

Andernorts sind dagegen alle Menschen gemeint:

> Was die Leute nicht alles aus Langeweile treiben! Sie studieren aus Langeweile, sie beten aus Langeweile, sie verlieben, verheiraten und vermehren sich aus Langeweile und sterben endlich aus Langeweile, und – das ist der Humor davon – alles mit den wichtigsten Gesichtern, ohne zu merken warum und meinen Gott weiß was dazu. Alle diese Helden, diese Genies, diese Dummköpfe, diese Heiligen, diese Sünder, diese Familienväter sind im Grunde nichts als raffinierte Müßiggänger (Büchner: Leonce und Lena, 166).

Auch Kierkegaard kennt keine Unterschiede: Alle Menschen sind langweilig. Doch sie wären es auf verschiedene Weise: Die einen langweilen sich, die anderen ihre Nebenmenschen. Und das sei im Grunde immer schon so gewesen, denn:

> Im Anfang war die Langeweile. Die Götter langweilten sich, darum schufen sie den Menschen. Adam langweilte sich, weil er allein war, darum wurde Eva erschaffen. Und von diesem Augenblick an war die Langeweile in der Welt und nahm zu im geraden Verhältnis zur Zahl der Menschen. Adam langweilte sich allein, dann langweilten sich Adam und Eva zu zweien, dann langweilten sich Adam und Eva und Kain und Abel en famille, dann wuchs die Zahl der Menschen auf Erden und sie langweilten sich en masse. Um sich zu unterhalten kamen sie auf den Gedanken einen Turm zu bauen, so hoch, daß er bis in den Himmel rage. Dieser Gedanke war ebenso langweilig, wie der Turm hoch und beweist mit erschreckender Deutlichkeit, daß die Langeweile schon gesiegt hatte. Dann wurden sie über die Erde zerstreut/eine kleine Zerstreuung wie heute eine Reise ins Ausland/und langweilten sich weiter. Und die Folge dieser Langeweile? Der Mensch stand hoch und fiel tief; zuerst durch Eva und dann vom babylonischen Turm (I: 257 f., 255).

Wenn Menschen deshalb unter – wie man so sagt – gräßlicher, fürchterlicher, unerträglicher, peinigender und unter Umständen tödlicher Langeweile leiden, weil sie ihrer Lebensbedingungen wegen – ein aufschlußreiches Wort – Zeit totschlagen können und müssen, dann könnte Aktivität ein Gegenmittel sein. Der französische Wissenschaftler Claude Lévy-Strauss, selbst keiner adligen Herkunft verpflichtet, hat vermerkt, daß er im Grunde immer nur gearbeitet habe, um der Langeweile zu entgehen; und wenn er arbeite und schreibe, so geschehe das nicht zum Vergnügen, er hasse es vielmehr; es sei eine Qual. „Aber ich merke, wenn ich nicht arbeite, dann langweile ich mich zu sehr" (zit. Raddatz: 34). Das ist nachempfindbar.

Falls jedoch Goethes Feststellung stimmen sollte: Wenn Affen es dahin bringen könnten, Langeweile zu haben, so können sie Menschen werden, dann wäre Langeweile eine der menschlichen Gattung eigene Befindlichkeit und käme eventuell erfolgreiche religiöse Praxis als Gegenmittel in Frage. So heißt es über den englischen Schriftsteller Graham Greene: Die mehr als zwanzig Romane und sonstigen Publikationen seien immer neu ansetzende Bemühungen, mit der Ungerechtigkeit und der Langeweile fertig zu werden; wiederholt habe er versichert, die Langeweile hätte ihn zum Schriftsteller gemacht; und über seine Konversion zum Katholizismus habe er selbst vermerkt: Ich hoffte, ich würde damit etwas Zeit totschlagen können... (zit. Fest). Das entsprang, falls überhaupt ernst gemeint, vielleicht einer Laune und einem Mißverständnis.

In einer Sicht läßt sich Langeweile also vorwiegend als ein durch besondere Lebensumstände bedingtes Phänomen begreifen – in anderer Sicht stellt sich Langeweile mithin hauptsächlich als eine Eigenschaft der Menschen dar. Beides kann selbstverständlich gemischt auftreten, und beide Perspektiven haben im übrigen eine lange Tradition. Man kann es, wenngleich – was erst sehr viel später belegt wird – ein wenig korrekturbedürftig, auch so ausdrücken: Daß der Mensch imstande ist, sich zu langweilen, gründet in seiner biologischen Konstitution. Ob er sich langweilt und in welchem Ausmaß, bestimmt seine kulturelle Umwelt. Langeweile ist wie Hunger, sie kommt, wie er, unausweichlich, wenn die Nahrung fehlt, und sie tut alles, um solche zu erlangen (Klinkmann: 262).

A. Sündige Acedia

Das Wort Langeweile hängt bedeutungsmäßig eng zusammen mit Ausdrücken wie Eintönigkeit, Interessenlosigkeit, Freudlosigkeit, Schwermut, Unlust, Verdrossenheit sowie Überdruß und Trägheit. Der zuletzt genannte Begriff verdient besondere Beachtung, weil damit an das traditionsreiche Wort Acedia erinnert wird, welches gelegentlich als „wichtiger Vorläufer des Langeweilebegriffs" bezeichnet worden ist (Jehl, 1984: 5). Dem entspricht die Auffassung, daß wir in der Acedia: diffus und von ferne die Zwillingsgeburt echt abendländischer Natur (erkennen): Langeweile (Ekel, Überdruß) – und Weltschmerz (affinis tristitiae) (Revers: 14). Das sehr breite Thema verdeutlicht auch der Hinweis: [...] ist zu prüfen, in welchem Maße der Vorstellungsbereich der Langeweile Aspekte aufnimmt, die der ganzen abendländischen Überlieferung angehören. Hierbei ist vor allem das Verhältnis zur Acedia, zur Melancholie, zum Taedium vitae und zum Fastidium-Topos der lateinischen Literatursprache und nicht zuletzt zum französischen Ennui zu denken (Völker, 1975: 10). Davon handeln in einem Überblick die beiden ersten Teile.

2. Herkunft des Lasterschemas

2.1 Todsünden

Der amerikanische Soziologe Merton kommt – so ein für diese Arbeit bedeutsamer Hinweis von Lepenies (12) – beim Begriff des Rückzugsverhaltens auf den hier zunächst wichtigen Begriff Acedia in konzentrierter und zugleich gebildeter Weise zu sprechen:

> Dennoch ist das Syndrom des Rückzugsverhaltens Jahrhunderte lang mit dem Etikett accidie (oder, in wechselnder Weise, acedy, acedia und accidia) versehen und von der römisch-katholischen Kirche als eine Todsünde aufgefaßt worden. Als Faulheit und Betäubung, in welcher die 'Quellen des Geistes vertrocknen', hat die acedia vom Mittelalter an die Theologen interessiert. Zumindest seit der Zeit Langlands und Chaucers hat sie die Aufmerksamkeit wissenschaftlich und literarisch interessierter Männer und Frauen erregt, über Burton bis hin zu Aldous Huxley und Rebecca West. Unzählige Psychiater haben sich mit ihr in der Form von Apathie, Melancholie oder 'anhedonia' beschäftigt. Soziologen aber haben dem Syndrom nur vereinzelt geringe Aufmerksamkeit gewidmet. Dennoch scheint es, daß diese Form abweichenden Verhaltens ihre sozialen Ursachen ebenso wie ihre manifesten sozialen Folgen besitzt [...].

So ist es wohl. Und (vorkonziliar) kirchlich-religiös erzogene Menschen erinnern sich – gerne oder erschrocken – an den Katechismus: Welches sind die sieben Hauptsünden? Die sieben Hauptsünden sind 1. Hoffart, 2. Geiz, 3. Unkeuschheit, 4. Neid, 5. Unmäßigkeit im Essen und Trinken, 6. Zorn und 7. Trägheit.

Zur weiteren Verbreitung des Siebenlasterschemas – Laster, von ahd.lastar = Kränkung, Tadel, Makel, Fehler – hat der Kirchenlehrer Petrus Canisius (16. Jh.) durch Aufnahme in seinen kleinen Katechismus wesentlich beigetragen (Stelzenberger: 381). Bei ihm heißt es: Quod sunt peccata capitalis?/Welches sind die Hauptsünden?: Superbia, avaritia, luxuria, invidia, gula, ira, acedia. Canisius ist nicht der Erfinder dieser Lasterseptenade. Er beruft sich vor allem auf Thomas von Aquin (13. Jh.), der die gleichen vitia capitalis = Hauptlaster kennt. Ein gewichtiger Gewährsmann des Thomas ist Papst Gregor d. Große (6. Jh.). Ihm gilt der Stolz als die Wurzel allen Übels, und Acedia ist mit Tristitia verschmolzen.

Thomas, Gregor und viele andere mittelalterlichen Theologen kennen den Achtlasterkatalog des Mönchs Johannes Cassianus (ca. 360-430). So schreibt Thomas anläßlich seiner Erörterung der Acedia: [...] Denn Cassian sagt: Der Überdruß beunruhigt den Mönch vor allem um die sechste Stunde wie eine Art Fieber, das zu bestimmter Zeit auftritt und zu gewohnten und festgesetzten Stunden die kranke Seele mit der heftigsten Glut seiner Brände befällt.[6]

2.2 Cassian und Evagrius

Sieben- beziehungsweise Achtlasterschema ist ein in der einschlägigen theologischen, insbesondere die Aszese (gr. askesis = Übung) betreffenden, Literatur feststehender und über Jahrhunderte hinweg mit vielfachen Variationen erörterter Begriff. Cassian ist einer seiner bekanntesten Vermittler.

• Lateinisch-römisch und griechisch geprägt, lernte er während vieler Jahre das ursprüngliche Leben der Anachoreten (gr. anachorese = Rückzug) in der sketischen beziehungsweise nitrischen Wüste Ägyptens kennen. Später gründete er bei Marseille ein Mönchs- und ein Nonnenkloster. Er ist – so liest man – als geistlicher Autor zu einer zentralen Gestalt in der Geschichte christlicher Spiritualität geworden; Benedikt, Dominikus, Ignatius, Johannes vom Kreuz, Therese von Avila und Franz von Sales haben sich an ihm als Vermittler der Mönchsväter des Ostens orientiert (Sartory, 1981: 13, 15). Seine große Bedeutung für (Mit-)Begründung und Ausbreitung des koinobitischen/cönobitischen (gr. koinos = gemeinsam) Mönchtums ist unbestritten.

Cassians Hauptwerk hat zwei Teile: 1. De institutis coenobiorum et de octo principalium vitiorum remediis/Von den Einrichtungen der Klöster und von den Heilmitteln der acht Laster, 2. Collationes patrum/Unterredungen mit den Vätern. Das fünfte Buch des ersten Werkes fängt, grenzenlos kommunikativ gesinnt, so an: Mit Gottes Hilfe beginnen wir nun das fünfte Buch. Nach den vier Büchern, welche von den Einrichtungen der Klöster handelten, lassen wir jetzt, so Gott uns durch euer Gebet Kraft verleiht, den Kampf gegen die acht Hauptsünden folgen. (1: 95) Es handelt sich um:

- gastrimargia (Gaumenlust – Gier beim Essen und Trinken);
- fornicatio (Unkeuschheit – sexuelle Zügellosigkeit);
- filargyria (Habsucht, Liebe zum Geld – Geldliebe, Geldgier, Versessenheit auf materielle Güter, Habsucht, Geiz);
- ira (Zorn);
- tristitia (Traurigkeit – Trübsinn, resignative Verstimmtheit);
- acedia / anxietas sive taedium cordis (Beängstigung, innerlicher Überdruß – Überdruß des Herzens, geistige Lustlosigkeit, Herzenslahmheit, verdrossene Gleichgültigkeit);
- cenodoxia (eitle oder nichtige Ruhmsucht – Ruhmsucht, Geltungssucht, gespreiztes Wesen);
- superbia (Stolz, Hochmut, Überheblichkeit).

Cassian hat den Lasteroktonar nicht erfunden. In seinen Unterredungen mit den Vätern wird ein Abt Serapion zitiert: Daß es acht Hauptsünden seien, die den Mönch antasten, ist die feststehende Lehre aller (1: 433). Diese Auffassung ist also damals sozusagen Gemeingut.

- Wer auch immer an der Entwicklung des Lasterschemas beteiligt gewesen sein mag, es gibt auf jeden Fall eine auffällige Übereinstimmung zwischen Mönch Cassian und Mönch Evagrius Ponticus (ca. 350-400). Dieser ist, wie es heißt, literarischer Exponent des ägyptisch-morgenländischen Mönchtums und einer der prominentesten monastischen Schriftsteller mit erheblicher Wirkung (Stelzenberger: 393). Ab 382 bis zu seinem Tod lebte und lehrte er in der Wüste.

Evagrius zufolge gibt es acht böse Gedanken/Lastergedanken/Dämonen/Geister/Sünden, welche die menschlichen Leidenschaften wirksam werden lassen. Es sind diejenigen der gulae-Völlerei, libidinis-Unzucht, avaritiae-Habsucht, tristitiae-Traurigkeit, irae-Zorn, desidiae-Trägheit, Mutlosigkeit, inanis gloriae-eitle Ruhmsucht und superbiae-Hochmut.[7]

2.3 Einflüsse

Die große Bedeutung des Evagrius für das Achtlasterschema ist zwar unbestritten, er ist aber auch nicht die letzte Autorität.

- Vor allem drei, allesamt umstrittene und bis heute kontroverse, Annahmen gibt es. (Übersichten z.B. Vögtle (II); Vögtle (I); Wenzel, 1967: 15 ff.; Jehl, 1982: 265 ff.)

- Die evagrische Lehre wurzelt in gnostischen Vorstellungen von der Seelenreise. Danach bewegt sich die Seele des Menschen nach seinem Tod durch sieben Lasterkreise, welche zusammen mit dem schädlichen Einfluß der Planeten gesehen werden (z.B. Bloomfield).
- Die evagrische Lehre wurzelt in bestimmten christlichen Vorstellungen mit einer weit zurückreichenden jüdischen Tradition. Es werden u.a. Origenes sowie die Testamente der 12 Patriarchen, konkret dann die Geister des Irrtums erwähnt: Hurerei, Völlerei, Streitsucht, Gefallsucht, Hochmut, Lüge, Unrecht, Schläfrigkeit (vor allem Hausherr).
- Die evagrische Lehre wurzelt in bestimmten Vorstellungen der Stoa von den vier Hauptleidenschaften beziehungsweise Grundaffekten sowie den Gegensätzen der vier Kardinaltugenden (z.B. Zöckler, Wrzol, Stelzenberger).

• Für jede dieser drei Annahmen gibt es zwar aussagekräftige Belege, keine läßt sich aber als je einzelne verbindlich und ausschließlich beweisen. Das ist auch nicht verwunderlich.

Sicherlich, die sieben Todsünden haben ihre gegenwärtige Gestalt in der ägyptischen Wüste des vierten Jahrhunderts erhalten, aber behind them lies a vast and complicated history with gathers ideas and traditions from practically all the important races of the Mediterranean and Near East worlds. These ideas and traditions may be best seen in the crystallized form that they took in the Hellenistic Age. (Bloomfield: 1)

Obwohl die Quellenlage diffus ist, gibt es neben anderen Einflüssen doch auch einen bemerkenswert engen Zusammenhang zwischen stoischer Philosophie – Stoa von stoá poikilé = schöne Halle = Versammlungsort dieser Philosophenschule in Athen – und evagrianischen Ansichten. Das gilt nicht zuletzt für Tugendvorstellungen, Lasterlehren und ethische Maximen – wie ja überhaupt die Ethik der Stoa in unserem Kulturkreis sehr einflußreich gewesen ist (z.B. Pohlenz, O. Dittrich, Stelzenberger). Von besonderem Interesse ist das traditions- und facettenreiche Thema Affekte. Den Stoikern gilt Apatheia als ein erstrebenswertes Ziel, ein Zustand frei von bedrängenden Leidenschaften. Wer den Kampf gegen die Hauptaffekte gewinnt, kann – wie man sagt – in stoischer Ruhe und Gelassenheit vernunft- und naturgemäß leben.

Zur Affektenlehre heißt es: Die oberste Stellung unter den Leidenschaften nehmen, wie Hekaton [...] und Zenon [...] sagen, vier Gattungen ein: Schmerz, Furcht, Begierde, Lust. Und vom Schönen beziehungsweise Guten gebe es viererlei: Gerechtigkeit, Tapferkeit, Maßhaltung, Verständigkeit [...] Dementsprechend gebe es auch vier Arten des Häßlichen (sittlich verwerflichen): Ungerechtigkeit, Feigheit, Maßlosigkeit und Unverstand. (Diogenes Laertius: 58, 54)

Ein Vergleich des Achtlasterschemas mit den gerade vorhin erwähnten stoischen Vorstellungen läßt nun die Annahme zu, daß das Schema aus einer „Verquickung der vier stoischen Affekte mit den Gegensätzen der vier Kardinaltugenden" hervorgegangen ist, indem vor allem die „Begehrlichkeit nach ihren vier verschiedenen Hauptgegenständen [Eßgier, Habsucht, Unzucht und Eitelkeit] eingeteilt wurde" (Wrzol, II: 402).[8]

- Eine genaue Herleitung des evagrianisch-cassianischen Lasteroktonars aus den zwei Viererreihen der Stoa gilt in der Spezialliteratur zwar als schwierig, ist aber offensichtlich – nicht nur im Groben – durchaus möglich:

  - Superbia/Hochmut: Unverstand als Hoffart beziehungsweise Stolz – im Gegensatz zur Kardinaltugend Verständigkeit als Eintracht beziehungsweise Weisheit.
  - Gula/Völlerei: Maßlosigkeit – im Gegensatz zur Kardinaltugend Maßhaltung (= Einsicht im Auswählen).[9]
  - Fornicatio/Unzucht: Vergleiche dazu Lust sowie Maßlosigkeit – im Gegensatz zur Kardinaltugend Maßhaltung.
  - Inanis gloria/Ruhmsucht: Unverstand – im Gegensatz zur Kardinaltugend Verständigkeit als Eintracht, Weisheit, Klugheit.
  - Tristitia/Traurigkeit: Gegensatz zur Kardinaltugend Tapferkeit als Starkmut beziehungsweise Geduld (= Einsicht im Ertragen).[9] Das meint hier „Ertragen von Mangel und Schmerz. Ihr Gegenteil ist die Traurigkeit über solchen Mangel..." Erwähnenswert ist zusätzlich der Affekt Schmerz als „unvernünftiges Verzagen", ein infolge von „Grübeleien sich festsetzender sich steigernder Schmerz...".[10]
  - Acedia/Mutlosigkeit beziehungsweise Trägheit: Gegensatz zur Kardinaltugend Tapferkeit als Starkmut beziehungsweise Geduld (= Einsicht im Ertragen).[9] Das meint hier Starksein mit Blick auf die „Überwindung der Widerstände gegen die Tugend. Ihr Gegenteil ist die Verdrossenheit".[10]
  - Ira/Zorn: Vergleiche dazu den Affekt Begierde; ihr wird unter anderem „untergeordnet ... Zorn...".[11]

3. Exkurs: Zur Soziologie der Ethik

3.1 Tugenden

Die Stoiker haben nicht als erste über Leidenschaften nachgedacht, obwohl wir ihnen eine „ausgebildete Philosophie der Affekte" (Lanz: 90) verdanken. Sie sind auch nicht die Erfinder von Tugenden – ahd. tugund = tüchtig, brauchbar, gr. Hexis = Haltung, lat. virtus. Sie haben schließlich nicht die sogenannten Kardinaltugenden – cardo = Türangel – erdacht, jene Angelpunkte des Lebens, um die sich alles dreht oder drehen sollte. Die zenotisch-stoische Tugendlehre ist stark sokratisch-platonisch-aristotelisch beeinflußt.

- Über menschliche Leidenschaften weiß schon der Vorsokratiker Demokrit Bescheid: Arzneikunde heilt des Leibes Krankheit, Weisheit befreit die Seele von Affekten. Platon spricht von mächtigen unabweisbaren Affekten, so der Lust als dem größten Köder des Lebens und dem Schmerz als Vertreiber des Guten. Aristoteles erwähnt Bewegungen der Seele, von Lust und Schmerz begleitet, so beispielsweise Begierde, Zorn, Furcht, Neid, Freude, Haß (89). Und die Kardinaltugenden Weisheit-sophia/phronesis, Tapferkeit-andreia, Mäßigkeit-sōphrosynē und Gerechtigkeit-dikaiosyne wurden schon von Platon und Aristoteles ausführlich erörtert.

Es gibt jedoch Vorläufer, so, wenn von homerischen Tugenden gesprochen wird. Unter Hinweis auf Achilles und Odysseus geht es um die Tugenden der Tat, der Klugheit und Rede sowie der Selbstbeherrschung und weisen Mäßigung. Beachtenswert ist allerdings, daß „die homerische Tugend keinen rein ethischen Sinn hat" (O. Dittrich, 1: 21 ff., 23) – denn sie ist eine innerständische und also eine bloß innerethische Angelegenheit.

• Griechenland ist nicht die letzte Instanz. Im alten Ägypten beispielsweise gab es, wie vor allem aus den Pyramiden-, Sarg- und Totenbuchtexten hervorgeht (vgl. schon die Textsammlung Erman, 1923), klare Vorstellungen etwa über Gerechtigkeit, Wahrheit, Mildtätigkeit, Mäßigkeit im Essen und Trinken, Bescheidenheit und Ehrlichkeit. Hochmut, Stolz, Geiz, Geschwätzigkeit, Redseligkeit u.a.m. werden angeprangert, und es wird überhaupt die Zügelung der Leidenschaften empfohlen (Erman, 1934: 159, 161, 163). Ein starkes Motiv ist der Glaube an ein Endgericht. Außer Gott Osiris wirken 42 Dämonen als Beisitzer mit, die 42 Sünden repräsentieren. Es handelt sich unter anderem um Mord, Diebstahl, Lüge, Verleumdung, Horchen, Unkeuschheit und Ehebruch (Breadsted, 1954: 121; ders., 1950: 245 ff.; Erman, 1934: 207 ff.).

In diesem Zusammenhang ist Maat beiläufig erwähnenswert. Es ist „einer der ersten abstrakten Begriffe der menschlichen Sprache, gleichbedeutend mit unserer 'Rechtschaffenheit', 'Gerechtigkeit' oder 'Wahrheit' [...]". Maat – ursprünglich = recht, richtig – war anfangs nur auf „persönliche Eigenschaften" bezogen und wurde später verstärkt zum „Inbegriff gesellschaftlicher Ordnung, der öffentlichen Sittenordnung, des nationalen Kosmos und der Herrschaft des Sonnengottes" (Breadsted, 1950: 148 f.). Die Kenntnis und Anerkennung sittlicher Forderungen in Ägypten ändert freilich nichts an der altbekannten Tatsache, daß „Soll und Ist weit davon entfernt (sind), sich zu gleichen" (Morenz: 168). So war es, und so ist es.

• Man hat gelegentlich darauf hingewiesen, daß die Tugend der Besonnenheit beziehungsweise Mäßigkeit für die griechischen Moralisten von allergrößter Bedeutung gewesen sei.

Es gelte hier jedoch ebenfalls, so Paulsen, Lessings – sicherlich überprüfungsbedürftige – Ansicht, daß jene über eine Tugend am meisten sprächen, die sie am wenigsten besäßen. Die intellektuelle Begabung der Griechen, ihr kräftiger und beweglicher Verstand, ihre Neigung zu Kontemplation und Dialektik seien unbestritten. Es hätten aber heiße Triebe und heftige Affekte, Neid, Ehrsucht und Rachsucht „nur allzu leicht die Führung des vernünftigen Willens ab(geworfen); eine ungemein lebhafte Phantasie war jederzeit bereit, sich in den Dienst des eben herrschenden Affekts zu stellen, ihn ins Maßlose zu steigern und zugleich mit dialektischen Künsten sein absolutes Recht zu beweisen [...]" (Paulsen, 2: 12).

Wie auch immer: Es ist eine Frage, wie und in welcher Weise was negativ bewertet wird. Es ist eine andere Frage, wie jene Wirklichkeit genauer aussieht, die ethisch beurteilt wird. Es ist noch eine andere Frage, wie manche anfänglich wirklichkeitsnahen ethischen Stellungnahmen sich verselbständigen, in ein System gebracht und festgeschrieben werden – wobei die einschlägigen Erörterungen zwar auf einem hohen intellektuellen Niveau stattfinden, gleichwohl aber zu der Frage Anlaß geben können, was das alles mit dem Alltag vieler Menschen noch zu tun hat. Es erscheint angebracht, kritisch festzustellen: Will man vom Felde der theoretischen Sozialwissenschaften aus den Bereich der allgemeinen Ethik betreten, so steht man vor einem verschlossenen Tor mit der Aufschrift: wer von dort kommt, kehre wieder um! [...] Gelingt es aber dem wißbegierigen Sozialforscher, das Tor zur Ethik zu öffnen, also ihr ehrwürdiges Schrifttum zu studieren, so wird er von der großen Leere, der er gegenübersteht, erdrückt. (v. Wiese: 45)[12]

3.2 Umstände

Falls Tugend- und Lastervorstellungen nicht (nur) vom Himmel fallen, dann interessiert (auch) ihr weltlicher Hintergrund – der freilich in entfalteten und perfektionierten philosophischen Systemen der Ethik so weit zurücktreten kann, daß man ihn nicht mehr oder allenfalls rudimentär erkennt.

• Zum Verständnis der in unserem Kulturkreis sehr einflußreich gewordenen stoischen Ethik ist erwähnenswert, daß die Stoa eine Art intellektualisierter Kynismus war (Welles: 539). Das Wort Kynismus leitet sich vom Gymnasium Kynosarges ab, dem Versammlungsort dieser Philosophenschule in Athen; daneben ist die Anspielung auf kýon = Hund überliefert. Krates, Schüler des Diogenes, war Lehrer Zenons, eines Begründers der alten Stoa und eines entschiedenen Gegners Epikurs. Der berühmt gewordene Kyniker Diogenes von Sinope (412-323) lebte angeblich radikal ein von Genüssen freies Leben.
   Es ist die Zeit der Eroberungszüge Alexanders d.G. (4. Jh.). Zugegeben vage bleibend: Neue Lebenshorizonte taten sich auf, und auf zahlreichen Gebieten kam es zu vielfältigen Veränderungen. Damit waren nicht alle Menschen zufrieden. „Schon vor dem Alexanderzug hatte sich eine gewisse Übersättigung an der zu schnell wachsenden Zivilisation geregt. Diogenes erklärte die ganze menschliche Kultur für blauen Dunst, weil sie nur die Bedürfnisse steigere, ohne sie zu befriedigen" (Pohlenz: 16). Er lebte deshalb, der Legende nach, extrem bedürfnislos und also in der Tonne.

Die geistige Verwandtschaft zwischen Kynismus und Stoizismus ist offenkundig. Der Stoiker, so liest man, betone ebenfalls den Willen, gehe als tugendorientierter Mensch nicht den bequemen Weg, wolle auf dem Pfad der Tugend nicht gestört werden, weshalb nach Marc Aurel: die Affekte zum Schweigen zu bringen (sind) [...] 'Erstes Gebot: Laß Dich durch nichts erschüttern [...]' (zit. Hirschberger: 269). Es sind übrigens wiederholt viele Gemeinsamkeiten zwischen kynischen und christlichen Vorstellungen über Askese festgestellt worden (z.B. Dodds, 1985: 150). Die Affektenlehre gilt als „eine der Einbruchstellen stoischer Ethik in die Moraltheologie des Christentums" (Stelzenberger: 250).

• In Platons Staatslehre wird die Tugend der Einsicht beziehungsweise Weisheit dem Stand der Herrschenden, die Tugend der Tapferkeit dem Stand der Krieger und die Tugend der Selbstzucht dem Stand der Erwerbstreibenden (Bauer und Handwerker) zugeordnet. Das alles wird ergänzt „durch die auf alle Stände bezogene und deren Tugenden kontrollierende Tugend der Gerechtigkeit [...]" (Mittelstraß: 51).

Das ist ein gedanklicher Entwurf, ein Ideal, eine Utopie. Sie wird freilich nicht aus dem Nichts und um ihrer selbst willen entworfen, weil es bestimmbare Verhältnisse gibt, auf die man in ethischer und politischer Absicht reagiert. Des genaueren ist hinzuweisen auf die sich schon längere Zeit vorher ankündigenden und dann in der Folgezeit sich verschärfenden Spannungen und Auseinandersetzungen, welche nicht zuletzt das Funktionieren der Polis gefährden.

• Geht man historisch weiter zurück, dann läßt sich am Beispiel der Tugend Mäßigkeit die altbekannte – und ja wohl auch nicht schlimme – Tatsache belegen, wie stark ethische Vorstellungen zeitverhaftet sind. Die Frage ist eindeutig gestellt: [...] welche soziale Wirklichkeit (liegt) dem Ideal der sōphrosynē zugrunde? Das werde verständlich, wenn Reformen der Gesellschaftsverfassung wie die Solonische betrachtet würden. (Vernant: 92)

Es wird sodann hingewiesen auf eine sich gegen Ende des 7. Jahrhunderts ankündigende und im 6. Jahrhundert sich weiter verschärfende Krise. Benannt werden – etwas vage bleibend – vor allem ökonomische Veränderungen, Bevölkerungswachstum und Wohlstandssteigerung insbesondere beim Adel (67 ff.). Im 6. Jahrhundert kommt es zu kritischen Auseinandersetzungen mit: Maßlosigkeit der Reichen; Pomp, Weichlichkeit, Vergnügen, Luxus; Zügellosigkeit der Mächtigen; Hybris der Reichen; Verlust aristokratischer Maßstäbe; Reichtum um seiner selbst willen; dadurch bedingte Verdorbenheit des Charakters; Fehlen des rechten Mittelmaßes; negative Auswirkungen auf politische Ordnung und Machtverteilung (82 ff.).

Als anomia wird von manchen dieser Zustand bezeichnet; religiöse Sekten predigen einen moralischen Rigorismus und Asketismus; Selbstbeherrschung erscheint als ein notwendiges Erfordernis; Mäßigkeit aller ist das Gebot der Stunde; die Beachtung des rechten Maßes ermöglicht Ausgewogenheit und Gerechtigkeit.

• Die interessante Frage nach der ethischen Vorstellungen zugrunde liegenden Wirklichkeit kann in einer Soziologie der Ethik wohl nur begrenzt beantwortet werden. Denn selbst, wenn die Lebensumstände genauer erfaßt würden, bliebe ja immer noch offen, welche Menschen in bestimmten Situationen wodurch letztendlich veranlaßt die fraglichen Zustände ablehnen und ihnen, gegebenenfalls in asketischer Gesinnung, Tugenden entgegenhalten, die Gegenteiliges fordern.

Das alles bleibt hier ausgespart. Acedia steht weiter im Mittelpunkt des Interesses. Es geht zum einen um jene eher äußeren Umstände, die Acedia wirksam werden lassen – und es interessiert selbstverständlich zum anderen, weshalb Acedia als Laster etikettiert wird. Das setzt ja 'irgendwelche' ethischen Vorstellungen oder sonstigen normativen Annahmen voraus.[13]

4. Mönchskrankheit

Wenn Cassian, Evagrius und andere Mönchsschriftsteller von bösen Gedanken, Dämonen, Geistern oder Sünden sprechen, dann sind damit zahlreiche Haupt- und Folgelaster gemeint, die nicht als je einzelne, sondern allesamt und in vielfältigen Wechselbeziehungen stehend den Einsiedlermönch bedrängen.

Was sich damals abgespielt hat, kann hochinteressant sein, nachzulesen. Psychologisch-psychiatrische Deutungen unter Hinweis auf sogenannte Halluzinationen, Phobien und andere neurotische Störungen sind sicherlich beachtenswert. In diesem Zusammenhang ist auch nicht auszuschließen, daß die extreme Lebensweise folgenreich war. Man hat es trotz allem mit einer Wirklichkeit eigener Art zu tun, welche die betroffenen Menschen leidvoll erlebten – und die, in gemilderter Form, Teile unserer Kultur nachhaltig beeinflußt hat.

Eine versuchsweise Abtötung des Ichs um eines vorgestellten Gottes und der Erlösung willen ist offensichtlich ein starkes Motiv, unglaublich anmutende asketische Taten – hinsichtlich Kleidung, Wohnung, Sexualität, Gehorsam, Lachen, Sprechen, Dämonen – zu vollbringen. Dies erfordert freilich unter anderem einen weitgehenden Rückzug aus der üblichen Welt, der einen Freiraum schafft, um sich durch ihn und in ihm versuchsweise zu vervollkommnen. Das alles ist in der einschlägigen, insbesondere der theologischen, Literatur seit langem ausführlich beschrieben und erörtert worden.

Das Lebensziel ist klar und verrät starke stoische Einflüsse, wenngleich ähnliche Vorstellungen auch außerhalb der Stoa entwickelt wurden und handlungswirksam waren. Es heißt: Apatheia ist nicht nur ein erstrebenswerter Zustand des Leibes, vielmehr ist dieser die Voraussetzung für eine leidenschaftslose Seele, die keinen Zorn, keine Furcht, keine Begierden mehr kennt (Bergmann, 1985: 43). Und einer der zu bezwingenden Affekte ist Acedia.[14]

Accidia
(Schnitt aus: Hieronymus Bosch: Die sieben Hauptsünden)

4.1 Mittagsdämon

Acedia, das ist die lateinische Übersetzung des griechischen Wortes akē-d(e)ia. Es kam in der profanen griechischen Sprache selten vor. Seine ursprünglichen Bedeutungen sind Sorglosigkeit beziehungsweise Gleichgültigkeit, aber auch Erschöpfung, Apathie und Verdruß. Im frühen christlichen Sprachgebrauch geht es dabei positiv um Vertrauen auf Gott und negativ um mangelndes Gottvertrauen.

Eine Variante des letzteren ist der „zum Affekt gesteigerte Widerwille gegen das aszetische Leben" von Mönchen – und das betrifft „den Kern der monastischen Existenz" (Vögtle (I): 62). Dieser schon früh als Mönchskrankheit bezeichnete Zustand der asketischen Unlust erschwert oder verhindert die erstrebenswerte möglichst vollständige Identifikation mit Gott. Es ist leicht vorstellbar, was Menschen empfinden, die ihren – ggf. pathologisch hochgesteckten – Lebenssinn verfehlen.

Für die sich in Jahrhunderten vielfach verändernde Wort- und Bedeutungsgeschichte von Acedia ist Psalm 119 (118) Vers 28 interessant: Tränen entquellen meiner Seele vor <u>Kummer</u>/Nach dem Worte richte mich auf. In der als Septuaginta bezeichneten griechischen Übersetzung des hebräischen Textes des Alten Testamentes steht anstelle von Kummer das griechische Wort für <u>akēdia.</u> In der Vulgata, der lateinischen Bibelübersetzung, lautet der erste Halbvers: Dormitavi anima mea prae <u>taedio</u> [...]. Deswegen wurde Acedia schon früh umschrieben mit <u>taedium</u> = Ekel, Überdruß, <u>taedium cordis</u> = Überdruß des Herzens, anxietas et taedium cordis = Angst und Überdruß des Herzens. Cassian: Den sechsten Kampf haben wir gegen jene Sünde zu bestehen, welche die Griechen akēdia nennen was wir mit 'Überdruß' oder 'Angst des Herzens' übersetzen können (1: 201 f.).

Bedeutsam ist sodann Psalm 91 (90) Vers 6: Nicht die Pest, die umgeht im Dunkel;/nicht die Seuche, die hereinbricht am Mittag. Im hebräisch verfaßten Text lautet der zweite Halbvers wörtlich übersetzt: von der Seuche, die verheerend wüstet am Mittag. In der Septuaginta wird daraus: von Unglück und mittäglichem Dämon. In der Vulgata heißt es: a peste perambulante in tenebris/ab exterminio vastante in meridie. Die alte Mönchskrankheit ist also ein Phänomen des Mittags, weshalb Acedia auch als daemonium meridianum, als <u>Mittagsdämon,</u> bezeichnet wird. Cassian: Ja einige Greise sagen, es sei der Teufel am Mittag, von dem im neunzigsten Psalm die Rede ist (1: 202).[15]

4.2 Erscheinungsformen

Von der die mönchische Lebensweise generell gefährdenden religiösen Unlust ist jene Bedrohung zu unterscheiden, die, so Cassian, vor allem wandernde Mönche und Einsiedler kennen (1: 202).

- Es handelt sich um eine extreme Form von Acedia, die mit der außergewöhnlichen Lebensweise der betroffenen Menschen zusammenhängt. Sie praktizieren ja einen – was mancherlei Kontakte keineswegs ausschließt – möglichst vollständigen Rückzug aus der üblichen Welt und versuchen, sich in einer religiösen Sonderwelt oder Gegenwelt oder Antiwelt einzurichten. Die einen leben – um hier nur diese erinnernden Beispiele zu geben – ohne festen Wohnsitz, andere in Zellen und Höhlen, wieder andere auf Bäumen oder Säulen. Des weiteren ist hinzuweisen auf enge und feuchte Zellen, extremes Fasten, Wüstenhitze, Isolation, Einsamkeit, Monotonie, geistliche Übungen.

Das alles bleibt offensichtlich nicht folgenlos, denn, so Cassian: man weiß, daß (Traurigkeit und Verdrossenheit) gerade die Einsamen, in der Wüste Wohnenden, in keinen menschlichen Umgang Verstrickten, am häufigsten und bittersten quälen (1: 419). Zur Verdeutlichung der Symptome heißt es – und das wird nun auch schon, zu recht übrigens, seit eineinhalbtausend Jahren in der einschlägigen Literatur ganz oder teilweise ständig zitiert:

> Zuletzt wähnt er sein Heil zu verlieren, wenn er an diesem Orte bliebe und sich nicht so schnell wie möglich aus der Zelle wegbegäbe, in der er bei längerem Aufenthalte zu Grunde gehen würde. Und dann ruft dieser Geist des Überdrusses eine solche körperliche Ermüdung und ein solches Verlangen nach Speise um die sechste oder fünfte Stunde hervor, daß es dem armen Mönche vorkommt, als sei er von einer sehr langen Reise oder einer überaus schweren Arbeit erschöpft und ermüdet, oder als habe er das Essen durch zwei- oder dreitägiges Fasten hinausgeschoben. Dazu blickt er ängstlich bald hierhin, bald dorthin und klagt, daß gar kein Mitbruder zu ihm komme, geht öfter aus der Zelle und wieder hinein und schaut häufig nach der Sonne, als ob sie zu langsam dem Untergange zueile. So auch lagert sich, wie auf die Erde der Nebel, über seinen Geist gewissermaßen eine vernunftlose Verwirrung. Er wird zu jedem frommen Werke träge und unfähig, so daß er in nichts Anderem gegen eine solche Anfechtung ein Schutzmittel zu finden weiß als in dem Besuche eines Bruders und dem einzigen Troste des Schlafes. Dann sucht diese Krankheit ihn zu überzeugen, es erfordere der Anstand, die Brüder zu grüßen und die Kranken in der Ferne und Solche, die schon länger krank liegen, zu besuchen. Auch legt sie gewisse fromme und religiöse Pflichten auf, wie: diese oder jene Verwandte aufzusuchen und öfter hinzueilen, um sie zu begrüßen. [...] (1: 203)

- Was Evagrius, Cassian und andere in ihrer Umgebung beobachteten, zeugt in der Tat von einem „erstaunlichen psychologischen Scharfblick" (Louf: 682), und es findet sich teilweise ja auch bei heute lebenden Menschen ohne religiösen-kirchlichen Hintergrund. Ohne Anspruch auf vollständige und systematische Analyse:

Und schaut häufig nach der Sonne: Hier geht es um ein Problem der Verbringung von Zeit, die empfindungsmäßig gegebenenfalls nur langsam verrinnt und still zu stehen scheint, was Unruhe und Langeweile provoziert.

Dazu blickt er ängstlich bald hierhin bald dorthin: Hier geht es um das Herumschweifen der Gedanken; erwogene oder praktizierte Aktivitäten, um sich abzulenken; um Versuche, die als leer empfundene Zeit irgendwie zu füllen.

Ruft ein solches Verlangen nach Speise hervor: Hier geht es um die Tatsache, daß manche Menschen trotz oder gerade wegen ihres hochgesteckten Lebenszieles mit ihrer Zeit nicht haushälterisch umzugehen vermögen, sich vielmehr beispielsweise dem Essen hingeben und damit ihre Trägheit nur noch verfestigen.

Und dem einzigen Troste des Schlafes: Hier geht es um eine physische Reaktion als Folge leidvoll erfahrenen Unausgefülltseins, was sich angesichts einer als leer empfundenen Zeit und als langweilig empfundener Abwechslungen leicht einstellen kann.

Das alles zusammengenommen ergibt einen Zustand, der wie folgt präzise umschrieben worden ist:

> Als der 'Mittagsdämon' (Ps 90, 6) beginnt die Acedia sich erstmals bemerkbar zu machen zu jener Stunde, da das Fasten seine erste Wirkung tut oder da die Hitze des Tages [...] unerträglich drückend wird. Der Tag scheint sich ins Unermeßliche hinzuziehen. Man beginnt auf die Besuche von Mitbrüdern zu spekulieren, die es, abgesehen von dem mehr oder weniger geistlichen Trost durch die Unterhaltung, gestatten, unter dem Vorwand der Gastfreundschaft das Fasten zu brechen. Die Einsamkeit drückt mit all ihrer Langeweile. Der Aufenthaltsort zeigt sich von seiner unwohnlichsten Seite. Die Arbeit wird als erschöpfende Fron empfunden, das Klima als ungesund und als Ursache aller Übel. Die Bosheit der benachbarten Mitbrüder, deren Rücksichtslosigkeiten kein Ende nehmen, kommen einem zum Bewußtsein [...]. (Louf: 682)

• Warnungen vor Übertreibungen hat es übrigens schon früh gegeben.

Der Hl. Hieronymus notiert: Es gibt auch solche, welche von den feuchten Zellen, vom übertriebenen Fasten, vom Widerwillen gegen die Einsamkeit, vom ununterbrochenen Lesen, indem sie Tag und Nacht ihren eigenen Ohren vorpredigen, melancholisch werden. Diesen wären die Rezepte eines Hippokrates nützlicher als meine Mahnungen (232). Oder: [...] daß mitunter die übertriebene Abtötung zu Erkrankungen des Gehirns führt – was, wie hinzugefügt wird, besonders für jene zutrifft, die in kalten und feuchten und windigen Zellen leben (269 f.). In den berühmten drei Ermahnungen an den Mönch Stagirius weist der Hl. Johannes Chrysostomus unter anderem darauf hin, daß ein Leben in der üblichen Welt und innerhalb der Familie vor dem fraglichen Leiden – athymia = Betrübnis, Traurigkeit, Verzweiflung – schütze.

Wenn man, wie gelegentlich geschehen, die Acedia als Angstkrankheit der Mönche bezeichnet, dann hatte diese Angst „in Wirklichkeit soziale Ursachen und entstand durch Askese, Müßiggang und düstere Umgebung" (Lenné: 92). Das Phänomen ist dennoch nicht, wie später deutlich wird, auf Anachoreten und deren Lebensumstände beschränkt.[16]

4.3 Acedia und andere Laster

Zur Erinnerung: Daß es acht Hauptsünden seien, die den Mönch antasten, ist die feststehende Lehre Aller (Cassian, 1: 433). Weshalb aber Hauptlaster beziehungsweise Hauptsünde? Die Antwort ist einfach: entweder weil es besonders bedeutend und groß unter den Lastern ist oder weil es Haupt und Ursprung anderer Laster ist (Bonaventura, zit. Jehl, 1984: 178).

• Zur ersten Aussage hätte eine – hier nicht erforderliche – eingehende Analyse zu zeigen, daß solche Einstellungen und Verhaltensweisen die Menschen als je einzelne und in ihren Beziehungen zu anderen dann schließlich abgrundtief treffen, wenn sie alles Sinnen und Trachten weitgehend und stetig prägen.

Man muß übrigens nicht mit dem christlich geprägten Begriff Sünde – an sich bloß: fehlen, fehlgehen – und also mit der Vorstellung beichtwürdiger persönlicher Schuld arbeiten, sondern kann säkularisiert denken und an jene Menschen erinnern, die beispielsweise unmäßig Glücksspielen huldigen. Das mag auf Dauer zum Lebensinhalt werden, weswegen außer den physisch-psychischen Belastungen auch die sozialen Beziehungen nachhaltig beeinflußt werden. Was immer der Suchtkranke tut und wie er sich dreht und wendet – seine Sucht hat ihn fest im Griff und bestimmt sein Leben. In gleicher Weise können etwa Denken, Geiz, Sexualität, Trinken, Neid oder pathologischer 'Glaube' folgenreich wirksam sein.

Zur ersten Aussage ist zusätzlich anzumerken, daß die traditionell als Hauptlaster begriffenen Einstellungen und Verhaltensweisen in einem sich wechselseitig bedingenden Verhältnis zueinander stehen (können). Cassian jedenfalls ist dieser Auffassung und erklärt lapidar:

> Denn aus der Üppigkeit der Völlerei entsteht nothwendig Unzucht, aus der Unzucht Habsucht, aus der Habsucht Zorn, aus diesem die Traurigkeit und aus ihr die Verdrossenheit; deshalb muß man gegen diese in ähnlicher Weise und gleichem Verhalten kämpfen und den Widerstreit gegen die nachfolgenden von den vorausgehenden beginnen (1: 420).

Es ist wohl bezweifelbar, ob es einen so eindeutigen Zusammenhang regelmäßig gibt. Man kann freilich nicht übersehen, daß etwa eine ausgeprägte Dauerreflexion sich unschwer mit Traurigkeit und Realitätsverlust verbinden kann.

Die zweite Aussage bezieht sich auf einen Sachverhalt, den sowohl Evagrius und Cassian als auch in ihrer Nachfolge viele mittelalterliche theologische Schriftsteller behauptet und zugleich ganze Listen von Folgelastern entwickelt haben. Für Cassian gibt es keinen Zweifel:

> Von der Acedia entstehen: otiositas = Müßiggang / Trägheit, somnolentia = Schläfrigkeit, importunitas = Schroffheit / Unaufgelegtheit, inquietudo = Unruhe, pervagatio = Unrast / Herumschweifen, instabilitas mentis et corporis = geistige und leibliche Unbeständigkeit / Unstetigkeit des Geistes und Körpers, verbositas = Geschwätzigkeit, curiositas = Neugier.

Der Mittagsdämon bleibt also nicht folgenlos, und es zeitigen ja auch andere Fehlhaltungen wie beispielsweise unmäßiges Lesen von (bestimmten) Büchern ihre je spezifischen Auswirkungen. Von heute aus gesehen lassen sich die Acedia-Folgen angeblich zu einem „guten Teil mit Formen der agitierten Depression abdecken oder vergleichen. Von Grund auf melancholisch wirkt der Hang, vor der religiösen und menschlichen Lebensaufgabe zu kapitulieren [...]" (Illhardt, 1982: 28).

• Unter den Hauptlastern nimmt, wie damals offensichtlich viele Beobachtungen gezeigt haben, die Acedia einen besonderen Platz ein.
   Evagrius hat dem daemon meridianum sehr viel Raum gewidmet. Und Cassian behauptet, daß die Acedia nur dann wirksam bekämpft werden kann, wenn man zuvor die anderen Leidenschaften bändigt.

> Damit also die Acedia besiegt werde, muß zuvor die Traurigkeit überwunden werden; um diese zu vertreiben, werde zuvor der Zorn hinausgestoßen; um ihn auszulöschen, zertrete man die Habsucht; damit diese ausgerissen werde, muß die Unzucht gezügelt werden; und zu ihrer Vernichtung züchtige man das Laster der Völlerei (1: 420).

Sicherlich, wenn das eine Hauptlaster mit dem anderen entsteht und schließlich die Acedia sich voll einstellt, dann ist es nur konsequent, zunächst die anderen Fehlhaltungen zu bekämpfen, bevor die Acedia wirksam werden kann. Das versteht sich aus einer damals üblichen Psychopathologie. Demnach handelt es sich bei der Acedia um eine „festgefahrene Situation, eine Sackgasse im Leben der Psyche". Die verfestigte Acedia stellt sozusagen den Endpunkt einer individuellen Laster-Karriere dar, enthält die übrigen Hauptlaster in sich, ist „End- und Sammelpunkt der anderen Laster" (Bunge: 46 f., 51, 4075). Wen die Acedia im Griff hat, der ist psychisch an einem toten Punkt angelangt. Schlimmeres kann ihn eigentlich nicht mehr treffen; die allgemeine Erschlaffung ist total und 'Leben' erschöpft sich in den vorhin mit den Folgelastern der Acedia bezeichneten Zuständen.

Man kann sich also gut vorstellen, daß das Berufslaster der Mönche (Jehl, 1984: 8) von diesen als ein schweres Leiden erlebt und von den frühen Mönchsschriftstellern entsprechend ernstgenommen wird. Es geht um geistig-religiöse Krise, Einsamkeit, Trägheit, Überdruß, Zerstreuung, Langeweile. Letztere ist only one of the numerous manifestations of the subtle and complicated vice of accidie (Huxley: 19), die als „Taedium et Anxietas cordis (Cassian) eine gewisse Langeweile und Angst des Herzens vor sich selbst" darstellt (Schalk, 1985: 232). Im Extremfall steht die mönchische Existenz auf dem Spiel. Sogar Selbstmorde sind möglich und kommen vor. Ab exterminio <u>vastante</u> in meridie – Inneres und Äußeres werden im wahrsten Sinne des Wortes <u>verwüstet</u>.

Das kann wohl auch anderen Menschen zustoßen, nicht nur der sündigen Acedia wegen. Ekel, Langeweile, Trägheit, Mutlosigkeit, Mattigkeit, Widerwille, Überdruß zusammen mit Frustration und Aggression – „wer wollte behaupten, daß dieser Zustand allein den Anachoreten eigen wäre?" (Bunge:

40 f.). Die Atonie der Seele ist kein Vorrecht bestimmter Menschen; sie mag allenfalls jene eher und intensiver befallen, die – zugegeben: vage bleibend – dazu neigen und/oder bestimmter Lebensumstände wegen besonders gefährdet sind.[17]

4.4 Exkurs: Mittagsdämonen

Das daemonium meridianum ist nicht erst mit dem Psalm 91 (90) Vers 6 auf die Welt gekommen – und es ist auch nicht der einzige Mittagsdämon.

• Entsprechend vielen überlieferten Vorstellungen nimmt der Mittag unter den Tageszeiten eine „eigenartige Sonderstellung" ein (Bollnow, 1954: 145). Das gilt allgemein, weil der Mittag zugleich ein Scheitelpunkt im Tagesablauf ist, und speziell für südliche Länder, weil dort der Hitze wegen dem Schlaf große Bedeutung zukommt.

Geht man dem auch nur ein wenig nach, dann eröffnet sich ein weites Feld uralter und gelegentlich noch bis heute nachwirkender Vorstellungen. Zahlreiche bemerkenswerte Details zusammenfassend gilt: Présence du soleil au zénith, heure de passage, absence d'hombre, heure de morts, telles sont les principales composantes mythologiques qui consacrent les prestiges de midi (Caillois, 15: 173).

Nicht verwunderlich also, daß der Mittagsdämon des Psalmisten Geschwister hat. Les démons de midi – unter dieser Überschrift werden in einer wahrhaft gelehrten Abhandlung vorgestellt: Sirenen, Lotophagen und Zikaden, Nymphen und Pan sowie Incubus/Succubus. Die Darstellung führt tief in den Geisterglauben unter besonderer Berücksichtigung einer Dämonologie des Mittags.

• Der Psalmist hat seinen Dämon also nicht erfunden. Ainsi le verset 6 du Psaume 91 [90] fait écho à une conception largement répandue dans l'Orient quand il oppose le <u>negotium perambulans in tenebris</u> et le <u>daemonium meridianum</u> (16: 159).

Es gibt in dem fraglichen Psalm ja tatsächlich den Dämon des Mittags und den der Nacht. Und die Vorstellung von Doppeldämonen hat ihrerseits Tradition. So kannte man in Assyrien die Zwillingsgötter Lugalgira und Šitlamtêa, Entäußerungen des Pest- und Unterweltgottes Nergal, die andernorts Šarrabu und Birdu heißen. Der erstgenannte Wüstendämon repräsentiert die Mittagshitze, der zweitgenannte die Nachtkälte – genauer die schädlichen Auswirkungen extremer Hitze und empfindlicher Kälte auf die Menschen. Es sind Krankheits- und Fieberdämonen (Landersdorfer: 296 ff.; Diskussion z.B. Caillois, Grau, Arbesmann).

• In einschlägigen – gelegentlich wohl etwas spekulativen – volkskundlichen Abhandlungen kann man zusätzlich fündig werden. Demnach kennen viele Kulturen über die Jahrhunderte hinweg unter gelegentlich wechselnden Bezeichnungen sogenannte Mittagsdämonen, Mittagsgeister, Mittagsgespenster...

So gab es in der antiken mittelmeerischen Welt Vorstellungen von einer im Schlaf erfolgenden mittäglichen Bedrängnis zusammen mit erotisch-unzüchtig-lasziven Elementen. Dabei waren Ephialtes, Succubus und Incubus geläufige Bezeichnungen, die später in „Mahr, Alp und ähnlichen Geistern nördliche Verwandte erhalten" haben (Grau: 27). Sehr viele mittelalterliche Dokumente hier außer acht lassend, erscheint ein Hinweis auf England angebracht, wo es im gälischen Sprachbereich the noontide hag, die Mittagshexe, gab (86). Große Beachtung verdient der slawische Raum. Aber auch Westdeutschland hat seine Geisterwelt. Wenn früher ein Kölner beschloß, e Nörche ze halde, dann ging es ihm um den Mittagsschlaf. Die deutsche Sage kennt das Mittagsgespenst En-onger-môër – und es ist die Vermutung geäußert worden, daß dieses Wort sich von der später zeitlich vorverlegten Non = neunte Stunde herleitet. Am Niederrhein bedeutet(e) nauren, nuren, noren = einnicken, einschlummern (Korth: 23).

Enongersmoer hat viele Bezeichnungen: Enungermutter, Enongemur, Enungsschmor, Ennongsmöhn, Unnermoire, Einuhrsmutter, Mittagsmutter, Mittagsgängerin, Mittagsfrau, Roggenmutter, Kornmutter, Kornweib, Futtika, Bovenberger Juffer, Weddewengs. „Die Hauptaufgabe des Gespenstes besteht darin, in den Feldern auf Arbeitsruhe während der Mittagsstunde zu achten, besonders in der Erntezeit" – eine nachhaltig wirkende Vorstellung von der Gefährlichkeit des südlichen Mittags für jene Menschen, die sich der Hitze aussetzen (Grau: 88). Pan grüßt aus weiter Ferne.[18]

5. Versuchung aller Menschen

Das dem Westen durch Cassian vermittelte Gedankengut wird dort schon im frühmittelalterlichen Schrifttum aufgenommen und über Jahrhunderte hinweg weitergegeben, wobei es manche bemerkenswerten inhaltlichen Veränderungen gibt (Bloomfield; Jehl, 1982; Kuhn; vor allem Wenzel, 1967). Hier mögen die folgenden Hinweise genügen.

5.1 Gregor: Acedia als Folgelaster der Tristitia

Für die weitere Entwicklung des Lasterschemas nach Cassian ist der Papst und Hl. Gregor d.Gr. (ca. 540-604) sehr bedeutsam. Bei ihm taucht Acedia nur als eines der Folgelaster von Tristitia auf. Es sind: malitia/Bosheit, rancor/Groll, pusillanimitas/Kleinmut, desperatio/Verzweiflung, torpor/Stumpfheit und schließlich – acedieähnlich – vagatio mentis circa illicita/Schweifen des Geistes zum Unerlaubten.

Auslegungsspezialisten nennen drei Gründe, die Gregor bewogen hätten, das überlieferte Acht- in ein Siebenlasterschema umzuwandeln, Acedia aus der Liste der Hauptsünden zu streichen und sie als (e)vagatio mentis der Tristitia zuzuordnen.

Der erste Grund habe mit einer uralten symbolisch-allegorischen Neigung zu der traditionsreichen Zahl Sieben zu tun. – Der zweite Grund hänge mit einem Umstand zusammen, auf den schon Cassian hingewiesen hatte: Acedia ist „verwandt mit der Betrübnis" und aus der „Traurigkeit (entsteht) die Verdrossenheit" (1: 202, 420). Zwischen den von Evagrius und Cassian beschriebenen Symptomen der Acedia und Tristitia gibt es tatsächlich viele Gemeinsamkeiten. Sehr viel später beruf sich übrigens Thomas von Aquin auf einen Johannes von Damaskus (8. Jh.), der den „Überdruß als eine beschwerende Traurigkeit" bezeichnet habe (22). – Der dritte Grund habe damit zu tun, daß die alte Acedia hauptsächlich eine Versuchung von Einsiedlermönchen in der Wüste gewesen sei, wohingegen Gregor, der Mönch auf dem Papststuhl, sich an ein anderes, nämlich koinobitisch organisiertes, Klosterwesen im Westen wende, für das Acedia nicht im gleichen Ausmaß als zerstörerisch anzusehen sei.

Im Zusammenhang damit ist es sehr wichtig, daß Gregor die Laster nicht mehr wie noch Evagrius und Cassian mit der platonischen Dreiteilung der Seele verbindet. Das erscheint vor allem deshalb erwähnenswert, weil Gregors Lasterliste nun „nicht mehr den Weg wachsender Befreiung des Mönchs vom Bereich des Fleisches und den niedrigen Seelenkräften (begleitet)" (Jehl, 1982: 302). Damit wird im übrigen auch der Weg frei für eine im Westen lange, verzweigte und folgenreiche Wirkungsgeschichte der Hauptlaster <u>außerhalb</u> von Einsiedlerzellen und Klöstern.[19]

5.2 Thomas: Acedia als sündhafte Trauer und Gottesferne

Gregors Vorstellung von sieben Todsünden hat sich in der Folgezeit durchgesetzt – nicht jedoch seine Annahme vom Stolz als Wurzel aller Übel und von Acedia als bloßer Folgeerscheinung der Tristitia. Schon bei Isidor von Sevilla (8. Jh.) und dann später bei fast allen mittelalterlichen theologischen Schriftstellern wird Acedia eigens genannt und als schwerwiegende Verfehlung begriffen. Es ist gelegentlich sogar die – vermutlich überzogene (?) – These vertreten worden, daß <u>allgemein</u> für „das Mittelalter die Furcht vor der acedia charakteristisch" gewesen sei (Hünerbein: 7).

• Viele interessante Einzelbeiträge außer acht lassend, darf Thomas von Aquin (ca. 1225-1274) keinesfalls übergangen werden. Cassian, Gregor und Isidor werden von ihm eigens genannt. Thomas faßt die Denktradition auf die ihm eigene sogenannte scholastische (formal von scola = Schule) Weise zusammen. Seine Argumentation im Rahmen der Sünden gegen die Wirkungen der Liebe und dabei speziell der Sünden gegen die Freude sieht, hier verkürzt, so aus:

– Es gibt eine aus der Liebe quellende Freude über das göttliche Gut/bono divino; ihr ist der Überdruß entgegengesetzt/gaudio opponitur acedia.
– Zur Liebe gehört in besonderer Weise jene geistige Freude, mit der man sich am göttlichen Gut freut/gaudium spirituale quo quis gaudet de bono divino. Der vom Überdruß befallene Mensch ist zu dieser geistigen Freude unfähig, was ihn traurig stimmt und den Überdruß als eine Form von Trauer erscheinen läßt/tristitia spiritualis boni acedia, cum sit tristitia quaedam, gaudio opponitur.
– Der Überdruß ist nicht einfach Faulheit, denn diese ist dem Eifer entgegengesetzt, dem Überdruß aber die Freude. Der Überdruß ist vielmehr, jedenfalls in seiner extremen Form, eine besondere und zugleich schlimme Art von Trauer des Menschen über etwas, worüber er eigentlich allen Anlaß hätte, sich zu freuen: das göttliche Gut/bono divino.

• Es geht bei dem religiösen Überdruß beziehungsweise der religiösen Unlust um Abkehr von Gott, Flucht vor Gott, Rückzug von Gott, ja sogar Verachtung von Gott. Zahlreiche Umschreibungen zielen alle auf den gleichen Sachverhalt, beispielsweise:

– Acedia „will die übernatürlichen Güter nicht annehmen, weil sie ihrem Wesen nach verbunden sind mit einem Anspruch an den Empfänger". Es ist ein „selbstsüchtiger Verzicht des Menschen auf den verpflichtenden Adel der Gotteskindschaft" (Pieper, 1948: 58 f.).
– Von der Acedia heimgesucht, verfällt der Mensch in eine sündhafte Trauer. Er kann sich nicht freuen über das göttliche Gut, „es tut ihm gleichsam leid, daß eine übernatürliche Ordnung besteht. Er wendet sich innerlich von ihr ab, sie ist ihm widerwärtig, er flieht sie wie ein Übel" (Endres: 75).
– Bloße sinnliche Regungen sind nur läßliche Sünden, eine Todsünde dagegen liegt dann vor, wenn der „Verstand des Menschen seine Zustimmung dazu erteilt" – nämlich zum „passiven Zurückweichen vor dem göttlichen Gut selbst, sowie vor den Geboten und Mitteln, welche zu ihm hinführen [und zum] aggressiven Kampf gegen das was den Unmut einflößt [...]" (v. Liliencron: 37 f.).
– In diesem Fall ist auch damit zu rechnen, daß Acedia ihre Tochtersünden gebiert, nämlich: Bosheit-malitia, finsterer Groll-rancor, Verzagtheit-pusillanimitas, Verzweiflung-desperatio, Gefühllosigkeit-torpor und unstetes Abschweifen des Geistes zum Unerlaubten-evagatio mentis ad illicita. Die filiae acediae sind sozusagen „Fluchtbewegungen" des Menschen, der „das ihm gemäße Ziel seiner Liebe und Freude verloren hat" (Stenzel: 68, 67).

Diese Acedia führt nicht zum Handeln, sondern hält eher vom Handeln ab/sed acedia non movet ad agendum, sed magis retrahit ad agendo! Sie sucht nicht allein die Angehörigen geistlicher Stände heim, sondern kann alle als Kinder Gottes begriffenen Menschen befallen. Letztlich wirkt dieses, persönlich zu verantwortende, Laster im damaligen christlichen Verständnis insofern tödlich, als es die Erlösung des Menschen verhindert, dieser also sein Seelenheil verfehlt und mithin der ewigen Verdammnis anheimfällt.[20]

5.3 Dante: Accidiosi im Fegefeuer und in der Hölle

In Dantes (1265-1321) La Divina Commedia = Die göttliche Komödie werden in den Teilen Inferno = Hölle und Purgatorio = Fegefeuer die sieben Kapitalsünden Stolz, Neid, Zorn, Trägheit, Geiz, Unmäßigkeit und Unkeuschheit ausführlich dargestellt.

• Was speziell die sündhafte Acedia betrifft, so kommt Dante zweimal darauf zu sprechen.

Das erste Mal: Hölle, vierter Sündenkreis des fünften Höllenkreises, Gesang 7, 121-123 (I)

Fitti nel limo dicon: 'Tristi fummo
Nell'aer dolce che dal sol s'allegra,
Portando dentro accidioso fummo...'

Im Schlamm steckend spricht es: 'Traurig ließen
die süßen Lüfte uns in heitrer Sonne,
Gewohnt, ins Herz des Trübsinns Qualm zu schießen [...]'

Das zweite Mal: Fegefeuer, vierter Sündenkreis, Gesang 18, 130-132 (II)

E quei che m'era ad ogni uopo soccorso,
Disse: 'Volgiti in qua! Vedine due
Venire, dando all'accidia di morso'.

Und er, stets Helfer meiner Kümmernisse,
Sprach: Dreh dich hierher! Sieh von ihnen zweie
Angekommen, die der Trägheit Bisse geben'.

• Der Sinn dieser beiden Stellen erschließt sich aus einem größeren Zusammenhang.

Thomas von Aquin wird gelegentlich als philosophischer Gewährsmann des Dichters (Vossler 1907, II: 449) und als sein moraltheologischer Lehrmeister (Graf: 450) vorgestellt. Andernorts heißt es, daß Dantes Auffassungen und Dichtungen in der scholastischen Theologie wurzeln und dabei Thomas als Hauptquelle anzusehen sei (v. Liliencron: 37). Dessen Ansicht nach verfehlt der Acedia-Mensch, wie dargestellt, das göttliche Gut und weist das Liebesangebot seines Schöpfers zurück. Wer von religiöser Unlust beziehungsweise Trägheit heimgesucht ist, bemüht sich nicht oder zu wenig um das bonum divinum, das zu lieben für sein Seelenheil erforderlich ist.

Dieses Thema erörtert Dante an mehreren Stellen im Fegefeuer. Die Ausgangsthese: So wenig das Geschöpf, als wie der Schöpfer/War, wie Du selber weißt, je ohne Liebe,/Die bald Natur und bald der Wille einflößt (17, 91-93; Übersetzung Witte). Liebe ist zwar der Grund aller Handlungen, sie kann aber falsch adressiert sein: Stolz, Neid, Zorn (17, 112 ff.) oder falsch proportioniert sein: Trägheit, Geiz, Unmäßigkeit, Unkeuschheit (17, 124 ff.). In beiden Fällen wird 'Liebe' zur Sünde, denn sie tut und bewirkt Böses, indem sie sich in irdische Güter verstrickt und ewige Güter vernachlässigt.

Das gilt auch für die Trägheit, von der Dante wiederholt spricht. Da erscheinen schnell laufende Büßer: Nur rasch, nur rasch, um nicht aus Liebesmangel/Zeit zu verlieren, riefen all' die andren;/Damit am Eifer neu die Gnad ergrüne (18, 103-105). Einige der träge gelebt habenden Menschen müssen, so ein Kommentar, im eiligen Lauf musterhaften göttlichen Eifer ausrufen, zum Beispiel: Auf das Gebirge ging Maria eilig (100-103) – nämlich zu ihrer Base Elisabeth. Die in der Wüste sterbenden Juden werden bemüht, weil sie auf ihrem Weg in's gelobte Land mutlos geworden waren (133-136).

• Das Schicksal der Sünder richtet sich nach dem Ausmaß des fahrlässigen Umgangs mit dem göttlichen Gut.

Wer noch der Läuterung fähig ist, muß im Fegefeuer nachholen, was er versäumt hat: Ergänzt wird hier zum Guten/Die Liebe, die das Maß der Pflicht nicht füllte;/Hier muß, wer träg im Rudern war, sich sputen (II: 17, 85-87). Was nach erfolgreicher Läuterung geschieht, erlebt Dante bei seinem visionär-traumhaften Gang durch diesen Teil der jenseitigen Welt an sich selbst. Vor dem Betreten des nächstfolgenden Sünderkreises, so liest man, tilgt ein Engel das Acedia-Mal auf seiner Stirn: 'Qui lugend' affermando esser beati (19, 50), aus Matth. V, 5: beati qui lugent, quoniam ipsi consolabuntur – Selig die Trauernden beziehungsweise glückselig, weil ihre Seelen Trost besitzen werden. Ein Kommentar: Es ist also eine falsch gerichtete Trauer (Unlust), in welcher die Sünde sich äußert. Darum lautet die Seligsprechung: Selig sind die, die echte göttliche Trauer empfinden (v. Liliencron: 36).

Die Accidiosi in der Hölle sind dagegen chancenlos. Sie befinden sich im Schlamm des Sumpfes Sty, dem Unterweltfluß in der griechischen Mythologie. An seiner Oberfläche sind: Die Seelen derer, die der Zorn bezwungen; tief unten und unsichtbar: anderes Volk noch unterm Wasser seufzet/ Und diesen Sumpf die Blasen werfen läßt (I: 7, 116-118). Sie jammern dumpf: Tristi fummo [...] accidioso fummo (I: 7, 121-123). Tristitia und Acedia – das in der abendländischen Kultur so bekannte Zwillingspaar![21]

5.4 Chaucer und Langland: Accidie und Sloth

Was Dante für die Entwicklung der italienischen Sprache bedeutet, hat Jeoffrey Chaucer (um 1340-1400) für die englische Sprache geleistet. Seine The Canterbury Tales rechnen gleichfalls zur Weltliteratur. Über den hier wichtigen Teil The Parsones/Parsons Tale = Des Landpfarrers Erzählung ist die Meinung vertreten worden: If it is the greatness of Dante that he lays bare our soules in the exposition of the sins, it is no less the greatness of Chaucer that he lays bare our conduct. Es geht ihm primär nicht um Mitglieder geistlicher Stände in klösterlicher Abgeschiedenheit, sondern um den durchschnittlichen Menschen in seinem Alltag. (Fairlie: 12 f.)

• Schon lange vor Chaucer kommt in der englischen Literatur das Wort Accidie/Accidia vor.

Sie gilt dem Autor traditionell als eine schwere Sünde (damnable sinne; for it doth wrong to Jesus Christ). Kennzeichnend für die Accidie sind erstens Niedergeschlagenheit, Mattigkeit und Verdrießlichkeit beziehungsweise Zorn. Zweitens geht es um den Schmerz eines verstörten Herzens. Drittens ist sie Gegensatz und Feind to every state of man, was sich beispielsweise in der Vernachlässigung der Arbeit als Anbetung Gottes äußert, das sündhafte Verhalten einzudämmen, oder in der Sorglosigkeit bei der Sicherung des Lebensunterhaltes. Und viertens schließlich ist Trägheit derart ausgeprägt, daß die betroffenen Menschen may neither do well nor think well.

Accidie ist eine folgenreiche Sünde, die sich in vielfältiger Weise darstellen und auswirken kann. Genannt werden, hier die vielen beispielhaften lebensnahen Hinweise außer acht lassend: Slouthe/sloth = Trägheit: Wanhope/despair = Verzweiflung/Hoffnungslosigkeit; Sompnolence/somnolence = Schläfrigkeit; Necligence/negligence = Nachlässigkeit/Gleichgültigkeit; Ydelnesse/idleness = Faulheit/Trägheit; Tarditas/tardiness = Langsamkeit/Saumseligkeit; Lachesse/laziness = Faulheit/Trägheit; manere coldness/dull coldness = dumpfe Kälte beziehungsweise Gleichgültigkeit; Undevocioun/lack of devotion = Verlust an Hingabe, Aufopferung, Pflichtgefühl; worldly sorwe, genannt tristitia/worldly sorrow = weltliche Trauer, that sleeth/slays = erschlägt beziehungsweise tötet den Menschen. Die von der Accidie-Sünde befallenen Menschen sind demnach physisch-psychisch ausgeprägt inaktiv – gegenüber Gott, ihren Mitmenschen und sich selbst. Was sie tun, erledigen sie unlustig. Sie wirken wie gelähmt und empfinden auch so. Ihr Rückzug auf sich selbst wird mit einem Selbstwertverlust erkauft. Es ist ein disastrous vice of the spirit, das paralyses human will (Huxley: 19). Die Lebensmöglichkeiten werden nicht genutzt.

Der wiederholte Hinweis Chaucers auf mangelnde Aktivitäten zeigt einen Bedeutungswandel an, den es in England schon seit dem frühen 13. Jahrhundert gibt. Er hat seinerseits auch mit einem folgenreichen Wort-Wechsel zu tun, denn Accidie wird zunehmend häufiger durch Sloth = Trägheit – von slow = langsam – ersetzt. Eine parallele Entwicklung gibt es übrigens in Deutschland, wo das Wort Trägheit an Stelle von Acedia häufig zum terminus technicus wird. Wie anläßlich der Rezeptionsgeschichte des Thomas von Aquin schon beiläufig erwähnt worden ist, trifft Trägheit nur einigermaßen die ursprüngliche Bedeutung von akēdia. Bei ihr handelt es sich ja eher um eine problematische innere Haltung gegenüber Gott, als um fehlerhaftes Verhalten im spirituell-religiösen Bereich. Zwar mit Blick auf das 13. Jahrhundert formuliert, aber im Zusammenhang mit Chaucer doch erwähnbar: The changing terminology thus reveals the same shift from mental or spiritual states (listnessness, loathing, slackness of the mind) to qualities of physical behavior (slowness, negligence, idleness) (Wenzel: 89).

• Auch bei Chaucers Zeitgenossen William Langland (um 1332-1400) steht der ursprüngliche theologische Gehalt von Acedia nicht mehr im Mittelpunkt.

Langland gilt als Autor von The vision of William concerning Piers the plowman (Peter der Pflüger), ein zwischen 1362 und den neunziger Jahren entstandenes, allegoriereiches, in drei verschiedenen Fassungen überliefertes und deutungsreiches Werk. Es kann „thematisch als eine Pilgerreise der Seele zum Ewigen Heil angesehen werden, das durch die Erziehung des menschlichen Willens zur Vernunft erreicht werden soll" (Gillmeister: 259). Kritik an damaligen Lebensverhältnissen und Lebensweisen verbindet sich mit Vorstellungen von The Life of Do Well, The Life of Do Better und The Life of Do Best.

Im Passus V, der großen Bekenntnisszene, werden ausführlich die sieben Todsünden vorgestellt und von Repentaunce/Repentance = Bußfertigkeit ermahnt, zu bereuen und zu beichten und sich zu ändern. Einleitend zu Accidia heißt es:

> The Sloth came all beslobbered, with slime on his eyelids;
> 'It must sit', he said, or else I shall slumber.
> I cannot stand or stop, and want a stool for kneeling.
> If I were brought to bed, unless my buttocks made me,
> No ringing should make me rise till I was ripe for dinner. (V, 508-512)

Sleuthe/Sloth bezieht sich auf drei Verhaltenskomplexe. Erstens geht es um Nachlässigkeiten in der Befolgung religiöser Pflichten von Jedermann. Das betrifft beispielsweise beten, Gelübde erfüllen, Buße tun, Kranke besuchen, fasten, beichten. Zweitens geht es um fehlerhaftes Verhalten von Pfarrgeistlichen. Das gilt beispielsweise für kenntnisreiches Singen heiliger Gesänge, Informationen über die Biographien heiligmäßig gelebt habender Menschen und das kanonische Recht, Erläuterungen der Psalmen für die Pfarrangehörigen. Drittens geht es um Trägheit von Laien hinsichtlich ihrer sozialen Verpflichtungen. Das gilt etwa für die Rückgabe geliehener Gegenstände, wahrheitsgemäße Aussagen, gerechte Entlöhnung der Diener, Nächstenliebe. Und schließlich:

> Sixty times I, Sloth, have since forgotten
> The kindness that fellow Christians have granted to me.
> Sometimes I spill – in speech or silence –
> Both flesh and fish and many other victuals,
> Bread and ale, butter milk and cheeses,
> All slobbered in my service till they serve no man. (V, 556-561)

Diese inhaltliche Ausweitung von Accidie/Sleuthe/Sloth läßt es in der Tat gerechtfertigt erscheinen, die religiös-spirituelle Bedeutung nicht besonders hervorzuheben. Above all, the emphasis lies on external faults of neglect, not on such inner attitudes as insufficient love of the divine good or lack of spiritual courage. Sloth in den Beziehungen zwischen Mensch und Gott wird zwar keineswegs ausgespart, Trägheit ist aber nicht darauf beschränkt, sondern erweist sich auch in Beziehungen der Menschen untereinander als ein häufig anzutreffendes und folgenreiches Phänomen. Und in diesem Sinne one might well say that in Langland's vision the concept bears a strong secular or social emphasis (Wenzel: 140, 142). Träges, faules, nachlässiges Verhalten begrenzt einen selbst und mißachtet berechtigte und vertrauensvolle Erwartungen der Mitmenschen.[22]

B. Variationen über Acedia

Die Laisierung der Acedia ist schon lange vor Chaucer und Langland weit verbreitet, wenngleich gelegentlich bezweifelt worden ist, ob die alte Mönchs-Acedia überhaupt laisiert werden kann. Sofern die Laisierung mit einer Bedeutungszunahme der Trägheit im Verhalten einhergeht, rücken Nachlässigkeiten in der Befolgung kirchlich-religiöser Vorschriften in den Vordergrund der Aufmerksamkeit. Dies gilt bei Klosterinsassen beispielsweise für das Einschlafen während des Chorgebetes und bei Laien etwa für die Mißachtung von Sonntagsgeboten. Die Katechismen sind diesbezüglich seit jeher erfindungsreich gewesen – und sicherlich wahre Fundgruben für eine inhaltsanalytische Auswertung.

Die sündige Acedia kennt durchaus auch Trägheit im Verhalten, wie zum Beispiel der Bericht Cassians eindringlich zeigt, es hat aber später Trägheit im Verhalten oft keinen kirchlich-religiösen Hintergrund mehr. Das ist dort offenkundig, wo das Wort Acedia später bloß noch an Arbeitsunlust und Faulheit denken läßt. Die Säkularisierung der Acedia erreicht ihren Höhepunkt, wenn haltungsmäßig die Beziehung auf Gott entfällt.

6. Melancholie

6.1 Acedia und Melancholie: eine enge Verwandtschaft

Als repräsentativ für den Bedeutungsverlust des religiösen Gehaltes der alten Acedia gilt die italienische Frührenaissance in Florenz. Erster wichtiger Vertreter der neuen Zeit ist Petrarca (1304-1374). Er verwendet für seine Melancholie noch das Wort Accidia. Es dauert aber nicht mehr lange, bis the half-theological notion 'acedia' (was) replaced by the purely humanistic 'melancholy' in the emphatically 'Aristotelian' sense (Klibansky/Panofski/Saxl = KPS: 249). Das Wort Melancholie hat ja schon damals eine lange, ehrwürdige und wechselvolle Geschichte hinter sich. In ihr sind sich Melancholie und Acedia einander wiederholt begegnet, ja sogar gemeinsam aufgetreten.

• Cassian gebraucht zwar nirgends das Wort Melancholie, sein Acedia-Bericht läßt aber durchaus an Melancholie denken – so vor allem wegen der Nähe von Acedia und Tristitia und beispielsweise dem Folgelaster Somnolentia.

Albrecht Dürer: „Melencolia I"

Der Hl. Hiernoymus erwähnt als eine mögliche Folgeerscheinung damals praktizierter anachoretischer Lebensweise ausdrücklich Melancholie. Und der Hl. Chrysostomus beschreibt in seinen Ermahnungen Ad Stagiriam ... ausführlich verschiedene Symptome mönchischer Einsamkeit unter besonderer Berücksichtigung von athymia = Verzagtheit/Mutlosigkeit/Betrübnis/Verzweiflung, was alles andernorts als typisch für die sogenannte melancholische Traurigkeit angesehen wird. Es gibt mehrere mittelalterliche Dokumente, in denen Acedia oder eine ihrer Tochtersünden mit Melancholie in Verbindung gebracht wird. Es wurde übrigens der Esel als Symbol für Acedia bemüht und animal melancholicum frigidum [...] et siccum genannt. Für den Augustinermönch Hugo v. St. Victor (... Jh.) ist Tristitia das Hauptlaster, dem unter anderen acidia und rancor = Groll untergeordnet werden, wobei dieser mit atra bili = schwarzgallig in Verbindung gebracht wird.

Wegen dieser Nähe mancher Ausdrucksformen von Acedia und Melancholie verwundert es nicht, daß später beide Worte gelegentlich bedeutungsgleich verwendet werden. So heißt es, Constantinus Africanus (11. Jh.), der Vermittler arabischer Medizin via Ärzteschule Salerno ins Abendland, habe mit seinen Bemerkungen über das „häufige Vorkommen" der „Melancholie" auf die sogenannte „Mönchskrankheit" angespielt, „dem Überdruß des mönchischen Daseins, die man als morbus <u>melancholicus</u> beziehungsweise <u>acedia</u> deutet" (Flashar, 1966: 89, 91). Und schließlich noch der Hinweis: Die Bezeichnung 'acedia' läßt erkennen, daß die Kirche die Melancholie als eine der sieben Todsünden ansah (Kahn: 2).

• Es wäre natürlich im einzelnen genauer zu prüfen, wo es sich um wirkliche Berührungspunkte beider Phänomene handelt, wo wechselnde Melancholievorstellungen sich auswirken und wo unter Umständen problematische Sekundär- und Tertiärdeutungen eine Rolle spielen. Davon abgesehen ist ein sachlicher Zusammenhang zwischen Acedia und Melancholie offenkundig. Acedia wird deshalb auch in vielen Abhandlungen über Melancholie mitbehandelt. In anderem Zusammenhang formulierte wörtliche Hinweise auf die säkulare Geltung der alten Analysen, die Melancholie der Acedia und Acedia als die alte moraltheologische Mutter der Melancholie treffen sehr genau (Schings: 238, 237, 235).

Melancholie ist freilich, was nicht übersehen werden darf, ihrerseits ein bedeutungsreicher Ausdruck. Es dürfte deshalb problematisch sein, über Jahrhunderte hinweg einfach von <u>der</u> Melancholie zu sprechen und die vielschichtige Verwendung des Wortes zu unterschlagen. Unangesehen notwendiger Differenzierungen gibt es doch eine bemerkenswerte Übereinstimmung mancher Ausdrucksformen und psychischen Belastungen <u>des</u> melancholischen Menschen. Seine Ahnentafel reicht weit zurück und ist sehr verzweigt. Und da der homunculus tristis „unzählige Namen hat und doch kein einziger trifft, da er unter den Heiligen wohnt und in der tiefsten Hölle zu Hause ist, will ich ihn Meister nennen (doch genausogut Saul oder, besser noch, Niemand) – jenen saturnischen Geist, dessen Widerschein vor einigen Jahrtausenden über einer kleinen griechischen Hafenstadt lag, von da aus die Zeiten durchflog und bis heute nicht erloschen ist" (Jens: 37). Dazu nur einige beispielhafte Erläuterungen.[23]

6.2 Schwarze Galle: der saure und kalte Körpersaft

Der Teufel ist ein saurer Geist (Luther). Die mittelalterliche Etymologie kennt einen Zusammenhang zwischen Acedia und acida = sauer. Das ist dort thematisch unmittelbar bedeutsam, wo es heißt: [...] weil dadurch die geistigen Werke uns sauer und unschmackhaft werden (Cäsarius von Heisterbach). Nicht schmackhaft, allenfalls in kleinsten Mengen, ist Acedo, so die italienische Bezeichnung für Essig. Er ist verdorbener Wein und schmeckt sauer. Bemerkenswert in diesem Zusammenhang ist der Spruch: acida sunt frigida, das heißt, Saures ist kalt. Dazu paßt die Aussage: Wein ist (das heißt, macht) warm, Essig kalt. Die Ansichten über sauer und kalt sind Bestandteil antiker Vorstellungen über Melancholie sowie deren gedankliche Verknüpfung mit dem kalten Planeten Saturn.

• Das griechische Wort Melancholie bedeutet – übrigens: nicht ursprünglich – schwarze Galle, die in Verbindung mit Leber und Milz gebracht wird. In der Antike gilt die Galle als einer der vier humores = Säfte/Körpersäfte (von humor = Feuchtigkeit). Diese werden in verschiedenen, intern vielfältige Entwicklungen dokumentierenden, ab dem 5. Jh. v. Chr. erscheinenden, Schriften des Corpus Hippocraticum erörtert (z.B. KPS: 3 ff.; Müri; Schöner; Flashar, 1966).

Es dauerte sehr lange Zeit, bis schließlich die Lehre von den vier Körpersäften gelbe Galle, schwarze Galle, Blut und Schleim klar entwickelt worden ist und sich zu einer Lehre von den vier Temperamenten erweitert hat. Bis auf den heutigen Tag spricht man von Cholerikern, Melancholikern, Sanguinikern und Phlegmatikern – ohne beispielsweise im letzten Fall noch an Schleim zu denken, wohingegen der medizinische Ausdruck Hohlhand-Phlegmone eine entsprechende Assoziation zuläßt. Jeder Mensch verfügt über alle vier Körpersäfte – und insofern gibt es eine ganz natürliche Melancholie. Wenn jedoch die Mischung nicht stimmt, dann wird es kritisch. Der Ausdruck antike Humoralpathologie ergibt so einen Sinn. Es kann nämlich säftemäßig etwas aus der Balance geraten und also nicht in Ordnung sein – eben weil das rechte Maß fehlt.

Dies trifft nun vor allem für die schwarze Galle zu. Es ist in der Tat erwähnenswert, daß „nur dem Melancholiker ein Leiden zugeordnet ist, das mit dem Namen des Typus zusammenfällt [...]" (Flashar, 1966: 13). Dementsprechend verwundert auch nicht ein besonderes ärztliches Interesse an der krankhaften Schwarzgalligkeit.

Das wiederum erklärt sich leicht aus deren Symptomatik. In einer dem

Corpus Hippocraticum zugeordneten Schrift heißt es über eine Patientin: Die Erscheinungen im Urin durchwegs schwarz, dünn, wäßrig. Benommenheit begleitet sie fortwährend; Appetitlosigkeit, Depression, Schlaflosigkeit, Anfälle von Zorn, Unbehagen, die Äußerungen am Gemüt melancholisch (zit. Müri: 33). Solche überlieferten Anzeichen krankhafter Melancholie werden schon damals zumindest ärztlicherseits als lebensfeindlich und lebensgefährlich empfunden. Sie behindern ja den Kranken unmittelbar in seinen menschlichen Möglichkeiten, begrenzen die Beziehungen zur Umwelt und beeinflussen damit 'die' Ordnung menschlichen Zusammenlebens.

• Zur Kennzeichnung schwarze Galle ist zunächst anzumerken, daß man damals Verfärbungen in menschlichen Exkrementen studiert hat; unter außergewöhnlichen Umständen gibt es tatsächlich schwarzes Erbrechen und Schwarzwasserfieber.

Darüber hinaus darf das Etikett 'schwarz' sicherlich symbolhaft gedeutet werden, nämlich als Hinweis auf etwas Finsteres und zugleich Unheimliches – als welches krankhafte Melancholie ja seit jeher verständlicherweise (auch) empfunden wird. Platon hat gelegentlich notiert: [...] wo immer die Säfte der sauren und salzigen Schleime und alle bitteren und gallichten Säfte [...] ihren Dunst der Bewegung der Seele beimengen, da erzeugen sie auch allerlei Seelenkrankheiten, darunter Erscheinungen von Trübsinn und Mißmut (zit. Tellenbach: 6). Sauer, das bedeutet zunächst einmal nicht schmackhaft – was nicht nur auf den Genuß von Essig zutrifft, sondern sich als Empfindung beispielsweise auch bei Sodbrennen und Erbrechen von Galle einstellt. Saures ist zugleich kalt. Man meinte damals, daß die schwarze Galle von Natur aus kalt ist. Wenn überreichlich vorhanden, wirkt das lebenshemmend, was sich unter anderem in Depressionen und Angstzuständen äußert. Hinzunehmen muß man die Annahme, daß die kalte Galle sich stark erhitzen oder abkühlen kann; im letzteren Fall wird sie zugleich trocken (warmgallige und trockengallige Typen).

Kurzum: die Worte kalt und trocken verweisen auf das „Fehlen jener Eigenschaften, die das Leben erst ermöglichen" (Obermüller: 10). Der kalten und trockenen schwarzen Galle ist denn auch das lebensspendende warme und feuchte Blut entgegengesetzt, während der Schleim kalt und feucht und die gelbe Galle warm und trocken sind. Den extrem lebensfeindlichen Typ repräsentiert also allein die krankhafte Melancholie.[24]

6.3 Melancholie und Saturn: Krankheit, Genialität, Sünde

Melancholie ist seit jeher keineswegs bloß festgestellt, sondern auch bewertet worden. So hat ein Arzt zusammen mit Melancholie von Lustlosigkeit und Langeweile gesprochen und dabei auf das eitel Saturnische hingewiesen. Die Lehre von den vier Körpersäften und den vier Temperamenten verbindet sich ja irgendwann mit der Vorstellung eines schicksalhaften Zusammenhangs zwischen Sanguiniker und Jupiter, Choleriker und Mars, Phlegmatiker und Mond/Venus sowie Melancholiker und Saturn. Die englische Sprache kennt das Wort saturnine; es bedeutet finster, düster, schwerfällig, verschlossen.

• Die gedankliche Verbindung zwischen natürlicher sowie krankhafter Melancholie und dem Planeten Saturn ist im späten Mittelalter und in der Renaissance bei sehr vielen Schriftstellern selbstverständlich.

Als Hauptquelle dient eine, spätantike astrologische Aussagen zusammenfassende, Schrift des Arabers Abû-Ma'sar aus dem 9. Jh. Darin heißt es: Was den Saturn anbetrifft, so ist seine Natur kalt, trocken, bitter, schwarz, dunkel, sehr rauh. Oft aber ist sie kalt, feucht, schwer und hat einen stinkenden Wind (zit. Panofski/Saxl = PS: 4 f.). Eine bemerkenswerte Vorstellung: hier der kummervoll, verdüstert, lustlos, träge, abgesondert und zurückgezogen 'lebende' (insbesondere) krankhafte Melancholiker – dort der auf einer weit von der lebensspendenden Sonne entfernten Umlaufbahn sich bewegende, langsame, lichtschwache, erdferne und also finster, dunkel, trocken und kalt vorgestellte Planet Saturn.

Es gibt – nebenbei bemerkt – noch eine weiterreiche Assoziation in Verbindung mit der Kronos-Saturn-Mythologie, die ihrerseits eine lange und verzweigte Geschichte aufweist. Es kann schon als tiefsinnig erscheinen, wenn man die als kalt und trocken etikettierte Schwarzgalligkeit gedanklich zusammenbringt mit dem lebensfeindlich erscheinenden Planeten Saturn sowie mit Kronos, der „ältesten, düstersten und – schon wegen der Verbannung in Tartaros – einsamsten Gottheit..." (7). Etikette wie träge, dunkel und abgesondert drängen sich geradezu auf. Tarditas = Trägheit ist zum Beispiel für Chaucer eine Tochtersünde der Acedia, und sie gilt lange Zeit vorher als vom Saturn verursacht und als eine Erscheinungsform der krankhaften Melancholie.

• Dies ist nun freilich nicht die ganze Wahrheit. Der Saturn wird nämlich, und das hat nochmals eine lange Geschichte, durchaus doppeldeutig interpretiert.

Sogar manche bedeutenden Autoren berufen sich auf Autoritäten, die ihrerseits Autoritäten bemühen: [...] dargelegt, daß der Saturn vermöge seiner Qualität, als erdenschweres, kaltes/trockenes Gestirn, die völlig materiellen, nur zu harter Landarbeit sich eignenden Menschen erzeuge – vermöge seiner Lage aber, als höchster der Planeten, gerade umgekehrt, die äußerst spirituellen, allem Erdenleben abgekehrten 'religiosi contemplativi'... (Benjamin: 164, zit. PS: 14, dort Hinweis auf den Dantekommentator Jacopo della Lana).

Der erd-ferne, das heißt hier vom üblichen Alltag sich zurückgezogene, dem Lebenssinn angeblich nahe, besonders begabte, außergewöhnliche und geniale Mensch sieht sich vom Saturn beeinflußt. In Dantes 21. Gesang im

Paradies erscheinen dem Dichter prominente Vertreter des kontemplativen Lebens in der Saturnsphäre.

Dabei „steigt die leuchtende Stufenleiter der Kontemplation bis zur Anschauung des Göttlichen empor, wo Beatrices Lächeln erstirbt, und selbst die Musik der Sphären verstummt, weil das Absolute nahe ist [...]" (PS: 30). Was für eine Phantasie! Und welch ein Nicht-Gegensatz! Vorhin der als pathologisch bewertete Rückzug des krankhaften Melancholikers aus der üblichen Welt, hier jetzt der als Auszeichnung empfundene Rückzug des begnadeten Melancholikers vom alltäglichen Alltag.

Aristoteles wirkt sich eben jahrhundertelang nachhaltig aus. Er hat ja Melancholie mit außergewöhnlichen Menschen in Verbindung gebracht und die Auffassung vertreten, daß „ein Teil von ihnen so stark [betroffen] ist, daß sie sogar von krankhaften Erscheinungen, welche von der schwarzen Galle ausgehen, ergriffen werden [...]" (953a: 10 ff.). Die außergewöhnlichen Menschen sind zwar zu bedeutenden Leistungen fähig, zugleich aber gefährdet, depressiv oder manisch zu reagieren (Flashar, 1966: 63). Genialität und Wahnsinn wären demnach nahe beieinander. Die Wirkungsgeschichte dieser, mit Platons Vorstellung von der göttlich gefügten mania verbindbaren, These ist zusätzlich ein interessantes Thema.

• Neben der traditionsreichen Auffassung vom begnadeten Melancholiker gibt es freilich auch die Annahme von der sündhaften Melancholie.

Sicherlich, nach Ansicht einiger mittelalterlicher Theologen bewahrt – damals so verstandene – Melancholie vor weltlichen Anfechtungen und kann demnach positiv bewertet werden. Einflußreicher ist jedoch das christliche Melancholieverbot (Jankowski: 68), wie es schon im Verständnis der Acedia als Todsünde sich ausdrückt. Für Hildegard von Bingen (1089-1179) ist Melancholie sogar eine Folge des bekannten Vorfalls im Paradies und also eine Sünde. Diese Auffassung wirkt noch lange nach, wie beispielsweise im 16. Jahrhundert die Annahme eines Melancholieteufels zeigt. Dagegen wird andernorts und schon sehr früh der sündhafte Charakter von Melancholie gründlich und nachhaltig bezweifelt – nämlich in der italienischen Frührenaissance. Das Übel bleibt freilich in der Welt und somit nach wie vor erklärungsbedürftig.[25]

6.4 Erhabene Melancholie und menschliche Schwäche

Wie gesagt, Petrarca (1304-1374) nennt seine Melancholie noch Accidia. Ob er den kirchlich-religiösen Gehalt der alten Acedia wirklich kennt, ist strittig. Wichtiger ist, daß in der Renaissance die Acedia „von der aus mannigfachen Kanälen gespeisten und anschwellenden Melancholieliteratur absorbiert" wird (Klostermann: 191). In diesem Zusammenhang ist eine, schon lange vorher sich anbahnende und hier nur sehr vereinfacht dargestellte,

Entwicklung in zweierlei Richtung interessant. <u>Otiositas</u> = Trägheit, für Cassian ein Folgelaster der sündigen Acedia, wird verstärkt zu Faulheit, Untätigkeit, Müßiggang. Und <u>Taedium</u> = Ekel beziehungsweise Widerwille, zum Kernbereich der alten Acedia gehörig, welche Cassian bekanntlich mit Taedium cordis = Überdruß des Herzens übersetzt hat, stellt sich als Melancholie dar. Religiös-kirchliche Vorstellungen treten dabei mehr und mehr zurück oder entfallen ganz. Die traurige Seelenstimmung erscheint als eine menschliche Befindlichkeit unabhängig von der beispielsweise für Thomas von Aquin so bedeutsamen Mißachtung des göttlichen Gutes (Wenzel, 1967: 196).

• Die entscheidenden Aussagen <u>Petrarcas</u> finden sich in seiner autobiographischen Schrift Secretum du contemptu mundi = Geheimnis der Weltverachtung. Es handelt sich um eine Selbstanalyse beziehungsweise öffentliche Beichte in Form dreier imaginärer Diskurse zwischen Franziskus-Petrarca und dem Hl. Augustinus.

Im zweiten Gespräch werden zwar die herkömmlichen sieben Hauptsünden erörtert, das besondere Interesse gilt aber jenem – wie es heißt – neuerdings Accidia und früher Aegritudo = Kummer der Seele genannten Laster / Habette fineste quaedam pestis animi, quam accidiam moderni, veteres aegritudine dixerunt (391). Die wichtigsten Symptome dieses Seelenleidens sind für Petrarca verkürzt zusammengefaßt: Traurigkeit / tristitia, Verdruß / vite mee tedia beziehungsweise fastidium, Widerwille und Ekel gegen das Leben / odium, Freudlosigkeit / nullam ex fortune muneribus dulcedinem capio und Verzweiflung / desperatio.

Wegen der früher erörterten sachlichen Nähe von Tristitia und Acedia und deren Übersetzung durch taedium cordis läßt sich Accidia als ein psychisches Phänomen begreifen, which can be found among a species of the sin <u>acedia</u> [...] (Wenzel, 1960: 44 f.). Ein erheblicher Unterschied zwischen den beiden Phänomenen wird allerdings schon dort sichtbar, wo man Petrarcas Accidia half-way between sin and disease ansiedelt (KPS: 248). Andernorts heißt es sogar, daß der Dichter die religiöse Ursache der Accidia gar nicht mehr benennen könne (Rehm, 1963: 79). Das ist wohl übertrieben, wenngleich Accidia ihm sicherlich keine vorwiegend theologische Kategorie ist.

Obwohl Petrarca das Wort Melancholie selbst nicht gebraucht, wendet man es üblicherweise bei ihm an. So ist beispielsweise von Weltschmerz oder einer Art Melancholie gesprochen worden (Koertling: 36). Und: „Ein anderes Geschenk Petrarcas an die modernen Intellektuellen ist seine Melancholie". Das ist noch insofern ein wichtiger Hinweis, als Accidia-Melancholie nicht alle Menschen trifft. Es ist angeblich vorwiegend die Gruppe der Intellektuellen und Literaten, welche diese Seelenstimmung an sich selbst erleben – und nicht selten kultivieren! Petrarca verweist gelegentlich auf ein Leiden gepaart mit Lust. Damit trägt er wesentlich bei zur „Säkularisierung nicht nur des Inhalts des Wissens, sondern auch der persönlichen Haltung der Gelehrten und Schriftsteller; aber im Gegensatz zu seinen Nachfolgern zögert er, da religiöse Skrupel ihn zurückhalten" (Kristeller 1986: 12, 13).[26]

- Diese Skrupel hat der Florentiner Humanist Marsilio <u>Ficino</u> (1433-1499) nicht mehr.

Er ist nach eigenem Bekunden melancholisch veranlagt, kennt in diesem Zusammenhang jedoch keine Vorstellung von Sünde. Melancholie ist für ihn eine Stimmung, „die gleichsam in sich selbst und ohne einen metaphysischen Hintergrund verstanden und aus empirischen Ursachen" wie Körper oder Gestirnen erklärbar ist (Kristeller, 1972: 197). Unter dem nachhaltigen Einfluß des Aristoteles gibt er zudem der Vorstellung vom schöpferisch-genialen Melancholiker und dem kontemplativ-erhabenen Saturn ihren „programmatischen Ausdruck" (PS: 32). Das wirkt für sehr lange Zeit nach.

Der Mensch Ficino erlebt seine Melancholie freilich nicht nur beglückend. Die leidvollen Erfahrungen mit sich selbst veranlassen ihn gelegentlich, den unheilvollen Einfluß des Saturn brieflich zu beklagen:

Ich weiß in diesen Zeiten sozusagen gar nicht, was ich will, vielleicht auch will ich gar nicht, was ich weiß, und will, was ich nicht weiß. Die Sicherheit [...] wird mir durch die Bösartigkeit meines im 'Löwen' rückwärtsschreitenden Saturn verweigert.

Sein Briefpartner und Freund fordert ihn eindringlich auf, sich an die guten Seiten des Saturn zu erinnern, diesen nicht anzuklagen, der doch über alle Planeten erhoben sei. Ficino legt sich später insofern fest, als er den Saturn einzigartig und göttlich und die von der natürlichen (nicht krankhaften) Melancholie befallenen Menschen in geistiger Hinsicht außergewöhnlich nennt. Sie werden durch atra bili = schwarze Galle zu hervorragenden Leistungen angetrieben.

Saturn und melancholisches Temperament haben trotzdem ihre unangenehmen Auswirkungen. In Ficinos Werk De vita libri tres = Vom dreifachen Leben, einem Handbuch der Hygiene für geistige Arbeiter (Starobinski: 82), finden sich zahlreiche Vorschläge für die alltägliche Lebensgestaltung. Wer sich bei Hinnahme seiner schicksalhaften schwermütigen Veranlagung entsprechend verhält und seine geistigen Fähigkeiten nutzt, der kann außergewöhnliche Leistungen erbringen. Diese Glorifizierung des Saturn und Nobilitierung der Melancholie schließen freilich gedrückte Stimmungen nicht aus.[27]

- Ficino hat nachweislich Dürer (1471-1528) stark beeinflußt. Die Vermischung von trauriger und heiterer Seelenstimmung kommt später in einer reichhaltigen Melancholie-Lyrik zum Ausdruck.

Erwähnenswert ist der Einfluß Ficinos auf den Reformator Melanchthon (1482-1560) allein schon deswegen, weil dieser eine durch Kontemplation veredelte = erhabene Melancholie sehr schätzt – wohingegen sein Freund

Luther (1483-1546), selbst zur Schwermut neigend, auf eine Krankheit und Anfechtung Gottes hinweist. Satan est Spiritus tristitiae ... – Der Teufel ist ein trauriger Geist und macht traurige Leute (Tischgespräche, I: 86). Man soll sich mit allen Mitteln darum bemühen, Traurigkeit und Lebensüberdruß immer erneut zu überwinden. Diese Verurteilung einer angeblich von Gott wegführenden melancholischen Traurigkeit wirkt sich dann nachhaltig auf protestantische Dichter im Barock aus. Neben dem Dreißigjährigen Krieg und der kopernikanischen Lehre sei es insbesondere Luthers Theologie gewesen, die „zutiefst in der Erfahrung der Erniedrigung und Angst vor einem unerforschlichen Gott gründet", was einen fruchtbaren Nährboden für Melancholie abgebe und das eher düstere Weltbild des Barock stark mitbestimme (Obermüller: 44, 47, 51, 47).

Reisende Engländer lernen im 16. Jahrhundert in Italien die dort unter Intellektuellen verbreitete Vorstellung eines engen Zusammenhanges zwischen Melancholie und Genie kennen. Um 1580 bricht eine Epidemie aus: Melancholic travellers evidently were so numerous in Elizabethan London as to constitute a social type, genannt malcontent. Here was melancholy not in a book, but walking the streets before one's eyes, also nicht bloß literarische Figur, sondern erlebbare Wirklichkeit. (Babb, 1951: 74)

Burton (1577-1640) offeriert mit seinem 1621 erscheinenden berühmten Werk Anatomy of Melancholy also ein Buch on melancholy to a melancholy generation (Babb, 1959: 3). Er ist selbst stark betroffen und hofft, mit dieser Arbeit sich und anderen helfen zu können. Der Autor verfügt über ein breites Wissen und faßt unter anderem die gesamte Renaissancemedizin über Melancholie zusammen (Flashar, 1975: 716). Burton verwendet einen sehr weiten Begriff und unterscheidet zwischen phlegmatischem, cholerischem, sanguinischem und melancholischem Melancholiker. Er kennt die Melancholie des Liebeskranken, Hypochonders, Tollwütigen und Mönchs – eine beachtenswerte Ausweitung des Personenkreises. Seine Einschätzung der Melancholie ist eher negativ, wenngleich nicht ganz frei von heroisierenden aristotelischen Vorstellungen. Burtons Werk ist grundlegend für die weitere Entwicklung in England, wo man später von English Malady insbesondere in Form von Hypochondrie und Spleen sprechen wird.[28]

6.5 Melancholische und antimelancholische Einstellungen

Im 18. Jahrhundert ist zwar die Aufklärung sehr wirksam, es gibt aber zugleich eine anwachsende Schwermutsliteratur, tränenreichen Kult, Sentimentalismus, Sturm und Drang, Werther... (Rehm, 1947: 192). Melancholie hat damals, so liest man, viele Gesichter und Namen: Hypochondrie, Hysterie, Grillenkrankheit, Milzsucht, Spleen, Acedia, Langeweile, Misanthropie, Schwermut, Krankheit zum Tode, Weltschmerz, mal de siècle. Es gibt Anhänger der Melancholie und ihrer Erscheinungsformen ebenso wie scharfe Kritiker. Denn: „Abschaffung der Melancholie ist für Aufklärer aller Schattierungen ein Leitprinzip des Fortschritts" (Schings: 3, 73). Auf die damals vielfältigen Erscheinungen, Ansichten pro und contra, medizinischen Analysen, psychologischen Deutungen, philosophischen Reflexionen, theologischen Vermutungen und dichterischen Äußerungen kann hier nur hingewiesen werden. Es muß sodann auf die zahlreichen einschlägigen Abhandlungen verwiesen werden.

• Das Melancholie-Syndrom wird im 18. Jahrhundert sehr häufig als Hypochondrie erörtert, die damals geradezu epidemisch auftritt und als eine – sicherlich modisch mitbedingte – Zeitkrankheit gilt. Das griechische Wort bedeutet Gegend unter den Rippenbogen, also Magen, Leber und vor allem Milz als Ort eingebildeter oder tatsächlich unangenehmer Empfindungen. Sofern körperliches Mißbehagen mit psychischen Belastungen wie Furcht, Angst, anhaltender besorgter Selbstbeobachtung, Ermattung, Traurigkeit usw. einhergeht, kann man die Hypochondrie zu den melancholischen Krankheiten rechnen, die in England zusätzlich Spleen heißt. Die Opfer der melancholischen Hypochondrie beziehungsweise hypochondrischen Melancholie sollen insbesondere einer „kulturtragenden Schicht von Wissenschaftlern und Schriftstellern" angehört haben (Busse: 177).

• Die Acedia-Tradition ist nach wie vor und sogar sprachlich wirksam. Der gemäßigte Pietist Gottfried Arnold (1666-1714) warnt in genauer Kenntnis des Cassianischen Werkes vor überdruß und bangigkeit des hertzens, die gottorientierte gute Taten verhindert.

Der durch sein großes Werk über die Einsamkeit bekannt gewordene Arzt Johann Georg Zimmermann lehnt jede religiös motivierte Einsamkeit von Einsiedlern und Mönchen ab. Denn „schreckliche Langeweile und mannigfaltige Kränklichkeit der Seele und des Körpers war bey Mönchen und Einsiedlern eine unleugbare Wirkung der Einsamkeit", die zudem „Melankolie und Wahnwitz" zur Folge hatte. Zimmermann, der Cassian wiederholt zitiert und dessen psychologischen Scharfblick er hoch schätzt, merkt noch an: Ekel des Herzens und Verdrossenheit zu allen Dingen nennt er diesen trübseligen und leider in der allgemeinen menschlichen Natur nur allzu sehr gegründeten Zustand (II: 122, 125, 122). Genau in diesem Zusammenhang ist gelegentlich von der säkularen Geltung der alten Analysen gesprochen und Zimmermanns Hinweis mit der wichtigen Bemerkung kommentiert worden: Die acedia der Einsiedler hat deshalb in der modernen Langeweile ihr Pendant (Schings: 238).

• Der Sache nach trifft man wichtige Ausprägungen der Acedia auch in dem bedeutsamen Werk von Karl Philipp Moritz (1757-1793), einem der interessantesten aller Weltschmerzler (Rose: 150).

Sein, unter anderem von Goethes Leiden des jungen Werther beeinflußter, Roman Anton Reiser ist eine bemerkenswerte, an pietistischer Selbstbeobachtung orientierte, psychologisierende Autobiographie – angeblich mit den Rousseauschen Confessiones vergleichbar (Martens: 543). Der Roman dokumentiert jene vielfältigen Umstände, die auf einen Menschen einwirken und ihn seelisch belasten können, so beispielsweise: Veranlagung, inferiore soziale Lage, familiäre Situation, religiöser Rigorismus. Schon früh ergab sich für Reiser:

> So war Anton nun in seinem dreizehnten Jahre, durch die besondere Führung, die ihm die göttliche Gnade, durch ihre auserwählten Werkzeuge hatte angedeihen lassen, ein völliger Hypochondrist geworden, von dem man im eigentlichen Verstande sagen konnte, daß er in jedem Augenblicke <u>lebend starb</u> (90).

> Die Einstellung zur Welt ist gedrückt und resignativ-verstimmt: Wie traurig ist doch das Dasein der Menschen – dieses nichtige Dasein, machen wir uns noch selbst einander unerträglich, statt daß wir durch vertrauliche Geselligkeit uns in dieser Wüste des Lebens einander unsre Last erleichtern sollen (272).

> Dies erregte in ihm eine tiefe Melancholie (277).

Im Reiser und andernorts wird deutlich, wie eine religiös-pietistische Hoffnung auf Gott, Trägheit und trauriger Verstimmung als angeblich göttlich gefügter Versuchung entgehen zu können, schließlich trügerisch erscheint. Eine bemerkenswerte Deutung: Damit macht die alte, erklärbare und limitierbare acedia einer neuen Platz, deren Undurchschaubarkeit ihrer Universalität komplementär ist (Schings: 236). Diese neue Acedia heißt allerdings üblicherweise nicht mehr Acedia.

• Dies gilt ebenfalls für Goethe (1749-1832). Wenn einem schon in Shakespeares Hamlet angeblich die „moderne Entfaltung der accidia (begegnet)" (Breitinger: 249), dann wird man vermutlich auch im Faust fündig werden.

Wichtig ist beispielsweise die Szene im Studierzimmer – zwar kein Mönch im Kloster, aber doch ein Gelehrter in Einsamkeit und Freiheit am Schreibtisch. Faust ist des Studierens der vielen Disziplinen überdrüssig, jenem im Vergleich zur Heiligen Schrift „säkularisierten akademischen Äquivalent". Zusammen mit anderen Äußerungen, die sich als Hinweise auf Depressionen deuten lassen, hat man es mit dem bekannten Syndrom von Unlust, Untätigkeit, Stagnation, mangelnde Konzentration, Stillstand, Müdigkeit bis hin zur Verzweiflung zu tun. Dabei spielen Vorstellungen von Sünde freilich keine Rolle, denn ein „ursprünglich religiöser Kontext ist hier säkularisiert, und auch der Begriff der Trägheit ist entsprechend weltlich geworden" (Forster: 312). Ob es sich dabei bloß um Acedia-Reminiszensen handelt, wie gelegentlich vermerkt worden ist, sei dahingestellt – die Bedeutung vieler Ausführungen Goethes zum Thema Melancholie/Ennui/Langeweile ist offenkundig.[29]

7. Ennui

7.1 Seneca: Taedium vitae – Lebensüberdruß

Das französische Wort Ennui bezeichnet viele für Acedia und Melancholie typische Erscheinungen in einer anderen Sprache. Einigen Auffassungen zufolge gilt: In der Sprache der écrivains spirituels l'acedie est surtout l'ennui (Bardy: 166 f.). Baudelaire (1821-1867), persönlich betroffen und dichterisch intensiv mit Ennui beziehungsweise Spleen befaßt, notiert gelegentlich: Le portrait de Sérène par Sénèque, celui de Stagyre par Saint Jean Chrysostome.

L'Acedia, maladie des moines. Le Taedium vitae. (zit. Bouchez: 31) Andernorts ist die Rede von Ennui du moine (Tardieu: 107 ff.) oder L'Ennui (Taedium vitae) (Boismont, 1856: 162 ff.). In einer umfangreichen Studie über Ennui werden unter anderem erörtert: schwarze Galle, Mittagsdämon, Petrarcas Reflexionen über Acedia-Melancholie und LaRochefoucauld, der von sich selbst (zumindest) sagt: Je suis mélancholique. Und Darstellungen der Kulturgeschichte von Langeweile verzichten nicht auf Pascals Ansichten über den Ennui (z.B. Bleistein, 1978: 52 f.). Gelegentlich wird vom Ennui sogar als französischem Langeweile-Begriff gesprochen (Völker, 1975: 8,44).

• Die sachliche Nähe von Acedia, Melancholie und Ennui erhellt schon ein sprachgeschichtlicher Hinweis.

Ausgangspunkt einer langen Entwicklung ist der lateinische Ausdruck in odio/odium esse, wobei odium Haß, Widerwille, Ekel bedeutet. Daraus entwickeln sich im Laufe der Zeit: inodiare, enoier, ennuyer und ennui. Die Vorstellung vom Überdruß schwingt von früh an mit. Angesichts seines Bedeutungsreichtums kann das Wort Ennui nicht einfach mit Langeweile übersetzt werden. Hier stehe – so liest man – eher der Zeitaspekt, dort der Verdrußaspekt im Vordergrund; erst verhältnismäßig spät setze sich im deutschen Sprachbereich Langeweile als Pendant zum Ennui durch, gehe das Zeitempfinden auch in das Wort Ennui ein und kenne der Ausdruck Langeweile ebenfalls die Empfindung von Überdruß. Dieser knappe Hinweis wird den vielfältigen Wortbedeutungen und möglichen Übersetzungen freilich nicht gerecht.

• Zum obigen Hinweis auf Ennui und Taedium vitae wird an Cassian erinnert, der Acedia bekanntlich mit taedium cordis = Überdruß des Herzens übersetzt hat. Es ist sodann erwähnenswert, daß es in vielfältiger sachlicher Verflechtung mit Acedia, Melancholie und Ennui eine Taedium vitae-Tradition gibt.

Baudelaire verweist nicht ohne Grund auf Seneca (1. Jh.). Stoisch geprägt, denkt dieser in seiner Schrift über die Ausgeglichenheit der Seele an die Adresse des Annaeus Serenus über den Lebensüberdruß nach. Für die betroffenen Menschen gilt unter anderem:

Sie „(finden) keinen Gefallen an sich selber".

„Stets sind sie ruhelos und unbeständig [...]".

So gibt es jenen „Lebensüberdruß, die Unzufriedenheit mit sich selbst, die Niedergeschlagenheit und krankhafte Unfähigkeit zu einem zurückgezogenen Dasein [...]".

„Daher kommen Trübsinn und Trübsal, endloses Schwanken einer unentschlossenen
Geisteshaltung, die aufkommende Hoffnungen hilflos, gescheiterte mutlos machen
[...]".

„Dies verrät einen kranken Menschen: keinen Zustand lange ertragen zu können,
sondern Änderungen wie Heilmittel anzuwenden. Infolgedessen unternimmt man
Reisen ohne Ziel, eilt unstet von Küste zu Küste, und eine immer mit der Gegenwart
unzufriedene Leichtfertigkeit versucht sich bald auf dem Meer, bald auf dem Lande".

Eine grundsätzlich gemeinte Aussage lautet: Deshalb müssen wir uns ver-
gegenwärtigen: Das Übel, an dem wir leiden, liegt nicht an den Orten,
sondern in uns. Zu kraftlos sind wir, alles zu ertragen, weder fähig, Mühe,
ein Vergnügen, uns selber oder überhaupt etwas länger auszuhalten. Dieser
Zustand hat schon manchen in den Tod getrieben [...] und es stellte sich
ihnen die bekannte Frage selbstzerstörerischen Wohllebens: 'Wie lange noch
immer dasselbe'? (2, 7/10/12/15).

In einem seiner Briefe an Lucilius warnt Seneca erneut davor, bloß hin
und her zu reisen. Auf diese Weise seien schlechte Laune und Niederge-
schlagenheit/tristitiam gravitatemque mentis nicht zu heilen. Man müsse
seine Geisteshaltung ändern, nicht das Klima (28, 1). Das Erlebnis des immer
Gleichen und der sich allesamt abnützenden Zerstreuungen wird erneut
beschrieben:

Manche werden es überdrüssig, immer dasselbe zu tun und zu sehen, und es über-
kommt sie nicht Haß gegen das Leben, sondern Widerwille/ [...] et vitae non odium,
sed fastidium. Eindrucksvoll formuliert: Nichts Neues tue ich, nichts Neues sehe ich:
irgendeinmal empfinde ich auch davor Ekel. Viele gibt es, die es nicht für bitter halten
zu leben, sondern für sinnlos. (24, 26)

Solche und andere Aussagen lassen es durchaus verständlich erscheinen,
daß in der einschlägigen Literatur ausdrücklich von Ennui und (existentieller) Langeweile gesprochen wird.[30]

7.2 Pascal: Natur des Menschen – adlige Lebensweise

Blaise Pascal (1623-1662) gilt als einer der großen Theoretiker des Ennui.
Er liefert einen stark christlich geprägten Beitrag zur Anthropologie und
bezieht sich zugleich auf erlebte Langeweile in seiner Umgebung.

• Pascal ist von einer in Frankreich damals verbreiteten skeptischen Philosophie beeinflußt. Die tatsächliche Vielfalt von „Charakteren, Richtungen,
Urteilen, Meinungen, Gesetzen und Bräuchen" hilft uns nach Ansicht von
Montaigne (1533-1592), „die eigene Überzeugung in ihrer Unvollkommen-
heit und Einseitigkeit kennen (zu lernen), was keine leichte Lektion ist"

(zit. Schoeck: 80). Mit dieser relativierenden Betrachtungsweise verbindet sich ein Zweifel an sicherer Erkenntnis.

Pascal stimmt dem zu, macht aber geltend, daß die bloße – ein vieldeutiges Wort – Vernunfterkenntnis nicht alles sei. Der Mensch ist vielmehr grundsätzlich fähig, im Glauben an Gott und dessen Offenbarung seine Endlichkeit und sein inner-weltliches Elend zu erfahren, über seine eigentliche Natur und wahre Bestimmung ahnend Bescheid zu wissen und sich daran sehnsuchtsvoll zu orientieren. In dieser Welt ist es dem Menschen freilich verwehrt, jene vollkommene Ruhe und Zufriedenheit zu finden, die es vor dem Abfall von Gott im Paradies gab. Deshalb die Condition de l'homme: inconstance, ennui, inquiétude – Seinslage des Menschen: Unbeständigkeit, Langeweile, Unruhe (127). Dafür spricht:

> Langeweile [Ennui]. – Nichts ist dem Menschen unerträglicher als völlige Untätigkeit, als ohne Leidenschaften, ohne Geschäfte, ohne Zerstreuungen, ohne Aufgabe zu sein. Dann spürt er sein Nichts, seine Verlassenheit, sein Ungenügen, seine Abhängigkeit, seine Unmacht, seine Leere. Allsogleich wird dem Grund seiner Seele die Langeweile entsteigen und die Düsternis, die Trauer, der Kummer, der Verdruß, die Verzweiflung (131).

Um dem versuchsweise zu entgehen, ist der Welt-Mensch ruhe- und rastlos tätig. Er wird jedoch nicht deswegen wirklich ruhig und glücklich, weil er unentwegt etwas tut. Divertissement = Zerstreuung befriedigt ihn nämlich nur begrenzt und zeitweise. Denn so wie die anhaltende zerstreuungslose weltliche Ruhe unerträglich ist, so nutzt sich die weltliche Zerstreuung erlebnis- und empfindungsmäßig immer wieder ab, wird schal, zeugt fortwährend neue Ablenkungen.

Sein irdisches Elend zwingt den Menschen, glücklich sein zu wollen. Da er weltlich aber nicht wahrhaft glücklich werden kann, weil er sterblich ist, verfiel er darauf, nicht daran zu denken (169) – und sich zu zerstreuen. Divertissement tröstet uns zwar in unserem Elend, es ist aber doch zugleich die Spitze unseres Elends. Denn die Zerstreuung ist es ja, die uns grundsätzlich hindert, über uns selbst nachzudenken, die uns unmerklich verkommen läßt (171). Denkt der Mensch jedoch über sich und seine Zerstreuung nach, dann wird er sich seines Elends bewußt. Das wiederum ist dauerhaft kaum auszuhalten – also zerstreut er sich. Aus diesem Teufelskreis gibt es kein innerweltliches Entrinnen.

• Es sind vor allem der König und die Leute von Welt, deren Ennui und Divertissement Pascal eindrucksvoll beschreibt und untersucht:

> Welche Lebenslage man sich auch immer denken will, wenn man alle Güter, die uns gehören könnten, vereinigt, keine Stellung in der Welt wäre schöner als die des Königs; indessen [...] hätte er keine Zerstreuungen und ließe man ihn nachdenken und Betrachtungen darüber anstellen, was er ist, so würde dieses langweile Glück (félicité languissante) ihm nicht genügen [...] (139).

Die Figur des Königs und seine Umgebung haben einen wirklichen Hintergrund, nämlich die Zeit Ludwigs XIII im Frankreich des 17. Jahrhunderts. Der Ennui nimmt damals in aristokratischen Kreisen angeblich deshalb zu, weil der Adel durch den Ausbau des absolutistischen Staates viele seiner früheren Aufgaben eingebüßt hat. Einer These zufolge leidet der Adel „an seiner erzwungenen Muße, die nichts weiter darstellt als das bedrückende Gefühl, von allen relevanten Entscheidungen und Handlungen ausgeschlossen zu sein". Das Hofzeremoniell ist ein Ventil, obwohl es seinerseits Langeweile hervorbringt. Der Salon dient der Vertreibung von Langeweile, und er erweist sich in literarischer Hinsicht als sehr erfolgreich. (Lepenies: 49, 63, 69)

Es sind demnach also angebbare und als widrig empfundene Lebensumstände, welche diesen Ennui entstehen und gelegentlich bis zum Lebensüberdruß hin wirksam werden lassen. Der erzwungene Rückzug aus traditionell bedeutsamen Handlungsbereichen führt zwar nicht notwendigerweise in's Nichts, wohl aber zum Erlebnis nichtiger Tätigkeiten. Darüber gibt es genügend zeitgenössische Berichte.

• Einerseits also der Bezug auf Ennui und Divertissement am Hofe und beim Adel, andererseits offensichtlich grundsätzlich gemeinte Aussagen über den Menschen. Es ist wohl zu „vermuten, daß Pascal die religiöse Sinndeutung der Langeweile, also die Daseinsanalyse näherliegt, als eine andere, mehr soziologische Interpretation" (Bleistein, 1978: 25). Man wird dann allerdings fragen dürfen, was Pascal über jene vielen Menschen und deren Alltag weiß, die jenen Kreisen nicht angehören, über die er berichtet – und die möglicherweise (damals) so nicht von dem betroffen sind, was über die Natur des Menschen behauptet wird.

Die Doppeldeutigkeit des Pascalschen Ennui-Begriffs bringt übrigens einige Probleme der Bezeichnung außerhalb der französischen Sprache mit sich. Der Prediger Massillon führt damals (an)klagend aus: das Leben der Mächtigen ist nichts als ein mühseliger Versuch, sich gegen die Langeweile zu schützen [...] ihr ganzes Leben ist selbst weiter nichts, als mühselige Langeweile (zit. Groethuysen: 21). Dieser Ennui heißt andernorts einfach Langeweile, vom Ennui als tödlicher Langeweile unterschieden – jener Traurigkeit, auf die schon Thomas von Aquin hingewiesen habe: „die tristitia saeculi, die Traurigkeit dieser Welt, die den Tod bewirkt" (Stenzel: 81). Ein Zusammenhang zwischen Pascals Ennui sowie mittelalterlicher Acedia und Mittagsdämon fällt ja tatsächlich auf, obwohl der hier gemeinte Ennui, was wichtig ist, nicht mehr als Sünde begriffen wird. Pascals Überlegungen verweisen in Vergangenheit und Zukunft zugleich, nämlich: the medieval concept of acedia and the romantic notion of 'spleen' (Kuhn: 114). So vermischen sich also europäische Vorstellungen und ihre außereuropäischen Einflüsse stetig weiter.

Acedia, Melancholie, Ennui – es geht bei allen sicherlich wichtigen Differenzen immer auch um, manchmal freilich bloß literarisch verarbeitete und dabei nicht selten kultivierte, Empfindungen wie Leere, Verdruß, Überdruß, Trauer, Kummer, Verzweiflung, Sinnlosigkeit, Nichts, Leiden in und an der Zeit, Hoffnung, Erlösung, Glück. Pascal formuliert es unter anderem so: In omnibus requiem quaesivi [Bei diesen allen habe ich Wohnung gesucht; Jesus Sirach XXXIV, 11]. Wäre unsere Lage wirklich glücklich, brauchten wir, um glücklich zu sein, uns nicht zu zerstreuen, damit wir nicht an sie denken (165). Menschen zerstreuen sich aber fortwährend, halten vielleicht gelegentlich denkend inne, erkennen dann das begrenzte Glück im Divertissement und im Denken – und verwerfen schließlich auch wieder das Nachdenken.[31]

7.3 Spleen: die englische Krankheit

Es ist gleichgültig, ob man vom Spleen zusammen mit Melancholie oder mit Ennui spricht; auch zu Acedia gibt es manche Verbindungen. So heißt es beispielsweise: Die Worte 'Ennui', 'Spleen' treten an Stelle der Acedia (Starobinski: 38). Über den Mittagsdämon wird gesagt, daß Anfang des 18. Jahrhunderts seine results [...] are now known as the vapours of the spleen (Huxley: 20). In einer Studie über Melancholie in England heißt es über Hypochondrie, Spleen, Hysterie und Vapour, daß alle four terms denoting the same disorder; der Spleen is the most frequent seat of hypochondriatical melancholy (Babb, 1951: 28, 26). In Gedichten über Spleen taucht wiederholt das Wort Ennui auf, das „wohl als Synonym zu 'Spleen', dem eigentlichen Schlüsselwort Baudelaires aufgefaßt werden (darf)" (W. Arnold: 163). Im Jahre 1798 wird in Frankreich das Wort Spleen als ennui de toutes choses, maladie hypocondriaque aux Anglais umschrieben. Die in England modisch verbreitete Melancholie hat sich dort „unter verschiedenen Namen weiter ausgebreitet, von denen Spleen und Hypochondrie für den deutschen Sprachbereich die wichtigsten sind" (Völker, 1975: 132). Kuhns bedeutsame Arbeit über Ennui enthält ein eigenes Kapitel über Spleen.

• Spleen, mittelenglisch splen(e), lat. splen, bedeutet zunächst Milz und Milzsucht. Der Corpus Hippocraticum kennt einen Zusammenhang zwischen Milz und schwarzer Galle (Flashar, 1966: 22; Herrlinger). Der schläfrige Hund auf Dürers Melencolia I versteht sich von jener alten Auffassung her, daß der Organismus des Hundes durch die Milz bestimmt sei; wenn diese entarte, verliere der Hund seine Munterkeit und werde tollwütig (Benjamin: 166). Die Milzkrankheit heißt auch Hypochondrie.

Im Englischen gibt es den Ausdruck Splen ab dem 14. Jahrhundert, beispielsweise: The Splen is to Malencholie Assigned for herbergerie. Von englischer Krankheit spricht man wohl erstmals gegen Ende des 17. und dann vor allem in der ersten Hälfte des 18. Jahrhunderts. Die Krankheit ist damals eine „Macht und spielt im privaten, gesellschaftlichen, geistigen, politischen und kirchlichen Leben eine große Rolle". Stimmungs- und handlungsmäßig geht es insbesondere um: übellaunisch, trübsinnig, verdrießlich, gries-grämig, mürrisch, schwermütig, melancholisch. Night-Mare nach Art des Incubus quält durch Alpträume, Day-Mare hemmt menschliches Handeln. Ein gängiger Ausdruck für Tagträume ist to built castles, castle-building, castle-builder.

Die vielfältigen Erscheinungsweisen des Spleen kann man durch die drei, vielfach miteinander verknüpften, Ausdrucksformen Nörgelsucht, Melancholie und Exzentrizität typologisieren. Dabei ist der schwermütige Sple-netiker ein Mensch „des Lebens, der Welt müde [...], die Müdigkeit ist re-zeptiv, unselbsttätig". Inaktivität verbindet sich mit Resignation, Menschen-scheu, Lust an Einsamkeit, Weltflucht, Rückzug. Es gibt damals sicherlich eine modische Attitüde sowie eine geradezu erwartete „affektierte Müdig-keit" insbesondere bei höher gestellten Frauen, aber doch auch „wirklich empfundenen Überdruß" im Extremfall an allem und jedem. (Kalkühler: 14, 15, 27, 20) Nach einer neueren Studie drücken sich Langeweile/Melan-cholie/Ennui/Spleen in den Formen vacancy, indolence und disgust aus und können zu den Krankheitszuständen Hypertrophie der Einbildungs-kraft, malcontent und Misanthropie führen (Blaicher: 34 ff., 39 ff.; ausführ-licher in 13.2).

• Die englische Krankheit ist damals vermutlich gar nicht so sehr verbrei-tet gewesen, wie der Ausdruck sowie viele literarische Zeugnisse anzuneh-men nahelegen.

Sie war zudem, so liest man, manchmal weniger ein wirkliches Leiden als vielmehr ein Objekt für satirische Überlegungen und Ausdruck manie-ristischen Verhaltens. Satire kann freilich durch Spleen verursacht sein. Eine bestimmte Art von „Enttäuschung durch das äußere Leben führte gewöhn-lich nicht zur Resignation, sondern zur heftigen Kritik an der Welt. Der Splenetiker war daher der Satiriker par excellence" (40). Wie auch immer, kontinental-europäische Untersuchungen der menschlichen Existenz stehen im damaligen England zumindest nicht im Vordergrund. Wenn diese Deu-tung stimmt, dann ist dieser Spleen wohl nur begrenzt als eine mit gewis-sen Besonderheiten ausgestattete Variante des Ennui zu begreifen.

Immerhin heißt es am Ende des 18. Jahrhunderts in Frankreich über den Spleen: Ennui de toutes choses. Für Baudelaire sind im 19. Jahrhundert die Begriffe Ennui und Spleen nahezu identisch. Und Kierkegaard verwendet im gleichen Jahrhundert das Wort Spleen und verweist dabei zugleich auf den mittelalterlichen Ausdruck Acedia.[32]

8. Langeweile

8.1 Kierkegaard: Gottesferne

Die bisherigen Ausführungen über Melancholie/Ennui/Spleen werden den vielen religiös-theologischen, philosophischen und literarischen Äußerungen nicht gerecht. Es ist nämlich „vor allem das 18. Jahrhundert gewesen, daß die von Pascal beschriebene Seelenkrankheit als bezeichnendes Merkmal überall zur Schau stellt" (Rehm, 1963: 8). Entsprechend zahlreich sind damals die einschlägigen Abhandlungen. Die Tradition wirkt fort – und ein anderer bedeutender Theoretiker der Langeweile ist Sören Kierkegaard (1813-1855). Er läßt sich in dreifacher Hinsicht mit Pascal zusammen sehen. Kierkegaards „Idee der Langeweile als stimmungsmäßiger Erfahrung des Nichts ist bei Pascal in dem Gedanken des ennui vorweggenommen" (H. Kuhn: 98), er beschreibt eindringlich den menschlichen Zwang nach Abwechslung, und er ist nach eigenem Bekunden – so wie er es verstand – christlich orientiert.

• Die Kontinuität der Tradition beeindruckt. In einer Tagebuchnotiz vom 20. Juli 1839 steht:

> Was wir in einer bestimmten Richtung mit dem Wort 'Spleen' bezeichnen, was die Mystiker unter dem Namen 'Die matten Augenblicke' kennen, das kennt das Mittelalter unter dem Namen Acedia (akedia Schlaffheit)...

Kierkegaard merkt noch an: „[...] es ist das, was mein Vater 'eine stille Verzweiflung' nannte". Spleen, Acedia, des weiteren Tristitia, Verzweiflung usw. – die aus der Geschichte so vertrauten Begriffe!

Kierkegaard, der sich selbst als von Kind an schwermütig bezeichnet, hält (existentielle) Langeweile für einen schier unerträglichen Zustand: Wie ist die Langeweile entsetzlich!/entsetzlich langweilig [...] In Untätigkeit erstarrt, liege ich da. Ich sehe nichts vor mir als gähnende Leere, nur von ihr lebe ich, nur in ihr bewege ich mich [...] wenn ich einen Gedanken vernähme, der das Endliche mit dem Unendlichen verbände! (I: 33). Langeweile ist ihm die Wurzel alles Bösen.

Kierkegaard behauptet, daß es schon im Anfang die Langeweile gab und schon die Götter sich langweilten, obwohl er an einer anderen Stelle vom Glück der olympischen Götter spricht, die selig im seligen Müßiggang lebten. Die Langeweile ist seiner Ansicht nach zwar vom Beginn an in der Welt, und es sind auch alle Menschen langweilig, sie langweilen sich aber nicht alle. Die sich nicht langweilen, langweilen die anderen; die sich langweilen, unterhalten die anderen. Wer sich langweilt und seine Situation erkennt, gehört einer höheren Klasse an. Wer sich nicht langweilt, obwohl er langweilig ist, hat vorgeblich immer Wichtiges zu tun und erkennt nicht, wie langweilig er ist und seine Zerstreuungen es sind. (II: 255, 258, 257, 258)

Weil es Langeweile seit jeher gibt und man, sofern dazu in der Lage, die Leere der Langeweile erlebt, hat es Sinn, von „Unsterblichkeit der Langeweile, eine Kontinuität in Nichts" zu sprechen (III: 132). Die Erfahrung des Nichts wiederum paart sich mit der Angst, die im Nichts und durch das Nichts den Menschen überfällt. Mit dem Hinweis auf Angst vor dem Bösen und Angst vor dem Guten wird zugleich ein jenseitiger Bezug deutlich. Denn das Gute ist (in) Gott, das Böse gottlos. Erlebnis des Nichts, Inhaltlosigkeit, Leere, Langeweile – das alles ist Ausdruck von Gottesferne.

• „Alle die sich langweilen, schreien nach Abwechslung". Kierkegaard spricht von Wechsel-Wirtschaft, einer Zerstreuungen produzierenden Ökonomie.

Es gibt sie erstens in extensiver, vulgärer Form. Man reist beispielsweise vom Land in die Stadt; oder man benutzt keine Porzellan-, sondern silberne und dann goldene Teller; „oder man zündet Rom an, um den Brand von Troja sich vorstellen zu können". Es gibt sie zweitens in intensiver, künstlerischer Form, dem Prinzip der Beschränkung unterworfen. So fängt der sich langweilende Schüler eine Fliege, bohrt ein Loch in die Schulbank, bringt die Fliege in dem Loch unter, verschließt das Loch mit einem Stück Papier und beobachtet durch das Papierloch die gefangene Fliege. „Tunlichst den Boden variieren, das ist der eine, beständig sich selbst variieren, das ist der andere und wichtigere Kunstgriff, ja das eigentliche Geheimnis der Wechsel-Wirtschaft". Die künstlerische Handhabung der Wechsel-Wirtschaft setzt freilich voraus, daß eine Selbstvariation überhaupt möglich ist. Sie wird behindert durch allzu feste Bindungen. Deshalb die Empfehlung: man meide die Freundschaft, man meide die Ehe, man meide den Beruf! Deswegen brauche man ja nicht auf Beziehungen zu Menschen, Erotik und Tätigkeiten zu verzichten.

Die Wechsel-Wirtschaft in ihren beiden Formen bleibt, was sie ist: Zerstreuungsindustrie. Die einen verharren in der von ihnen selbst nicht erkannten Langeweile und den langweiligen Abwechslungen, die anderen in der von ihnen selbst wahrgenommenen Langeweile und den langweiligen Aktivitäten. Es sind allemal „exzentrische Zerstreuungen"; sie heben die Langeweile nicht auf. (II: 260, 261, 266, 263 f., 260)

Diese Zustandsbeschreibung ist freilich nicht alles, was der Philosoph und Christ Kierkegaard – übrigens ein scharfer Kritiker des Kirchenchristentums seiner Zeit – anzubieten hat. Er führt aus: Wohl ist es 1800 Jahre her, daß Jesus Christus auf Erden gewandert ist; aber es ist ja nicht eine Begebenheit gleich anderen Begebenheiten, welche zuerst, als vergangene, übergehen in die Geschichte, und dann, als längst vergangene, übergehen in die Vergessenheit (III: 13). Man kann das für sich selbst folgenreich so sehen, muß es aber nicht – wofür es bemerkenswerte Zeugen gibt.[33]

8.2 Büchner: Hoffnungsloses Nichts

Georg Büchner (1813-1837), nach eigenem Bekunden selbst von Schwermut betroffen, ist einer jener vielen Literaten, die sich über (existentielle) Langeweile grundsätzlich geäußert haben. Seine Diagnose menschlicher Existenz stimmt mit der von Kierkegaard weithin überein. Es gibt jedoch eine wichtige Differenz: Der große, klaffende Unterschied zwischen Büchner und Kierkegaard: auf der einen Seite das scharfe Bekenntnis zum Atheismus, auf der anderen Seite die in unheimlicher Konsequenz durchgeführte 'Einübung im Christentum' [...] (Beckers: 24). Hier also der Repräsentant einer abendländisch-christlichen Denktradition – dort der Vertreter einer freilich auch nicht über Nacht entstandenen nihilistischen Einstellung.

• Was die Leute nicht alles aus Langeweile treiben! Was treiben sie denn? Zur Erinnerung: studieren, beten, verlieben, verheiraten, vermehren und sterben. Man darf vielleicht im Sinne Kierkegaards hinzufügen: forschen, verwalten, planen, kritisieren, schreiben, politisch wirken, sozial tätig sein, revolutionieren...

Ehe man sich versieht, steht nahezu alles menschliche Tun unter dem Verdacht der Langeweile und langweiliger Zerstreuungen. Der Mensch als Mensch ist gelangweilt, zur Langeweile verdammt. Wer einwendet, daß dies eine 'sinnlose' Vorstellung sei, sollte zur Kenntnis nehmen, daß es derartige Annahmen gibt – wobei man gut daran tut, sie nicht einfach als krankhafte Hirngespinste abzutun.

Büchner beruft sich traditionell auf adlige Kreise, repräsentiert beispielsweise durch Prinz Leonce aus dem Reich Popo und Prinzessin Lena aus dem Reich Pipi und führt aus: Das ganze Leben (der großen Klasse) besteht nur in Versuchen, sich die entsetzlichste Langeweile zu vertreiben. Sie mag aussterben, das ist das einzig Neue, was sie noch erleben kann (412). Die Langeweile wird jedoch andernorts als menschliches Schicksal aufgefaßt: Was will Er denn mit der ungeheuren Zeit all anfangen? Teil Er sich ein, Woyzeck! (151); oder in Dantons Tod: Die Aussicht auf die Guillotine ist mir langweilig geworden; so lang auf die Sache warten! (61). Eine der am meisten zitierten Stellen stammt aus dem Prosastück Lenz:

'Ja, Herr Pfarrer, sehen Sie, die Langeweile! die Langeweile! o, so langweilig! Ich weiß gar nicht mehr, was ich sagen soll; ich habe schon allerlei Figuren an die Wand gezeichnet'.
Oberlin sagt ihm, er möge sich zu Gott wenden; da lacht er und sagte: 'Ja, wenn ich so glücklich wäre wie Sie, einen so behaglichen Zeitvertreib aufzufinden, ja, könnte sich die Zeit schon so ausfüllen. Alles aus Müßiggang. Denn die meisten beten aus Langeweile, die anderen verlieben sich aus Langeweile, die dritten sind tugendhaft, die vierten lasterhaft, und ich gar nichts, gar nichts, ich mag mich nicht einmal umbringen: es ist zu langweilig'. (105)

• Es gibt einige bemerkenswerte Ähnlichkeiten zwischen Büchner und Kierkegaard, die sich nicht kannten und nichts voneinander wußten.

Was die Leute nicht alles aus Langeweile treiben – alle Menschen sind langweilig. Sie langweilen sich mit den wichtigsten Gesichtern, ohne zu merken, warum – nicht alle langweiligen Menschen langweilen sich auch. Raffinierte Müßiggänger müssen dauernd etwas tun – die sich nicht langweilenden langweiligen Menschen tun dauernd etwas vorgeblich Wichtiges. Auf die Bemerkung Valerios: Herr, ich habe die große Beschäftigung, müßig zu gehen, antwortet Leonce: Komm an meine Brust! Bist Du einer von den Göttlichen, welche mühelos [...] gleich seligen Göttern in den Olympus treten? (118) – die selig im seligen Müßiggang lebenden Götter und der Müßiggang an sich als wahres göttliches Leben (II: 258).

Die mit Wechsel-Wirtschaft beschäftigten Menschen sind bekanntlich ununterbrochen tätig, um sich zu zerstreuen, wobei sich die Assoziation quasimechanischen Verhaltens einstellen kann. Büchner führt zwei heiratswillige menschliche Automaten vor, von denen jeder eine feine Feder von Rubin unter dem Nagel der kleinen Zehe am rechten Fuß hat: „man drückt ein klein wenig, und die Mechanik läuft volle fünfzig Jahre". Man steht pünktlich auf, geht pünktlich zu Bett, hat eine gute Verdauung... (144). Alles verläuft immerfort wie geölt. Das ist die „tiefste Stufe einer Inkarnation des langweiligen Menschen" (Beckers: 32; daraus die obigen Vergleiche 28 ff.).

Büchners Dichtungen sind, wie diejenigen vieler anderer Dichter auch, mehrdeutig auslegbar. Was Leonce und Lena betrifft, so sollte das Wort Lustspiel nicht den Blick darauf verstellen, daß hier trotz der – ja auch schon eine Deutung – „zauberhaften Anmut des Lustspiels" (Bökenkamp: 27) eine manchen Menschen erst erscheinende Sache behandelt wird:

> Daß die Wolken schon seit drei Wochen von Westen nach Osten ziehen. Es macht mich ganz melancholisch.
> Meine Herren meine Herren, wißt Ihr auch, was Caligula und Nero waren? [...] Mein Leben gähnt mich an wie ein großer weißer Bogen Papier, den ich voll schreiben soll, aber ich bringe keine Buchstaben heraus.
> Komm, Valerio, wir müssen was treiben, was treiben! (116, 123, 133).

Empfindungen der Leere, des Nichts, der Nichtigkeit, Eintönigkeit, Ruhe- und Rastlosigkeit, sich abnützender Zerstreuungen. „Das ist der Zustand der Langeweile, die Leonce gründlich erfährt [...] Er wiederholt ständig den Versuch, die Langeweile zu vertreiben, der aber von vornherein als gescheitert betrachtet und deshalb auf Sinnloses gerichtet wird" (Fischer: 41 f.).

• Im Lenz ist dann die Angst ein zentrales Thema. Lenz ist wohl krank, schwermütig, melancholisch.

Ob man von Schizophrenie etc. sprechen kann, sei dahingestellt; immerhin „war es ihm manchmal unangenehm, daß er nicht auf dem Kopf gehen konnte". Vergnügte Stimmung wechselt mit Niedergeschlagenheit, Hoffnung und Hoffnungslosigkeit. Wiederholt erfährt er sich im Nichts: „Es faßte ihn eine namenlose Angst in diesem Nichts: er war im Leeren [...] Er hatte <u>nichts</u>". Die wiederholten Anregungen Oberlins, sich mit Gott zu befassen, erscheinen ihm nicht zu verwirklichen. Der behagliche Zeitvertreib Gott kommt für ihn nicht (mehr) in Frage. Dem Pfarrer gesteht er den Weg zu Gott zu: Doch mit mir ist's aus! Ich bin abgefallen, verdammt in alle Ewigkeit, ich bin der Ewige Jude. Am Selbstmord wird Lenz gehindert. „So lebte er hin..." – im sogenannten Wahnsinn. (85, 86, 107, 103, 11)

Man hat bei Büchner wiederholt von Nihilismus gesprochen. Die nihilistisch getönte Weltsicht (Beckers: 50) zeigt sich in Dantons Tod ganz deutlich. In einem Zwiegespräch wird Danton gefragt, was er wolle. Er antwortet: Ruhe. Man sagt ihm: die ist in Gott. Danton antwortet: Im Nichts – und fügt hinzu: ich bin ein Atheist. Über das Nichts führt er aus: Es hat sich ermordet, die Schöpfung ist eine Wunde, wir sind seine Blutstropfen, die Welt ist das Grab, worin es fault. – Das lautet verrückt, es ist aber doch etwas Wahres daran (66 f.).[34]

8.3 Schopenhauer: Schmerz und Sättigung

Arthur Schopenhauer (1788-1860) erkennt weder traditionelle religiöse Ursachen von Langeweile, noch ihre Verwurzelung in einer resignativ-verzweifelt empfundenen Sinnlosigkeit der Welt. Seine, durchweg als pessimistisch gekennzeichnete, Philosophie gibt sich insofern illusionslos, als ihm die Welt voll von Leid erscheint und ihm dafür kein verantwortlicher Gott vorstellbar ist. In Ablehnung eines theistischen Gottesbegriffes „weigert (er) sich, den Taschenspielertrick der Theodizee mitzumachen" (Breidert: 125). Ein wesentliches Element des leidvollen menschlichen Lebens ist die Langeweile.

• Schopenhauer unterscheidet zwischen dem Leben des Menschen im Ganzen und Allgemeinen sowie im Einzelnen. Hier hat es den „Charakter des Lustspiels", dort ist es „eigentlich immer ein Trauerspiel".

Indizien für die Unzulänglichkeit des Lebens seien, so Schopenhauer: nie erfüllte Wünsche, vom Schicksal unbarmherzig zertretene Hoffnungen, unsälige Irrtümer des Lebens, zunehmendes Leid im Lebensverlauf und schließlich der gefürchtete Tod; all dem könne der Mensch nicht entgehen, denn das Leben sei nun einmal ein mühsäliger Kampf, voll von Klippen und Strudeln. Zur Erklärung verweist Schopenhauer auf die Natur des Menschen als eines bedürftigen Lebewesens. Bedürftigkeit bedeutet Mangel, und Mangel bedeutet Schmerz. Ihm versucht der Mensch dadurch zu entgehen, daß er seine Bedürfnisse so weit wie möglich befriedigt. Die Grundlage allen menschlichen Willens ist die Bedürftigkeit des Menschen.

Wenn Bedürfnisse willensbedingt befriedigt werden, dann fehlt dem menschlichen Willen sein Objekt in Form konkreter Bedürftigkeit. Das jedoch ist nicht lange auszuhalten, denn nach einiger Zeit „befällt den Menschen furchtbare Leere und Langeweile: d.h., sein Wesen und sein Daseyn selbst wird ihm zur unerträglichen Last". Jedes gesicherte Dasein bedeutet nämlich, nicht zu wissen, was man damit anfangen soll; es bleibt einem dann nichts anderes übrig, als „die Zeit zu tödten". Das ist ein neuer schmerzlicher Zustand, den zu beseitigen zum Objekt menschlichen Willens wird. Des Menschen „Leben schwingt also, gleich einem Pendel, hin und her, zwischen dem Schmerz und der Langeweile, welche Beide in der That dessen letzte Bestandtheile sind". Schmerz provoziert Begierde, ihn zu beseitigen – beseitigter Schmerz ruft Schmerz über den beseitigten Schmerz hervor. Beeindruckend formuliert:

> Zwischen Wollen und Erreichen fließt nun durchaus jedes Menschenleben fort. Der Mensch ist, seiner Natur nach, Schmerz: die Erreichung gebiert schnell Sättigung: das Ziel war nur scheinbar: der Besitz nimmt den Reiz weg: unter einer neuen Gestalt stellt sich der Wunsch, das Bedürfniß wieder ein: wo nicht, so folgt Oede, Leere, Langeweile, gegen welcher der Kampf ebenso quälend ist, wie gegen die Noth. (403, 391, 390, 392, 390, 392)

Was Pascal als Polarität von Ruhe und Unrast und Kierkegaard als rastlose Zerstreuung durch Wechsel-Wirtschaft darstellen, erscheint hier in dem Schema: Mangel = Schmerz-Sättigung = Langeweile-Langeweile = Schmerz (Revers: 29). Man hat es übrigens schon sehr früh geahnt: Kein Auge hat es je gesehen, kein Ohr je gehört, was denen bereitet wird, die erlöst sind (Paulus). Und selbst der 'Atheist' Schopenhauer denkt an Erlösung. Beeinflußt von indisch-buddhistischen Vorstellungen stellt er sich eine Auslöschung des Willens und damit eine Abtötung der Bedürfnisse vor.

• Wie leidvoll Langeweile empfunden werden kann, verdeutlicht Schopenhauer an einer Extremsituation.

Im Philadelphischen Pönitenziarsystem = Strafsystem wird durch Einsamkeit und Untätigkeit die „Langeweile zum Strafwerkzeug", was bei Gefangenen durchaus zum Selbstmord führen kann. Schon Pascal hat übrigens gelegentlich notiert: Beklagt sich ein Soldat oder ein Arbeiter usw. über die Mühen, die sie haben, so lasse man sie gar nichts tun (130). Das ist andernorts als ein grausamer Rat bezeichnet und dabei zugleich auf Arbeitslosigkeit als erzwungenen Müßiggang hingewiesen worden, der sich bekanntlich höchst folgenreich auswirken kann (Hofstätter, 1951: 255, 254).

Im üblichen Alltag seiner Zeit diagnostiziert Schopenhauer die Langeweile als eine „beständige Geißel" der „vornehmen Welt. Im bürgerlichen Leben ist sie durch den Sonntag, wie die Noth durch die sechs Wochentage repräsentiert". Der große Rest ist das Volk. Für diese Menschen seien schon aus Staatsklugheit allerlei öffentliche Vorkehrungen erforderlich, um Langeweile vorzubeugen oder einzugrenzen.

Panem et Circenses haben die Funktion, die – das steht allerdings wörtlich so nicht bei Schopenhauer – eher dumpf dahin lebende breite Masse durch schlichte Vergnügen ruhig zu halten. Diese weiß kaum etwas über ihre langweilige Existenz, und es besteht auch kein Grund, es sie wissen zu lassen. Die These: Das Übel Langeweile kann nämlich wie alle anderen allgemeinen Kalamitäten die größten Zügellosigkeiten zur Folge haben (392).[35]

8.4 Gontscharow: Oblomowerei

Im Rußland des 19. Jahrhunderts schreibt der langjährige Staatsbeamte Gontscharow (1812-1891) drei thematisch eng zusammenhängende Romane: Alltägliche Geschichte, Oblomow, Die Schlucht. Die zentralen Romanfiguren sind Adujew, Oblomow und Raiski. Das zuletzt genannte Werk gilt einem bedeutenden nichtrussischen Interpreten als eine Arbeit, in der „Wesen und Grund der Langeweile eine wirklich gültige und literarische Form gefunden haben" (Rehm, 1963: 37). Und doch ist von den drei Hauptfiguren nur Ilja Iljitsch Oblomow zu einem „Archetypus geworden. Adujew und Raiski lassen sich als Varianten erklären [...]" (Hilsbecher: 851). Tatsächlich ist Oblomow die weithin bekannte literarische Figur und Oblomowerei die gängige Bezeichnung für ein komplexes Phänomen, das allein mit dem deutschen Wort Langeweile nicht erfaßbar ist.

• Oblomow, Landedelmann, lebt nicht auf seinem Gut Oblomowka, sondern in Petersburg. Er weiß nicht so recht, was er mit sich und anderen anfangen soll. Meistens liegt er zu Hause im Schlafrock auf seinem Divan herum. Das geschieht nicht wegen Krankheit, Müdigkeit oder genußvoller Faulenzerei, sondern „es war sein normaler Zustand" (9).

Im ersten Teil des Romans wird auf knapp 200 Seiten beschrieben, wie Oblomow an einem bestimmten Tag versucht, das Bett zu verlassen – übrigens unter tätiger Hilfe von sieben Besuchern, die angeblich „in Analogie zu den sieben Todsünden verschiedene weltliche Versuchungen und Schwächen verkörpern" (Neuhäuser: 665). Eine Szene:

> Kaum war er aufgewacht, nahm er sich vor, unverzüglich aufzustehen, sich zu waschen, Tee zu trinken, gründlich nachzudenken, dies und jenes zu erwägen, sich Notizen zu machen und sich überhaupt mit der Angelegenheit so zu beschäftigen, wie es sich gehört. Dennoch blieb er noch eine halbe Stunde liegen und quälte sich mit diesem Vorsatz, bis ihm einfiel, daß er alles nach dem Teetrinken machen und den Tee wie gewöhnlich im Bett trinken könnte, zumal ihn ja nichts daran hinderte, auch im Liegen nachzudenken. So tat er denn auch. Nach dem Tee richtete er sich tatsächlich in seinem Bett auf und wäre beinahe aufgestanden; als er seiner Pantoffeln ansichtig wurde, streckte er sogar schon das eine Bein aus dem Bett, zog es aber sogleich wieder zurück (11 f.).

Nicht als ob Oblomow im liegenden Dahindösen überhaupt nichts täte. Er genießt seinen Divan, freut sich, keinen Vortrag anhören und keine Schriftstücke bearbeiten zu müssen. Deshalb hat er „Zeit für seine Gefühle und Einfälle" (33), die er ununterbrochen produziert, jedoch in aller Regel nicht verwirklicht. Früher einmal ist er auf einer Dienststelle beschäftigt gewesen. Die Geschäftigkeit im Umgang mit den vielen Akten ließ ihn nicht zur Ruhe kommen, „brachte Angst und große Langeweile über ihn. Wann soll man denn leben? Wann soll man leben? wiederholte er" (74). Und das Leben besteht für Oblomow aus den beiden Teilen „Arbeit und Langeweile" sowie „Ruhe und behagliche Fröhlichkeit" (73).

Diese Empfindungen dürfen freilich nicht den Blick darauf verstellen, daß Oblomow sowohl die geschäftige Umwelt langweilig empfindet als auch sich selbst intensiv und leidvoll langweilt. „Manchmal verdüsterte sich sein Blick durch Müdigkeit oder Langeweile" (7), und die „Langeweile hatte sich in seine Augen hineingefressen und schaute aus ihnen wie eine Krankheit heraus" (562). Die oblomowsche Krankheit in Form von Faulheit, Trägheit, fehlendem Willen zu aktivem Leben, Überdruß, Mißmut, Lethargie usw. sind das eine – die Träume von einer glücklichen Kindheit und Jugend sowie einem zukünftigen paradiesischen Landleben das andere. Der Rückzug aus der üblichen Welt eröffnet den Blick auf eine Traumwelt. Das Dorf Oblomowka ist Objekt rück- und vorwärts gewandter Vorstellungen von einem glücklichen Leben.

Sein deutschstämmiger Freund Andrej Stolz – er repräsentiert in seiner Person und seinen Ansprüchen das tätige, arbeitsame Leben – fragt Oblomow nach dem Ideal seines Lebens. Dieser äußert sich lang und breit und erwähnt unter anderem: herrliches Wetter, sich im Garten bewegen, baden, Tee trinken, mit der Frau spazieren gehen, mit Freunden essen, sich gepflegt unterhalten... Das ist kein Leben!, wiederholte Stolz eigensinnig. Was ist es deiner Meinung nach denn? Das ist [...] Oblomowerei (240). Warum sich nicht zur Ruhe setzen?, fragt Oblomow. Stolz antwortet: Ländliche Oblomowerei ... Petersburger Oblomowerei. Warum sich abrackern?, fragt Oblomow. Stolz antwortet: Um der Arbeit willen und weiter nichts. Die Arbeit ist Abbild, Inhalt und Wesen und Ziel des Lebens, wenigstens meines Lebens. Sieh, du hast die Arbeit aus deinem Leben verjagt: und was ist daraus geworden? Ich will versuchen, dich aufzurichten, vielleicht zum letztenmal. (243)

• Der Ausdruck Oblomowerei ist seit damals „das Stichwort für die Erkrankung des Willens, der menschlichen Tatkraft geworden" (Hilsbecher: 846).

Bei der Deutung des Romans besteht in Ost und West viel Einigkeit darüber, daß Oblomow stellvertretend für jene vielen russischen Adligen steht, die andere für sich arbeiten lassen und sich selbst in ihrer Untätigkeit und ihrem Müßiggang langweilen. Die üblichen Zerstreuungen verschaffen keine anhaltende Befriedigung. Das tägliche Einerlei wirkt ebenso schal wie die wiederholten Versuche, ihm zu entrinnen. Wenn die eigene Situation bedacht wird, kann sich der Eindruck aufdrängen, zu den überflüssigen Menschen zu gehören. Und es kommt unter Umständen die Einsicht hinzu, nicht zu rechtfertigende spätfeudale Privilegien zu besitzen, womit dann noch die Vorstellung einhergehen kann, daß das schlafende Rußland so nicht dauerhaft existieren wird, die allrussische Stagnation (Gontscharow) überwunden werden muß und eine neue Ordnung der politischen und wirtschaftlichen Verhältnisse erforderlich ist. Revolutionen bereiten sich bekanntlich lange vor ihren Schlußexplosionen vor.

In dieser Sichtweise ist Oblomow also eine durchaus negative Figur. Sie repräsentiert das rückständige Rußland, den geistigen Verfall des Adels und dessen arbeitslose-träge-gelangweilte Lebensweise, die als leidvoll empfunden wird. „Oh, wenn es doch keine Langeweile auf der Welt gäbe! Kann es eine schrecklichere Geißel geben?", so jammert Raiski (13) – ein Thema, welches Gontscharow allein in den beiden Romanen Oblomow und Die Schlucht insgesamt zweitausendzweihundertsiebzehn Seiten wert ist. Man nennt das epische Breite und bringt sie gelegentlich mit Eigenarten Rußlands in Verbindung.

• Sicherlich, die Gegenüberstellungen von Oblomow und Stolz, Trägheit und Arbeit, sind eindeutig. Und dem hochaktiven Andrej Stolz, Freund Oblomows und dessen Gegentyp zugleich, gehört zweifellos die Zukunft. Er ist auch noch nach dem Tode Oblomows, der Stolzens Meinung nach an Oblomowerei umgekommen ist (654), immerfort tätig, verwaltet das Gut Oblomowka und erzieht mit Billigung der Mutter den von Oblomow spät gezeugten Sohn Andrej.

Der tüchtige Stolz und seine genau so tüchtige Frau Olga, früher einmal die Geliebte Oblomows und ihretwegen beinahe der Trägheit entronnen, beide über seinen Tod hinaus dem Oblomow sehr verbunden, erleben jedoch ihre Grenzen. Stolz kennt irgendwann „schmerzliches Grübeln und verzweifelt sogar". Olga befürchtet „etwas Ähnliches wie eine oblomowsche Apathie", fühlt auf ihrem Gesicht eine „schwarze Wolke", erlebt Gleichgültigkeit und Teilnahmslosigkeit „gegen alles", flüchtet in „geheuchelte Geschäftigkeit" oder spricht von Migräne und legt sich ins Bett. Die „Schwermut der Seele"! Stolz sagt zu seiner Frau: Das ist nicht deine Schwermut allein: das ist ein allgemeines Leiden der Menschheit. Auf dich ist nur ein Tropfen gespritzt [...] (595, 605 ff.). Enttäuschungen bleiben also selbst einmal Stolz nicht erspart, der unter Hinweis auf sein arbeitsintensives Leben Oblomow aus dessen Lethargie herausreißen und glücklich machen will – und das sogar noch kurz vor Oblomows Tod versucht, indem er ihn vergeblich drängt, nach seinem geliebten Oblomowka zurückzukehren.

Es heißt, daß Gontscharow, übrigens ausgeprägt religiös und konservativ, eine durchaus positive Einstellung zu seinem Geschöpf Oblomow gehabt habe (Neuhäuser: 662). Sehnsucht nach einem beschaulichen Leben ohne die hektischen Begleiterscheinungen der neuen Zeit und ohne Gefühle der Leere und Langeweile – das verträgt sich mit dem von Oblomow gelegentlich erwähnten „Ideal des verlorenen Paradieses" (241). Davon kann Oblomow nur träumen, einem Paradies, das einem „Märchen (gleicht), einer naiven Utopie". Es komme nicht von ungefähr, daß Oblomow mit dem Don Quijote verglichen worden sei (Goritschewa: 98). Damit sind die Deutungsmöglichkeiten sicherlich nicht schon erschöpft.[36]

C. Leiden in und an der Zeit

Die weit zurückreichende und verzweigte Geschichte des deutschen Wortes Langeweile, seines vielfältigen Sprachgebrauchs und seiner allmählichen Verwendung in der Literatur sind ein eigenes Thema. Es genügt der erinnernde Hinweis, daß zentrale Begriffsmerkmale von Acedia/Melancholie/Taedium vitae/Ennui auch die häufig so benannte existentielle Langeweile kennzeichnen.

Diese Art von Langeweile hat also eine lange Vorgeschichte, ohne daß in ihr das Wort immer gebraucht und sein Gebrauch immer nur die gemeinte Bedeutung hat. In mediaeval literature, boredom is referred to as accidie and, besides, as the daemon meridianus [...] (Goetzl: 60). Andernorts heißt es: Melancholie is perhaps the best known of acedia's Children, das französische Wort Ennui und der italienische Ausdruck Noia leiten sich bekanntlich aus dem lateinischen in odio/odium (= Haß, Widerwille, Ekel) ab und Langeweile with them has a long attachement to the terminology associated with acedia (E. Peters: 503, 507). Die selbstverständliche Gemeinsamkeit kann man, wie dies für die alte Mönchs-Acedia getan worden ist, als Trauer/Niedergeschlagenheit/Verzweiflung-Syndrom (St.W. Jackson: 181) bezeichnen – oder, noch kürzer, als Verdruß-Affekt (Völker, 1975: 13).

Darüber äußern sich öffentlich, wie der kurze Rückblick ergibt, vor allem manche sogenannte geistig schöpferische Menschen. Sie vermitteln einem gelegentlich den Eindruck, daß „ihr Leben aus der Abfolge unproduktiver Zeiten (bestünde). Man kann jedoch nachweisen, daß sie zwischen zwei Arbeiten knapp die Zeit fanden, ihre Untätigkeit zu beklagen" (Kusenberg). Was die vielen anderen Menschen, die es ja auch noch gab, ab und zu oder dauerhaft empfunden haben, ist seltener dokumentiert.

Das Wort Langeweile wird bei uns gar nicht immer so tiefsinnig verwendet. Vielen Menschen kommt ab und zu bloß die Zeit zu lang vor, sie verspüren Unlustgefühle in einer als leer empfundenen Zeitspanne, erhoffen sehnsuchtsvoll das Ende der langen Weile, sind dann wieder aktiv und kennen keinen schwerwiegenden Lebenszweifel und Lebensüberdruß. Wer darauf fixiert ist, wird jene andere Art von Langeweile als banal und langweilig empfinden und zu Recht darauf hinweisen dürfen, daß sie im allgemeinen kein Thema für die einschlägige Reflexionsliteratur darstellt. Es gibt jedoch auch diese Langeweile, und sie ist nicht deshalb uninteressant, weil sie in vielen Fällen vorübergeht und oft keine dramatischen Auswirkungen hat.[37]

9. Zeitvorstellungen

9.1 Leere Zeit

Im deutschen Wort Langeweile ist der Zeitbezug eindeutig. Es gibt die lange und die kurze Weile. Hier ist es die kurze Zeitspanne: Kannst Du noch eine Weile warten? Dort ist es die lange Zeitspanne: Es ist schon eine ganze Weile her, damit hat es gute Weile, im übrigen: Eile mit Weile, das heißt, sei nicht zu schnell, laß Dir ruhig Zeit! Weile als lange und kurze Zeit ist vom Wortursprung her verständlich. Zugrunde liegt das mhd. wil(e); das ahd. wila = Ruhe, Pause, Rast; das idg. kueia = ruhen – längere oder kürzere Zeit. Man sagt es kaum noch: Neulich weilte ich in Vallendar oder ließ mich von der Schönheit dieses Ortes bewegen, dort zu verweilen. Die Verweildauer ist dagegen ein gebräuchlicher Ausdruck, sie ist bei Studenten leicht berechenbar und in Deutschland ziemlich lang – denn gut Ding will schließlich Weile haben, selbst wenn es gelegentlich mit Langeweile erkauft wird.

• Solche Erinnerungen an Wortursprünge erbringen wenig, weil 'lang' und 'kurz' relative Empfindungen sind.

Was kalendarisch lang oder kurz genannt werden mag, kann sich erlebnismäßig als kurz oder lang darstellen. Es ist eine bekannte Erfahrung, daß Stunden/Tage/Monate/Jahre wie im Fluge vergehen, oder daß die Minuten nicht enden wollen und die Zeit still zu stehen scheint. Es ist auch experimentell nachgewiesen, daß die „ausgefüllte Zeitstrecke subjektiv als kurz, daß die unausgefüllte Zeitstrecke subjektiv als lang erlebt wird" (Revers, 1964: 160). Das Gefühl quälender Langeweile muß zudem nicht an eine als vergleichsweise lang geltende Zeitspanne gebunden sein. Ein nur 45minütiger Vortrag über Langeweile kann für Zuhörer eine Tortur sein, während ein gelingender Urlaub trotz Lektüre über Langeweile einem die Zeit problemlos vergehen läßt. Es hängt offensichtlich von den Erlebnisinhalten und ihrer Bewertung ab, ob Zeit lang und leer erscheint und mit dem sehnlichen Wunsch nach einem Ende der bedrückenden Zeitspanne einhergeht.

• Zeit scheint nicht leicht begreifbar zu sein, wenn man es für sinnvoll hält, etwa nach dem Sein von Zeit zu fragen. Ein beliebter Zeuge ist der Hl. Augustinus:

> Was also ist die Zeit? Wenn mich niemand fragt, so weiß ich es; wenn ich dem Fragenden es auseinandersetzen soll, weiß ich es nicht: Gleichwohl sagt' ich zuversichtlich, ich wisse, es gäbe keine Vergangenheit, wenn nichts vorüberginge und wenn nichts käme, gäbe es keine Zukunft und wenn nichts wäre, gäbe es keine Gegenwart.

Die Etymologie verweist beim Wort Zeit auf ahd. zit, germanisch: ti-di, altindisch: dati, altnordisch: tina – zerteilen, zerschneiden, zerpflügen. Bei uns zerteilt man unter anderem in: Vergangenheit, Gegenwart und Zukunft; Sekunden, Minuten und Stunden; Tage, Wochen, Monate und Jahre; Frühling, Sommer, Herbst und Winter; Weltanfang und Weltende; heilige und profane

Tage; vor und nach Christus. Irgendwelche Strukturierungen von „Ereignisabläufen und -folgen durch zeitliche Periodisierung" gibt es überall, und sie sind zur Orientierung unerläßlich (Fürstenberg, 1986: 23). Wir erleben also nicht Zeit – ein bedeutungsträchtiger Ausdruck – an sich, sondern umweltbedingt zergliederte Zeit, kurzum: soziale Zeit. Das gilt für uhrmäßig ablesbare Zeit, Zeit nach dem Vollmond, Zeit nach der Vertreibung der Juden, Zeit nach Auschwitz, Zeit vor dem Ende der Zeiten, Zeit nach dem irgendwann einmal erscheinenden wirklich ernstzunehmenden Buch über Langeweile.

• Es ist offensichtlich philosophisch interessant, in Erfahrung zu bringen, worum es sich bei dem genauer handelt, was da zerschnitten wird.

Der schlichte Hinweis auf Zeit befriedigt nicht. So ist unter anderem erwähnenswert, daß „meine Frage nach der Zeit (soeben) stattgefunden hat beziehungsweise in der Zeit stattfindet" (Dupré: 1800). Vergangene Zeit existiert nicht mehr und zukünftige Zeit existiert noch nicht. „Jene beiden Zeiten also, die vorübergegangene und die zukommende Zeit, wie sind sie denn, da ja die vorübergegangene schon nicht mehr ist und die zukünftige Zeit noch nicht ist" (Augustinus, zit. Lampey: 30).

Solch philosophisches Nachdenken bis hin zur Frage nach der Zeit als Erkenntniskategorie, was alles übrigens in anderen Perspektiven keineswegs vordringlich interessieren muß, braucht hier nicht ausgeweitet und vertieft zu werden. Es genügt der Hinweis auf einen bestimmten Aspekt menschlicher Erfahrung mit dem Zeit-Vertreib. „Was wird im Zeitvertreib eigentlich vertrieben?" Läßt man die jetzt vielleicht erneut naheliegende Frage „Ist Zeit überhaupt 'etwas'?" unberücksichtigt, dann heißt es im allgemeinen: Zeit. Welche Qualität hat aber die zu vertreibende Zeit?

> Doch nicht die Zeit, die vergeht? Und doch ist sie selbst gemeint, ihre leere Dauer, das Weilen, das als Weilen zu lang ist und daher als quälende Langeweile erscheint. Hier wird gewiß nicht über die Zeit disponiert, aber nur deshalb, weil man eben gerade nicht weiß, wozu man sie verwenden soll. Man langweilt sich, weil man nichts 'vorhat'. Das Disponieren über die Zeit, ihre planmäßige Einteilung und Ausfüllung ist also gleichsam in privater Form da. Was ausfällt, sind Vorhaben, und somit bleibt die Erfahrung der Langeweile auf das Wiedereintreten von Vorhaben bezogen. Langeweile ist erst recht eine Form der Erfahrung von Zeit, mit der man rechnet. Dadurch, daß nichts in ihr ist, wird sie gleichsam aufsässig, weil sie nicht schnell genug vergeht. (Gadamer: 22 f.)

Es wird zusammen mit Langeweile häufig von leerer Zeit gesprochen. Die unlustvoll erlebte lange Weile ist selbstverständlich nicht wirklich leer, weshalb man kaum sagen kann, daß in ihr nichts ist. Wer sich bei der täglichen Büroarbeit, als Nur-Hausfrau, am Wochenende, im Krankenhaus, beim Militär, in der Schule langweilt, tut ja nicht nichts. Cassians Anachoreten schauen häufig nach der Sonne. Pascals Könige und Leute von Welt sind rastlos tätig. In Kierkegaards Betrieben der Wechsel-Wirtschaft herrscht Hochkonjunktur. Oblomow ist schläfrig-ruhend mit seinen Gedanken voll beschäftigt. Arbeitslose Menschen tun nicht deshalb nichts, weil sie nicht berufstätig sind.

Das Wort leer steht für einen negativ empfundenen Umgang mit Zeit. Da arbeitet jemand täglich in der Fabrik, ohne an dieser Tätigkeit interessiert zu sein – da möchte jemand gerne täglich in der Fabrik arbeiten, ohne es tun zu dürfen. In beiden Fällen wird der Gebrauch von Zeit negativ empfunden, denn das Ende eines langweiligen Arbeitstages wird ebenso sehnlich erhofft wie das Ende eines langweiligen arbeitslosen Tages. Dem einen wie dem anderen wird der Tag lang, die Zeit schleppt sich so dahin, will kein Ende nehmen, läuft sozusagen leer. Im zweiten Fall wirkt sich noch erschwerend aus, daß bei uns „Zeit, die nicht Arbeitszeit ist, für viele zum Fluch (wird), weil sie leere Zeit ist, über die man keine Rechenschaft abzugeben weiß" (Vogt: 231).

Es kommt also nicht darauf an, irgendetwas zu tun – obwohl das gelegentlich therapeutisch angebracht ist –, sondern sich mit lohnenswert und sinnvoll erscheinenden Dingen zu befassen. Wem das als arbeitswilligem arbeitslosem Menschen verwehrt ist und wer deswegen ernsthafte Probleme mit der Verwendung seiner Zeit hat, verfügt über einen Zeitüberschuß. Den brauchte es nicht zu geben, wenn er regelmäßig wandern, Falschparker für die Polizei notieren, die hebräische Sprache lernen, bettlägrigen Menschen vorlesen und bei allen möglichen Anlässen Demonstrationen organisieren würde. Dies fällt üblicher- und verständlicherweise jedoch nicht in den Interessenbereich vieler Menschen. Es sind nur denkbare, nicht wirklich ernsthaft erwägbare, Alternativen. Selbst wenn sie es wären, handelte es sich unter Umständen um keine realisierbaren Wahlmöglichkeiten.

• Bei Langeweile haben wir es also zu tun mit:

(1) Mit „äußerlichen Elementen". Das sind „eine Situation, der man sich aus physikalischen, moralischen, sentimentalen oder sonst irgendwelchen Gründen nicht entziehen kann, eine Zeitdauer, die zufällige oder billige Erwartungen übertrifft, ein zeitliches Programm sprengt oder die Ausführung von Dingen verhindert, die man lieber täte, tun sollte oder tun müßte, ein Inhalt des Erlebens, der, gemessen an der zeitlichen Dauer der Situation, dürftig, ärmlich, ungenügend ist".

(2) Mit einem „inneren Zustand. Aus ihm tritt hervor das Mißbehagen über die Zwangslage, Ärger über schlecht angewandte oder ganz verlorene Zeit, ein Gefühl von Leere und Öde infolge unzulänglichen seelischen Inhalts des Erlebens, lebhafter Wunsch nach Beendigung dieses Zustandes, der uns veranlaßt, dem Ablaufe der Zeit eine interessierte Aufmerksamkeit zuzuwenden, ein Akt, bei welchem wir uns, auch wenn uns der Zusammenhang klar bewußt ist, des abnorm zögernden Ganges des Uhrzeigers in quälender Weise bewußt werden".

Zurückgeführt auf das „wichtigste Moment, als die eigentliche Achse des Zustandes Langeweile erkennen wir das Verhältnis zwischen Zeitspanne und Inhalt. Langeweile entsteht, wenn dieses Verhältnis ein bestimmtes, uns mit Unlust berührendes Maß an Verschiebung erleidet". (Hoche: 50) So 'einfach' ist das.

Je nach Perspektive wird mal dieses, mal jenes Element mehr interessieren. Wer sich vordringlich mit der Situation befaßt, fragt danach, weshalb es sie gibt und weshalb sie bei (manchen) Menschen mit Unlustgefühlen besetzt ist. Einige Hinweise enthält schon der kulturgeschichtliche Rückblick. Erinnert sei an Cassians Anachoreten, Pascals Könige und Leute von Welt, Büchners Menschen-Automaten, Gontscharows russische Oblomows. Eine langweilige Situation kann zeitlich kürzer oder länger sein, das ganze Leben überhaupt wegen seiner angeblichen Ferne von Gott oder eines unterstellten Nichts.[38]

9.2 Entdeckung leerer Zeit

Mit der negativen Empfindung leerer Zeit verbindet sich leicht die Vorstellung eines Überdrusses/Verdrusses/Ekels, was an Acedia denken läßt. Dieses Wort wird jedoch erst verhältnismäßig spät und in der Alltagssprache selten gebraucht. Angeblich „(übernehmen) im Griechischen verwandte Ausdrücke der Verdrießlichkeit und des Überdrusses die besondere Nuance" (Hoche: 38) unserer Vorstellung von Langeweile. Ohne darauf Bezug zu nehmen, sind einem brieflichen Hinweis Weilers zufolge neben Acedia erwähnenswert: scholé = Muße, freie Zeit, Müßiggang; korós = Sättigung, Überdruß, Ekel; aniarós = lästig, beschwerlich; álys = müßig, zwecklos, langweilig (?). Ob álys wirklich als Greek for boredom (Bergler, 1945: 40) gedeutet werden darf, erscheint fraglich.

• Kierkegaard stellt seinen Ausführungen über die Wechsel-Wirtschaft ein Zitat aus Pluto von Aristophanes (5./4. Jh.) voran. Darin wird die Behauptung An allem bekommt man schließlich Überdruß beispielhaft so belegt: Liebe, Semmel, Musenkunst, Zuckerwerk, Ehre, Kuchen, Tapferkeit, Feigenschnitt, Ruhm, Rührei, Kommando und Gemüse. Überfluß schlägt unter Umständen um in Überdruß, Verdruß, schalen Genuß.

Das wußte einige Jahrhunderte vorher schon Homer: Alles wird man ja satt, des Schlummers selbst und der Liebe,/Auch des süßen Gesangs, und bewunderten Reigentanzes,/Welche doch mehr anreizen die sehnsuchtsvolle Begierde/Als der Krieg; doch die Troer sind niemals satt des Gefechtes! (Ilias, 13: 636-639). In einem Kommentar steht, daß sich die produktive, in Notwendigkeit eingespannte Arbeit als Dominante des Lebens auch in der subjektiven Empfindung geltend mache, denn „der Mensch wird des Nichtarbeitens nach einiger Zeit überdrüssig" – wir würden vielleicht sagen: er langweilt sich.

Was um 800 v. Chr. als eine, wohl noch sehr viel weiter zurückreichende, menschliche Erfahrung beschrieben wird, darf angeblich nicht als Hinweis auf ein gewichtiges Problem der Zeitverwendung mißverstanden werden. Damals habe man keine Angst vor der Zeit; die Zeit werde noch nicht verloren; man wisse noch nicht um die Zeit als eines einförmigen Abstraktums; man entdecke nicht die Zeit, sondern lebe mit dem Rhythmus von

Saat, Wachstum, Ernte usw.; man kenne noch nicht die Zeit als Tyrannen; man spreche nicht von Zeit, sondern von ihren Inhalten wie Hunger, Opfer, Essen, Liebe, Tanz usw.; man bedenke nicht Zeit, sondern lebe in ihr. Das ergebe sich aus einer, von den Vorgängen in der Natur mitbeeinflußten, Abstimmung zwischen Arbeit-Verzehr-Muße. Deswegen gleiche das Leben nicht einer Idylle, denn es gebe Spannungen und Auseinandersetzungen zwischen den drei Bereichen, verschärft durch Betrügereien, Raubzüge und Kriege. Davon abgesehen: der vorhin erwähnte Überdruß „ist Begleiterscheinung eines rhythmischen Übergangs von Erholung und Spiel zur Arbeit". (Welskopf: 62, 23, 49, 55, 62)

Was hier als Phänomen des Übergangs bezeichnet wird, enthält ein besonderes Gewicht wegen seiner möglichen Bedeutung für Empfindung von Zeit.

> Sohn, ich muß wol wieder in meine Kammer hinaufgehn,/Auf dem Lager zu ruhn, dem jammervollen, das immer/Meine Tränen benetzen, seitdem der edle Odysseus/Mit den Atreiden gen Ilion zog; denn du findest Bedenken,/Ehe der Freier Schwarm zum Freudengelage zurückkehrt,/Mir zu erzählen, was du von deinem Vater gehört hast!/Und der verständige Jüngling Telemachos sagte dagegen:/ Gerne will ich dir, Mutter, die lautere Wahrheit verkünden (Odyssee: 17, 101-107).

Ein, hoffentlich nicht überzogener, Kommentar dazu lautet: Sehr fein zeichnet der Dichter durch diesen Vorgang die Ungeduld derjenigen, die untätig warten mußten, gegenüber dem Sohn, dessen Zeit von einem gefährlichen Unternehmen ausgefüllt war. Penelope ist dabei, die leere 'Zeit' zu 'entdecken'. Telemach aber ruft sie in den der menschlichen Gemeinschaft gemäßen Rhythmus zurück. (Welskopf: 57) Die kurzfristig wahrgenommene leere Zeit hat keine weiterreichenden Folgen, weil der damals übliche Lebensrhythmus sie nicht zuläßt.

Das wird hier nur erwähnt, um beiläufig daran zu erinnern, daß subjektiv erlebte Zeit von sozialer Zeit in der Regel nicht zu trennen ist und es kultur- und epochenspezifische Zeitstrukturen, Zeitbewußtseine, Zeitvorstellungen, Zeitperspektiven, Zeiterlebnisse gibt. Eine davon wird homerische Zeitauffassung genannt. Von ihr heißt es: völlige Indifferenz gegenüber Zeit; unentwickelter Zeitsinn; überwiegend negativer Charakter der Zeit; nur die Dauer und nie den Punkt bezeichnende Zeit; nichts unterbleibt aus Zeitmangel, was die auffälligste Eigenschaft der homerischen Zeit ist. Den Ausdruck leere Zeit gibt es zwar nicht, wohl aber deren Empfindung. Zeit „macht sich am stärksten fühlbar als leere Zeit, während der nichts Ernstliches geschieht oder etwas Erwartetes noch nicht geschieht". Wenn jemand fern sei, vermißt werde, zögere, warte, schweige, staune, unverheiratet bleibe, Mühsal erdulde usw. – „beim Warten hat man also die Zeit entdeckt [...]".

Epochale Zeitauffassungen sind selbstverständlich wandelbar. In der insbesondere durch Pindar (6./5. Jh.) repräsentierten Lyrik schlägt die archaische Zeitperspektive „radikal" um. Es wird jetzt, und das gilt als ein besonders wichtiges Merkmal, „von den Dingen gesprochen, die mit der Zeit noch kommen werden". (Fränkel: 1, 6, 14, 4, 13 f., 2, 10) Damit erhöht sich das Potential an Warte-Zeiten, in denen Zeit und leere Zeit entdeckt und Gefühle der Langeweile empfunden werden können.[39]

10. Erwartungen

10.1 Käfig-Situationen

Goethes Feststellung, daß Affen Menschen werden könnten, wenn sie Langeweile hätten, liegt die Annahme zugrunde, daß es die Empfindung leerer Zeit nur bei Menschen gibt. Tier-Mensch-Vergleiche sind seit jeher beliebt und für das Selbstverständnis der Menschen auch naheliegend. Sie sind jedoch nicht immer leicht durchführbar und oft mit falschen Vorverständnissen und irreführenden Ergebnissen belastet. Die anhaltenden Auseinandersetzungen über vergleichende Verhaltensforschung und Soziobiologie belegen die Schwierigkeiten in diesem Bereich wissenschaftlicher Forschung.

• Langeweile tritt im Tierreich angeblich spät auf, und die „Mehrzahl der Tiere kennt – nach ihrem Benehmen zu urteilen – die Langeweile nicht". Ausdrücklich werden Hunde und Affen genannt, bei denen es ein „Bedürfnis nach besonders geartetem Inhalte des Erlebens und nach Beschäftigung (gibt); sie empfinden bei versagen dieser Möglichkeit Langeweile". (Hoche: 43) Andernorts wird dargelegt, daß Katzen und Kinder die gleiche zum Spiel antreibende Triebkraft hätten, die aber nur bei Kindern zur Langeweile führen könne. Verallgemeinernd wird sodann vom Tierreich behauptet, daß allen Tieren der Ausgleich zwischen Tätigkeit und Ruhe gelingt, kein Tier sich langweilt, „Ihm die Zeit zu lang würde und es die 'lange Weile' der Verzweiflung nahe brächte". Trotzdem:

Theoretisch kann auch das Tier Langeweile haben. Das kindliche und das tierische Spiel gründen gleichermaßen in der Langeweile und münden in sie ein. Nun stellten wir aber bereits fest, daß das Tier nicht an Langeweile 'leiden' kann. Die Langeweile wird beim Tier in statu nascendi bereits überwunden. Das Tier kann vielleicht Langeweile haben, nicht aber an 'Langeweile' leiden. Eben das, was in der Bezeichnung 'Langeweile' ausgedrückt wird, kann nur der Mensch erleben. (Revers, 1949: 39, 37, 59)

Solche Formulierungen sind nicht unbedingt hilfreich. Denn wenn die Erfahrung des Leidens an Zeit ein zentrales Merkmal von Langeweile ist und Tiere zu dieser Empfindung unfähig sind, dann können sie auch theoretisch keine Langeweile haben. Wenn Tiere wegen langer Weile nicht zur Verzweiflung fähig sind, dann ist der Hinweis auf eine Differenz zwischen Haben von und Leiden an Langeweile problematisch. Sicherlich, Tiere haben ab und an eine lange Weile. Wenn sie diese Zeitspanne aber nicht negativ empfinden, dann kann man auf sie schlecht ein Wort anwenden, welches der Autor selbst mit dem Hinweis auf Leiden an Zeit so definiert, daß es auf Tiere nicht paßt. Anders: das Wort Langeweile steht bei Tieren und Menschen nur zur Bezeichnung einer langen Weile, bei Tieren jedoch nicht für die angeblich nur Menschen mögliche negative Empfindung leerer Zeit. Wenn schon die übliche begriffliche Verwendung des Wortes Langeweile bei Tieren sich angeblich verbietet, dann gibt es bei ihnen auch keine Überwindung der Langeweile in statu nascendi. Hinsichtlich des Leidens an der langen Weile ist beim Tier nichts zu überwinden.

• In genaueren, biologisch orientierten, hier verkürzt referierten und unvermeidbar spekulativen, Überlegungen wird das Hundeverhalten in einer Stadtwohnung erörtert und dabei das Verhältnis von Umwelt-Druck und Innen-Druck berücksichtigt.

Fall A: auf eine lahme Wohnungs-Umwelt reagiert der Hund durch Dösen oder Schlafen. – Fall B: auf einen erhöhten Umwelt-Druck etwa durch bellende Hunde reagiert der Hund, indem er aufspringt, zum Fenster rennt und mitbellt. – Fall C: trotz erhöhtem Außen-Druck reagiert der Hund nicht, weil er erschöpft oder krank ist. – Fall D: trotz geringem Umwelt-Druck trippelt der Hund unruhig hin und her. Er zeigt „ein 'gelangweiltes', und das besagt, gequältes, durch Valenz-Armut bedingtes Erregungs-Verhalten", ihn beeinflußt ein „innerer Bewegungs-Druck" mit der Folge eines „Unruhe-Verhaltens". Wird der Hund jetzt ausgeführt, „vom Käfig befreit, dann kann der innere Überdruck endlich auspuffen" und stellt sich ein „Basis-Gleichgewicht" wieder her.

Das besondere Interesse gilt der Käfig-Situation im Fall D, in der das Tier motorisch bedingt unruhig ist. „Was der Hund erlebt, wenn er unruhig durch die Wohnung trippelt, wissen wir nicht". Vom Menschen dagegen wissen wir, daß er bestimmbare Empfindungen hat und sie gegebenenfalls äußert, wenn er sich in einer langweiligen Situation mit geringem Stimulationsdruck befindet. Eine dem Fall D vergleichbare Käfig-Situation ist übrigens ein gelehrter Vortrag über Langeweile, wobei hier vorausgesetzt wird, daß man sich verpflichtet fühlt, nicht auszubrechen. Es gibt viele mögliche Reaktionen: dösen, einschlafen, hin und her rutschen, nervös mit den Fingern auf die Stuhllehne trommeln, die Beine nach links oder recht übereinanderschlagen, grimassieren. – Erfahrene Referenten kennen sich übrigens aus, blicken die mit halboffenen Augen dösenden Zuhörer allenfalls beiläufig an und ersparen ihnen die Peinlichkeit, mimisch so zu tun, als ob sie aufmerksam wären, was unter Umständen zu intensiven Rötungen des Gesichts führt.

Wie auch immer: in der fraglichen Situation „quält (sie) mich, die lange Weile, und dafür 'schlage ich sie tot' oder versuche zum mindesten, sie zu 'vertreiben', nämlich die Zeit, 'die mir lang wird'. Mir wird in dieser Situation 'Zeit und Weile lang'. Diese volkstümliche Wendung müßte wohl besser lauten: 'Die Zeit als Weile wird mir jetzt lang'. Sie erscheint, weil ich zum Warten verurteilt bin, als 'lang'".

In einer möglichen Theorie der Langeweile erscheinen die mit Leiden an der langen Weile besetzten Situationen als Käfige; das kann unter Umständen „Unsere langweilige Welt" im ganzen sein. (Bilz: 168, 170, 174, 176, 179) Eine ähnliche These lautet: Langeweile ist ein Gefängnis (Keen, 1980: 24). Es kommt oft vor, daß man langweiligen Situationen nicht entgehen kann oder glaubt, ihnen nicht entgehen zu können oder entgehen zu dürfen. Solche „Konventions-Fallen" sind unter Umständen Ehe oder Beruf oder anerzogene Höflichkeit, die jemanden daran hindern, einen Vortragssaal einfach zu verlassen, eine Ehe aufzugeben, den Beruf zu wechseln. Bei anhaltender und tiefgreifender Langeweile bietet sich als letzter Ausweg vielleicht die Selbsttötung an, die allerdings viele Ursachen hat und im einzelnen Fall nur schwer eindeutig begreifbar ist.[40]

10.2 Warten und Hoffen

Penelope wartet. Beim Warten wird Zeit und leere Zeit entdeckt, man wartet in Käfig-Situationen auf das Ende der langweiligen Weile. Warten und Langeweile hängen eng zusammen.

• In vielen alltäglichen und außeralltäglichen Situationen muß man kürzer oder länger warten.

Das gilt etwa für Warten auf Beginn der Essenszeit, Arbeitszeit, Ferienzeit, Festzeit, Schlußverkaufszeit – oder für Warten auf das Ende der Gefängniszeit, Krankenhauszeit, Fastenzeit, Urlaubszeit, Ausbildungszeit, Lebenszeit. Man steht mit wenig Hoffnung stundenlang für den Kauf eines neuen Buches über Langeweile an. Man wartet sehnsüchtig auf ein Lebenszeichen des Partners oder ein Liebeszeichen der Geliebten. Man wartet ungeduldig auf eine Nachricht vom Finanzamt, Arbeitsamt, Versorgungsamt oder Amtsgericht. Man wartet vergeblich auf eine Entscheidung seines Chefs, der Stadtverwaltung oder des Vatikans. Es gibt Warteräume, Wartezimmer, Wartelisten, Warteschlangen und Wartezeiten. Der eine wartet nur eine kurze Zeit bis zur Ankunft des Zuges, der andere lebenslang und noch darüber hinaus auf das Jüngste Gericht. Dem einen wird die Wartezeit beim Arzt zu lang, und er geht verärgert nach Hause, dem anderen bleibt wegen starker Schmerzen gar nichts anderes übrig, als im Wartezimmer auszuharren. Der Landvermesser K. wartet geduldig vor dem Schloß – und auch das Warten von Estragon und Vladimir in 'Warten auf Godot' ist kein kurzweiliger Zeitvertreib.

Warten, das versteht sich von selbst, ist zukunftsorientiertes Verweilen, bis etwas kommt oder eintritt. Es wartet jemand sichtbar an einem Ort auf das Ende des Konzerts, es kann jemand auch bloß gedanklich und also unsichtbar ausharren und auf einen Lottogewinn warten. Manche Menschen warten hochgestimmt auf das freudige Ereignis der Ehescheidung und sind sich dessen gewiß. Manche Menschen warten ängstlich auf die befürchtete Diagnose Krebs, die aber noch ungewiß ist. Manche Menschen warten gleichmütig ab, was gehaltsweise möglicherweise auf sie zukommt. Manche Menschen halten das Warten auf eine Professur nicht mehr aus, geben das Warten auf und erwarten dann unter Umständen gar nichts mehr.

Warten ist ein interessantes, gegebenenfalls folgenreiches, Phänomen. Es kann vorkommen, daß viele Menschen wiederholt für nahezu alles anstehen und warten müssen – bis hin zur Eintragung in Wartelisten, weil die Kapazitäten für lebenswichtige Operationen beschränkt sind. Bei Zeitknappheit kann Warten ein kostspieliges Unterfangen sein, wenn wichtige Zeitpläne durcheinander geraten und die für andere Dinge vorgesehene Zeit wartend vertan wird. Wartenmüssen folgt unter Umständen aus einem Machtgefälle, denn nicht alle Menschen können andere warten lassen. Im Zusammenhang damit kann Warten ritualisiert und zeremoniell geregelt sein, denn manchmal gebietet es der Respekt, auf bedeutende Menschen eine Zeit lang zu warten: Meine Damen und Herren, die Frau Bundespräsidentin! Wer jemanden ungebührlich lang warten läßt, wird sich, falls entsprechend erzogen, dafür entschuldigen – ehrlich, weil er wirklich verhindert war, taktisch, weil er eine Absicht verfolgte. Manche Menschen lassen sich in bestimmten Situationen nämlich erheblich belasten, wenn man sie eine Zeit warten läßt.

Sicherlich 'wartet' auch ein Hund in tiermäßiger Weise auf Futter, Ausgang, Zuwendung. Man sieht es ihm an, denn er macht auf sich aufmerksam, bettelt, trippelt zur Tür. Was er dabei erlebt, wissen wir nicht. Von Menschen dagegen können wir wissen, was sie empfinden, wenn sie auf etwas warten, und was dabei gedanklich-gefühlsmäßig in ihnen vorgeht.

• Wer wartet, muß sich deswegen nicht langweilen. Die Wartezeit kann angenehm verbracht werden, indem man mit anderen angeregt plaudert, ein spannendes Buch liest, eine dringende Arbeit erledigt, beiläufig eine Theorie der Langeweile entwickelt oder entspannt döst. Die Zeit vergeht wie im Fluge, sie wird nicht eigentlich vertrieben, obwohl ihr Ende erwünscht ist. Wer sich dagegen langweilt, hofft auf das Ende einer negativ empfundenen leeren Zeit, in der zwar nicht nichts, aber doch nichts Ernsthaftes geschieht.

Warten in langweiligen Situationen kann von der <u>Dauer</u> des Käfig-Aufenthaltes beeinflußt werden. Es macht ja einen Unterschied aus, ob man es zu tun hat mit einem zeitlich begrenzten Vortrag, einer Stehparty, einer kirchlichen Veranstaltung – oder mit einem langen Wochenende, mehreren aufeinander folgenden Feiertagen, täglicher Arbeitszeit – oder mit einem immerfort sich wiederholenden Einerlei, welches nach Art des Taedium vitae an Lebenssinn zweifeln läßt. Die nur gelegentlich erfahrene und vergleichsweise kurze langweilige Situation erfordert unter Umständen weniger Aufwand beim Zeitvertreib als regelmäßig auftretende längere leere Zeiten oder die gelegentlich so genannte Lebenslangeweile.

Erwägenswert ist sodann die Intensität, mit der Erlebnisinhalte während einer langweiligen Situation negativ erlebt und verarbeitet werden – wobei die Zeitdauer gleichgültig sein kann. Je weiter weg man sich von dem empfindet, was situationsspezifisch geschieht, und je weniger mobil man reagiert, desto schwerwiegender wird unter Umständen die fragliche Zeitspanne wahrgenommen. Man denke etwa an eine „Abfütterungsvisite, wo Leute, die sich nichts zu sagen wissen, theils, weil sie einer den anderen nichts sagen wollen, theils, weil sie sich bereits alles gesagt haben, sich tausendmal gegeneinander ausgesprochen haben, sich zusammenfinden [...] bleiern thront die Langeweile auf den apathischen Gesichtern" (Daniel: 7).

Beachtenswert ist sodann das Verhältnis zwischen situationsspezifischen Erlebnisinhalten und wirklichen Interessen. So können langweilige Situationen umso stärker zu Buche schlagen, je mehr sie einen Menschen daran hindern, Ernsthaftes zu tun. Wer über viel freie Zeit verfügt, für den sind Käfig-Situationen zeitlich weniger kostspielig als für jemanden, dem die regelmäßig erforderliche Teilnahme an langweiligen Empfängen Wertvolle Zeit raubt. Es ist keine völlig nutzlos verbrachte Zeit, weil ja die Anwesenheit nützlich erscheint, dennoch vertane Zeit.

• Bemerkenswert ist schließlich, ob Veränderungen der langweiligen Situationen erwartbar sind.

Von der erwähnten Lebenslangeweile abgesehen, gibt es in (fast) allen vorhin erwähnten Fällen die begründbare Hoffnung auf ein Ende des langweiligen Wartens. In solchen Situationen ist es möglicherweise bedeutsam, ob die Erwartung sich auf kurz bevorstehende oder sehr viel später eintretende Ereignisse richtet, ob es um konkrete oder vage Erwartungen geht, ob es sich um realistische oder traumhafte Erwartungen handelt. Wie auch immer: die Zeitperspektive schließt bei uns im allgemeinen Zukunft mit ein. Sicherlich, der eine schaut gleichgültig in die Zukunft und der andere befürchtet das Schlimmste von der Zukunft. Es gibt aber viele andere Menschen, die hoffnungsvoll in die Zukunft blicken – gerade auch hinsichtlich des Endes langweiliger Situationen. Hoffnung auf etwas schließt freilich Enttäuschungen nicht aus.

Wer nichts mehr erwartet, lebt dauernd in einem Sonder-Käfig. „Sehr schwere Langeweile können wir verstehen als ein Stillhalte-Abkommen abgeschlossen zwischen 'ich muß' und 'ich will', was sehr viel Energie absorbiert. Jede Vorwärtsbewegung zu neuen Erlebnissen ist blockiert" (Keen, 1977: 66). Im Extremfall wird nicht mehr gewartet, denn Warten richtet sich auf zukünftige Ereignisse. Wer hoffnungslos ist, dessen Zeitperspektive büßt die Zukunftsdimension ein und dessen Zeitbewußtsein schrumpft auf ein Momentbewußtsein. Hoffnungslos sein und auf ein Ende von etwas nicht mehr warten – das hat in aller Regel erhebliche Folgen. So werden beispielsweise von anhaltender Arbeitslosigkeit schließlich „sämtliche Le-

bensbezirke eines Menschen betroffen", und das Verhalten von Arbeitslosen ist „ein Beispiel dafür, wie die Zeitperspektive die Moral senken kann"
(Lewin, 1968: 152 f.). Resignation und Passivität greifen um sich. Von Langeweile kann und darf wohl so lange gesprochen werden, wie Zeit als leere
Zeit negativ empfunden wird. Wenn nicht einmal mehr das geschieht, hat
man es sicherlich mit schweren psychiatrischen Fällen zu tun.[41]

D. Privilegierte Zeitver(sch)wendung

Langeweile wird häufig mit freier, genauer: zu viel freier, Zeit zusammen gesehen. Diese einseitige Sicht verkennt manche langweilig empfundenen Situationen, die nicht zur Freizeit rechnen. Das gilt etwa hinsichtlich monotoner Berufsarbeit, abwechslungsarmer Hausarbeit, regelmäßig sich wiederholender Arbeitsessen, ermüdender Vorlesungen ... Davon abgesehen ist der Ausdruck 'freie Zeit' natürlich nur sinnvoll in Abgrenzung von nichtfreier Zeit. Diese heißt bei uns – hier unangesehen der erforderlichen Zeit für Schlaf, Essen, Hygiene – üblicherweise Arbeitszeit, wobei übrigens keineswegs ein für allemal feststeht, was als Arbeit gilt, beispielsweise Erwerbstätigkeit, andere Tätigkeiten mit einem ökonomischen Ziel, Tätigkeiten zu nichtökonomischen Zwecken (Jahoda: 27).

Arbeitsfreie Zeit muß nicht deshalb langweilig sein, weil gängige Berufsarbeit entfällt. Freie Zeiten oder Teile davon sind für das Thema Langeweile erst dann bedeutsam, wenn sie wegen äußerer Umstände oder innerer Zustände als leere Zeit unlustvoll erlebt werden. Das trifft bekanntlich nicht für alle Menschen zu. Im übrigen kann arbeitsfreie Zeit ungleich verteilt sein. Ein Extrem repräsentieren Menschen, die für ihren Lebensunterhalt überhaupt nicht arbeiten müssen und nur über freie Zeit verfügen – ein anderes Extrem jene Menschen, die außer ihrer Arbeitszeit nur noch Zeit für Essen und Schlafen haben. Wer über viel arbeitsfreie Zeit verfügt, kann unter Umständen auch viel leere Zeit erleben. Gelegenheit macht bekanntlich Diebe – und wer wollte leugnen, daß es für Acedia/Ennui/Melancholie/Langeweile ebenfalls differentielle Gelegenheiten gibt. Um diese geht es in den folgenden Überlegungen zusammen mit mehr als bloß kurzfristiger Langeweile.

11. Am Anfang war die Langeweile

11.1 Gott und Götter

Was tun? Wie die Zeit füllen? Solche Fragen peinigen manche stark gelangweilten Menschen nachhaltig. Das gilt angeblich sogar für Gott/Götter. Beim Winnebago-Clan erzählt man sich: Am Anfang saß Erdmacher im leeren Raum. Als er sich seiner selbst bewußt wurde, existierte nirgendwo etwas. Er fing an darüber nachzudenken, was er tun sollte, und begann schließlich zu weinen. (Radin, zit. Lepenies: 189) Für Kierkegaard war am

Anfang die Langeweile, langweilten sich die Götter und schufen deswegen den Menschen. Woher kam diese Langeweile? Angeblich aus Mangel an Aktivitäten und Abwechslung.

• Einer neuzeitlichen eingeschränkten Vorstellung von 'Wissen' zufolge können wir nicht wissen, wer Welt und Menschen erschaffen und was der Welterschaffer vor seiner großen Tat empfunden hat. Es ist dennoch bemerkenswert, daß an ihn als Schöpfer geglaubt und manchmal sogar – natürlich völlig untheologisch – angenommen wird, daß wir unsere Existenz seiner anfänglichen Langeweile verdanken. Zu dieser Art von Jenseitsvorstellung drei Beispiele:

Bei Wieland heißt es: Der gute Zeus, dem ihrer Zunge Lauf / Beschwerlich war, stand oft vor Unmut auf / Und fing (was tut nicht ein geplagter Mann?) / Vor langer Weil' zu donnern an.

Heine, der sich gelegentlich vorstellt, Gott zu sein, dichtet: Doch Langeweile plagt mich sehr, / Ich wollt' ich wär' auf Erden / Und wär' ich nicht der liebe Gott, / Ich könnt' des Teufels werden. – Kierkegaard nimmt ohne Nennung des Namens Heine indirekt und ablehnend darauf Bezug: Wenn Gott sich gebären lasse und Mensch werde, so nicht wegen eines müßigen Einfalls, worauf man verfallen könne, „um doch irgendetwas vorzunehmen, vielleicht um der Langeweile ein Ende zu machen, die, wie man frech gesagt hat, damit verbunden sein muß, Gott zu sein – Gott tut das nicht, um Abenteuer zu erleben. Nein, wenn Gott dies tut, so ist dies Faktum der Ernst des Daseins" (V: 164, 142). Anders kann es für einen gläubigen Menschen nicht gewesen sein.

In Büchners Leonce und Lena steht: Hofprediger: Denn – / Valerio: Es war vor Erschaffung der Welt – / Hofprediger: Daß – / Valerio: Gott Langeweile hatte – (145). Ob's stimmt oder nicht, in einer Deutung dieser Stelle heißt es: „Auch die mächtigste Schöpferkraft ist demnach zur Belebung ihrer Eintönigkeit aus der Einöde der Langeweile ausgebrochen" (Beckers: 69). Wer das glaubt, wird es wohl für sich selbst in seiner eigenen Eintönigkeit als tröstlich empfinden können. Man nennt das eine Projektion oder anthropomorphe Reaktion, also eine Übertragung menschlicher Empfindungen und Verhaltensweisen auf Gott.

• Am Anfang war die Langeweile und die Götter langweilten sich. Das ist konkret für die Götter des Olymp behauptet worden.

Über deren Leben in der Frühzeit heißt es: sonnendurchtränkt, reich an Spaß und Freude, genußvoll, promiskuitiv, frei von Arbeit, aktiv und einfallsreich. Später jedoch, zur Zeit der Ilias und Odyssee gilt: verbittert, übersättigt, eifersüchtig, neidisch, mürrisch, trübsinnig, verdrießlich, ängstlich, boshaft. Die Götter leiden an einer Krankheit, nämlich a variant of acedia-boredom (= Langeweile).

Wenn Wünsche problemlos verwirklicht werden können, bedarf es keiner Hoffnung. Wo aber Sehnsüchte und Hoffnungen entfallen, kann sich eine nagende Langeweile zur Bosheit auswachsen. Sie findet ihre Opfer schließlich auch außerhalb der kleinen Götterwelt unter den weniger privilegierten Lebewesen. Die Götter greifen in das Leben der Menschen ein, spielen Schicksal, provozieren Streit und übertragen dabei ihre internen Auseinandersetzungen. Irgendwann während des langen trojanischen Krieges diskutieren Poseidon und Apollo, welche Partei die Götter unterstützen sollten, wobei jener diesem vorwirft, die Trojaner zu bevorzugen.

Die angebliche Moral der homerischen Erzählung: Ein müßiges und träges Leben kann kurzfristig vergnügen, jedoch kein dauerhaftes Glück garantieren. Alles menschliche Leben wird langweilig, wenn man nicht herausgefordert wird, sich nicht anstrengen muß, keine Initiativen zu ergreifen braucht und die eigenen Talente ungenutzt läßt. Damit hat jeder zu rechnen, der über viel freie Zeit verfügt, träge dahinlebt und mit seiner Zeit nichts Ernsthaftes anzufangen weiß. (Lyman: 15 f.)[42]

11.2 Garten Eden

Als Gott angeblich aus Langeweile Adam und Eva erschaffen hatte, war sein Problem gelöst, wenngleich Nietzsche gelegentlich von der Langeweile Gottes am siebenten Tage der Schöpfung spricht. Die ersten Menschen dagegen befanden sich, entgegen einer landläufigen Meinung, in einer langweiligen Situation. Adam und Eva, so karikiert ein Dichter: langweilten sich ihrerseits im Paradies und aßen von der verbotenen Frucht. Gott wurde ihrer überdrüssig und vertrieb sie aus dem Paradies. Kain, von Abel gelangweilt, erschlug ihn. Noah, der sich langweilte, erfand den Wein. Wiederum waren die Menschen dem lieben Gott langweilig geworden, und er zerstörte die Welt durch die Sintflut. Auch die aber wurde ihm bald dermaßen langweilig, daß er wieder schönes Wetter werden ließ. Und so weiter. (Moravia: 9)

• Seltsam, viele bedauern den Verlust des Gartens Eden und hoffen anstelle des verlorenen auf ein zukünftiges Paradies, andere deuten den Garten Eden als einen langweiligen Aufenthaltsort. „Es läßt sich nun wiederum die Frage stellen: was fehlte im Garten Eden? und die unmittelbare Antwort ist mir: Anregung; Glückseligkeit und reine Tugend waren unerträglich langweilig". So gesehen wird eine Kapitelüberschrift verständlich: The Origin of Civilization in Boredom. (Earle: 108)

Diese Zivilisationstheorie wird gelegentlich variiert, und dabei wird nicht immer speziell von Langeweile, sondern allgemein von Freizeit und Muße gesprochen. Muße „bedeutet ein Stück Geschichte der Kultur und des Fortschritts oder auch des Verfalls" (Welskopf: 119 f.). Langeweile als „Negation des Lebenssinnes" kann man auch positiv sehen, denn ohne

„diese Langeweile (wäre) aus der Menschheit nie geworden, was die Menschheit heute ist, ohne die Langeweile (hätten) die Menschen nie das Bedürfnis gehabt zu spielen, ohne die Langeweile in der Form des Spiels (hätte) sich keine Kultur entwickelt" (Hübner: 65). Im Zusammenhang mit Georg Büchner ist von einer „Ableitung der Kultur aus der Langeweile (dem Ennui)" gesprochen worden (Ludwig Marcuse, 1973: 89). Als eine der Ursachen für Revolutionen nennt Ernst Bloch Schwermut und Langeweile (zit. W. Schneider: 158). Die Langeweile vieler Angehöriger der leisure-class beeinflußte nachhaltig deren Lebenskunst etwa hinsichtlich Schreiben, Lesen, Reisen, Gartenbau, Landwirtschaft, Architektur, naturwissenschaftliche Beobachtung usw. (Blaicher: 49 ff.). Dezidiert: Without the leisure class, mankind would never have emerged from barbarism (Russell: 103).

• Der gleiche Sachverhalt ist auch beim Thema Glück und Glückserfahrungen bedeutsam. Ein Aspekt betrifft das Erlebnis des Überdrusses.

Genüsse nutzen sich mit der Zeit ab, treten in den Hintergrund der Aufmerksamkeit, und neue Wünsche kommen auf. An allem bekommt man endlich Überdruß (Aristophanes) – eine beispielsweise von Seneca, Pascal und Schopenhauer auf ihre Weise beschriebene und erklärte Erfahrung. Dieses Thema wird in der abendländischen Literatur häufig erörtert. Einerseits die unstillbare Sehnsucht nach Ruhe und Vollkommenheit – andererseits die Ahnung und Erfahrung, daß beide Ziele hier und jetzt nicht erreichbar sind. Der Volksmund weiß es übrigens seit langem: Es ist nichts schwerer zu ertragen, als eine Reihe von guten Tagen – freilich nur für jene, die mehrere gute Tage erleben können.

Trotz des Strebens nach Glück und der leidvollen Erfahrungen mit einem immer nur begrenzten Glück wird Glück gelegentlich sogar befürchtet. Kant: Im Leben (absolut) zufrieden zu sein, wäre thatlose Ruhe und Stillstand der Triebfedern, oder Abstumpfung der Empfindungen und der damit verknüpften Thätigkeit (235). Im Umkreis der utopischen Literatur des späteren 18. Jahrhunderts und der Romantik gibt es „genügend Anzeichen dafür, daß eine ewige Glückseligkeit oder ein dauerndes irdisches Glück, der Zustand der Vollkommenheit überhaupt, mit der Vorstellung von Langeweile verbunden wird. Die Vorstellung von der ewigen Langeweile tritt in der Diskussion der Aufklärer um die menschliche Vollkommenheit und himmlische Glückseligkeit auf, später im Zusammenhang mit der Diskussion über Rousseau, dem Naturzustand, das Goldene Zeitalter und die Idylle" (Winter: 58). Glück vertreibt zeitweise Langeweile und gebiert zugleich wieder Langeweile – also Zurückhaltung bei der Sehnsucht nach dem Paradies!

Der Hase im Hasenparadies jedenfalls hat dies auf seine Weise erfahren und fleht den Hl. Franziskus an:

[...] gib mir meine Erde wieder. Ich fühle, daß ich hier nicht zu Hause bin. Gib mir meine Furchen wieder voll Kot, meine lehmigen Pfade. Das heimische Tal gib mir zurück, wo die Jagdhörner den Nebel aufrühren; die Wagenspur, von wo aus ich mein Abendläuten hörte, die Meute mit den hängenden Ohren. Gib mir meine Angst wieder. Gib mir meinen Schrecken wieder [...]. (Jammes: 69 f.)[43]

12. Aristokratische Arbeitsauffassung und Arbeitsentlastung

12.1 Vorstellungen im antiken Griechenland

Unangesehen bloßer Vermutungen über Gott, Götter und Garten Eden sind wir über jene Menschen verläßlich informiert, die viel arbeitsfreie Zeit haben und sie gegebenenfalls als leere Zeit negativ empfinden. Die Bewertung von Arbeit ist in diesem Zusammenhang besonders wichtig.

• In der, von Althistorikern keineswegs einheitlich gedeuteten, homerischen Welt arbeiten die adligen Gutsbesitzer, wenn Not am Mann ist, noch selbst in der Landwirtschaft mit. Sie sind allerdings durch Sklaven und 'freie' Arbeiter erheblich entlastet.

Es heißt, die Arbeit sei in der heroischen Sphäre allgegenwärtig, stehe im Unterschied zu Erholung, Vergnügen und Sport im Mittelpunkt und gehöre zumindest in der Odyssee innerhalb der Gutswirtschaft zu den höchsten Adelsidealen (Strasburger: 103, 104). Demgegenüber ist von einem aristokratischen Arbeitsethos gesprochen und behauptet worden, daß im wesentlichen Jagd und Krieg als würdige Aufgaben des Mannes gegolten hätten (Bienert: 248). Selbst wenn eine „damals noch positive Einstellung zur körperlichen Arbeit unverkennbar" vorhanden war (Ebert: 192), kann man doch schon bei Homer und Hesiod eine „Beurteilung der verschiedenen Berufe beobachten, die in gewissen Punkten das antike Denken beherrscht [...]" (Pekáry: 9).
Dabei wirkt sich zunächst einmal die Vorstellung aus, daß Arbeit eine Strafe der Götter ist. Im Goldenen Zeitalter braucht man zur Sicherung des Lebensunterhalts nicht zu arbeiten.

Die Götter und sterbliche Menschen entstammen dem Gleichen; und zu Kronos Zeiten:
Lebten sie freudig in Festen, weitab von allen den Übeln;/Starben als käme ein Schlaf über sie. Und alle die Güter/Waren ihr Teil: Frucht brachte der nahrungsspendende Boden/Willig von selbst, vielfältig und reich. Vollbrachten in Ruhe/Gerne und froh ihre Werke, gesegnet mit Gütern in Fülle/.

Später jedoch ist Arbeit unerläßlich:

Du aber meine Gebote zu allen Zeiten gedenkend/Arbeite, Perses, erlaucht von Geburt, auf daß dich der Hunger/Meidet voll Haß, doch dich gern hat im Schmuck ihres Kranzes Demeter,/Würdig und hehr, und mache von Nahrung voll deine Scheuer./ Denn Hunger ist ein treuer Kumpan dem trägen Gesellen/. (Hesiod, Erga: 115-199, 299-302)

Wenn schon Arbeit unerläßlich ist, dann muß nicht deswegen alle Arbeit als gleichwertig gelten. In einer Agrarwirtschaft sind Menschen bevorzugt, die über Boden als entscheidendem Kapital verfügen. Dazu paßt die hohe Bewertung der Tätigkeit von Grundbesitzern und die niedrige Einschätzung der Arbeit von versklavten oder sich verdingenden Menschen. Deutend heißt es: Nicht die Arbeit an sich entwürdigt also den Menschen [...] Erniedrigend ist es dagegen, wenn jemand gezwungen ist, seine Arbeitskraft zu verkaufen (Pekáry: 10). Der entscheidende Bewertungsmaßstab ist die mit der Unabhängigkeit verbundene Freiheit von Arbeit.

• In der weiteren Entwicklung gewinnt die Vorstellung an Gewicht, daß körperliche Arbeit minderwertig sei.

Herodot berichtet eine damals weit verbreitete Vorstellung, wonach nur jene Menschen als edel gelten, die nicht gewerblich tätig sein müssen. Sokrates spricht von einem unwissenden und bedeutungslosen Haufen von Walkern, Schustern, Zimmerleuten, Schmieden, Bauern, Händlern und Krämern. Platon weist im 'Staat' die Erwerbstätigen der niedrigsten Kategorie von Menschen zu und spricht in den 'Gesetzen' den Händlern, Handwerkern usw. das wahre Bürgertum und die Fähigkeit zur Tugendhaftigkeit ab. Aristoteles erklärt Handwerker, Händler usw. für unerläßliche Berufe, jedoch nicht frei für und fähig zur Muße (zit. Bienert; Ebert, Walraff).

Noch einmal zurück zum Bauern-Dichter Hesiod. Mit seiner Auffassung von der leider notwendigen und zugleich den Göttern wohlgefälligen Arbeit polemisiert er offensichtlich gegen ein „Ideal der vornehmen Gesellschaft", deren Angehörige die Arbeit als Schande empfinden. Daraus folgt: Wenn die Adligen nicht arbeiten wollten [...], dann mußten mehr als bisher andere für sie arbeiten, und zwar in immer größerem Umfang, je aufwendiger der Lebensstil wurde (Gschnitzer: 61). Das interessiert hier jedoch weniger als die mit dieser Lebensweise ermöglichte arbeitsfreie Zeit, die schließlich genutzt werden will.

Man erlebt mit der Zeit eine „Fülle von Freiheit, die erst allmählich wieder durch neue Aufgaben, wie sie die Raubzüge stellen, aufgezehrt wird". Es dürfen jene Bilder in den homerischen Epen nicht unerwähnt bleiben, in denen das „Füllen 'leerer' Stunden, langer Nächte, das Singen von tafelnden Aristokraten" beschrieben wird. (Welskopf: 114, 112) Und die sportlichen Wettkämpfe sind gleichfalls berichtenswert: sie dienen der Freizeitbeschäftigung und sind zugleich Mittel der Politik (Weiler). Das alles hat mit unserem heutigen Verständnis von Langeweile unmittelbar nichts zu tun, sondern dokumentiert nur, wie es auf dem Hintergrund einer negativen Bewertung von Arbeit bei Bevorrechtigten zu einer beachtlichen Zunahme arbeitsfreier Zeit kommt, die zu mancherlei Aktivitäten veranlaßt.[44]

12.2 Müßiggang und Langeweile im antiken Rom

Die erwähnten griechischen Vorstellungen wirken lange Zeit nach und beeinflussen später auch römisches Denken. Man liest: In der Königszeit seien Handwerk und Handel verachtete Tätigkeiten gewesen, und in der späten Republik sowie in der Kaiserzeit hätten handwerkliche Berufe als knechtische Arbeiten gegolten; das stadtrömische Proletariat sei arbeitsscheu: körperliches Mühsal (labor) im Wirtschaftsleben werde als Ausdruck von Geldgier angesehen; Gewerbetreibende und Lohnempfänger seien von Staatsämtern ausgeschlossen; freie Männer nähmen keinen Lohn, sondern allenfalls Honorar an. Über Adlige und Geldaristokraten heißt es damals: Es gilt als Zeichen von Faulheit und Unfähigkeit, durch Schweiß zu erwerben, was man sich durch Blut erschaffen kann (Seneca, zit. Bienert: 251). Eine genauere Analyse erbringt sicherlich manche differenzierten Ansichten, die allgemeine Einstellung gegenüber der Arbeit ist jedoch zwiespältig-negativ.

• Verständlich also, wenn sich in der späten Republik und im frühen Empire eine zahlenmäßig vergleichsweise kleine, nichtsdestoweniger einflußreiche, Gruppe von Menschen damit herumschlägt, arbeitsfreie Zeit zu vertreiben. Sie haben es nicht nötig, für ihren Lebensunterhalt zu arbeiten, sondern lassen andere für sich und ihren Wohlstand tätig sein. Luxus, genußvolles Leben, inert otium = träge Muße, veranlassen einige wohlhabende Intellektuelle, sich selbst und ihrer Umwelt den moralphilosophischen Spiegel vorzuhalten.

In einem Stück aus dem frühen 2. Jahrhundert steht: 'Ein Mensch, der nicht weiß, wie er seine überflüssige Zeit verbringen soll, hat mehr Schwierigkeiten, als wenn er von beschwerlicher Arbeit belästigt wird. Schaut auf uns. Wir sind weder zu Hause, noch im Krieg. Wir gehen lieber hierhin und dorthin, und wenn wir dorthin gehen, wünschen wir wieder zurück zu sein. Wir bewegen uns ziellos. Das ist nur das halbe, nicht das ganze Leben.' Der eine tut heute dies, der andere morgen jenes. Politiker bemühen sich um Macht, und wenn sie die Macht erlangt haben, fühlen sie sich davon angeekelt. Man ist gelangweilt von seinen kurzfristigen Pflichten, deren Erfüllung nicht wirklich befriedigt.

Es gibt Menschen, die sich langweilen, weil sie nichts oder nichts Ernsthaftes zu tun haben – es gibt andere Menschen, die sind bored with themselves and with everything around them. Sie sind gefährdet, rastlos umherzuirren, um ihre leere Zeit zu füllen. In seiner Schrift 'Über die Ausgeglichenheit der Seele' beschreibt der übersättigte Seneca jene Menschen, die unter Taedium vitae leiden:

Infolgedessen unternimmt man Reisen ohne Ziel, eilt unstet von Küste zu Küste, und eine immer mit der Gegenwart unzufriedene Leichtfertigkeit versucht sich bald auf dem Meer, bald auf dem Land. 'Jetzt wollen wir Kampanien aufsuchen!'. Schon hat man vom Treiben der großen Welt genug. 'Unberührte Landstriche seien das Reiseziel: Das Land der Bruttier und die Wälder Lukaniens wollen wir kennenlernen'. Irgendein lieblicher Ort wird aber doch inmitten der Einöden aufgespürt, an denen sich verwöhnte Augen von der Widerwärtigkeit weiter, unwirtlicher Landstriche erholen sollen [...]. (2, 13)

Eine andere Flucht vor Langeweile besteht darin, sich in eine full-time occupation zu stürzen. Nochmals Seneca, erneut ganz modern:

> Da ist der Eilfertigkeit Einhalt zu gebieten, die einen großen Teil der Menschen beherrscht, die in Häusern, Theatern und Foren umherirren: dem Dienst für andere bieten sie sich an wie Leute, die stets irgendwie tätig sind. Wenn du einen von ihnen, so er sein Haus verläßt, fragst: 'Wohin des Weges? Was hast du vor?', dann wird der dir antworten: 'Beim Herkules – das weiß ich nicht, aber irgend jemanden werde ich aufsuchen, irgendetwas unternehmen'. Ziellos schweifen sie umher auf der Suche nach einem Betätigungsfeld: nicht, was sie sich zum Ziel gesetzt haben, tun sie, sondern, worauf sie gerade gestoßen sind [...]. Nicht zu Unrecht hält ihnen gar mancher ihre unnütze Unruhe vor. (12, 2-3)

• Das sind interessante Analysen. Sie deuten auf ein damals offensichtlich gewichtiges Problem hin, wenngleich wohl kein großer Teil der Menschheit betroffen ist.

Drei abschließende Kommentare beschäftigen sich mit einer genaueren Gewichtung der damaligen Verhältnisse. Man liest: Der Versuch, to kill boredon, verweist auf eine Neurose, die den gebildeten eher als den ungebildeten Menschen befällt. Es gibt manche Menschen, die moralphilosophischen Erwägungen unzugänglich sind, sich an orientalischen und Mysterienkulturen orientieren oder die christliche Religion bevorzugen. Damals sind die römischen Straßen, Foren und Bäder keineswegs voll von sich gähnend langweilenden Menschen gewesen, denn most people had serious business on hand, whether it was in public life or, at a lower level, in coping with the economics survival; and hard-working men need relaxation, though some, like Marcus Aurelius, are so foolish as to think that they have not time for it. (Balsdon: 144, 140, 145, 146, 147)[45]

13. Soziale Verteilung von Langeweile nach Ständen

13.1 Ritter, König, Adel

Es ist eine alte Erfahrung, daß jedenfalls in früheren Zeiten die „Langeweile in der Gesellschaft nach Standesgebühr verteilt ist, (was) vor allem den Adel, und, innerhalb des Bürgertums, die Reichen (betrifft) [...]". Von den adligen Menschen sind vermutlich nicht immer alle betroffen gewesen. Es macht sodann einen Unterschied aus, ob die negative Empfindung leerer Zeit bloß eine lästige Begleiterscheinung des als Adelsideal gepflegten arbeitsfreien Lebens ist – oder ob leidvolle Empfindungen subjektiv stark durchschlagen und schließlich die einfachen Menschen um ihr arbeitsreiches Leben beneidet werden. Diese wichtige Unterscheidung wird im folgenden jedoch nicht systematisch berücksichtigt.

• In unserem Kulturkreis bietet schon das höfische Rittertum (12. und 13. Jh.) viele eindrucksvolle Beispiele für die Folgen von viel freier Zeit.

Der damalige Zeit-Vertreib bedeutet manchmal wohl bloß Zeit verbringen und nicht Langeweile als Zeit verscheuchen und töten. Immerhin geben Formulierungen zu denken wie: mit gedanken die zît vertrîben; mit sorgen die zît vertrîben; mich dunket ze lanc; Den liuten langez jâr kürzen; ich hân lange wîle unsanfte mich gesent. Eindeutiger sind Aussagen, in denen sich ausdrücklich der Verdruß über lange Weile ausdrückt, so wenn über Ritter gesagt wird, daß sie müßig dahinleben, nichts weiter zu tun haben, in sportliche Betätigung flüchten. Beispielsweise: wan er vertreip vil mannige stunt/ in dem walde so in verdroz; dô sie begunde verdriezen,/ dô wurfen sie di steine und begunden mit den scheften zu schiezen.

Zusammenfassend gilt, daß „Geist und Kultur des höfischen Rittertums die nötigen psychologischen und gesellschaftlichen Voraussetzungen (besitzen), um 'Langeweile' zur Sprache kommen zu lassen". Und wegen dieser Umstände erscheine so bedingte Langeweile als ein soziales Indiz und Anzeichen für die aus freier Zeit und Müßiggang entstehende Übersättigung. (Völker, 1975: 116, 16, 17, 20, 22, 24, 28, 116, 118)

• Ennui-Langeweile gilt lange Zeit als die Krankheit der Könige. Pascal hat dies im 17. Jahrhundert in der ihm eigenen Weise prägnant beschrieben und auf den Zwang zum Divertissement hingewiesen, das dem Zeit-Vertreib dient.

> Man mache den Versuch und lasse einen König ganz allein sein und nach Verlangen an sich denken, ohne sinnliche Ablenkung, ohne jede Beschäftigung des Geistes, ohne Gesellschaft, und man wird sehen, daß ein König ohne Zerstreuungen ein völlig unglücklicher Mensch ist. Deshalb vermeidet man das sorgfältig; niemals fehlt in der Umgebung der Könige eine Menge Menschen, die darauf achten, daß den Geschäften die Vergnügungen folgen, und deren ganze Beschäftigung ist, für Vergnügen und Spiele zu sorgen, so daß es niemals eine Lücke gibt; d.h. sie sind von Leuten umgeben, die die merkwürdige Aufgabe haben, aufzupassen, daß der König nie allein sei und in die Lage komme, über sich nachzudenken, da sie wissen, daß er unglücklich sein würde, soviel er auch König ist, wenn er es täte. (142)

In der Umgebung des Königs haben viele Menschen Schwierigkeiten, seine Erwartungen zu befriedigen und zugleich die eigene Langeweile zu verbergen. Das ist ein interessantes und eigenes Thema, bei dem unter anderem der Hofnarr erwähnt zu werden verdient (Lepenies: 47 ff., 90 ff.).

Die königliche Krankheit nebst ihrer Auswirkungen auf Herrscher und Umgebung sind wiederholt und in vielfältiger Weise beschrieben worden. „Die traurige Melankoley wohnt merentheiles in Pallästen". Angst und Furcht vor den Launen des Königs sind allgegenwärtig. Es gibt die Vorstellung, daß Hunde, von übermäßig viel Milz beeinflußt, tollwütig werden und Menschen beißend infizieren. So wird der melancholische Despot selbst als tollwütig vorgestellt, der seine Wut an Menschen ausläßt. Im Extremfall überfällt ihn der Wahnsinn. (Benjamin: 155 ff.)

• Man hat immer wieder darauf hingewiesen, daß die Langeweile früher vor allem adlige, dann aber auch gutsituierte bürgerliche, nicht jedoch einfache und ungebildete, Menschen befällt. Dazu nur fünf Belege.

Der Prediger Massillon (1643-1742) erwähnt die mühseligen Versuche der Mächtigen dieser Welt, sich vor diesem Leiden zu schützen, wo hingegen der Bürger die Langeweile nicht kenne, „oder wenigstens nicht diese Art von Langeweile" (zit. Groethuysen: 21). – In einer anonymen Schrift aus dem Jahre 1777 unter dem bemerkenswerten Titel 'Über den Kuß und die Langeweile' heißt es über die arbeitenden Klassen, daß sie durch ihrer Hände Fleiß vor der Tyrannei der Langeweile geschützt seien, wobei einschränkend vermerkt wird: insofern Gewohnheit und Fertigkeit sie mit ihrem Zustande zufrieden und gleichgültig gegen ausgesuchtere und mannigfaltigere Genüsse macht (zit. Völker, 1975: 157). – Rousseau erklärt lapidar: Das Volk langweilt sich nicht; es führt ein tätiges Leben. Wer lang und viel arbeite und nur kurze Muße habe, erlebe einige Feiertage genußvoll. Dagegen seien die Reichen von der Geißel der Langeweile geplagt: Inmitten vieler und kostspieliger Zerstreuung, mitten unter vielen Leuten, die sich Mühe geben, ihnen zu gefallen, langweilen sie sich zu Tode. Sie verbringen ihr Leben damit, die Langeweile zu fliehen und sich von ihr wieder einholen zu lassen. (aus: Émile, zit. Lessing: 29) – Die Blasiertheit, die Tochter des Vaters Müßiggang und der Mutter Langeweile, ist eine Krankheit, die in den arbeitenden Klassen, wozu auch die geistigen Arbeiter gerechnet werden müssen, niemals vorkommt (Stugan: 579). – Der Arbeiter hat keine Zeit zur Langeweile, obgleich die Langeweile seine Zeit beherrscht. Der Bürger hat nicht nur Zeit zur Langeweile, sondern er setzt in seiner genießerisch-kontemplativen Lebensauffassung Zeit und Langeweile geradezu gleich: der wirklich Freie hat Zeit zur Langeweile. (Kofler: 204)[46]

13.2 Leisure-class in England

Wie schon erwähnt, sind von der Langeweile nicht nur Adlige, sondern auch Bürger betroffen, sofern diesen es ihr Reichtum erlaubt, viel arbeitsfreie Zeit zu haben, leere Zeit zu empfinden und sie versuchsweise zu vertreiben. In einer bemerkenswerten Studie über das 18. Jahrhundert in England wird noch einmal deutlich, wie die Segnungen des privilegierten Lebens von Angehörigen der leisure-class mit manchmal erheblichen körperlich-seelischen Belastungen erkauft werden. Die damaligen „politischen, sozialen und ökonomischen Verschiebungen führen in vielen Fällen zum Bruch gewohnter Zeitnormierungen. Die sich daraus ergebende Desorientierung äußerte sich in psychischer Krankheit wie Langeweile, Melancholie und Spleen".

• Der Begriff Zeitnormierung bedeutet, daß wir in epochen-, kultur- oder sogar gruppenspezifischer Weise die Aufteilung von Zeit erleben. Wie im einzelnen auch immer die Ereignisabläufe und -folgen gesehen werden, wichtig ist hier zunächst nur das Verständnis von Zeit als sozialer Zeit. Sie prägt nachhaltig das subjektive Zeitempfinden und beeinflußt stark den psychischen Zustand und das Verhalten.

Zeitnormierungen sind historisch veränderbar. Gemäß einer theologischen Zeitnormierung im englischen 18. Jahrhundert sind die Menschen gehalten, ihre irdische Zeit in Beachtung christlicher Vorstellungen zu nutzen. Vita activa und vita contemplativa gelten – grundsätzlich z.B. Vickers – als gleichwertig. Unter dem Einfluß des englischen Puritanismus wird im 17. Jahrhundert das arbeitsreiche Leben besonders hoch bewertet und arbeitsfreie Zeit nur der unvermeidbaren Erholung wegen zugestanden. Demgegenüber entspricht der traditionsreichen und nachwirkenden humanistisch-ritterlichen Zeiteinteilung die Vorstellung, daß finanziell abgesicherte Höflinge alle Arbeit zu meiden und ihre Tageszeit damit zu verbringen haben, zu repräsentieren, zu studieren und sich nicht zuletzt für den Krieg körperlich tüchtig zu halten. Das ganze 18. Jahrhundert hindurch gibt es diese beiden klassenspezifischen Zeitnormierungen: Ablehnung körperlicher Arbeit in der Oberschicht und positive Einstellung zur körperlichen Arbeit im puritanischen Bürgertum.

Wo die Zeiteinteilung 'Arbeit – freie Zeit' nicht gilt und eine untätige Lebensweise geradezu Standespflicht ist, sind regelmäßige Abwechslung, Amusement, Trifling (tändelnd, trödelnd, läppisch, unbedeutend, geringfügig) erforderlich, um „leere Zeit zu füllen". Das wird umso wichtiger, je mehr die freie Zeit in der Oberschicht und in Teilen des Bürgertums zunimmt. Mit steigendem Wohlstand verliert die frühere strenge puritanische Zeiteinteilung an Bedeutung. Und sofern die überlieferten Vorstellungen noch nachwirken, „entsteht eine Art Überhang der alten Normierung", was zu „neurotischen Zuständen führt". Es sind nicht zuletzt viele Aufsteiger, die wegen des „Bruchs gewohnter Zeitnormierung" desorientiert sind und also, modern ausgedrückt, Anomie erleben.

• Restless listlessness, Taedium vitae, insupportable listlessness, Hypochondria, lassitude, languor and restlessness – solche und andere Bezeichnungen verweisen auf einen „Mangel an Aktionsmöglichkeiten oder auf eine innere Hemmung des Aktionsdranges". Dafür gibt es äußere und innere Gründe.

Zu den äußeren Gründen gehören politische Apathie und religiöses Desinteresse. Zu den inneren Gründen rechnet vor allem eine weitverbreitete Auffassung, daß alles menschliche Tun eitel und wertlos ist. Einflußreich ist sodann das Leitbild vom man of taste und man of delicacy; jede Arbeit hindert die Menschen, sich in den schönen Künsten zu versuchen und sie zu verfeinern. Alles zusammengenommen ruft seelische Zustände hervor, die „Formen der Langeweile" beziehungsweise des Ennui sind. Es geht um vacancy, indolence und disgust.

Vacancy hat zwei Bedeutungen: betätigungslose Zeit und psychischer Zustand eines Menschen, der „leere Zeitspannen" nicht zu füllen vermag. Es gibt zahlreiche Ausdrücke, die auf eine damals „weitverbreitete existentielle Langeweile" hindeuten: to kill time, to murder time, to fill up time, to fill the mind, to fill the imagination, to trifle and sport away, to waste away, to pass away, to saunder away, to chat away, to wear away.

Indolence mit den benachbarten Bezeichnungen negligence, nonchalance und idleness meint Trägheit, freilich nicht die alte Acedia und auch nicht die später theologisch verurteilte Untätigkeit in weltlichen Dingen, sondern eine seelische Krankheit nach Art der „Antriebslosigkeit des Ennui". Es gibt sicherlich modisch bedingte Selbstbezichtigungen und standesgemäße Übertreibungen – aber doch auch ein wirklich erlebtes Leiden. Ein Zeitgenosse: If it is his privilege to do nothing, it is his privilege to be most unhappy. Käfig-Situationen bleiben eben nicht folgenlos.

Disgust befällt jene Menschen, die arbeitslose freie Zeit dazu benutzen, ihren künstlerischen Geschmack zu verfeinern und ihre Sensibilität zu steigern. Die übliche Wirklichkeit erscheint dann schnell als widerwärtig und das tägliche Einerlei als ekelhaft. Apathie ist eine Reaktionsweise – Kultivierung der Empfindsamkeit eine andere.

• Wie früher erwähnt, gibt es mannigfache Überschneidungen von Melancholie, Ennui, Hypochondrie und Spleen. Häufig scheinen Spleen und Melancholie als Steigerungen von Langeweile/Ennui verstanden worden zu sein. Abschließend nur noch diese Hinweise.

Unter dem Einfluß antiker Auffassungen gilt der englische Spleen auch als Ausdruck „intellektueller Pose". Er ist zudem zeitweise eine Modekrankheit jener Menschen, die sich als etwas Besseres empfinden. Mit seiner Kultivierung wird der Spleen zur Hypochondrie, die keineswegs nur eine eingebildete, sondern häufig eine wirkliche Krankheit ist.

Die wichtigsten Krankheitsbilder von Spleen-Melancholie sind Hypertrophie = Übersteigerung der Einbildungskraft mit der Folge verzeichneter und verzerrter Wirklichkeit und der Gefahr des Wahnsinns. – Malcontent als Folge von Enttäuschung und Verbitterung, unter Umständen gepaart mit ätzender Kritik und scharfzüngiger Satire. – Misanthropie (gr., menschenfeindlich) als die leidvolle Erfahrung einer großen Diskrepanz zwischen eigenen Idealen und erlebter Wirklichkeit und dadurch bedingte Abwendung von der Welt.

Der sich in vielfältiger Weise äußernde innere Zustand ist damals vor allem vermittels dreier Symbole ausgedrückt worden: stagnierendes Wasser, Rost und Tod. Eine abschließende Deutung: „Langeweile und Melancholie werden als Erstarrung und Erlahmung des Lebensdrangs empfunden, als Entfremdung des Ich von der Welt und sich selbst, als ein Zustand des Gefangenseins und des Abgeschnittenseins von den Quellen des Lebens". Das sind keine neuen Bilder, denn einschlägige Erfahrungen reichen bekanntlich weit zurück. (Blaicher: 27, 14 ff., 21, 23, 26 f., 30 ff., 34-42, 45, 47)[47]

E. Arbeitsfreie und arbeitslose Zeit

Es heißt, daß heutzutage sehr viel mehr Menschen als früher über arbeitsfreie Zeit verfügen (, manche sogar noch innerhalb der Arbeitszeit). Freizeit – ein übrigens vieldeutiges und kontrovers erörtertes Wort – ist kein Privileg bevorrechtigter Stände, die als höherwertig angesehene Gruppen sich bei uns sowieso überlebt haben. Die wenigen Könige und Königskinder arbeiten hart zum Wohle ihrer Völker, und die dankbaren 'Untertanen' gönnen ihnen die häufigen aufwendigen Vergnügungen als Lohn für den anstrengenden Staatsdienst. Sonstiger Adel fällt weder zahlenmäßig ins Gewicht, noch hat er eine besondere Funktion. Ein wie früher einmal ausgrenzbares Bürgertum gibt es kaum mehr, und zu den 'Lieben Mitbürgerinnen und Mitbürgern' rechnen offiziell alle Staatsangehörigen. Wir kennen zwar auch bei uns wohlhabende und ausgehaltene, gelegentlich sogar verbeamtete, schmarotzende Müßiggänger, Nichtstuer und Frührentner, die oft mit den immergleichen Leuten an den immergleichen Orten auf die immergleiche Art ihre leere Zeit versuchs- und teilweise verbringen. Die meisten Menschen bis in die höheren Schichten hinein pflegen aber zu arbeiten. Berufs-/Erwerbsarbeit gilt materieller und immaterieller Zwecke wegen weithin immer noch als selbstverständlich und steht nach wie vor hoch im Kurs. Freilich alles mit Maß und mit Ziel, denn arbeitsfreie Zeit ist vielen Menschen ebenfalls ein hohes Gut. Und eine weitere Ausdehnung durch Arbeitszeitverkürzungen ist nicht auszuschließen.

Die anläßlich der erreichten Freizeit und ihrer möglichen Ausweitung immer wieder behaupteten Freizeitprobleme sind ein eigenes Thema. Hier interessiert nur die häufig zu hörende These, daß mit der Demokratisierung von Freizeit eine freizeitbedingte Langeweile alle Bevölkerungskreise befallen kann und mit zunehmender arbeitsfreier Zeit die „Gefahr (wächst), daß die Freizeit lang(-weilig) wird" (Fromme: 11). Das Problem betrifft verschärft unfreiwillig arbeitslos gewordene Menschen, die keine Arbeitszeit erleben und nur arbeitsfreie Zeit haben, was offensichtlich unerträglich sein kann.[48]

14. Freizeit

14.1 Arbeitsethos und arbeitsfreie Zeit

In der „öffentlichen Diskussion (wird) das Problem der Langeweile immer nur als ein Problem der Freizeit angesehen", obwohl doch „Monotonie in der Arbeit genauso langweilig wie das Zeittotschlagen in der Freizeit sein (kann)" (Opaschowski, 1980: 11). Das Wort 'immer' ist wohl ungerechtfertigt, die häufige Diskussion vor allem über Langeweile in der Freizeit jedoch unverkennbar. Dabei wirken sich vermutlich bestimmte Einstellungen von Arbeit und Vorstellungen über Zeitaufteilung und Zeitverbringung aus.

• Cassian beschreibt die Acedia und erteilt zugleich Ratschläge. Er hält es beispielsweise für erforderlich, das Folgelaster Otiositas = Trägheit energisch zu bekämpfen.
Der Apostel Paulus wird wiederholt mit einschlägigen Ermahnungen zitiert, etwa: Und euch nähret mit eurer Hände Arbeit wie ich euch befohlen (1. Thess. 14, 10). Bezeichnend sind Kapitelüberschriften wie: Unruhig ist nothwendig Jeder, welcher in der Handarbeit keine Befriedigung finden will: Durch sein Beispiel wie durch Worte ermahnt der Apostel zur Arbeit: Die Arbeit beseitigt viele Sünden. Und ein Wüstenabt namens Paulus sammelt regelmäßig Palmblätter, verbrennt einmal jährlich den Ertrag seiner Arbeit und dokumentiert mit der für seinen Lebensunterhalt gar nicht erforderlicher (Hand-)Arbeit für die mönchische Existenz. (1: 210, 213, 215)

Jede Radikalität hat bekanntlich ihren Preis. Das gilt auch für einen weitreichenden Verzicht auf zwischenmenschliche Beziehungen und eine versuchsweise totale Beschäftigung mit Gott. Regelmäßige Arbeit kann demgegenüber ausgesprochen nützlich sein, den körperlich-seelischen Auswirkungen übertrieben-einseitiger religiöser Praxis vorzubeugen. Arbeit ist hierbei nicht Selbstzweck, sondern ein Mittel des Widerstandes gegen die Sünde religiös-spiritueller Trägheit. Ein so verstandener Arbeitszweck bleibt selbst dann sinnvoll, wenn der übliche Arbeitsertrag gar nicht benötigt wird. Dieser fällt in Palmblättern zwar unvermeidbar an, er kann im Extremfall aber durch ein Freudenfeuer vernichtet werden. Grund zur Freude gibt es ja genug; siegreiche Kämpfe gegen Acedia unter anderem durch Arbeit als vorbeugende oder begleitende Therapie.
Das alles gilt es zu bedenken, andernfalls die zahlreichen Hinweise auf Arbeit mißverstanden werden. Wir wissen ja: schon die weitverbreitete Übersetzung von Acedia durch Trägheit ist problematisch, weil man unter Umständen bloß an Faulheit, Müßiggang, Sorglosigkeit in wirtschaftlichen und beruflichen Dingen denkt. In der sündigen Acedia drückt sich jedoch eine problematische Haltung gegenüber Gott aus, dessen Liebesangebot durch träges religiös-spirituelles Verhalten nur unzureichend angenommen wird. Trägheit bedeutet hier ein mängelhaftes Bemühen im täglichen Kampf

um ein gottgefälliges Leben und die ersehnte Erlösung. Mithin „(bildet) den Gegenbegriff zur <u>acedia</u> nicht der Arbeitsgeist des werktäglichen Erwerbslebens, sondern: die hochgemute Bejahung und Zustimmung des Menschen zu seinem eigenen Wesen, zur Welt insgesamt, zu Gott [...]" (Pieper, 1958: 49). Es ist deshalb auch unsinnig, Acedia – wie dies später häufig geschieht – mit dem bürgerlichen Erwerbsleben zusammen zu sehen und unter ihr einfach das negative Gegenteil von bürgerlichem Fleiß zu verstehen. Acedia schließt ein arbeitstätiges Leben nicht aus, beides kann sehr gut miteinander einhergehen, ja das „sinnwidrig übersteigerte Arbeitspathos unserer Zeit ist geradezu zurückführbar auf die <u>acedia,</u> die ein Grundzug im geistigen Gesicht eben dieser Zeit ist" (1948: 57). Anders: wer vor Gott flüchtet, der kann sich hetzend in Arbeit verlieren und damit erneut seinen Lebenssinn verfehlen.

• Das ursprüngliche Verständnis von Acedia-Arbeit ist von einer frühchristlichen Arbeitsauffassung her begreifbar. Körperliche Arbeit wird anders als in der Antike durchaus positiv bewertet, als ein an Gott und den Nächsten orientierter Dienst begriffen und ihr damit – wenn überhaupt – dann allenfalls ein begrenzter Eigenwert beigemessen.

Die Geschichte der christlichen Arbeitsauffassungen ist lang und verzweigt. Es genügt ein erster Hinweis auf den Hl. Paulus: Wer nicht arbeiten will, soll auch nicht essen (1. Thess. 3, 10) – eine deutliche Verurteilung müßiggängerischen Nichtstuns. Ein zweiter Hinweis betrifft den Hl. Augustinus: Nur geistig, nicht körperlich zu arbeiten, ist ein Zeichen der Faulheit (Sermo 37, 6) – eine deutliche Warnung vor ungleicher Bewertung unterschiedlicher Tätigkeiten. Ein dritter Hinweis bezieht sich auf den Hl. Benedikt mit seiner berühmten Anweisung für die Mönche: ora et labora = bete und arbeite – eine klare Aussage über Lebenssinn und Zeiteinteilung. Wohlgemerkt: <u>und,</u> also nicht nur das eine oder das andere, Beides in ausgewogenem Verhältnis zueinander, wobei Beten verständlicherweise an erster Stelle steht, körperliche und geistige Arbeit dennoch sehr erfolgreich sind. Die verfügbare Zeit ist klar verteilt: Beten und Arbeiten sowie ja noch Essen und Schlafen – alles zu seiner Zeit, mit Maß und mit Ziel, in gläubiger Gesinnung.

Schließlich ein vierter Hinweis auf die folgenreiche protestantisch-reformatorische Arbeitsauffassung. Luther begreift Arbeit als Dienst an Gott, lehnt die im späten Mittelalter wieder übliche höhere Bewertung geistiger und geistlicher Tätigkeiten ab und betont die Gleichwertigkeit aller Berufe/ Arbeit vor Gott. Für Calvin, Calvinismus und insbesondere englischen Puritanismus des 17. Jahrhunderts ist Arbeit ein Auftrag Gottes und Arbeitserfolg ein Gnadenerweis, für das ewige Leben prädestiniert = auserwählt zu sein. Arbeit gilt sozusagen als Gottesdienst. Die Lebenszeit ist kurz und will verantwortungsbewußt genutzt werden. Demgemäß stehen die Tugenden der Arbeit, Leistung, Disziplin und Pflichterfüllung hoch im Kurs. Müßiggang bedeutet Verschleuderung von Zeit, und Zeitvergeudung gefährdet die Erlösung.

Über die außerordentliche Hochschätzung von Arbeit und die radikale Ablehnung von Müßiggang und Faulheit heißt es: „Nicht Muße und Genuß, sondern nur Handeln dient nach dem unzweideutig geoffenbarten Willen Gottes zur Mehrung seines Ruhms. Zeitvergeudung ist also die erste und prinzipiell schwerste aller Sünden. Die Zeitspanne des Lebens ist unendlich kurz und kostbar, um die eigene Berufung 'festzumachen'. Zeitverlust durch Geselligkeit, 'faules Gerede', Luxus, selbst durch mehr als der Gesundheit nötigen Schlaf [...] ist sittlich absolut verwerflich". (M. Weber: 167 f.) Bei solchen Vorstellungen vom Sinn und Zweck des menschlichen Lebens kann es eine genußvoll erlebbare arbeitsfreie Zeit nicht geben. Lebenserfüllung ist nur in und durch Arbeit möglich – um Gottes und der Erlösung willen. Die Angst der Mönche vor „innerer Trägheit oder Faulheit (acidia)" befällt unter dem Einfluß der Puritaner „ganze Gesellschaftsschichten", deren Angehörige als innengeleitete Menschen lernen, sich ständig zu beherrschen und dauernd Selbstaufopferung zu praktizieren (Riesmann: 135).

• Die puritanischen Vorstellungen wirken auf vielfache Weise nach.

Ein bemerkenswertes Beispiel bieten die Moralischen Wochenschriften in der Aufklärung. Einige Stunden der Muße darf es zwar geben, die Bürger sind aber gehalten, Faulheit und Müßiggang zu meiden. Im kritischen Blick hat man beispielsweise: den zechenden und spielenden studentischen Bummelanten; die ständig im Spiegel sich anschauende eitle Schöne; den nur seinen Bauch pflegenden rüstigen Rentner; den sich mit Nichtigkeiten abgebenden geschäftigen Müßiggänger; den nichtsnutzigen Tagedieb Diogenes. Nützliche Arbeit erbringt guten Verdienst und dient der Allgemeinheit. „Das alte 'Bete und arbeite!' ist nur noch formelhaft, nicht mehr im alten strengen Sinne hier und da in Wochenschriften vernehmlich: das erste Glied der Forderung hat offenbar an Gewicht verloren". Zuviel Beterei und Klosterleben in katholischen Ländern erregen Anstoß. Der Bürger soll ein tätiges = nützliches Leben führen. Sein „Acker ist die Zeit; er muß ihn bestellen. Er muß 'die Zeit auskaufen' nicht mehr im alten christlichen Sinne der Vorbereitung auf ein ewiges Leben, sondern im weltlichen Sinne tugendhaften, und das heißt: gemeinnützigen Handelns. Müßiggehen heißt Zeit vergeuden, die in vielerlei Weise ausgenutzt werden könnte". Sofern ein begrenzter Zeitvertreib außerhalb der Arbeitszeit zugestanden wird, soll er nützlich und vernünftig sein. Das gilt nicht für Jagd, Glücksspiel, Turnier, Kartenspiel. (Martens, 1968: 319 ff.; vgl. auch Begemann) Ernst ist das Leben, und Mäßigkeit ist in allen Lebenslagen nötig.

In zahlreichen wissenschaftlichen Studien über Freizeit wird das sogenannte protestantische Arbeitsethos erwähnt. Die „reformatorische Heiligung der Arbeit" (Schröder: 56) wirkt angeblich bis heute nach und gilt als ein wichtiger Grund dafür, daß selbst in hochindustrialisierten Ländern die

Erwerbsarbeit – unangesehen einiger inzwischen veränderter Einstellungen gegenüber Arbeit – weithin positiv bewertet wird. „Daß man in unseren Breiten auch ohne unmittelbaren materiellen Zwang im allgemeinen einer regelmäßigen Arbeit nachgeht [...], ist in nicht unerheblicher Weise dieser, mittlerweile allerdings kaum noch religiös fundierten Arbeitshaltung zu verdanken" (Giegler: 109). Verständlich also, wenn von Arbeit befreite Zeit angeblich häufig als problematisch und langweilig empfunden wird. Das muß nicht nur an der bloßen Entlastung von Arbeit liegen, sondern kann auch mit den Funktionen von Arbeit und ihren überlieferten Auswirkungen zusammenhängen.[49]

14.2 Freizeit als leere Zeit

In vielen Abhandlungen wird das Gespenst der Freizeit-Langeweile beschworen.

• Einige Beispiele: Man weiß, daß jede wohlgeordnete Gesellschaft überreich ist an Institutionen, deren hauptsächliche Aufgabe die Ausfüllung der Freizeit ist. Sie dienen der 'Zerstreuung', heißt es – vielleicht sollte man besser sagen, der Befreiung vom Selbstgespräch. (Hofstätter, 1951: 256) – More and more men have more and more leisure and the great emptiness breitet sich aus (MacIver: 118, 119). – „Das gegenwärtige Freizeitverhalten ist durch gesellschaftliche Langeweile geprägt", wobei Familie der „dominierende Ort gesellschaftlicher Langeweile in der Freizeit ist" (Nahrstedt, 1974: 168, 169). – Mehr Freizeit, mehr Langeweile. Auf diese knappe Formel läßt sich ein Phänomen bringen, das allenthalben Ratlosigkeit hervorruft (Freizeitbrief). – An Sonn- und Feiertagen ist die sich ausbreitende Langeweile unübersehbar (Bleistein, 1982: 7). – Wir sind davon ausgegangen, daß im Laufe der letzten 25 Jahre die Zahl derjenigen, die sich in ihrer Freizeit langweilen, beträchtlich größer geworden ist (Piehl: XLV). – Wer es nicht allein schafft, kann sich den, „inzwischen fest etablierten Betreuern unserer Langeweile" anvertrauen (Kamphausen, 1987).
Sehr viele Menschen sind inzwischen damit beschäftigt, das Übel zu erforschen und zu bekämpfen: Freizeitwissenschaftler als Ökonomen, Psychologen, Sozialpsychologen, Soziologen, Philosophen, Theologen; sodann die Praktiker als Psychiater, Psychologen, Psychotherapeuten, Sozialpädagogen, Freizeitpädagogen, Freizeitberater, Animateure und Geistliche: nicht zu vergessen die Freizeitpolitiker mit ersten freizeitorientierten gesellschaftspolitischen Programmen.

• Im Umkreis von Freizeit kann vieles problematisch sein. Manche Menschen verfügen über nur wenig arbeitsfreie Zeit: andere sind in ihrer Freizeit arbeitsbedingt erschöpft: wieder andere können attraktive Freizeitangebote aus finanziellen Gründen nicht wahrnehmen; noch andere verbringen ihre freie Zeit in hektischer Betriebsamkeit ... Hier interessiert nur jenes vielfach erörterte Freizeitproblem, arbeitsfreie Zeit an Feierabenden, Feiertagen, Wochenenden, im Urlaub und im (Un-)Ruhestand zufriedenstellend zu nutzen. Wer das schafft, dem kommt die fragliche Zeit erfüllt und nicht leer vor, der genießt diese Zeit und befürchtet sie nicht.

Einsichtig, ein Freizeitproblem 'Langeweile' gibt es „erst dadurch, daß die von Arbeit freie Zeit als dem einzelnen zugeteilte leere Zeit erfahren wird" (Schröder: 56). Sie ist zwar, wir wissen das schon, nicht wirklich leer, aber durch Vorkommnisse belastet, die einem die Zeit unausgefüllt erscheinen, deswegen unangenehm lang werden und ihr Ende sehnsüchtig erwarten lassen. Die Empfindung 'leer' ergibt der Maßstab 'erfüllt'. In diesem Zusammenhang wird gerne die Großvokabel Sinn gebraucht. Langeweile erscheint dann als Ausdruck sinnlosen Freizeitverhaltens, und „Sinnloses Freizeitverhalten ist hierbei als Negation des sinnvollen Freizeitverhaltens zu verstehen" (E. Weber: 153). Das ist soweit 'klar', läßt jedoch vieles offen.

Man weiß es ja seit langem, daß der Mensch ein sinnbedürftiges Lebewesen ist. Für existentielle Langeweile haben dies unter anderen Seneca, Pascal, Kierkegaard und Schopenhauer auf ihre je eigene Weise deutlich gemacht. Weniger grundsätzlich, aber fürs Thema trotzdem wichtig, sind die Klagen mancher russischer Oblomows, deren Sinn sehnsuchtsvoll nach Arbeit steht. Und daß Erwerbsarbeit zum Lebenssinn werden kann, zeigen das puritanische Arbeitsethos im religiösen Gewande ebenso wie eine lange Zeit vor allem den Deutschen zugeschriebene Arbeitswut: Man lebt, um zu arbeiten, Regeneration ist wichtig, ein wenig Muße nicht zu verachten, das alles jedoch in Grenzen, damit die Arbeit nicht zu kurz kommt. Diesbezüglich hat sich inzwischen manches geändert, denn heutzutage gilt angeblich: non ora et non labora.

Unterstellt man einmal ausschließlich Arbeit als Maßstab für Lebenserfüllung und Sinnbefriedigung, dann liegt es nahe, arbeitsfreie Zeit als sinnlos vertane Zeit zu verstehen. Alles, was in ihr geschieht, dient nur dazu, die lästige Zeitspanne zu überbrücken und die leere Zeit zu vertreiben. Lethargie ist eine und hektische Betriebsamkeit eine andere extreme Reaktion. Wie und was auch immer: Alles erscheint als nicht ernsthafte Abwechslung, als langweilige und langweilende Zerstreuung, als Zeitvergeudung, als sinnlose Geschäftigkeit.

Unterstellt man einmal ausschließlich Freizeit als Maßstab für Lebenserfüllung und Sinnbefriedigung, dann können Arbeit als sinnloses Geschäft und Arbeitszeit als leere = sinnlos vertane Zeit empfunden werden. So dachten und fühlten früher manche Menschen, die anderen zumuten konnten, die erforderlichen Lebensmittel zu erarbeiten. Diese Freiheit von Arbeit schließt bekanntlich Langeweile nicht aus. Freizeit ist bei uns nicht auf bevorrechtigte Menschen beschränkt. „Über Freizeit verfügen nicht nur wenige Privilegierte, sondern alle Arbeitenden. Insofern ist Freizeit ein Zeichen von Reichtum und Überfluß [...]" (Fromme: 11). Freizeit wird überdies im allgemeinen nicht als Alternative zur Arbeit gesehen. Diese ist heutzutage zwar weniger bedeutsam als früher, wird aber doch nach wie vor geschätzt. Allgemein gilt angeblich, daß den Deutschen Freizeit genauso wichtig wie Arbeit (ist) (Glatzer: 201). Und da 'Beruf' einen vergleichsweise guten 6. Platz in einer Rangfolge der Wichtigkeit von 22 Lebensbereichen einnimmt, mag es da und dort und möglicherweise sogar häufig nach wie vor eine ausgeprägte Arbeitsorientierung geben, die manchen in seiner Freizeit als arbeitsfreier Zeit sich langweilen läßt.

Wer etwas für wichtig hält, muß deswegen darin nicht schon einen oder den Lebenssinn sehen. Arbeit kann wichtig sein, weil sie den materiellen Lebensunterhalt sichert, Ansehen verschafft, das Gefühl, nicht unnütz zu sein, vermittelt, soziale Kontakte erlaubt ... Arbeit muß deshalb jedoch nicht Lebensinhalt sein, denn Freizeit kann gleichfalls hoch oder höher geschätzt werden. Und wenn es trotzdem Langeweile in der Freizeit gibt, dann wären ihre Ursachen vielleicht woanders als in den vorhin erwähnten Auswirkungen einer ausgeprägten Arbeitsorientierung zu suchen.

Wer etwas für wichtig hält, muß deswegen damit nicht schon zufrieden sein. So mag jemand Freizeit für wichtig halten, wegen der Freizeitmenge oder den Freizeitmöglichkeiten jedoch unzufrieden sein. Auf die Frage 'Wieviel fehlt Ihnen zur vollständigen Zufriedenheit?' in der Freizeit – Glatzer: 201 – antworteten immerhin 10,4 % 'viel' und 3,4 % 'sehr viel'. Das ist vergleichsweise wenig im Verhältnis zum Lebensbereich Einkommen (19,9 % und 8,9 %) und verhältnismäßig viel in Relation zum Lebensbereich Glaube (4,4 % und 1,6 %). Ob bei diesen Äußerungen der Unzufriedenheit die Langeweile in der Freizeit eine Rolle spielt, ist nicht feststellbar. Wenn sie zu berücksichtigen wäre, dann könnten auch hier die Ursachen woanders liegen als in der Abwertung arbeitsfreier Zeit infolge eines hochentwickelten Arbeitsethos.

• Es ist also angebracht, das häufig erwähnte Freizeitproblem Langeweile nicht nur vom Verhältnis Arbeit-Freizeit her zu sehen, sondern auch den Lebensbereich Freizeit selbst zu berücksichtigen.

Das Wort frei täuscht leicht eine gar nicht vorhandene Freiheit vor. Die Gestaltung der Freizeit ist selten beliebig. So wirken bestimmte Formen sozialer Zeit sich begrenzend aus, wie etwa das Wochenende oder der Urlaub. Darüber hinaus sind Wertvorstellungen wirksam, die manche Menschen veranlassen, Bücher zu lesen und Peepshows zu meiden. Es können sodann Rollenvorstellungen zur Folge haben, daß Männer und nicht Frauen sich häkelnd die Zeit vertreiben. Kurzum: es gibt – selbstverständlich veränderbare – Einflüsse, Kontrollen, Verhaltensmuster, sodann gesetzliche Vorschriften und Regeln des Anstands und der Höflichkeit. Deren Wirksamkeit läßt allerdings nach, wie beispielsweise jene Menschen bekunden, die in dicht besiedelten Wohngegenden während ihrer Freizeit sehr häufig ihren Rasen mähen und partout nicht einsehen können, daß Nachbarn dies keinesfalls erholsam finden.

Trotz einer begrenzten freien Gestaltung von Freizeit ist diese dennoch in beachtlichem Ausmaß privatisierte Zeit. Das bedeutet zunächst einmal, daß Freizeit einen Freiraum darstellt, „in dem jeder tun und lassen kann, was er will" (Tokarski/Schmitz-Scherzer: 59). Überspitzt und dennoch wohl prinzipiell richtig: Was und wo und wie und mit wem und mit welchem Erfolg ich dieses oder jenes tue, ist meine Angelegenheit, über die ich keine Rechenschaft schuldig bin.

Sicherlich gibt es in manchen Kreisen gewisse Standards und Erwartungen, die zu berücksichtigen ab und zu angebracht sein kann. Wer vor seiner Umgebung sich nicht zu rechtfertigen braucht, tut dies vermutlich vor sich selber, wobei dann anerzogene familien-, schicht- oder konfessionsspezifische Werte als innere Kontrollen wirken. Es gibt auch erhebliche Beeinflussungen durch selbsternannte oder staatlich anerkannte Freizeitpädagogen oder sonstige auf Lebensgestaltung anderer Menschen spezialisierte Vormünder, die angeblich wissen, was eine richtige, sinnvolle, menschengemäße Freizeitgestaltung ist.

Der Freizeitbereich erscheint dennoch aufs Ganze gesehen eher unstrukturiert und deshalb einer 'beliebigen' individuellen Gestaltung zugänglich. Es heißt, „daß dem sehr stark vorstrukturierten Arbeitsbereich ein weitgehend unstrukturierter Bereich der freien Zeit gegenübersteht" (Tokarski: 178). Und das hat Konsequenzen. Denn „es läßt sich vermuten, daß die Abwesenheit der stark vorstrukturierten Arbeitssituation, die genau bestimmt, welche Tätigkeiten in welchen Zeitabläufen verrichtet werden müssen, zu Unstrukturiertheiten in der Freizeit führen, die dann als Mangel erlebt werden; Langeweile ist eine mögliche Form dieses Erlebens" (Tokarski/Schmitz-Scherzer: 67, 59). Hinzu kommen die vielen Freizeitmöglichkeiten, unter denen ausgewählt werden muß.

Freiheit ist nicht umsonst zu haben, und hier wird sie unter Umständen mit anomieträchtiger Orientierungslosigkeit erkauft. Wer in diesem Bereich sich nicht selbst zu steuern vermag, bei dem „stellt sich in der Freizeit häufig eine 'innere Leere' ein". Unter Umständen kann es zu „psychopathologischen Reaktionen kommen wie etwa: andauernde Müdigkeit, Tagträume, Depressionen, aber auch extreme blindwütige Reizbarkeit" (Giegler: 180). Innere Leere ist eine der artikulierten Langeweile eng benachbarte Empfindung, und die erwähnten sowie ähnliche Reaktionen werden häufig unmittelbar zusammen mit Langeweile erörtert oder lassen auf sie schließen.[50]

14.3 Daten und Deutungen

In einer neueren zusammenfassenden Abhandlung über Freizeit wird das Thema Langeweile nur auf einer knappen Seite behandelt (Tokarski/ Schmitz-Scherzer). Die dort erwähnten wenigen Daten entstammen Veröffentlichungen eines auf Freizeitforschung spezialisierten Instituts.

• Eine zentrale Aussage: Freizeitforscher konstatieren ein starkes Ansteigen der Langeweile in der Bundesrepublik (151). Als Quelle für die zum Beleg erwähnten Daten wird eine Studie genannt, in der von einer langfristigen „Zunahme der Langeweile als schleichender Zeitkrankheit" die Rede ist (Opaschowski, 1980: 13). Die Quelle dieser Quelle ist eine Arbeit über Wertwandel, in der es heißt: Langfristig beobachten wir eine schleichende Zunahme der Langeweile (Noelle-Neumann, 1978: 101). Ähnlich steht andernorts: Wir sind davon ausgegangen, daß im Laufe der letzten 25 Jahre die Zahl derjenigen, die sich in ihrer Freizeit langweilen, beträchtlich größer geworden ist (Piehl: XLV).

Grundlage all dieser Aussagen sind die repräsentativen Ergebnisse einer inzwischen seit über 30 Jahren wiederholt gestellten Frage: Kennen Sie das, wenn einem manchmal an Sonntagen oder Feiertagen die Zeit so lang wird? Mit 'kenne ich' antworten 1952: 26 %, 1960: 29 %, 1964: 29 % und 1978: 38 %. Ein Kommentar dazu: Langeweile-Probleme haben in den letzten zehn bis fünfzehn Jahren rapide zugenommen. Jeder dritte Bundesbürger ist davon betroffen. Wird es 1990 die Mehrheit der Bevölkerung sein? (Opaschowski, 1980: 13). Seit 1980 hat sich allerdings etwas verändert. Die zitierte Frage beantworten mit 'kenne ich' 1980: 33 % 1983: 34 % und 1985: 33 %. Von einer deutlichen Zunahme kann nicht mehr gesprochen werden, eher gibt es eine leichte Verbesserung, wenngleich – so ein Kommentar – die Gesamtbewegung negativ aussieht.

Zur Würdigung der Zahlen sollen vier Hinweise genügen. Freizeitforscher konstatieren ... Es ist eine Forscherin, auf die sich ein zweiter Forscher bezieht, den ein dritter Forscher zitiert. In der Forschungsfrage wird das Wort 'manchmal' verwendet: was Menschen manchmal empfinden, muß für sie selbst dann kein „großes Problem" (Tokarski/Schmitz-Scherzer: 151) sein, wenn bis zu 34 der Befragten die fraglichen Empfindungen haben. In die Antworten auf eine so global gestellte, deshalb sicherlich trotzdem sinnvolle, Frage gehen vermutlich sehr unterschiedliche Erfahrungen ein, die zusammengenommen möglicherweise keine dramatisierende Deutung rechtfertigen. Erfragt ist nur Langeweile an Sonn- und Feiertagen, weshalb man nicht von einer Zunahme der Langeweile sprechen kann.

• Die globalen Zahlen sind wohl nicht uninteressant, jedoch nur schwer interpretierbar, weil sie offensichtlich ohne jeden hypothetisch-theoretischen Hintergrund erhoben wurden. Aufschlußreicher erscheinen demgegenüber die Ergebnisse von Untersuchungen, in denen Problemlagen miteinander vergleichen werden und nach Sozialmerkmalen differenziert wird.

In einer Zusammenstellung von Freizeitdaten wird eigens der Problemkomplex Langeweile/Passivität/Unlust/Monotonie erwähnt. Am Feierabend rangiert er mit 42,5 % der möglichen (Mehrfach-)Nennungen an dritter Stelle hinter Haushaltsarbeit/unerledigten Arbeiten = 54,5 % und Müdigkeit/Abgespanntheit = 43,5 %. Am Wochenende nimmt er nach Haushaltsarbeit = 56 % den zweiten Platz = 31,5 % ein. An 6. und letzter Stelle findet sich ein Problemkomplex Angst/Depression/Apathie (17 % bzw. 9,5 %), der vermutlich nicht völlig losgelöst vom Thema Langeweile gesehen werden kann. – Eine Repräsentativbefragung erbringt für Alleinstehende, daß 56 % der Verwitweten, 43 % der Ledigen und 22 % der Geschiedenen/getrennt Lebenden vom Freizeitproblem Langeweile betroffen sind: der Anteil der Verheirateten beträgt demgegenüber 28 % (B.A.T. Freizeitforschungsinstitut ....: 121). – Die gleiche Quelle ergibt, daß nichtberufstätige Menschen vom Gefühl der Langeweile in der Freizeit besonders betroffen sind: Arbeitslose 59 %, Schüler 41 %, Hausfrauen 38 %, Rentner/Pensionäre 38 %; für Berufstätige allgemein ergeben sich 29 %.

Langeweile am Wochenende ist ein häufig erörtertes Phänomen. Eine Repräsentativerhebung erbringt für 1984 29 % und für 1987 34 %, eine der vielen Erscheinungen des sogenannten 'Freizeit-Streß' (Freizeitbrief, Nr. 63). Sonntagsneurotiker, Sonntagskrankheit, Sonntagsdepression sind gängige Ausdrücke. Sonntag ist der traditionsreiche und gesellschaftliche verordnete Ruhetag. Er ist jedoch zugleich Unruhetag, an dem sehr viele Menschen unendlich viel unternehmen, um ihn durchzustehen. Es gibt angeblich eine eigene Sonntagabendkrise in Form eines seelischen Tiefs. (Opaschowski, 1/1983: 5, 4) Zu dieser Zeit wird deutlich, wie sehr der Sonntag zum Sündentag werden kann. „In diesen Stunden, wenn der Sonntag sich zu Bett begibt, bricht der Haß hervor, geht der Krieg in den Familien los. Da wird der Sonntag zum Sündentag. Denn in diesen Stunden, da finden in Deutschland die meisten Familienkräche statt. Und auch die meisten Morde unter Eheleuten". (Pfannenschmidt, 1985: 38) Vertreter organisierter und institutionalisierter Hilfe können das bestätigen. Gottseidank, es ist Montag! – das wäre dann in der Tat ein verständlicher Stoßseufzer (Keusch: 51 ff.).[51]

15. Arbeitslosigkeit

15.1 Zeitgewinn als Zeitverlust

Beklagt sich ein Soldat oder Arbeiter usw. über die Mühe, die sie haben, so lasse man sie gar nichts tun (Pascal: 130). Wir wissen, wie mühselig früher die Arbeit vieler Menschen gewesen ist. Schon das Wort Arbeit deutet darauf hin, denn ahd. arabed meint Mühsal, Not und Elend: ein ähnlicher Sinngehalt findet sich in vielen anderen Sprachen. Unangesehen der kulturellen Bedeutung des protestantischen Arbeitsethos' und der um einer ersehnten Erlösung willen auf sich genommenen beruflichen Belastungen hat sich während der Industrialisierung die organisierte Arbeiterschaft schon früh um Arbeitsentlastung bemüht. Dies nicht, um durch weniger Arbeit zu leiden, sondern um durch Befreiung von etwas Arbeit menschlich zu gewinnen.

• Die Kämpfe um eine Verkürzung der (Erwerbs-)Arbeitszeit sind bislang sehr erfolgreich gewesen – und die 'Chance', noch mehr Arbeit zu entbehren, haben auf jeden Fall alle arbeitslosen Menschen. Man könnte ja wirklich annehmen, „daß in allem Elend der Arbeitslosigkeit die unbegrenzte freie Zeit für den Menschen doch ein Gewinn sei. Aber bei näherem Zusehen erweist sich diese Freizeit als tragisches Geschenk. Losgelöst von ihrer Arbeit und ohne Kontakt mit der Außenwelt haben die Arbeiter die materiellen und moralischen Möglichkeiten eingebüßt, die Zeit zu verwenden". (Jahoda/Lazarsfeld/Zeisel: 83)

Es interessiert hier selbstverständlich nur unfreiwillige Arbeitslosigkeit. Es kennen natürlich nicht nur arbeitslose Arbeiter ein schwerwiegendes Problem der Zeitverwendung. Es sind begreiflicherweise nicht alle Arbeitslosen in gleicher Weise betroffen, denn wer etwa „Arbeit und Beruf für sich nicht als zentrales Lebensinteresse definiert, wird mit den Realbelastungen der Arbeitslosigkeit besser umgehen können [...]". Und es wird in Europa durch Arbeitslosigkeit inzwischen „nicht länger die unmittelbare physische Existenz (bedroht), sondern [jene] hat sich in ihren Auswirkungen stärker 'psychologisiert': Gefährdet sind lokale Verankerung, Konsumniveau und Lebensstil" (Wacker: 11, 30), was alles relative materielle Verarmung keineswegs ausschließt.

• Der lapidare Hinweis auf Schwierigkeiten, die Zeit zu verbringen, kann unverständlich erscheinen, weil es schließlich tausenderlei Möglichkeiten gibt, den Alltag zu gestalten. Offensichtlich geht es aber gar nicht um x-beliebige, sondern um durchweg übliche und gewohnte Zeitverwendung. Und dafür ist bei uns Arbeit nach wie vor bedeutsam. Wer seinen Arbeitsplatz verliert, büßt mehr als bloß eine Tätigkeit ein.

Etwas los sein heißt: etwas verloren haben, was meistens bedauert wird. Bei Arbeitslosigkeit geht es zunächst einmal um den Verlust von Arbeit, die bei uns herkömmlich wesentlich zur menschlichen Lebensführung gehört. Damit ist auch die Arbeitszeit als eine Ausprägung sozialer Zeit wichtig und folgenreich. Auf sie entfällt ein erheblicher, inzwischen allerdings schon beachtlich verringerter, Teil der Zeit, und sie ist mit der arbeitsfreien Zeit vielfach verwoben. Es heißt, und dies wird sinngemäß in vielen Abhandlungen behauptet, daß bei uns die Zeitvorstellung und Zeitnutzung „in erster Linie nach wie vor bestimmt (werden) durch die Arbeit, der Wert der Zeit im wesentlichen durch die Arbeit erlebt (wird)", was alles sich von der protestantischen Ethik herleite (Heinemann/Ludes: 229).

Soweit „Arbeit und Arbeitszeit zum Kern der Identität des Menschen in der Industriezeit" (Vogt: 231) gehören, entfallen sie bei Arbeitslosigkeit als Instrumente geregelter Nutzung von Zeit. Arbeitslose Menschen sind von dem üblichen Rhythmus entbunden. Sie kennen keinen Feierabend nach der Arbeit, kein freies Wochenende nach der Wochenarbeit, keine Ferien von der Arbeit, kurzum: keine Arbeitszeit. Für sie ist, von Essens-und Schlafzeiten abgesehen, alles arbeitsfreie Zeit. Das ist freilich Zwangsfreizeit (Opaschowski, 1983: 66), die in vielen Fällen empfindungsmäßig im Übermaß vorhanden ist und für deren Verwendung es keine verpflichtenden Regeln gibt. Beides hat offensichtlich nachteilige Folgen. Denn mit der Arbeitslosigkeit „(verändern sich) Zeitstruktur und Zeitperspektive: es fehlt eine feste, durch die Arbeit vorgegebene Zeitstruktur; es kommt zu einem Verlust der Lebensperspektive. Die Zukunft ist unsicher, langfristige Planungen werden unmöglich, Entscheidungsspielräume sind eingeschränkt". (Strehmel/Degenhardt: 140)

• Alles, was in Massen auftritt, entwertet sich von selbst. Diese Erkenntnis – früher einmal hinsichtlich der stark gestiegenen Zahl von Professoren formuliert – bewahrheitet sich auch beim Thema Zeit. Für wen Zeit nämlich kein knappes Gut ist, der kann sie als minderwertig erfahren und ihrer überdrüssig werden.

Knappheit ist natürlich keine feststehende Größe. Wer als arbeitsloser Mensch viel Zeit hat, dem kommt seine statistisch wahrscheinlich lange Lebenszeit vielleicht dennoch knapp vor, weil er den Tod fürchtet. Einem vielbeschäftigten und zeitlich sehr beanspruchten Menschen erscheinen die voraussichtlichen Lebensjahre unter Umständen lang, weil er das irdische Dasein geringschätzt. Ein an Arbeit interessierter Arbeitsloser erlebt die viele arbeitsfreie Zeit als Überfluß. Einem freiwillig arbeitslosen Lebenskünstler erscheint die arbeitslose Zeit viel zu kurz, um die Schönheiten dieser Welt zu genießen. Knapp oder nicht knapp – das bemißt sich an den Zielen, für die Zeit genutzt wird.

Vor allem arbeitsorientierte arbeitslose Menschen werden ihrer vielen Zeit überdrüssig, weil sie in ihr nichts Ernsthaftes vorhaben. Wenn ernsthafte Vorhaben fehlen, wird die Zeit gleichsam aufsässig und quält durch ihre Leere (Gadamer: 23). Im Extremfall gilt: Das Nichtstun beherrscht den Tag (Jahoda/Lazarsfeld/Zeisel: 88). Sicherlich, es geschieht fortlaufend etwas, beispielsweise: zu Hause herum sitzen, spazieren gehen, auf der Straße stehen, Radio hören, Fernsehen, Zeitung lesen, Karten spielen, Einkaufen, mit Leidensgefährten sprechen, dösen ... Das sind zwar Vorkommnisse, aber oftmals eben keine dauerhaft befriedigenden Ereignisse.

Infolgedessen wird die viele arbeitsfreie Zeit langfristig kaum als Zeitgewinn empfunden. Wer tagaus, tagein das Gefühl hat, viel Zeit sinnlos zu vergeuden, der kann sich schließlich des Eindrucks eines Zeitverlustes kaum erwehren. So ziemlich alles, was er tut, dient dazu, die Zeit zu vertreiben beziehungsweise totzuschlagen. Und das bedeutet einen Verlust an Zeit, genauer an erstrebenswerter Zeitverwendung. Diese anhaltende Erfahrung kann unter Umständen dazu führen, daß man sich „wertlos, nutzlos und funktionslos (vorkommt), was in einer Leistungsgesellschaft naturgemäß von allergrößter Bedeutung ist" (Küng: 110). Taedium vitae hat viele Gesichter.

15.2 Nichtstun

Langeweile als negative Empfindung von Zeit kennen viele arbeitslose Menschen. Sie muß übrigens nicht so genannt werden, sondern kann larviert vorhanden in mancherlei Symptomen sich äußern. Über die – sehr differenziert anzugehenden – physisch-psychischen Folgen von Arbeitslosigkeit gibt es inzwischen schon eine reichhaltige Literatur. Ein besonderes Interesse erweckt verständlicherweise die Jugendarbeitslosigkeit (z.B. Lenz). Denn wenn junge Menschen arbeitslos sind und es unter Umständen lange Zeit bleiben, dann haben sie kaum eine Chance, ihr Leben gemäß der in ihrer Umgebung weithin üblichen und ihnen empfohlenen Weise zu gestalten. Der soziale Tod kann sich schon früh ankündigen.

• Ein allgemeiner Befund betrifft den gestörten Tagesrhythmus und seine Auswirkungen.
   „Langeweile, unausgefüllte Zeit, fehlende zeitfüllende Beschäftigungen, dies sind Grunderfahrungen der Arbeitslosigkeit". Weil Arbeit als wichtiges zeitstrukturierendes Element entfällt, muß die viele freie Zeit geplant und gestaltet werden. „Diesen Anforderungen sind offensichtlich viele arbeitslose Jugendliche nicht gewachsen". (Heinemann, 1978: 122, 126) Den vergleichsweise großen Handlungsspielraum zu nutzen, will schließlich gelernt und muß von den Mitteln her möglich sein. Wenn beides fehlt, dann beginnen die Probleme bei längerer Arbeitslosigkeit. Dazu heißt es: Die Zeitstrukturen verschwimmen ein wenig, verlieren an Griffigkeit, sobald 'Zeitlöcher' sich auftun, die sich nicht oder – infolge knapper Mittel – nur unbefriedigend 'stopfen' lassen (Alheit/Glaß: 291).
   Wenn die mit Arbeit und Arbeitszeit verknüpften Zeitregulierungen nicht greifen, dann bleibt „oft nur der Rückzug in die hobbyistische Betätigung oder das Totschlagen der Zeit" übrig (Wacker: 117). Im letzteren Fall hängt man einfach so rum und vertrödelt die Zeit. Manchmal hat der eine oder der andere irgendeine Idee, zum Beispiel herumrennen oder Milchflaschen zerschmeißen. „Solche Ideen sind das wichtigste Etwas beim Nichtstun", nämlich um sich die „Langeweile zu vertreiben". Diese Ideen werden „aus Langeweile geboren, auch aus der Erwartung an zukünftige und an-

haltende Langeweile" (Corrigan: 177). Es sind keine wirklich befriedigenden Vorhaben, denn sie heben die Langeweile nicht auf, sondern sind Ausdruck von Langeweile und gegebenenfalls selbst als langweilig empfundene Handlungen.

Der Rückzug in Hobbies kann im Vergleich zum Zeittotschlagen durch Nichtstun auf den ersten Blick vorteilhaft erscheinen. Es würden jedoch zumindest bei den langfristig arbeitslosen Jugendlichen auch Hobbies und Sozialkontakte „nicht das Gefühl der Langeweile, der Eintönigkeit und Monotonie auf(heben)" (Heinemann, 1982: 94). Für die betroffenen Jugendlichen ist diese Art von Zeitvertreib offensichtlich nicht alles, und der Wert solcher Zeitgestaltung sinkt mit seinem anhaltenden Gebrauch. An allem bekommt man ja schließlich Überdruß.

• Viele psychische Auswirkungen der Arbeitslosigkeit lassen sich schlagwortartig zusammenfassen, so ein Betroffener, als Mutlosigkeit, Aufbäumen und Hoffnungslosigkeit bis zur Selbstaufgabe (zit. Schoeps: 56). Damit gehen unter Umständen Rückzug und Apathie einher, von denen zugleich die Zukunftsorientierung betroffen ist.

In einer klassischen Studie über die Auswirkungen von Arbeitslosigkeit auf das Zeiterleben ist zwischen Ungebrochenen (unbroken), Resignierten (resigned), Verzweifelten (distressed) und Apathischen (apathetic) unterschieden worden (Jahoda/Lazarsfeld/Zeisel: 64 ff.). Kennzeichnend für die Typen zwei, drei und vier ist unter anderem die fehlende Hoffnung auf eine bessere Zukunft mit Arbeit. Das ist ein schwerwiegender Zustand. Menschen leben üblicherweise auch zukunftsbezogen. Wer für einen wichtigen Lebensbereich nichts mehr erwartet, muß damit rechnen, daß sein Zeitbewußtsein schrumpft und das Heute in den Vordergrund tritt. „Die Zeit scheint stehenzubleiben. Zukunft und vor allem Vergangenheit werden uninteressant" (Alheit/Glaß: 293).

Wer von der Zukunft nichts mehr erwartet, ist zusätzlich gefährdet, in der Gegenwart nicht mehr für die Zukunft zu planen. Das bedeutet eine weitere Distanzierung vom tätigen Leben. Es bleibt nun wirklich nichts mehr anderes übrig, als sich mit banalen alltäglichen Verrichtungen zu begnügen, die das Nichtstun ausmachen. Sie werden freilich selten als stimmungsfördernde Abwechslungen im täglichen Einerlei empfunden, sondern als anhaltende Bestätigungen einer langweiligen Existenz. Wessen Zukunft versperrt ist, der kommt nicht mehr dazu, sich Ziele zu setzen. Das hat zur Folge: Bedürfnisse, die wir nicht erfüllen können, und Wünsche, die wir uns versagen zu müssen glauben, sind die häufigsten Voraussetzungen jenes ziellosen Umherirrens, der Zeitvergeudung, die uns manchmal überfallen (Hofstätter, 1951: 255). Dies wiederum kann auf hoffnungslose arbeitslose Menschen verschärft zutreffen. Manche von ihnen werden wirklich depressiv und denken an oder begehen sogar Selbstmord.[52]

F. Leere Zeit in Institutionen und Organisationen

Zusammen mit Langeweile wird häufig von Monotonie gesprochen. Das Wort monoton bedeutet eintönig beziehungsweise einförmig. In der Arbeitswelt ist angeblich eine weitere Ursache von Langeweile die „heute hochentwickelte und weiter wachsende Automation in fast allen Tätigkeitsbereichen, die die Arbeit nicht nur vereinfacht, sondern auch eintönig und seelenloser macht" (Endres: 47). Eine noch weitergehende These lautet, daß „Langeweile aus der Erstarrung alltäglicher Abläufe (entsteht), in denen Überraschungen kaum mehr möglich, zumindest nicht gewünscht sind"!. So umfassend gesehen, erscheint es nur konsequent, von einer „(unvermeidbaren) Monotonie unserer modernen Zivilisation" zu sprechen (Kruppa: 8), die dann in nahezu allen Lebensbereichen als langeweileträchtig angesehen und schließlich unter Umständen als eine im ganzen langweilige Welt gedeutet werden.

Wiederholungen innerhalb und außerhalb der Arbeitswelt verursachen nicht notwendigerweise Langeweile. Entsprechend erzogene Menschen empfinden das stereotyp gesprochene O mani padme hum als ebenso sinnvoll und beruhigend wie gleichbleibende Sprüche einer Litanei oder eines Rosenkranzgebetes. Menschen sind überhaupt fähig und bedürftig, mit und in Wiederholungen zu leben. Es stimmt ja: Man fürchtet Einförmigkeit, Gleichmäßigkeit, 'Alltäglichkeit' in dem Sinne, daß alle Tage und Stunden mehr oder weniger in ein gleiches neutrales Grau getaucht sind (Wendorff: 119). Es stimmt aber auch: Wir entwickeln Routine und pflegen Gewohnheiten, weil sie uns Sicherheit geben (Keen, 1980: 24). Beispiele von selbstverständlich gehaltenen und lustvoll erlebbaren Wiederholungen sind etwa: täglich in einer ganz bestimmten Art und Weise frühstücken, in vorkonziliarer Art auch in nachkonziliarer Zeit beten, dreißig Jahre lang seinen Urlaub im gleichen Heilbad verbringen, immer wieder Rippchen mit Sauerkraut essen, ausschließlich Rock-Musik hören, zeitlebens die gleiche Partei wählen, sich in einer Ehe lebenslang wechselseitig Ich liebe Dich versichern, immer mal wieder das gleiche Buch über Langeweile lesen.

Wenn Wiederholungen allerdings Gefühle der Unlust hervorrufen, weil einschlägige Handlungen von vornherein nicht oder mit der Zeit nicht mehr interessieren, dann kommt es zur Empfindung der Monotonie und eventuell auch der Langeweile. Darauf ist früher schon mehrmals hingewiesen worden. Erinnert sei an bestimmte Vorkommnisse in der sketischen Wüste; an Senecas bohrende Frage Quosque eadem/Wie lange noch immer dasselbe?; an seinen jammervollen Hinweis: Nichts Neues tue ich, nichts Neues sehe ich: irgendwann empfinde ich auch davor Ekel; an unbefriedigende immergleiche Divertissements am Hofe; an nervenbelastende Alltagsroutinen bei Arbeitslosen ... Man ist oder wird schließlich der sich wiederholenden Handlungen überdrüssig beziehungsweise psychisch satt. Während sie geschehen, dehnt und streckt sich die Zeit und wird schließlich selbst zum Objekt des Ekels. Der Käfig-Situation entkommen, das ist eine extreme Reaktion – sie versuchsweise durch Abwechslungen auflockern, das ist wohl im allgemeinen eine realistischere Verhaltensweise.[53]

16. Arbeitswelt

16.1 Monotonie, Ermüdung, Sättigung

Daß es Langeweile in Freizeit und arbeitsloser Zeit gibt, schließt die Empfindung leerer Zeit in der Arbeitswelt nicht aus. Nochmals: Monotonie in der Arbeit (kann) genauso langweilig wie das bloße Zeittotschlagen in der Freizeit sein (Opaschowski, 1980: 11). Hier wird Monotonie in der Arbeitswelt unterstellt und monotoniebedingte Langeweile behauptet. Letztere gibt es, wenngleich nicht alle Monotonie das Gefühl der Langeweile hervorruft, Langeweile nicht nur in Monotonie wurzelt, Monotonie nicht auf den Arbeitsbereich beschränkt ist und im übrigen das Wort Monotonie begrifflich unterschiedlich verwendet wird.

• Monotonie wird in der Arbeitswelt häufig zusammen mit repetitiven Tätigkeiten erörtert, wobei dann Fließband und Automation wichtige Stichworte sind.

Repetitiv können zunächst ganz allgemein gesehen „solche Arbeitsvollzüge (genannt werden), in denen stets die gleichen Verrichtungen rasch aufeinander folgen". Untersucht man die Zeitstrukturen einschlägiger Arbeitssituationen, dann ergibt die rasche Aufeinanderfolge immer gleicher Tätigkeiten, daß die einzelnen Arbeitsphasen „nicht mehr deutlich getrennt als Vorher, Jetzt und Nachher im Bewußtsein zu halten sind, sondern in ein Dauererlebnis ohne vergegenwärtigten Anfang und Schluß zusammenfließen". Die Arbeit geschieht sozusagen wie im Schlaf, routinemäßig hochgradig sicher und gegebenenfalls von Tagträumen begleitet. Die einzelnen Arbeitsakte „(fließen) gewissermaßen ineinander", die „Situationsgrenzen verschwimmen" und das „zeitliche Gefüge der einzelnen Situationen (wird) abgebaut". Alles in allem:

> Das Subjekt ortet sich nicht mehr an einer Zeitstelle, sondern empfindet nur noch Dauer. Das Zeitbewußtsein zerfließt auf dem Fluß der Zeit wie ein Ölfleck auf dem Wasser. Die Reduktion des zeitlichen Gefüges einer Situation zum Gefühl bloßer Dauer: das ist der Tatbestand der Monotonie (Popitz u.a.: 156, 109, 157).

Zusammen mit so – anspruchsvoll – verstandener Monotonie ist von Langeweile keine Rede. Erlebte Zeit als bloße Dauer ist eine erheblich gelangweilten Menschen vermutlich geläufige Erfahrung. Man kennt zwar irgendwelche Ereignisse, sie erscheinen aber in ihrer regelmäßigen Wiederholung als eher belanglose Vorkommnisse, die das tägliche Einerlei nicht aufheben und das Gefühl andauernder leerer Zeit nicht auslöschen. Die Zeit vergeht nur sehr langsam, sie quält durch ihre dauerhaft sich bemerkbar machende Anwesenheit. Im Ablauf der Geschehnisse gibt es keine belangvollen Unterbrechungen, welche die penetrante Aufdringlichkeit der Zeit beseitigen könnten.

In diesem Zusammenhang sind einige schon ältere Ausführungen über Monotonieprobleme bei unterteilter und eintöniger Zeit bemerkenswert. Wenn eintönig empfundene abwechslungsarme Tätigkeiten genügend Zeit lassen, ununterbrochen an Zeit zu denken und das Ende der Arbeitszeit sehnsüchtig zu erwarten, dann liegt so etwas wie eine „Besessenheit von Zeit" vor. Sie „(ist gleichfalls) Ursache für Langeweile, die man ja als subjektiven Aspekt der repetitiven Arbeit bezeichnen könnte" (Friedmann: 147). Die sich wiederholenden Handgriffe etwa am Fließband lassen einen gegebenenfalls nicht die Zeit ertragen oder vergessen, sondern sie in ihrem scheinbar langsamen Verlauf als lange leere Weile bedrückend empfinden. Es ist eine Frage für praxisorientierte Arbeitswissenschaftler, wie man den Arbeitsablauf bei repetitiven Tätigkeiten durch Unterbrechungen oder anregende Reize wie etwa Musik so gestaltet, daß Gefühle der Monotonie und gegebenenfalls Langeweile gar nicht erst aufkommen oder sich in Grenzen halten.

• Bezug sind übrigens noch ältere, unter Umständen heutigen Anforderungen an forschungstechnisches Raffinement nicht genügende, empirische Arbeiten über englische Industriearbeiter, die in „Fabriken an Maschinen eine gleichförmige, sich stets gleichmäßig wiederholende Arbeit verrichten müssen" (Wyatt, 1930: 114).

Bemerkenswerterweise leisten damals die Arbeiter am Nachmittag häufig mehr als am Vormittag. Zu der sich „steigernden Einwirkung der Langeweile in der Vormittagsschicht" wird vermutet, daß bei gleichförmiger, sich stets wiederholender Arbeit, welche „gar nicht interessiert", die Unlustgefühle vergleichsweise stark sind, wenn das Ende der Arbeitszeit noch weit entfernt ist. Einen Tiefstand gibt es während der Vormittagsschicht, eine erhebliche Verbesserung durch die heranrückende und tatsächliche Mittagspause sowie durch das dann bevorstehende kleinere Arbeitspensum (115 f.). Der Mittag als Scheitelpunkt im Tagesablauf – hier jetzt kein böser, sondern ein guter Dämon!

Eine allgemeine These lautet, daß unter den Bedingungen früherer Handwerksarbeit es viel weniger Gelegenheit für Langeweile gegeben habe als in den „heutigen, sich stets gleichförmig und gleichmäßig wiederholenden Arbeitsprozessen der modernen Industriearbeit" (117). Es gilt freilich zu differenzieren. Denn erstens neigen Arbeiter mit einer „verhältnismäßig hohen Allgemeinintelligenz viel stärker dazu, von Langeweile gequält zu werden". Es ist sodann von großer Bedeutung, ob man aufkommende Gefühle der Langeweile durch Unterhaltungen mit Kollegen sowie abschweifenden Gedanken und Tagträumen begegnen kann, was natürlich nicht bei allen monotonen Arbeitsvorgängen möglich und angezeigt ist. Es erscheint schließlich sehr wahrscheinlich, daß ererbte Temperamentsunterschiede den Grad der Langeweile beeinflussen. (119)

Es ist abschließend erwähnenswert, daß das Erlebnis der Langeweile vom type of work mitabhängt, denn ein und derselbe Arbeiter may be bored by one process [= Arbeitsvorgang] but not by another. – Wenn kreative Fähigkeiten für eine bestimmte Arbeit erforderlich sind, bedeutet das einen erheblichen Schutz vor Langeweile. Yet creative work when it becomes repetitive is apt to be tedious. – Wenn repetitive Arbeiten hohe Aufmerksamkeit und große Konzentration erfordern, vergeht die Zeit schnell und kommt Langeweile kaum vor. The work ist fatiguing rather than boring and gives rise to different problems. – Repetitive Arbeitsvorgänge können unterschiedlich bewertet werden, indem beispielsweise das Einpacken von Schokoladenbonbons in größere Schachteln mehr Arbeitszufriedenheit hervorruft als die Benutzung kleiner Schachteln. Kurzum: The results also show that the amount of boredom experienced by the workers as a whole when employed on the different processes was inversely related to their preference for the different types of work. (Wyatt, 1939: 67, 68, 16)

Andernorts ist angemerkt worden, daß die „Bedeutung dieser Wertung einer monotonen Arbeit durch den Arbeiter gar nicht genug betont werden (kann)" (Friedmann: 141). Klagen über Monotonie mit oder ohne Bezug auf Langeweile sind unüberhörbar. Ein Betroffener: Und doch – ich, hören Sie, ich muß [die Arbeit] zeitweise verlassen, weil sonst die monotone Arbeit mich zermürbt (zit. Levenstein: 50). Wie weit solche Ansichten verbreitet waren oder sind, ist schwer auszumachen. Bemerkenswert ist hier aber nur, daß monotone Arbeit nicht notwendigerweise negativ empfunden werden und von Langeweile begleitet sein muß. Erst wenn der für Monotonie wiederholt behauptete Zustand „herabgesetzter psychischer Aktivität" (Karsten) in Verbindung mit Müdigkeits- und Schläfrigkeitsgefühlen vorliegt und damit zugleich eine gewisse Unterforderung anzeigt, kann Langeweile mit ins Spiel kommen. Das alles verweist auf den, freilich komplexen und voraussetzungsreichen, Faktor Interesse. Und 'Langeweile und Interesse' (z.B. Revers, 1949: 40 ff.) betrifft ein zentrales Thema.

• Das gilt auch für die sogenannte psychische Sättigung, die – wie die psychische Ermüdung – von Monotonie zu unterscheiden sei, was in der älteren Monotonieforschung meistens unterblieben wäre (Gubser: 78).

Der fragliche Ausdruck bezieht sich auf jene uralte Erfahrung, daß einem wiederholt ausgeführte Tätigkeiten mit der Zeit leid werden und im Extremfall Ekelgefühle hervorrufen können. Wer will beispielsweise immer Kaviar essen? Weil selbst jahrelange monotone Berufsarbeit manchen Menschen nicht überdrüssig und gegebenenfalls langweilig wird, ist die „Wiederholung als solche nicht die hinreichende Ursache für die Sättigung". Ihr Eintritt setzt voraus, daß eine Handlung oder Situation „zunächst einen positiven Aufforderungscharakter besessen hat", der sich mit der Zeit abnutzt (Karsten: 192, 145). Das kann die Folge sowohl über lange als auch über kurze Zeit hinweg praktizierter Wiederholungen sein. Diese können als ausgeprägt eintönig-einförmig angesehen und empfunden werden oder als vergleichsweise qualifiziert, wie die lebhaften Klagen eines Richters zeigen, der immer dieselben Holzdiebstähle abzuurteilen hat. Für die psychische Sättigung ist also nicht der „isoliert betrachtete äußere Charakter der Handlung" wichtig, sondern was die „Handlung ihrer psychischen Existenz nach für den Arbeitenden bedeutet" (Lewin, 1928: 186).

Damit ist man erneut auf die Bedeutung von beziehungsweise Einstellung zu bestimmten Tätigkeiten verwiesen. Davon abgesehen: wenn man in der Arbeitswelt über Langeweile klagt, dann kann aufgrund der berichteten Symptome „leicht entschieden werden, ob es sich um einen Monotoniezustand oder um psychische Sättigung handelt" (Bartenwerfer, 1969: 269). Beides tritt unter Umständen gemischt auf.

16.2 Differenzierte Arbeitswelt

Es wäre sicherlich falsch, Langeweile in der Arbeitswelt zu leugnen. Wer ihr Ausmaß genauer bestimmen möchte, müßte allerdings – was hier nicht zu leisten ist – Unmengen von Literatur lesen, wobei er nicht nur dann fündig würde, wenn das Wort Langeweile auftaucht.

• In einer neueren umfangreichen Untersuchung über die Werftindustrie (Schumann u.a.) wird die Subjektperspektive des Arbeiters zweidimensional gefaßt und wie folgt umschrieben: 1. Das Interesse, die eigene Person in die Arbeit einbringen zu können, also das Interesse an Spielräumen sowohl für die eigenen Interpretationen in der Arbeitssituation, als auch in der Realisierung der Fähigkeiten, die man sich selber zuschreibt; 2. das Interesse an sozialer Anerkennung in der Erfüllung der von anderen ausgehenden Erwartungen.

Die erste Dimension wird nach vier Bezugspunkten aufgegliedert: Interessantheit/Abwechslungsreichtum der Arbeit; Realisierung professioneller Standards; Gestaltungsmöglichkeiten des Arbeitsvollzugs; Einbringung von Fähigkeiten und Fertigkeiten. Zentrale Bezugspunkte einer erfragten Anspruchshaltung gegenüber der Arbeit und Beruf sind Interessantheit, Abwechslungsreichtum der Arbeit und Anerkennung der Leistung. „Man hofft, eine interessantere, abwechslungsreiche, Überblick über die Arbeitszusammenhänge gewährende Arbeit werde Langeweile und Monotonie verbannen". (302, 303 f., 325)

Interessante Einzelnachweise finden sich in der Analyse einzelner Berufsgruppen. So wüßten die Rohrschlosser genau zu unterscheiden

zwischen den qualifizierten, interessanten und den weniger fordernden, langweiligen Bestandteilen ihrer Arbeit. Langweilig ist eine Arbeit, 'wo nichts bei ist', die 'stumpfsinnig ist', die lediglich körperliche Anstrengung verlangt und bei der man nicht 'noch irgend'nen bißchen überlegen soll' [...] 'Langweilig ist das ja bei uns nur Kastenmodelle machen. Mit Flansche an Bord, immer den einen um den gleichen Trott. Früher, wir haben unsere Rohre selber gemacht [...] Wenn ich an der Maschine bin, habe ich manchmal die Schnauze voll. Ja, ehrlich, da hätte ich ja nicht zu lernen brauchen, wenn ich doch an der Maschine stehen muß, weil Maschinenarbeit genau ist wie VW-Arbeit, Bandarbeit. Das Rohr kommt rein, wird geschweißt, geht wieder weg, Rohr kommt rein, wird geschweißt [...]' (334, 338).

In der Berufsgruppe Schiffbauer wird die eigene Tätigkeit als vergleichsweise abwechslungsreich geschildert. „Langweilige Arbeit, die kriegen sie hier ja quasi gar nicht, weil, sie haben ja immer wieder etwas anderes. Das ist immer anders. Sie wissen ja gar nicht, wie die Teile zusammenpassen. Jedes Teil ist anders". Bei den Schweißern schließlich ist „'langweilig' deshalb auch eine langwierige Arbeit; 'was glatt von der Hand geht', ist 'interessant'". Weit verbreitet ist allerdings die Vorstellung, daß Schweißerarbeit eher eine unqualifizierte Tätigkeit sei, für die man nicht mehr als eine ruhige Hand benötige. Eine ausgesprochen harte Äußerung:

Also hier an der Arbeit finde ich überhaupt gar nichts Interessantes, nichts, überhaupt nichts Interessantes, nichts, gar nichts. Monotone Arbeit ist das alles, monotone Arbeit [...] Da kann man anders nicht machen. Also abwechslungsreich ist sie nicht, ist immer ein und dasselbe. Finde nichts da dran. Ich möchte es auch keinem mehr empfehlen, Schweißer möchte ich nicht mehr machen. (342, 351, 353, 354)

• Die oben beiläufig zitierte allgemeine Aussage über stets gleichförmige und gleichmäßig sich wiederholende Arbeitsprozesse in 'der modernen Industriearbeit' (Wyatt, 1930: 114) war schon damals und ist erst recht heute korrekturbedürftig.

Es verdient zunächst daran erinnert zu werden, daß „die Monotonie kein trauriges Privileg der industriellen Maschinenarbeit ist" (Friedmann: 133). Früher gab es in der Feld- und Handwerksarbeit immer schon viele sich ständig wiederholenden Tätigkeiten. Sie sind freilich häufig in Rhythmen eingebunden. Dabei handelt es sich um gegliederte Abfolgen von Bewegungen beziehungsweise um „geordnete Gliederungen der Bewegungen in ihrem zeitlichen Verlauf". Medien rhythmischer Gestaltung der Arbeit können beispielsweise Arbeitsgesänge sein. Rhythmisierte Arbeit hat unter anderem die nützliche Eigenschaft, einen sparsamen Kräfteverbrauch zu ermöglichen, Einförmigkeiten zu ertragen, Lustgefühle zu wecken, Arbeit zu erleichtern (Bücher: 101). Maschinisierte Arbeit kann in dem vorhin gemeinten Sinne nicht rhythmisierte Tätigkeit sein. Deren Monotonie ist sozusagen von anderer Qualität als die gleichförmiger Feld- und Handwerksarbeit.

Beachtenswert ist sodann die These, daß es eine falsch gestellte Frage sei, ob durch den „aktuellen technischen Wandel generell restriktive Formen industrieller Arbeit (ge)fördert oder ab(ge)baut, grundsätzlich repetitive Teilarbeiten vermehrt oder eliminiert (werden)". Im ganzen ergebe sich ein kompliziertes und teilweise widersprüchliches Bild, welches jede pauschale Aussage verbiete. Im Laufe der technischen Entwicklung habe sich die Bandbreite der Industriearbeit entscheidend erweitert, umschließe die Industriearbeit heute recht unterschiedliche Phänomene und gebe es bemerkenswert verschiedene Tätigkeitsgruppen. Das gelte beispielsweise für handwerkliche Arbeit am Produkt, repetitive Teilarbeit, Steuer- und Führungsarbeiten, Automatenkontrolle, Meßwarttätigkeit. (Kern/Schumann, 1973: 162,134 f.)

In diesem Zusammenhang sind auch jene, übrigens kontrovers erörterten, Überlegungen erwähnenswert, denen zufolge es in den industriellen Kernsektoren wie Automobilindustrie, Großchemie usw. angeblich neue Produktionskonzepte gibt, die das „Bewußtsein für die qualitative Bedeutung menschlicher Arbeitsleistung und die Wertschätzung der besonderen Qualitäten lebendiger Arbeit" anzeigen. Selbst bei den Montagearbeiten in der Autoindustrie, wo überwiegend sehr simple Operationen in kurzen Wiederholzeiten ausgeführt würden, seien in den letzten 15 Jahren die „Flexibilitätsanforderungen" an die Arbeiter gestiegen. Die generelle Kritik der Bandarbeiter an ihrer repetitiven Tätigkeit sei zwar nicht verstummt, der eingetretene Wandel würde aber doch als ein „kleiner Schritt zum Besseren hin" mit Hinweisen wie etwa 'nicht ganz so stumpfsinnig' beurteilt. (Kern/Schumann, 1984: 93,107)

• Wenn es, wie jedenfalls lange Zeit behauptet, vor allem repetitive Arbeiten sind, die als monotone Tätigkeiten gelten und unter Umständen Langeweile hervorrufen, dann können es allein schon die vielfältigen Arbeitstypen ratsam erscheinen lassen, Langeweile in 'der' modernen Arbeitswelt zurückhaltend zu diagnostizieren.

Es besteht allerdings kein Anlaß, die negative Empfindung leerer Zeit auf die üblichen repetitiven Tätigkeiten zu beschränken. Sicherlich, Langeweile kann durch „Fertigungsverfahren (entstehen), die in der dauernden Wiederholung eines bestimmten Arbeitsvorganges an einem bestimmten Arbeitsplatz mit einer bestimmten Stückzahl bestehen" (Colligan/Stockton: 15). Monotonie- und Langeweilegefühle sind jedoch auch dort möglich, wo noch weniger als rasch aufeinanderfolgende gleiche Verrichtungen geschehen. In monotonous situations befinden sich auch Menschen, die have little to do but keep a constant watch on instruments (Heron: 137). Damit sind Kontroll-, Steuerungs- und Überwachungstätigkeiten bei voll- oder teilautomatisierten Anlagen gemeint. In der sogenannten Vigilanzforschung – vigilantia = Wachsamkeit beziehungsweise Aufmerksamkeit – wird beispielsweise untersucht, wie Meßwartentätigkeit sich auf den Arbeitsablauf auswirkt, wie und in welchem Ausmaß die Wachsamkeit sinkt und welche Gegenmaßnahmen angezeigt sind. Erwähnenswert sind Hinweise auf Monotonie, Unterforderung durch erzwungene Untätigkeit, reizarme Situationen, Überforderung durch Unterforderung, Abwechslungsarmut, untätiges Warten.

Man kann Automatisierung als eine Befreiung von Arbeit begreifen, bei der fraglichen Tätigkeit kann jedoch „aus dem Himmel die Hölle werden, weil die Langeweile so anstrengend ist". Diese Vorstellung und eine noch weiterreichende Aussage von einer durch erzwungene Langeweile bedingten Automationskrankheit treffen freilich nur begrenzt zu. So werden ja bei Störungen an die Spezialisten hohe und höchste Anforderungen gestellt, was zumindest die „Vorstellungen vom mechanistisch reagierenden Knöpfchendrücker in Frage (stellt)". Aber es „bleibt dennoch das Problem erzwungener Untätigkeit während der Zeiten normalen Prozeßverlaufs" bestehen. (Waldhubel: 98, 92, 84) In dieser Zeit kann neben Ermüdung auch Langeweile zu einem Problem werden.

• Monotonie, Ermüdung, Sättigung und Langeweile sind in der Regel arbeitsbelastende Erscheinungen. Belastung ist seinerseits ein bedeutungsreiches Wort.

Hier mag der Hinweis genügen, daß in der Arbeitspsychologie neuerdings ein „Spezieller Belastungsbegriff entwickelt worden (ist), der die engen Schranken der der Arbeitswissenschaft nahestehenden psychologischen Aktivierungsforschung und ihrer Fixierung auf die Phänomene von Ermüdung, Sättigung, Monotonie (Bartenwerfer, 1969, 1970) überwindet, und dadurch auch für industriesoziologische Belastungsanalysen attraktiv wird [...]" (Maschwesky: 331). Davon abgesehen erfährt man verhältnismäßig wenig über Langeweile in der gegenwärtigen Arbeitswelt. Wer sich dafür interessiert, wird gelegentlich mit weitreichenden Vermutungen konfrontiert, deren empirische Überprüfung viel zu wünschen übrig läßt. Und eine ernstzunehmende Langeweile-Forschung gibt es wohl nicht.

Wenn über einen Sachverhalt wissenschaftlich nicht oder kaum geforscht wird, bedeutet dies keineswegs, daß es ihn nicht oder nur am Rande gibt. Immerhin ergaben einige informelle Anfragen bei sozialwissenschaftlichen Spezialisten für Arbeit/Beruf bemerkenswerterweise nur Fehlanzeigen. Gelegentlich wurde jeder Zusammenhang zwischen moderner Arbeitswelt und Langeweile bestritten, auf fehlende qualifizierte empirische Untersuchungen hingewiesen und zumindest für Arbeiter und Angestellte – 'die' Beamten sind anscheinend ein Kapitel für sich – von anhaltender Belastung, Überlastung und Streß gesprochen. Für eine Überprüfung der denkbaren Hypothese, daß mit zunehmender überzeugungsmäßiger Nähe zur organisierten Arbeitnehmerschaft die Neigung größer wird, arbeitsbedingte Langeweile zu bestreiten, wären viele Befragungsfälle erforderlich.

Es mag in der Arbeitswelt teilweise sehr wohl Langeweile geben, ohne daß darüber weiter gesprochen wird. Ein möglicher Grund könnte sein, so eine These: Langweilige Arbeitszeit gilt als verkaufte und bezahlte Lebenszeit, langweilige Freizeit aber wird als verlorene Lebenszeit empfunden. Dies erklärt, warum in der öffentlichen Diskussion das Problem der Langeweile immer nur als ein Problem der Freizeit angesehen wird (Opaschowski, 1988: 150). – Es darf zusätzlich vermutet werden, daß man sich deshalb zurückhält, Langeweile am Arbeitsplatz zuzugestehen, weil Arbeit bei uns nach wie vor positiv bewertet wird und man nicht für sich selbst etwas als wertlos bezeichnen möchte, was in der Umwelt wertmäßig viel gilt. – Darüber hinaus ist die Vermutung erwägenswert, daß jene Menschen, who do not report themselves to be bored by their work have very little hope in general for an interesting existence. Ihre zombiegleiche Lebensweise herold the routinization of acedia (Lyman: 26). Anders ausgedrückt: Die Mehrheit erduldet langweilige Arbeit, weil es keine Alternative gibt (Keen, 1980: 26).

Empfindungen der Langeweile kann es selbstverständlich auch dann geben, wenn dieses Wort nicht benutzt wird, die Nachfrage nach Langeweile verständnislos bleibt oder man ihr Vorhandensein ostentativ verneint. Es gibt, wie erwähnt, keine verbindliche begriffliche Verwendung des Wortes Monotonie. Man bringt damit gelegentlich vielerlei zusammen, so etwa: Wiederholung, Routine, Langeweile, unangenehme Gefühle bei der Arbeit, Müdigkeit, Schläfrigkeit, Überdruß, Gleichförmigkeit, Bedeutungslosigkeit, Sättigung, innere Unruhe, Gereiztheit, Abstumpfung (Gubser: 78). Gleich oder ähnlich kann es sich bei Langeweile verhalten. Sie muß ja nicht unbedingt als leere Zeit bewußt erlebt und als Zeitverdruß leidvoll wahrgenommen werden, sondern sie kann sich in Analogie zur gedanklichen Vorstellung larvierter Depression in mannigfaltigen Symptomen äußern. Es hängt dann natürlich vom Verständnis des vieldeutigen Wortes Langeweile ab, ob man beispielsweise auch eine ausgeprägte Arbeits- und Publikationswut als eines ihrer Gesichter versteht. Denn der Workaholic „(kennt kaum) andere Interessen als seine Arbeit; er fühlt sich schon nach kurzer Zeit von Unrast und Langeweile gepackt" (Jaeggi: 65). Man wird sich wohl vorsehen müssen, nicht den Gefahren der Maxime 'Wer sucht, der findet' zu erliegen.

• Eine legitime Suche erbringt für das Thema Langeweile zumindest indirekt bedeutsame Erkenntnisse aus Untersuchungen über das – gar nicht so leicht erforschbare – Thema Arbeitsplatz/Arbeitsbedingungen/Arbeitsbelastung/Arbeitszufriedenheit.

In einer Studie findet man unter den negativen Beschreibungen die Rubrik 'Nicht abwechslungsreich, immer dasselbe' und unter den positiven Beschreibungen die Rubrik 'Interessant, es gibt immer wieder etwas Neues'. In Verbindung mit dem Thema 'Wie der Arbeitsplatz erlebt wird' lauten die Prozentzahlen für 1960 und 1983 im ersten Fall 25 und 22 und im zweiten Fall 34 und 58. In Verbindung mit dem Thema 'Einschätzung der Arbeitsbedingungen' lauten die Prozentzahlen für die Berufsgruppen Ungelernte und angelernte Arbeiter-Facharbeiter-Nichtleitende Angestellte/Beamte-

Leitende Angestellte/Beamte-Selbständige/Freie Berufe in den Jahren 1964 und 1983 im ersten Fall: 37 und 40 – 19 und 19 – 18 und 21 – 14 und 5 – 10 und 6 sowie im zweiten Fall: 26 und 38 – 39 und 56 – 53 und 61 – 75 und 76 – 48 und 76. Ein allgemeiner Kommentar, der die hier nicht wiedergegebenen anderen Rubriken miteinbezieht und zwei Studien miteinander vergleicht, verweist darauf, daß

> für die meisten die Arbeit interessanter und äußerlich komfortabler (freilich nicht seelisch weniger belastend) geworden ist. Bei einer größeren Berufsgruppe, den an- und ungelernten Arbeitern, verhält sich dies jedoch anders. Gewiß, auch diesen Arbeitnehmern stellen sich die Arbeitsplätze eher sauber dar, körperlich weniger anstrengend, dabei aber monotoner. Die Hälfte von ihnen spricht von Arbeit, die durch die Technik eintöniger geworden ist – gegenüber nur einem Fünftel der anderen Arbeitnehmer (Noelle-Neumann/Strümpel: 230, 56, 52 f.).

Dieser berufsspezifische Unterschied ist ebenso bemerkenswert wie die andernorts erwähnte Tatsache, daß im Durchschnitt von 13.000 befragten Bundesbürgern der „Abbau monotoner Arbeit über den Zuwächsen an gleichförmigen Tätigkeiten liegt (17 zu 9 %). Besonders ausgeprägt ist die Reduktion von Monotonieerfahrungen dann, wenn Arbeitnehmer mit Neuen Technologien arbeiten". Von den konventionell Beschäftigten äußern sich nur 12 % dagegen von Erwerbstätigen mit hochtechnisierten Arbeitsplätzen 28 % positiv. (Hans-Böckler-Stiftung, Hrsg., 182 f.)

Gefühle der Langeweile müssen nicht von der Arbeitsart, sondern können auch von Einflußmöglichkeiten der Arbeitnehmer bedingt sein. So stimmten 1982 der Feststellung 'Ich habe eine Arbeit, wo ich mich nie langweile' voll und ganz zu: Typ I = hat Mitbestimmung und ist zufrieden 60 %, Typ II = hat keine Mitbestimmung und ist zufrieden 34 %, Typ III = hat Mitbestimmung und wünscht sich mehr 49 %, Typ IV = hat keine Mitbestimmung und wünscht sich mehr 33 % Kommentar: Geringer beziehungsweise gar kein Einfluß auf Entscheidungen geht mit eintöniger langweiliger Arbeit einher, bei der die individuelle Gestaltungsfreiheit auf ein Minimum reduziert worden ist. (Flodell: 193, 192)

Erwähnenswert sind schließlich noch Untersuchungsergebnisse, die auf eine – früher zusammen mit Freizeit schon erwähnte – veränderte Einstellung gegenüber Arbeit hinweisen. Berufsarbeit bestimme noch immer Lebensstandard, soziale Anerkennung, Selbstachtung und gesellschaftliche Integration, jedoch scheine institutionalisierte Arbeit „die Loyalität ihrer Klienten zu verlieren". Als ein Indiz dafür wird der Wunsch nach kürzerer Arbeitszeit angesehen, der angeblich Hand in Hand mit der Distanzierung von Arbeit und Betrieb geht. Arbeiter/Angestellte, die kürzer/nicht kürzer arbeiten wollen, erscheinen in der Rubrik 'ich langweile mich nie bei der Arbeit' mit 19/47 beziehungsweise 41/49 %. (Noelle-Neumann/Strümpel: 17 f., 224 f.)

Weitreichende Deutungen dieser Zahlen sind vermutlich unangebracht, Taedium laboris kommt als Quelle für Langeweile dennoch in Frage. Das gilt übrigens angeblich vor allem für Helfende Berufe, deren Angehörige besonders gefährdet sind, Überdruß zu empfinden und innerlich auszubrennen (burn out). Die in diesem Zusammenhang erwähnte existentielle Neurose ist Ausdruck der Überzeugung, daß das Leben sinnlos sei und von Apathie, Langeweile und Entfremdung vom Selbst und der Gesellschaft beherrscht werde (Aronson u.a.: 168). Im Untertitel dieses Buches taucht übrigens das aus der Geschichte so vertraute Wort Taedium auf.[54]

17. Militär

17.1 Gammelei

Repetitive Tätigkeiten, Monotonie, Lehrlauf, Desinteresse, Unterforderung, Langeweile usw. werden innerhalb des Arbeitsplatzes Bundeswehr und einer an ihr anteilnehmenden Öffentlichkeit oft unter dem Stichwort Gammelei erörtert. Das Wort bedeutet zunächst allgemein: ein liederliches Leben führen, nichts arbeiten, faul, langsam, langweilig sein. Wie könnte es so etwas beim Militär geben, dessen Aufgabe doch darin besteht, für den Fall des Falles jederzeit bereit zu sein?

• Beim Thema Gammeln ist zu unterscheiden zwischen: Klagen von Soldaten, amtlicher Zurkenntnisnahme durch den Wehrbeauftragten des Deutschen Bundestages, ministeriellen Stellungnahmen, bundeswehrinterner Beschäftigung mit dem fraglichen Sachverhalt, wissenschaftlichen Untersuchungen über Ursachen und Ausmaß des Erlebnisses leerer Zeit sowie massenmedialen Äußerungen.

Man darf sicherlich davon ausgehen, daß der Wehrbeauftragte in seinen Jahresberichten nichts erfindet. Seine – übrigens nur gelegentlichen und im Vergleich mit anderen Problemen nicht überzubewertenden – Hinweise auf Schwierigkeiten des Umgangs mit der Zeit sind demnach Ausdruck wirklich erlebter und geäußerter Unzufriedenheit von Angehörigen der Bundeswehr. In neuerer Zeit heißt es beispielsweise, daß „von Soldaten im Grundwehrdienst vor allem immer wieder ein Mangel an Auslastung bei vollständigem Dienstplan beklagt" werde, so wenn jemand bei einer Wochendienstzeit von 36 Stunden nach Plan nur 8 Stunden und 45 Minuten „tatsächlich beschäftigt" war. Es gebe Anlaß, für die von „dem Soldaten beklagte Langeweile" Verständnis aufzubringen. Die wiederholt geäußerte Kritik an Routinedienstplänen und Eintönigkeit von Wach- und Bereitschaftsdiensten könne als eine Kritik am Zuviel eines „organisierten Leerlaufs" verstanden werden.
Es mag einem unverständlich vorkommen, wieso jemand bei 36 Stunden eingeplanter Dienstzeit nur knapp 9 Stunden „tatsächlich beschäftigt ist". Dies scheint jedoch kein Einzelfall zu sein, denn ein anderer Soldat berich-

tet, daß er „alles in allem zwei Tage in der Woche ausgelastet sei". Darüber zeigten sich seine Vorgesetzten sehr überrascht, weil doch gerade dieser Soldat nach ihrem Eindruck „ständig beschäftigt" gewesen sei (Jahresbericht 1981: 7, 8, 7). Man gewinnt den Eindruck, daß die beschwerdeführenden Soldaten keineswegs – was freilich auch vorkommen mag – dienstlich nichts zu tun hatten, sondern daß ihnen die vorgeschriebenen Aktivitäten unbefriedigend vorkamen. Dies kann erfahrungsgemäß die Empfindung hervorrufen, daß „Arbeiten lediglich dem Zweck dienen, Leerlauf zu überbrücken und 'Zeit totzuschlagen'". In diesem Zusammenhang ist es tatsächlich schwer begreiflich, weshalb morgens gereinigte Räume mittags erneut gesäubert werden mußten, obwohl sie zwischenzeitlich nicht genutzt worden waren – und weshalb für die Wartung von Fahrzeugen drei Tage vorgesehen wurden, obwohl das an einem Tag erledigt werden konnte. Kurzum: Es gebe, auch hinsichtlich von Zusatzdiensten, für die Vorgesetzten eine „ganz besondere Verantwortung im Umgang mit der Zeit ihrer Soldaten". (Jahresbericht 1986: 9)

Solche Beschwerden und Ratschläge werden durchaus ernstgenommen. So bestätigt das Verteidigungsministerium die Berichte über mangelnde dienstliche Auslastung, weist jedoch auch auf gegenteilige Informationen hin, nach denen oft kaum genügend Zeit in der Ausbildung vorhanden sei, die Stoffülle zu bewältigen. Verständlicherweise würden sich die Klagen dort häufen, wo viel Wach- und Bereitschaftsdienst, technischer Dienst und drillmäßiges Wiederholen von Routinetätigkeiten entstehe, was alles jedoch unvermeidbar sei, weil eine in Friedenszeiten ständig präsente Armee nicht ohne Routinedienst auskomme, der eben – dies ein Problem der Führung – einsehbar gemacht und sinnvoll gestaltet werden müßte (Schriftenreihe Innere Führung, 4/1982: 23).

Ein früherer Generalinspekteur gesteht unumwunden zu, daß betroffene Soldaten auf „tatsächlich oder vermeintlich sinnlosen Dienst, Eintönigkeit und Leerlauf, aber auch unverstandene Routinedienste" empfindlich reagierten. Der Vorwurf des Gammelns bedeute ein „Negativ-Urteil über die Streitkräfte", das „Leerlauf, Sinnlosigkeit, Unverständnis und fehlerhaften Umgang mit der Zeit" umfasse und in seiner Wirkung auf die öffentliche Meinung sowie die Wehrpflichtigen nicht unterschätzt werden dürfte. Unter gegebenen Lebensbedingungen sei Zeit zu einer Ressource geworden, „sie verlangt Sorgfalt im Umgang". (Brand: 13, 12)

Das Problem der Verbringung von Dienstzeit ist weder neu noch auf die Bundeswehr begrenzt. Kenner 'der' Beamtenschaft bestätigen den Wahrheitsgehalt des freimütigen Bekenntnisses: Im Dienst schöpfe ich Kraft für den Feierabend. Es ist eben doch ein Unterschied, ob jemand beruflich bedingten Leerlauf erlebt und ihn wegen der Bedeutung des Berufs in Kauf nimmt – oder ob jemand damit außerhalb des üblichen Alltags während einer nicht freudig ersehnten und lustvoll erlebten Wehrzeit konfrontiert wird. Die in guter Absicht beschworene Nützlichkeit unvermeidbarer Routinedienste verhindert in vielen Fällen nicht das belastende Gefühl leerer langer Weile. Und das muß nicht, kann aber dem Alkoholkonsum förderlich sein, denn dieser korreliert deutlich mit dem „Gefühl der Sinnlosigkeit und Langeweile" bei Rekruten (Schenk: 74).

• Gammeln/Gammelei/Gammeldienst – damit sind zahlreiche Phänomene gemeint, die vielfältige Ursachen haben und unterschiedlich bewertet werden können. Dazu drei erläuternde Hinweise.

Das Wort Gammeln ist gelegentlich als Unzufrieden-Chiffre bezeichnet worden. In ihr bündeln sich wie Strahlen in einem Brennglas verschiedenartige Empfindungen. Es werden genannt: Leerlauf, ungenügende Dienstaufsicht, schlechte Menschenführung, verrottetes Material, zu wenig oder zu viel Freizeit, Schlamperei. Gammeln ist ein „Kontakt-Wort ersten Ranges", das sich als Gesprächsbasis zwischen Soldaten und Zivilisten bestens eigne. „Mit ihm kann man Kritik üben und – ohne sich der Angeberei zu verdächtigen – eigenes Besserwissen und verhindertes Besserkönnen dokumentieren". Dabei werden manchmal eigene Erfahrungen verallgemeinert, unvermeidbare Routine nicht sachlich gewürdigt, Vorgesetzte über einen Kamm geschoren, im Extremfall die Bundeswehr in Frage gestellt. Das Wort Gammeln enthält „viel emotional Aggressives". Entledige man sich der emotionalen Fracht, dann bleibe eine brauchbare Umschreibung übrig, nämlich: „befohlene oder funktional bedingte Untätigkeit". (Schmückle/Deinzer: 35) Unangesehen der Frage, was als eine dienstlich befohlene Untätigkeit im Dienst in Frage kommt, ist festzuhalten, daß selbstverständlich auch befohlene Tätigkeiten als Gammeln empfunden werden können, wie etwa das wiederholte Säubern sauberer Räume zeigt.

In dem breiten Erscheinungsbild von Gammelei ist Langeweile hinsichtlich ihres Zeit- und Verdrußaspekts im allgemeinen mitgemeint. Das geht aus vielen Äußerungen hervor wie beispielsweise: herumhängen, herumsitzen, faulenzen, Leerlauf, Zeit absitzen, in den Tag leben, Beschäftigungstherapie, Beschäftigung um der Beschäftigung willen, Schwachsinn ausführen, Putzen als heilige Handlung, Scheintätigkeiten, Monotonie, immer das Gleiche, keine echte Aufgabe haben. Insbesondere auf dem Hintergrund eines distanzierten Verhältnisses zum Dienst in Verbindung mit dienstinternem Ärger und mangelndem Verständnis von Sinn und Zweck des Wehrdienstes „kann auch ein von außen betrachteter störungsfreier Dienstablauf subjektiv als überflüssig, sinnlos bzw. langweilig empfunden werden". (Lippert: 7, 8, 9) Während den einen nur bestimmte Situationen wie etwa Wachdienst belasten, fühlt sich der andere vom täglichen Dienst insgesamt unterfordert.

Auf einer Tagung über Gammelei wurden die folgenden Problemfelder benannt: Sinnvermittlung, Rahmenbedingungen der Bundeswehr, Dienstgestaltung, Führungsverhalten, Umfeld der Streitkräfte und Individuum. Es ist wiederholt die Meinung geäußert worden, daß ein „Hauptschwierigkeitsgrund für Gammeln im Problemfeld Dienstgestaltung" liege. Die hier einschlägigen negativen Empfindungen betreffen vor allem: Sinnlosigkeit zahlreicher Dienste sowie unbedachten Umgang mit der Zeit (v. Steinaekker: 7). Wer darauf empfindsam reagiert, empfindet Leerlauf im Dienst, leere Zeit und gegebenenfalls Unmut und Groll. Jede sich bietende legale Möglichkeit, Zeit woanders zu verbringen, wird genutzt und das Ende der Wehrdienstzeit sehnsüchtig erwartet. Ihr Ende ist ja auch gewiß und mithin die Warterei realistisch.

17.2 Daten und Analysen

Über das Ausmaß der Gammelei in der Bundeswehr gibt es wenig gesichertes Wissen, und über Ursachen und Wertungen gehen die Ansichten auseinander.

• Wer über keine Kontakte mit Wehrmachtsangehörigen verfügt, muß sich mit spärlichen offiziellen und inoffiziellen Informationen begnügen.
    In einer allseits zugänglichen Studie werden unter anderem die Ergebnisse der schriftlichen Befragung von 1.411 Wehrpflichtigen in der Vollausbildung aus dem Jahre 1978 ausgewertet und mit einer Untersuchung von 1972 = 1014 Befragten verglichen. Auf die Frage 'Welcher Anteil Ihrer bisherigen Dienstzeit in der Bundeswehr war nach Ihrer Meinung Gammelei?' antworteten 1978 (1972) in Prozent: Keine Gammelei 25,4 (14,8); Viertel der Zeit = 23,8 (23,2); Hälfte der Zeit = 20,0 (23,1); Dreiviertel der Zeit = 16,1 (27,4); ganze Zeit = 14,7 (11,5). Die Hälfte der Zeit und mehr werden also von 50,8 (62) als Gammelei empfunden. Die rückläufigen Zahlen könnten zwar als ein erfreuliches Ergebnis verstanden, müßten aber wohl zurückhaltend interpretiert werden, weil sie beispielsweise kein größeres Engagement für die Bundeswehr anzeigten. Weiter erwähnenswert sind: Hauptschulabgänger erleben relativ am wenigsten Gammelei; wer glaubt, mit notwendigen, aber langweiligen Aufgaben betraut worden zu sein, neigt eher dazu, die Dienstzeit als Gammelei zu bezeichnen; je häufiger ein Soldat ihm nicht sinnvoll erscheinende Aufgaben erledigen muß, um so eher kommt ihm die Wehrzeit als Gammelei vor, und Wehrpflichtige, die den Dienst als sinnvoll empfinden, erleben vergleichsweise wenig Gammelei. (Lippert: 25, 20, 21, 22)
    In einer neueren, unveröffentlichten, jedoch unschwer zugänglichen und deshalb in interessierten Kreisen durchweg bekannten, 'geheimen' Studie geht es unter anderem um die negativen Einstellungen gegenüber dem Wehrdienst, die seitens der Bundeswehr offensichtlich nicht oder kaum korrigierbar erscheinen. Von den im Jahre 1982 befragten 1.633 Mannschaftsangehörigen in der Vollausbildung äußerten sich bei der Antwortvorgabe 'daß man sich langweilt und die Zeit sinnlos vertut' in Prozent: Ist mir unangenehm = 61,7; Stimmt nicht = 28,0; Stimmt, aber stört mich nicht = 10,4.

Damit rangiert die Erfahrung mit Langeweile an dritter Stelle der negativen Erlebnisse, nämlich nach unsinnigen Befehlen = 76,0 und Unterbrechung des normalen Lebens 74,7. „Langeweile und sinnloses Vertun der Zeit werden ebenfalls noch von fast zwei Drittel als belastend empfunden". Es verwundert übrigens nicht, daß die Nennungen 'ist mir unangenehm' sowohl bei unsinnigen Befehlen als auch beim „Gefühl der Langeweile mit steigender Dienstzeit zunimmt". Bleibt noch anzumerken, daß die Befragten sich aus Wehrpflichtigen und Zeitsoldaten zusammensetzen, zwischen beiden Gruppen bei fast allen Fragestellungen Unterschiede bestehen und Zeitsoldaten „erheblich weniger Unannehmlichkeiten erlebt haben als Wehrpflichtige". (Braun/Fricke/Klein: 80, 78, 82, 83)

Das gilt auch für eine kleinere ältere Untersuchung über Unteroffiziere hinsichtlich Leerlauf im Dienst. Sicherlich ist Leerlauf langeweileträchtig, er muß es aber nicht sein, sondern kann gegebenenfalls freudig erwartet oder eventuell für behagliches Dösen verwendet werden. Davon abgesehen heißt es, daß man von Wehrpflichtigen, die ja besonders über Leerlauf und Gammelei klagen, kaum erwarten könne, daß sie der Zwangszeit in der Bundeswehr positiv gegenüberstünden, wohingegen man von einem Soldaten, der „freiwillig die Bundeswehr als Arbeitsplatz zumindest auf Zeit gewählt hat, annehmen (muß), er schätze seine Dienstzeit zumindest nicht negativ ein". Auf die Frage 'Gibt es in Ihrem derzeitigen Aufgabenbereich Leerlaufzeiten?' antworten in den verschiedenen Waffengattungen in Prozent: sehr häufig = zwischen 1,4 und 4,9; häufig = zwischen 1,4 und 10,2; gelegentlich = zwischen 17,1 und 42,6; selten = zwischen 30,7 und 42,0; nie = zwischen 6,0 und 23,9. Es fällt auf, daß in Heer und Luftwaffe weit über die Hälfte der Befragen 'selten' und 'nie' angeben, während die Anteile bei Marineunteroffizieren ohne Portepee bei 36,7 und mit Portepee bei 49,2 liegen. An Land wie auf See gibt es in der Marine offensichtlich mehr Leerlauf als in anderen Waffengattungen, was auf See mit mangelnder Abwechslung und in Routine erstarrten alltäglich sich wiederholenden Tätigkeiten zusammenhänge. Generell gelte als Trend: Je höher man in der militärischen Hierarchie steht, das heißt, je höher der Dienstgrad, um so weniger ist man geneigt, von Leerlauf zu sprechen. (Dillkofer/Klein: 124, 126, 127) Die sprachliche Zurückhaltung bedeutet freilich nicht unbedingt, daß Leerlauf weniger oder gar nicht vorkommt.

• Dem vielfältigen Erscheinungsbild erlebter Gammelei ohne oder mit unangenehm empfundener leerer Zeit entsprechen zahlreiche Vermutungen über die Ursachen. Hier sind zumindest drei Hinweise angebracht.

Im technischen Bereich bedeutet Leerlauf beispielsweise die Betätigung einer Maschine ohne Arbeitsleistung, beim Auto als leerlaufender Motor bekannt, der keine Fahrleistung erbringt. Solcher Leerlauf ist nicht nutzlos, wie etwa das Aufwärmen des Motors an kalten Tagen zeigt. Im Vergleich damit kann es in einer Organisation wie der Bundeswehr durchaus einen

„erwünschten Leerlauf" geben, wozu unter anderem Pausen zählen. Davon unterscheidbar ist ein „unvermeidbarer Leerlauf", der vor allem durch Sachzwänge bedingt ist, so wenn organisationsexterner Umstände wegen eine begrenzte Materialausstattung den optimalen Einsatz von Soldaten im Dienst verhindert. Beim „vermeidbaren Leerlauf" schließlich geht es um „all die Fehlleistungen organisatorischer, methodischer und materieller Art", oft gepaart mit „Oberflächlichkeit und Nachlässigkeit, hie und da auch mit Unfähigkeit". Soweit Korrekturen überhaupt möglich sind, liegen die „Ansatzpunkte zur Vermeidung des Leerlaufs im allgemeinen im Führungsbereich". Kenntnisreiche Führung, Phantasie, Initiative, Vermittlung positiver Diensterlebnisse vermögen vermeidbaren Leerlauf zu verhindern und unvermeidbaren Leerlauf erträglich zu gestalten. (Staeubli: 79, 80)

Der häufige Hinweis auf mangelhafte Führung als eine wichtige Ursache manchen Leerlaufs ändert nichts daran, daß er in Großorganisationen unvermeidbar vorkommt. Dies gilt jedenfalls für jene Art der „Unterforderung, die mittelbar oder unmittelbar als Folge der Technisierung und sozusagen systemimmanent auftritt". Eine moderne, hochtechnisierte Armee kennt zahlreiche Unterforderungssituationen, vor allem im Bereich der Überwachungs- und Kontrolltätigkeiten. Ein oft erwähntes Beispiel ist der Radarbeobachter. Bei hoher Reizhäufigkeit könne er überfordert werden und ermüden und bei niedriger Reizhäufigkeit oder fehlenden Reizen unterfordert sein und sich langweilen. Damit sei tendenziell überall zu rechnen, wo etwa in Gefechtsständen der Luftverteidigung, Raketenstellungen und großen Stäben, Nachschuborganisationen und Fernmeldezentralen ein hoher Grad der Technisierung, Automatisierung und Bürokratisierung erreicht sei. In dieser Hinsicht unterscheiden sich Teile des Dienstes in der Bundeswehr nicht von der Tätigkeit mancher Industriearbeiter. (Kluss: 349, 354, 353, 350) Selbst beste militärische Führung schafft das Problem nicht aus der Welt, wenngleich der Umgang mit ihr auch eine Sache der Führung beziehungsweise des Managements sei.

Von großer Bedeutung für Ausmaß und Intensität erlebter Gammelei ist schließlich die mit dem oben beiläufig erwähnten Problemfeld 'Individuum' gemeinte „im Menschen angelegte subjektive Einstellung und Haltung" (v. Steinaecker: 8). Bei einem umweltbedingt distanziert-gleichgültigen Verhältnis zur Bundeswehr und ihrem Verteidigungsauftrag kann sich im Dienst – sofern man ihn nicht verweigert – leicht das Gefühl einstellen, wertvolle Lebenszeit mit unnützen Tätigkeiten buchstäblich zu vergammeln. Das geht unter Umständen einher mit dem belastend empfundenen Erlebnis sich dehnender Zeit, die als vertane Zeit besonders aufsässig erscheint. So etwas bleibt dann sicherlich nicht ohne Auswirkungen auf die Wehrmotivation. Sie ist in ihrer festgestellten „defizitären" Form bei den Mannschaften „in erster Linie das Resultat einer in der Gesellschaft der Bundesrepublik Deutschland sich immer stärker verbreitende Stimmungslage", für die der Gedanke einer Nutzlosigkeit der Verteidigung kennzeichnend ist (Braun u.a.: 119). Die ist zwar, wie offen zugestanden wird, differenziert zu sehen, ändert aber nichts an einer Einstellung, die dem Gefühl der Gammelei förderlich ist. Oder ist das alles ein Märchen?[55]

18. Geschlossene Welten – Enge Bindungen

18.1 Totale Institutionen

Monotonie, Leerlauf, Unterforderung, Langeweile usw. sind erst recht in jenen Einrichtungen zu erwarten, die bestimmte Menschen zeitweise oder dauernd verwahren und ihnen bei begrenzten Möglichkeiten der Verbringung von Zeit viel freie Zeit überlassen.

• Totale Institutionen ist ein in diesem Zusammenhang gebräuchlicher Ausdruck.

Für sie ist ein „umfassender oder totaler Charakter" der sozialen Beziehungen kennzeichnend, was insbesondere durch „Beschränkungen des sozialen Verkehrs mit der Außenwelt sowie der Freizügigkeit" symbolisiert wird (Goffman, 1972: 15 f.). Als Beispiele werden unter anderem genannt: Altersheime, Waisenhäuser, Irrenhäuser, Gefängnisse, Konzentrationslager, Kasernen, Internate, Klöster. Solche Einrichtungen müssen selbstverständlich nicht alle zu allen Zeiten extrem total organisiert, und Ausmaß und Intensität der Totalität können durchaus verschieden sein.

Es entspricht der Natur totaler Institutionen, daß der Tagesablauf ihrer Insassen zentral und weitreichend organisiert ist. Sofern Arbeit überhaupt angeboten wird, handelt es sich um verordnete Tätigkeiten, die in vielen Fällen wenig interessieren und motivieren. Für das Thema unmittelbar bedeutsam ist der schon ältere Hinweis: „Mitunter wird ein so geringes Maß an Arbeit verlangt, daß die Insassen oft untrainiert in Freizeitbeschäftigungen, extrem unter Langeweile leiden". Dies wirkt sich verständlicherweise auf das Zeiterlebnis aus. Dazu heißt es:

> Bei den Insassen vieler totaler Institutionen herrscht weitgehend das Gefühl, daß die in der Arbeit verbrachte Zeit verlorene, vergeudete und nicht gelebte Zeit ist, die abgeschrieben werden kann; sie muß irgendwie abgesessen oder 'durchgestanden' oder 'hinter sich gebracht' werden. In Gefängnissen und Heilanstalten wird der Eingewöhnungserfolg im allgemeinen danach bewertet, wie der Insasse mit dem Verstreichen der Zeit zurechtkommt, ob es ihm schwer oder leicht fällt. (21, 71)

Eine zusammen damit erwähnte, allerdings auch schon ältere, psychologische Studie geht der Frage nach: What are some of the main factors determining prison behavior? In einer der Antworten wird auf einen Zusammenhang zwischen Aktivitäten in der Zelle und dem Ausmaß des Leidens in der Haft hingewiesen und die Hypothese vertreten, daß ein Gefangener, who was unable to interest himself in any activity in his cell was suffering highly, whereas one who was absorbed in various planned activities was not suffering a great deal. Das ist nun wirklich einsichtig und empirisch unschwer belegbar. (Farber: 158, 178)

Das Thema Langeweile im Strafvollzug ist vermutlich – wie zahlreiche, wenngleich nicht ausreichende, Erkundigungen ergaben – systematisch nicht bearbeitet worden. Man kann jedoch vielen gelegentlichen Einzelhinweisen entnehmen, daß es die negative Empfindung leerer Zeit in Gefängnissen gibt, und daß sie auch als Problem empfunden wird.

In einer einschlägig benannten Arbeit heißt es kurz und bündig, daß die Insassen find ways to avoid suffocating boredom (B. Jackson: 24). Die Möglichkeiten, der Langeweile zu entgehen, scheinen jedoch begrenzt zu sein. Aus einer neueren Studie geht hervor, daß in New Yorks Gefängnissen sehr viel Gefangene unbeschäftigt sind. Und wenn man den größten Teil des Tages in der Zelle oder auf dem Hof herumsitzt, dann ist das unbearably boring (Steelman: 2). Selbst wenn es Arbeitsmöglichkeiten gibt, bleibt immer noch vergleichsweise viel freie Zeit übrig, die oft eigeninitiativ gestaltet werden muß, was angesichts einer „allgemeinen Reizarmut der Strafanstalt" zumindest für Gefangene in Einzelzellen ein großes Problem darstelle (Hoppensack). In vielen Abhandlungen wird wiederholt auf Monotonie hingewiesen (z.B. Harbordt: 34, 51), die Unterwerfung unter eine „langweilige und stereotype Routine" erwähnt sowie ein „Überfluß an freier Zeit" zusammen mit fehlenden „gegenwärtigen äußeren Erlebnis-Inhalten festgestellt", was alles zu manchen nach außen und/oder innen gerichteten Haftreaktionen führt (Mörs: 45 f.).

Schopenhauer verweist auf das Philadelphische Pönitenziarsystem, bei dem „Langeweile zum Strafwerkzeug" gemacht wird. Bei aller berechtigten Kritik am gegenwärtigen Strafvollzug in unserer Gesellschaft ist eine bewußt eingeplante Langeweile kein sozusagen offizielles Strafmittel. Leere Zeit gibt es dennoch und mit ihr dann auch das Phänomen des Wartens. Mit dessen Entwicklung gerät das „zeitbewußte Sein in einen realen Widerspruch, denn im Warten wird die Zeit zunächst unendlich lang, zugleich bedeutungslos und damit letztlich leer, unerheblich und eben in dieser Unerheblichkeit wiederum schnell". Unterbleibt die, wie es heißt, Realitätserfüllung von Zeit, dann kann dies dazu führen, daß das „handelnde Wesen des Menschen (verfällt)". (Matthes: 59, 60) In welchem Ausmaß und mit welchen anhaltenden Wirkungen derlei in Gefängnissen vorkommt, entzieht sich bloßer Spekulation und bedarf differenzierter Untersuchungen.

• Über das Zeiterleben unter besonderer Berücksichtigung von Langeweile in Heilanstalten war trotz vieler Nachfragen nur wenig zu erfahren. Langeweile ist sicherlich auch Insassen psychiatrischer Anstalten vertraut, welche sich diesbezüglich nicht von den üblichen Krankenhäusern unterscheiden.

Zeiterlebnis, Zeitempfindung, Zeiterfahrung, Zeitbewußtsein, Zeitschätzung, zeitliche Orientierung bei psychisch kranken Menschen sind übrigens wiederholt untersucht worden. Eine systematische Durchsicht der einschlägigen psychologischen und psychiatrischen Studien erbrächte sehr wahrscheinlich viele zumindest indirekte Hinweise auf leidvoll erlebte lange Weile.

Es ist ja eine „alte klinische Beobachtung, daß depressive Patienten häufig klagen, die Zeit scheine langsamer abzulaufen" (Münzel/Steinberg/Hollmann: 221). Does time stand still for some Psychotics?, so lautet der Titel einer kurzen Abhandlung (General Psychology, 3/1960). Generell heißt es: Es ist der Einzug eines beinahe tödlich erlebten Stillstandes in der Zeitlichkeit, mit der Wirkung, daß die Depressiven ihr Leben oft nur noch im Zeitlupentempo vor sich gehen sehen (Battegay: 16). Zusammen damit sind Zukunftsvorstellungen und Zukunftserwartungen ein interessantes Thema. So ist festgestellt worden, daß bei schizophrenen Patienten the length of the future time span and the organization of its contents are significantly reduced (Wallace: 245). Aus einem Bericht über schizophrene Patienten geht hervor, daß für sie die Zukunft „bedeutungslos" geworden und es ihnen versagt ist, „ihren Wunsch in die Zukunft zu richten und sich planmäßig Besitz zu verschaffen". Damit entfällt dann auch das für den Menschen so wichtige Gefühl der Hoffnung (Stöffler: 2286).

Zukunftsorientierung, Hoffnung, Warten und Langeweile hängen bekanntlich eng zusammen. Von bestimmten Insassen einer „Irrenanstalt" ist behauptet worden, daß ihr Zeitbewußtsein auf ein Momentbewußtsein geschrumpft und für sie nur die Gegenwart wirklich sei. Diese Menschen leben angeblich außerhalb von Raum und Zeit. „Die Stimmung ist abhängig von dem Eindruck der augenblicklichen Gegenwart. Dabei besteht nun nicht die geringste Andeutung von Langeweile" (Hoche: 54). Diese These findet sich auch in neuerer Zeit. So heißt es über hospitalisierte schizophrene Patienten unterschiedlicher Ausprägung, daß man bei ihnen von einem Erleben der Zeit nicht sprechen könne, weil ihnen das Gefühl des inneren kontinuierlichen Werdens abgehe. Ihre zeitlichen Empfindungen beschränkten sich auf ein stumpfes, selbstzufriedenes und punktförmiges Gegenwartsdasein. Es gebe kein Bedürfnis, sich Ziele zu setzen, weshalb „sich nie eine gehobene oder depressive Stimmung auslösen (kann), woraus sich die gleichgültige Gefühlslage der Kranken ergibt und die Tatsache, daß sie niemals Langeweile haben". (Finke: 20, 23) Wenn das stimmt, dann hätte man es mit der interessanten Tatsache zu tun, daß die menschliche Fähigkeit zur Langeweile umständehalber verlorengeht.

Nach der Ansicht von Kierkegaard dient die Wechsel-Wirtschaft der Vertreibung von Langeweile. Es gibt diese Ökonomie, wie früher dargestellt, in extensiv-vulgärer und intensiv-künstlerischer Form. Diese ist dem Prinzip der Beschränkung unterworfen und erfordert Variationen innerhalb der Situation. Das gilt beispielsweise für einen gelangweilten Schüler, der eine Fliege fängt, ein Loch in die Schulbank bohrt, die Fliege in dem Loch unterbringt, das Loch mit einem Stück Papier verschließt und durch dieses hindurch die gefangene Fliege lustvoll beobachtet. Das ist eine der vielen, wenngleich wohl nur sehr selten realisierbaren, möglichen Reaktionen auf Langeweile während des Unterrichts.

• Es kann fraglich sein, ob schulische Langeweile überhaupt erwähnenswert und ein erhebliches pädagogisches Problem ist.

In der einschlägigen Literatur findet man unter der Bezeichnung Langeweile nur sehr wenig. Nach der schriftlichen Auskunft eines Fachmannes enthält auch die gründliche Durchsicht pädagogischer Literatur über Interesse kaum erwähnenswerte Hinweise (Schiefele). „In der heutigen Fachliteratur der Erziehungswissenschaftler findet man am meisten zum Phänomen versteckt unter 'Leistungsversagen', 'Leistungsverweigerung' und vielleicht unter 'Disziplin'" (Heule: 44). Eine schon etwas ältere, nichtsdestoweniger aktuelle Ausnahme sind die Ausführungen in dem sehr wichtigen Buch eines Pädagogen über Langeweile in der Welt des Kindes, in dem übrigens beiläufig auf Herbart, Schleiermacher und Jean Paul hingewiesen wird (H.E. Müller: 68 ff., 51). Und sehr deutlich behauptet ein moderner Schulreformator: Die größte Plage der Schule ist die Langeweile – sie ist es immer noch (v. Hentig, 1987: 33). Empirische Untersuchungen der Schulwirklichkeit werden freilich nicht genannt und sind, falls es sie überhaupt geben sollte, offensichtlich weithin unbekannt.

An bestätigenden Hinweisen mangelt es allerdings nicht. Erfahrungen mit der Schule hat fast jeder Mensch, und gelangweilte Lehrer (ein vermutlich tabuisiertes Thema), langweilende Lehrer, langweiliger Unterricht und gelangweilte Schüler – die es in langweilender Ausprägung freilich ebenfalls gibt – sind weitverbreitete Eigen- und Fremderfahrungen. Eine Befragung von 200 Schülern an schweizerischen Schulen entspricht zwar nicht den strengen Regeln moderner empirischer Sozialforschung, sie ist aber dennoch erwähnenswert. In 8 Gruppen sortiert werden über 225 Antworten wiedergegeben, welche die zahlreichen Möglichkeiten verdeutlichen, sich die Zeit zu vertreiben. Hier nur eine kleine Auswahl von Schüleraussagen:

> vor sich hindösen, Luftschlösser bauen, Lehrer auslachen (leise), Hände begutachten, Mädchen zum Erröten bringen, blöde Sprüche schreiben: wer das liest ist doof, den Lehrer an einem Galgen zeichnen, schwatzen, Miss-Wahlen veranstalten, querulieren, Papierchen zurechtfalzen, Trockenübungen für Klavierstunde, Nasenbohren, Wurrlie

aus dem Etui spazieren lassen, Schritte der Lehrerin zählen, am Bleistift kauen, Papier-
kügeli schmeißen, Brieflein herumschicken, Tinte spritzen, blöde Fragen stellen, Nies-
pulver verteilen, mit den Stühlen quietschen, furzen, rülpsen. (Heule: 45 ff.)

• Langeweile, so wissen wir, kann als Käfig beziehungsweise Gefängnis
verstanden werden.

Schulen sind zwar offiziell keine Gefängnisse und Schüler keine Gefangenen. Schüler sind aber zeitweise von der Außenwelt abgetrennt und räumlich eingeengt. Die Enge des Unterrichtsraumes kann leicht das Gefühl hervorrufen, eingesperrt zu sein. Und es ist vor vielen Jahren behauptet worden:
Unbestreitbar hat der Unterrichtsraum 'Gefängnis- oder Käfigcharakter'.
Darüber hinaus ist erwähnenswert, daß einige Lehrer durch die Art ihres
Unterrichtes nicht zu interessieren oder vorhandenes Interesse nicht ausreichend zu berücksichtigen vermögen. Es gibt Langeweile aus unterrichts-
oder lehrstoffbedingter Unterforderung ebenso wie aus Überforderung. Es
können sodann außerschulische Belastungen etwa familiärer Art sich da-
hingehend auswirken, daß man „zeithörig" wird. Wie auch immer: Die Zeit
geht nur langsam vorbei, und man versucht sie durch allerlei ablenkende
Aktivitäten zu vertreiben. Sie wird als eine „Macht erlebt, der man bedin-
gungslos ausgeliefert ist". Und das Warten auf das Ende einer Schulstun-
de und der ihr noch folgenden Stunden kann durchaus ein „qualvolles
Warten" sein, dessen Ende ersehnt und freudig erlebt wird. (H.E. Müller:
68, 69, 70)

Die beschriebenen Zustände erinnern an frühere Ausführungen über das
Hundeverhalten in einer Stadtwohnung. In einer valenzarmen langweiligen Situation muß es nicht zu Unrastverhalten kommen – wenngleich dies,
wie manche der zitierten Schüleraussagen belegen, häufig vorkommt –,
sondern man kann durch Dösen reagieren. Das ist eine „altbewährte Methode eines Langeweile-Erlebens (Zeitvertreibens)". Ein gelangweiltes und
vor sich hindösendes Kind repräsentiert das Gegenteil des bekannten kind-
lichen Zappelphilipps und sitzt ganz ruhig da. Des weiteren heißt es bemerkenswerterweise:

Die Augen starren ins Leere, d.h. es wird kein Punkt in der Umgebung fixiert, schon
gar nicht der Mund des Lehrers. (Die Redewendung, daß die Schüler 'an seinen Lippen
hängen', trifft für dösende Kinder nicht zu!) Die Augen sind weit geöffnet, und es ist
zu bemerken, daß sie 'glasig' aussehen, wie die Lehrer behaupten. Das Starren und der
glasige Ausdruck bekunden das Minimum an Bewegung und Aufmerksamkeit. In
diesem Zustand wird den unaufmerksamen Schülern ein gedankliches Divertissement
zuteil, wenn man nicht sagen wollte: zugeteilt, nämlich über selbsttätige Regulationen
zugeteilt. (Bilz: 177, 178)

• Andere Überlegungen betreffen fast schon sogenannte gesamtgesellschaft-
liche Umstände.

In manchen Zeitdiagnosen wird ein sich ausbreitender Wunsch nach
Gleichheit registriert. Das Prinzip der Chancengleichheit sei in einer aufge-
klärten Gesellschaft unabdingbar, jedoch nur mit Hilfe einer gleichmachen-
den Verwaltung zu verwirklichen. Mit der sich ausweitenden Bürokratie

seien jedoch Individuelles und Einzigartiges nicht zu erfassen und zu verwalten. „Indem die Bürokratie automatisch größer werden mußte, ist auch die Monotonie penetrant geworden. Die Folge ist, daß das Freiheitsgefühl der Menschen immer kleiner wird. Das gilt von der Schulbank über den Arbeitsplatz bis zum Gefühl, mit dem die Bürger von heute vor den politischen Problemen stehen". (Piehl: XLVI) Schulische Langeweile als Nebenwirkung einer verwalteten hehren Idee von Chancengleichheit – so lautet die Botschaft.

Verwandt mit solchen Vorstellungen sind Hinweise auf die Verhältnisse an öffentlichen Schulen in den USA. Unter dem Druck, die vielen Einwanderer aus unterschiedlichen Kulturen zu einer Nation zu verschmelzen, the educational curriculum was reduced to a low common denominator and the art of teaching to a standardized method. Infolgedessen wurde für viele der Klassenunterricht zu einer trägen, langweiligen und enervierenden Angelegenheit. Man flüchtet in Tagträume, Unruhe, spielerische Ablenkungen, Aggressionen und Absentismus. Kurzum: Both acedia and sloth hielten Einzug and the dull drama of the schools becomes a years-long rehearsal [Wiederholung] for the even duller drama of the workplace (Lyman: 28).

Ein anderer Grund für Langeweile als der immer noch größten Plage der Schule hänge mit dem Umstand zusammen, daß es unter üblichen Bedingungen selten gelinge, einen Unterricht zu ermöglichen, „in dem Lernen nicht nur vorübergehend Spaß macht, und an Gegenständen, an denen dies mühelos gelingt, sondern in dem an wichtigsten Gegenständen und dauerhaft so etwas wie 'Lust an der Sache' entsteht". Wenn man dies erreichen wolle, müsse man sich freilich einen „weiten Begriff von Didaktik" machen, die wohl „im strengen Sinne" nicht lehrbar sei (v. Hentig, 1987: 33). Dies ist also eine wissenschaftsinterne Angelegenheit.

Der Zusammenhang zwischen Langeweile und Erziehung wird auch andernorts thematisiert. Einem Fachmann war aufgefallen, daß manche Studenten sich immer langweilen, während andere nur unter bestimmten Bedingungen Langeweile empfinden. Für den ersten Fall gilt: Chronic boredom exists in the student who is bored with all education. Es mag zwar sein, daß ungünstige äußere Umstände die in der Persönlichkeit angesiedelte Neigung zur Langeweile verstärken, die Anlage ist aber da und wirkt sich durchgängig aus. Im zweiten Fall kommen Gefühle der Langeweile zustande wegen monotony and lac of stimulation, when more is expected. Das zu verhindern, ist mit eine pädagogische Aufgabe und kann unter Umständen pädagogisch gemeistert werden. (Dehlinger: 47, 46)

Dies veranlaßt eine letzte Überlegung hinsichtlich des bedeutungsreichen und hoch voraussetzungsvollen Phänomens Interesse – hier zugespitzt auf das pädagogisch wichtige Verhältnis von Interesse und Lernen (vgl. neuerdings Prenzel/Kapp/Schiefele). Langeweile kann, so wissen wir, eng zusammenhängen mit fehlenden, unzureichenden oder nicht wirklich auslebbaren Interessen. Und wer wolle leugnen, daß manche curricularen Gegenstände die Schüler gar nicht interessieren, die Interessen von Jugendlichen oft außerhalb der Schule liegen, manchem die Vermittlung lehrplanspezifischer Bildungsinhalte trotzdem sinnvoll erscheint und oftmals vermutlich weniger auf Interesse an Gegenständen als auf Leistung Rücksicht zu nehmen ist (Schiefele: 158). „Langeweile als Krankheits- oder Todesursache ist noch kaum erforscht. Man merkt den Traueranzeigen in den Zeitungen nicht an, daß wieder einmal der Ruhestand einen Menschen in solch leere Unruhe versetzt hat, daß er es vorzog zu sterben" (153). So dramatisch wirkt sich schulische Langeweile in aller Regel nicht aus, innerschulische leere Unruhe dürfte dennoch ein bemerkenswerter Sachverhalt sein. Es gibt sie situationsbedingt zeitlich begrenzt und mit Hilfe etwa von „Strichmännli malen" unschwer ertrag- und überwindbar, es gibt sie vermutlich aber ebenfalls als eher anhaltend-dauerhaft wirksame und erheblich belastend empfundene lange Weile, die den Schulalltag zur Qual werden lassen kann. Falls entsprechende, sicherlich nicht verallgemeinerungsfähige, Vermutungen zutreffen sollten, dann erscheint es schon bemerkenswert, wie wenig dieses Thema erörtert wird. Vielleicht hängt das mit dem Selbstverständnis von Lehrern zusammen, die ihre eigene berufliche Langeweile sich nicht eingestehen und deswegen an ihrem Arbeitsplatz nur selektiv wahrnehmen?

18.3 Ehe

Über Ehe und Ehen ist unübersehbar viel geschrieben und in gelegentlich lasterhafter Weise behauptet worden. Manche Beobachter und Betroffene sprechen von einem lebenslangen Gefängnis zweier sich gegenseitig quälender Menschen. Die Ehe bringt es angeblich „im Durchschnitt der besten Fälle nur zur ehelichen Gemeinschaft einer bleiernen Langeweile, die man mit dem Namen 'Familienglück' bezeichnet (Fr. Engels). Wenn eine Ehe lange genug dauert, dann gleicht sie nach Ansicht von Maupassant einem hassenswerten Dasein zweier Menschen, die sich so gut kennen, daß jedes geäußerte Wort des einen von dem anderen im voraus gewußt wird. Das und alles, was damit zusammenhängt, kann in der Tat als ausgesprochen langweilig empfunden werden. Eine bemerkenswerte Frage: Haben wir den Überdruß nicht sogar institutionalisiert?. (W. Schneider: 155)

• Man muß bekanntlich nicht verheiratet sein, um Langeweile zu empfinden, sondern kann sich auch allein langweilen und sich selbst langweilig werden. In interessanten Ausführungen 'Über den Umgang mit sich selbst' wird der kluge Rat erteilt:

> Sei Dir selber ein angenehmer Gesellschafter! Mache Dir keine Langeweile, das heißt: Sei nie ganz müßig! Lerne Dich selbst nicht zu sehr auswendig, sondern sammle aus Büchern und Menschen neue Ideen. Man glaubt es gar nicht, welch eintöniges Wesen

man wird, wenn man sich immer in dem Zirkel seiner eigenen Lieblingsbegriffe herumdreht, und wie man dann alles wegwirft, was nicht unser Siegel an der Stirn trägt. Der langweiligste Gesellschafter für sich selbst ist man ohne Zweifel dann, wenn man mit seinem Herzen, mit seinem Gewissen in nachteiliger Abrechnung steht. Wer sich davon überzeugen will, der gebe acht auf die Verschiedenheit seiner Launen! Wie verdrießlich, wie zerstreut, wie sehr sich selbst zur Last, ist man nach einer Reihe zwecklos, vielleicht gar schädlich hingebrachter Stunden, und wie heiter, sich selbst mit seinen Gedanken unterhaltend dagegen am Abend eines nützlich verbrachten Tages. (v. Knigge: 85)

Es ist unschwer zu erraten, um welchen Erfahrungshintergrund es sich handelt und welcher Vorstellungswelt die Ratschläge entstammen. Der adlig geborene und erzogene, schließlich seinem Stand jedoch entfremdete, Schriftsteller vermittelt in der zweiten Hälfte des 18. Jahrhunderts ihm wichtige und verallgemeinerbar erscheinende aristokratisch-höfische Auffassungen und Umgangsformen einem dafür aufgeschlossenen bürgerlichen Publikum, das übrigens selbstbewußt genug ist, auch Eigenständigkeit zu pflegen. Es fällt auf, wie sehr er Abwechslung und tätiges Leben betont und vor eintöniger Lebensweise und Trägheit warnt. Verdrießlichkeit und Langeweile liegen wie eh und je nahe beieinander.

Lerne Dich selbst nicht zu sehr auswendig! – das gilt sinngemäß für Eheleute in besonderer Weise. Denn wer sich täglich sieht, hat unvermeidbar viele Gelegenheiten,

einer mit des andern Fehlern und Launen bekannt zu werden und, selbst durch die kleinsten derselben, manche Ungemächlichkeiten zu erleiden; wichtig ist es, Mittel zu erfinden, sich dann nicht gegenseitig lästig, langwilig, nicht kalt, gleichgültig gegeneinander zu werden oder gar Ekel und Abneigung zu empfinden. Hier also ist weise Vorsicht im Umgange nötig. (157)

Diese in alltäglicher hautnaher Nähe und gegenseitiger Durchsichtigkeit wurzelnde Langeweile signalisiert zunächst weniger die Empfindung leerer Zeit, als vielmehr Verdruß, Gleichgültigkeit, Abneigung, Ekel. Weise Menschen und darunter vor allem Männer (!) von feiner Erziehung und höflicher Lebensart können solchen emotionalen Gefahren vorbeugen. So wäre – wie es heißt – dafür Sorge zu tragen, daß man nicht durch oft wiederholte Gespräche über dieselben Gegenstände langweilig sei, daß man sich nicht so sehr auswendig lerne, daß jedes Gespräch der Eheleute unter vier Augen lästig erscheine und man sich nach fremder Unterhaltung sehne. Wer immer die gleichen Anekdoten in seinem Repertoire habe und sie vor Gästen immerfort auskrame, dessen gutem Weibe sehe man jedesmal Ekel und Überdruß an. Es empfehle sich statt dessen, gute Bücher zu lesen, Gesellschaften zu besuchen und nachzudenken. Auf diese Weise erhalte man täglich neuen Stoff für interessante Unterhaltungen. Dieser reiche freilich nicht aus, wenn man den ganzen Tag müßig einander gegenübersitze. (157 f.) Es gebe Eheleute, die, und hier kommt jetzt die Empfindung leerer Zeit mit ins Spiel,

Honoré Daumier: *Six mois de mariage*

um dieser tötenden Langeweile auszuweichen, wenn grade keine andere Gesellschaft aufzutreiben ist, miteinander halbe Tage Piquet spielen oder sich zusammen an einer Flasche Wein ergötzen. Sehr gut ist es desfalls, wenn der Mann bestimmte Berufsarbeiten hat, die ihn wenigstens einige Stunden täglich an seinen Schreibtisch fesseln oder außer Haus rufen [...]

Ihn erwartet dann sehnsuchtsvoll die treue Gattin [...] Sie empfängt ihn liebreich und freundlich; die Abendstunden gehen unter frohen Gesprächen, bei Verabredungen, die das Wohl ihrer Familie zum Gegenstand haben, im häuslichen Zirkel vorüber, und man wird sich einander nie überdrüssig. (158)

Man darf sicherlich annehmen, daß der Ratgeber nicht an die bloße Möglichkeit von Langeweile denkt, sondern erfahrene Wirklichkeit bedenkt. Es ist allerdings nicht die Welt der einfachen Leute und des sogenannten Pöbels, in der von Gatte und Gattin nicht gesprochen wird, wiederholte gesellschaftliche Veranstaltungen nicht zelebriert werden, die Lektüre guter Bücher um ihrer selbst und der Ablenkung willen nicht üblich ist, der ganztägige Müßiggang umständehalber nicht vorkommt und die Entscheidung für oder gegen Schreibtischarbeit oder einige kleinere außerhäusliche berufliche Abwechslungen nicht ansteht.

Es ist vielmehr eine Welt des relativen Wohlstandes. Den persönlich-intimen Beziehungen der Eheleute wird erhöhte Aufmerksamkeit geschenkt. Zwecke und Emotionen sollen sich in der Ehe harmonisch ergänzen. Gleichgültigkeit und Abneigung sind ein Verrat am Ideal der Liebesehe, und anhaltende Langeweile bedeutet den Verlust gefühlsmäßiger Bindungen. Allen Empfehlungen und Warnungen zum Trotz ist aber vor allem in diesen Kreisen die Langeweile weit verbreitet. Ein Zeitgenosse: Man findet vielmehr unter den Vornehmen und Reichen weit mehr mißmuthige, verdrossene, lebensunlustige Menschen, als in denjenigen Klassen der bürgerlichen Gesellschaft, welche arbeiten müssen, um zu leben, und sich nur wenig unterhalten können (Stugan: 579). Was hier als allgemeine Aussage formuliert ist, schließt sicherlich viele Ehen dieser Menschen mit ein.

• Aufkommende und gegebenenfalls anhaltende Langeweile in der Ehe hängt wesentlich damit zusammen, daß sich auf die ehelichen Beziehungen weitreichende Erwartungen richten.

Liebe gilt bei uns im allgemeinen als Voraussetzung für Eheschluß und Ehealltag einschließlich sexueller Beziehungen. Privatisierung, Individualisierung und Emotionalisierung sind in diesem Zusammenhang wichtige und übliche Stichworte. Über die andere Seite dieser, wenn man so will, kulturellen Errungenschaft heißt es: Man hat seit langem gesehen, daß der hochgetriebene Individualisierungsgrad der Personen Ehen gefährdet und ganz allgemein Intimverhältnisse unter schwer zu erfüllende Anforderungen stellt (Luhmann: 46). Die Gewöhnung aneinander und die Monotonie des Alltags können leicht Enttäuschungen hervorrufen, welche die Liebesehe gefährden. Und man weiß es ja schon seit langem: Das Eheleben ist auch ein Ozean, in den so viele jugendliche Menschen mit den tausend Masten glückseligster Erwartungen hinaussegeln, um schließlich auf dem bescheidenen Boot einer schmalen Zufriedenheit dem Hafen zuzutreiben (Münch: 191).

Nach Ansicht eines kenntnisreichen Historikers sind in früheren Jahrhunderten weite Lebensbereiche mit Schweigen umgeben gewesen. Die Gründe dafür seien manchmal Gleichgültigkeit oder Unwissenheit und manchmal Scham und Geheimnis. Wie auch immer: Es gibt Dinge, über die man nicht spricht. Die eheliche Liebe ist eines davon (Ariès: 171). In dieser Hinsicht hat sich bei uns vieles verändert. Das Wort Liebe ist in aller Munde und in vielen Medien zu einer Allerweltsvokabel verkommen. Szenen aus dem Ehealltag können öffentlich erörtert werden, und einige Menschen scheuen sich nicht, Intimes einem größeren Publikum anzuvertrauen. Langeweile in der Ehe scheint allerdings ein Tabuthema zu sein. „Langeweile ist etwas durchaus Ungehöriges im menschlichen Leben und stets ein Anzeichen dafür, daß etwas in demselben nicht in Ordnung ist" [...] (Hilty: 250). Und wer möchte das für die hochbewertete intime Zweierbeziehung Ehe und gegebenenfalls für die eigene Familie gerne zugeben?

• Indizien für die Langeweile in der Ehe gibt es freilich genug. Vier Hinweise mögen genügen.

Es werden heutzutage zwar viele Ehen geschieden, es gibt aber dennoch die sogenannte lange Ehe, unter anderem wegen erhöhter Lebenserwartung. Die Ehedauer ist in den letzten zwei Jahrhunderten von ungefähr 15 auf ca. 30 Jahre gestiegen. Das bleibt nicht folgenlos. Die feste Überzeugung, 'Du bist mein ein und alles', könne für Eheanfänger atemberaubend sein und es lohne sich, sie auszukosten. „Fortgeschrittenen jedoch wird dabei eines Tages die Luft ausgehen". Es wird deshalb der fachmännische Rat erteilt: „Brechen Sie vielmehr aus Routine und Trott aus. Wagen Sie Dinge, welche Ihnen bislang fremd waren. Machen Sie was Sie wollen und führen Sie keine Ehe von der Stange". (v. Werdt: 177, 178) Ähnliches raten vermutlich auch andere Spezialisten zur Rettung einer gefährdeten Ehe.

Einer anderen Quelle zufolge fordert die sexuelle Emanzipation ihren Tribut. Wenn intime Beziehungen schon vor der Ehe problem- und bedenkenlos eingegangen werden, dann stellt sich Gewöhnung früh ein und setzt sich gegebenenfalls anhaltend fort. Angeblich registriert die Gegenwart ernüchtert das Gegenteil des früheren Glaubens der Emanzipationsverfechter, denn: „Die Liebe verkümmerte im Kult und versiegte im Überdruß, der die Langeweile gebärt". Und, dies nun eine gewaltige These: „Die Befreiung der Frau und die Befreiung des Sex haben, so heißt es, nicht nur die Langeweile in die Ehe getragen; sie haben auch die Frauen um einen unwiederbringlichen Schatz betrogen – um ihr Mysterium". (Siebenschön: 247, 248 f.) Das zitierte Buch trägt übrigens den Untertitel: Eine frivole Soziologie.

Bemerkenswert sind die Einschätzungen angeblicher Nachteile verheirateter Menschen durch unverheiratet zusammenlebende Personen. Sogenannte abgestumpfte Partnerbeziehungen = Ehetrott nennen unverheiratet Zusammenlebende insgesamt zu 47 %, mit fester Heiratsabsicht zu 27 %, Heirat unklar zu 51 %, keine Heiratsabsicht zu 65 % – und bei der demographisch angeglichenen Kontrollgruppe der Verheirateten zu 25 %. Ein Kommentar dazu lautet: Der Ehe-Alltag ist aus der Sicht der Befragten durch Routine, Stereotypen und Langeweile gekennzeichnet. Viele haben die Vorstellung, in der ehelichen Zweisamkeit zu erstarren und zu verarmen und haben dafür viele Belege aus dem eigenen Lebensumfeld. (Der Bundesminister ...: 44, 41) Das wirkliche Ausmaß subjektiv erlebten Ehetrotts ist nicht bekannt. Abgestumpfte Partnerbeziehungen mit der Folge, daß man sich ein- oder beidseitig gleichgültig, lästig, langweilig vorkommt, müssen nicht gekündigt werden. Es kann gute Gründe geben, trotz gestörter Beziehungen zusammenzubleiben. Man arrangiert sich und erträgt das bloße Nebeneinander. Gespräche beschränken sich eventuell auf das Nötigste oder werden zum nichtssagenden Austausch von Worten. Im Extremfall gerät dieser zum sinnlosen Wortsalat, wie ihn beispielsweise ein Dichter erfunden hat, der gelangweilte Ehepaare unter anderem dieses sagen läßt:

Mr. Smith:	Ich besteige den Kahn und wohne im Kakaobaum.
Mrs. Martin:	Die Kakaobäume der Kakaobäuminnen gibt keinen Kabeljau, gibt Kakao...
Mrs. Smith:	Die Ratten haben Wimpern, die Wimpern haben keine Ratten.
Mrs. Martin:	Touchiere nicht meine Niere.
Mr. Martin:	Kuriere meine Kuriere.
Mr. Smith:	Epikuriere meine Niere.
Mrs. Martin:	Pikiere die Lire (Ionesco: 38).

Scheidung ist ein anderes Mittel, dem gleichgültig gewordenen Partner zu entgehen und dem Ehe-Käfig zu entrinnen. In Deutschland gab es 1905 etwa 11.000 und in der Bundesrepublik Deutschland 1986 ca. 120.000 Scheidungen; auf drei Eheschließungen entfällt eine Scheidung. Es gibt vielfältige Scheidungsursachen. So „(führen) enttäuschte Erwartungen zu Verstimmungen, Mißverständnissen und Aggressionen, von Unduldsamkeit gegen den Partner – über Gleichgültigkeit zur Untreue" (Hoesch-Davis: 69). Enttäuschung und Desillusionierung sind übrigens nicht die schlichte Folge zunehmender Ehedauer, weshalb man keineswegs ein stetiges Abnehmen der Ehezufriedenheit unterstellen darf. Vielmehr „(häufen sich) Ehekrisen an bestimmten Stellen des Familienzyklus" (Jäckel: 108). In diesem komplexen Zusammenhang erscheint der Hinweis auf Langeweile viel zu vage, um sie unbesehen als Scheidungsgrund zu nennen und zu erkennen. Daß spannungs- und abwechslungsloses Nebeneinanderherleben schließlich eine Trennung bewirken kann, liegt freilich nahe (Jaeggi/Hollstein: 39 ff.).[56]

G. Zeit-Belastungen

Entfremdung in zwischenmenschlichen Beziehungen wie etwa einer Ehe führt leicht dazu, daß man sich einsam fühlt. Ein früher einmal enges Verhältnis besteht ja nicht mehr; die Verständigungsmöglichkeiten sind begrenzt; man ist weitgehend auf sich selbst verwiesen und kommt sich deswegen allein und verlassen vor. Das ist nur eine der vielen Umschreibungen des bedeutungs- und bewertungsreichen Wortes Einsamkeit. Diese ist gelegentlich als „Kontaktverlust zu den Bezugsgruppen" und als ein Leiden bezeichnet worden, welches angeblich „sehr viele Menschen in unserer Gesellschaft bestimmt" (Dreitzel, 1970: 14). Ein, gelegentlich etwas kess formulierender Philosoph geht noch weiter: Wir leben im Zeitalter der Einsamkeit (Marquard: 128). Beide Aussagen sind, wenn sie stimmen, auch deshalb bemerkenswert, weil Einsamkeit oft zusammen mit Langeweile gesehen wird. Das gilt auf jeden Fall für den traditionsreichen Acedia/Melancholie/Ennui-Komplex und also für die sogenannte existentielle Langeweile. Ein Fachmann: Daß die Einsamkeit zu den wichtigsten Symptomen beziehungsweise Ursachen von Melancholie gehört, ist fester Bestandteil der Melancholie-Lehre und sichert somit von vornherein die pathologische Ergiebigkeit des Themas (Schings: 218). Es können freilich auch einfache Formen der Langeweile gemeint sein, wie etwa die folgende Behauptung zeigt: Langeweile in der Freizeit erzeugt auf Dauer Leere und Einsamkeit [...] (Opaschowski, 1981: 10). Zusammen mit mancher Einsamkeit und Langeweile liegt es schließlich nahe, von einem eventuell folgenreichen Rückzugsverhalten zu sprechen, das seinerseits als Symptom und Ursache in Frage kommt. Aggressive Reaktionen sind dann eine mögliche andere Form, sich gegen Einsamkeit und Langeweile zur Wehr zu setzen.

19. Einsamkeit

19.1 Positives und negatives Erlebnis

Wer zurückgezogen lebt, muß nicht einsam sein; wer allein ist, muß sich nicht verlassen vorkommen; wer sich langweilt, muß nicht einsam sein. Einsamkeit und Langeweile können jedoch gemeinsam auftreten, und es kann das eine Ursache und Folge des anderen sein.

• Das deutsche Wort Einsamkeit bezeichnet sehr verschiedenartige Zustände und Empfindungen, die zudem unterschiedlich bewertet werden können.

Einsam, mhd. einekeit, ahd. einsamina – das hängt bedeutungsmäßig zusammen mit unus = das Eine beziehungsweise die Einheit. In der Zahlenmystik verweist die Eins auf das Ureine beziehungsweise Unteilbare. Und 'ein' stand früher einmal für Einheit und Eintracht, und die Silbe sam, ahd. samo = derselbe, meint: auf dieselbe Weise, ebenso, desgleichen, von gleicher Beschaffenheit. So ergibt ein-sam die Vorstellung von gemein, gleich, ineins – weshalb Luther von einer einsamen christlichen Religion sprechen konnte. Für die Mystiker ist dann Einsamkeit die ersehnte Vereinigung der Seele mit Gott. Dazu ist es erforderlich, sich von allem Irdischen zu lösen, um auf diese Weise für die Ineinssetzung mit Gott notwendige innere einoede beziehungsweise wueste zu schaffen. Eine derart verstandene Ein-samkeit bedeutet mithin Eins-sein mit Gott oder anderen Menschen.

Diese positive Vorstellung von Einsamkeit gibt es im alltagssprachlichen Verständnis schon lange nicht mehr. An die Stelle von unus ist solus = allein getreten und Einsamkeit bedeutet dann allein, für sich, ohne Gesellschaft sein. Das kann ebenfalls positiv gesehen werden, wenn nämlich jemand freiwillig allein ist. Das gilt beispielsweise für den Anachoreten, der Gottes wegen sich aus der Welt zurückzieht und allein in der Wüste lebt. Außer religiös motivierter asketischer Einsamkeit gibt es den Rückzug des Gelehrten auf sich selbst, der in Einsamkeit und Freiheit im Elfenbeinturm lebt, um die Wahrheit zu ergründen – gegebenenfalls auch als Vorsorge für „den Fall, daß sein Denken explodiert, damit dann kein anderer zu Schaden kommt" (Marquard: 137). Für Schopenhauer ist Einsamkeit „ein Maaß unseres eigenen intellektuellen Werthes" und für Nietzsche „(gehört) einsam die Straße zu ziehen zum Wesen der Philosophie".

In diesen und ähnlich gelagerten Fällen bedeutet allein mit sich selbst sein eine zwar durchaus entbehrungsreiche, nichtsdestoweniger aber erstrebenswerte Lebensweise bevorrechtigter Menschen. Einsamkeit verbindet sich mit dem „Pathos des Tragischen", gehört sozusagen zur „Gefühlsausstattung für herausgehobene Rollen" und erscheint dann nicht als Defekt, sondern als Auszeichnung – eine angeblich für die Deutschen typische Vorstellung (Walter: 8).

• Für das Thema Langeweile interessiert freilich vordringlich die negative Empfindung von Einsamkeit.

Von Cassian wissen wir, daß Traurigkeit und Verdrossenheit vor allem die „Einsamen, in der Wüste Wohnenden, in keinen menschlichen Umgang Verstrickten, am häufigsten quälen" (1: 419). Der Hl. Hieronymus spricht vom Widerwillen mancher Anachoreten gegen die Einsamkeit (222). Acedia macht sich bei ihnen unter anderem dadurch bemerkbar, daß die „Einsamkeit mit all ihrer Langeweile drückt" (Louf: 682). Der Aufklärer Zimmermann verweist auf „schreckliche Langeweile" und körperlich-seelische Erkrankungen als Folge religiös bedingter mönchischer Einsamkeit (II: 122). Pascal hält es für ganz und gar unmöglich, daß ein König allein und ohne Divertissement lebt, weil andernfalls der Ennui ihn in seiner Einsamkeit übermäßig quälen würde. Die Arbeitslosen von Marienthal leben zwar nach wie vor unter Menschen, sie kommen sich aber von der Welt verlassen vor und müssen überflüssige Zeit vertreiben. Manche Menschen fühlen sich in der arbeitsfreien Zeit am Wochenende ausgesprochen einsam und sind froh, wenn die leere lange Weile endlich vorbei ist.

Obwohl leidvoll erlebte Einsamkeit mit oder ohne Langeweile schon früh vorkommt, gibt es in geistesgeschichtlicher Sicht doch einen erheblichen Wandel in der Einstellung zur Einsamkeit. Äußerte diese sich lange Zeit durchweg in religiöser Form oder religiös gefärbt (Maduschka: 14), so tritt im Zeitalter der Aufklärung wie übrigens auch in der Empfindsamkeit „an die Stelle des religiös begründeten Genusses" von Einsamkeit der „Selbstgenuß, mit dem die Säkularisierung der Einsamkeitserfahrung beginnt" (Emmel: 408). In diesem Zusammenhang verdient erneut der damals sehr bekannte Arzt Zimmermann erwähnt zu werden. Sein umfangreiches Werk über die Einsamkeit enthält nämlich eine, streckenweise außergewöhnlich polemische, Auseinandersetzung mit dem Anachoretentum und also mit religiös motivierter Einsamkeit sowie deren Ursachen und Folgen einschließlich quälender Langeweile.

Zimmermann hat überhaupt kein Verständnis für mönchische und mystische Positionen, was damals vorherrschenden Ansichten der Aufklärung entspricht. Wörtlich: Trieb zur Einsamkeit ist das allgemeinste Symptom der Melancholie. Alle Melancholiker scheuen des Tages Licht und den Anblick der Menschen. – Größtenteils wird doch durch Abneigung gegen alle Zerstreuung Melancholie in der Einsamkeit schlimmer. – Geistliche von der ersten Größe, Luther, Tillotson, Clarke, haben sehr deutlich eingesehen, daß religiöse Melancholie in der Einsamkeit schlimmer wird, und haben auch deswegen kräftig dagegen gewarnt. – Es gibt Fälle von religiöser Melancholie, in welchen die Einbildungskraft durch Einsamkeit grausam leidet. (II: 175, 187, 208 f., 220)

Kein Wunder also, wenn es über den Hl. Antonius, der zeitweise im Grab lebte, lästernd heißt:

> Dieser seltsame Aufenthalt schien seine melankolische und menschenscheue Anlage zu vermehren [...] Er hatte in seinem Grabe beständige Katzbalgereyen mit dem Teufel, wie er glaubte [...]. – Wenn die Kranken zu häufig auf ihn losstürmten, ging Antonius abseiten, und lebte alleine, so lange er es aushalten konnte. Aber dann hatte er auch, ab und zu, eigentliche und wahre Langeweile [...] Als ihn daher dieser Seelentod einst in der Wüste anschlich, beklagte er sich im Gebete zu Gott, er könne aus Langeweile sein Heil nicht mehr befördern. Sofort hatte Antonius eine Erscheinung, die ihn zurechtwies. Er sah sich selbst, sitzend und arbeitend [...]. (I: 171, 181 f.)

Einsiedlerwahn, anachoretischer Wahnwitz, Schwärmerei, Aberglaube – diese und viele andere Ausdrücke sind „nur verständlich als Wutausbruch der gereizten Aufklärung gegen die gesamte Mystik" (Melzer: 54). Oder, wie es andernorts heißt: Die Aufklärung polemisiert in bissiger Satire gegen das Mönchtum, gegen das Kloster, in dem sich die Einsamkeit auf eine augenscheinliche und besondere Weise manifestiert (Pappert: 37).

• Das gilt als falsch verstandene Einsamkeit, die von der wahren beziehungsweise schöpferischen Einsamkeit sehr genau unterschieden werden muß.

Zimmermann selbst schätzt recht verstandene Einsamkeit sehr hoch ein. Seiner Ansicht nach ist der Mensch an sich ja auf Gesellschaft hin angelegt:

> Ach, man dreschet überall und in allen Dingen viel leeres Stroh. Alles, was wir treiben und thun, unser Sitzen und Lauffen, Würken und Unterhandeln, hat doch oft am Ende keine andere Triebfeder, als die Furcht vor Langeweile! – Langeweile ist eine Hauptursache des Triebes zur Geselligkeit; denn alle Menschen sind ihr unterworfen, wie dem Schnupfen und dem Husten. – Langeweile ist eine Pest, der man in Gesellschaft zu entgehen sucht; und die manchen Unglücklichen nirgends schneller befällt, als in Gesellschaft. Sie ist ein Versinken der Seele in Leerheit, eine Vernichtung all unserer Würksamkeit und aller unserer Kraft, eine allmächtige Schwerigkeit, Trägheit, Müdigkeit, Schläfrigkeit und Unlust; und, welches das Schlimmste von allem ist, eine oft mit größter Höflichkeit an uns ausgeübte Meuchelmörderey unseres Verstandes und jeder angenehmen Empfindung. (I: 29 f., 32, 30)

Angesichts dessen verwundert es nicht, daß die Menschen in Gesellschaft drängen. Gesellschaftliches Leben bleibt jedoch oft vordergründig und schal. Ein Interpret: So fliehen die einen aus Langeweile vor der Einsamkeit in die Gesellschaft, die Anderen aber, die Wenigen, Starken, aus der Gesellschaft in die Einsamkeit, um sich zu vervollkommenen (Milch: 118). Zimmermann äußert sich mehrmals sehr deutlich und schreibt: Wahrscheinlich geschieht in der Einsamkeit mehr Gutes als in der Welt. – Alleineseyn ist nicht ohne Ausnahme gut für alle Traurigen und Betrübten. – Einsamkeit hat hingegen mächtige Reize für sanftere Gemüther ... – Mancherley grosse und kleine Widrigkeiten des Lebens, werden besser in Einsamkeit überwunden als in der Welt ... – Einsamkeit verwandelt zuweilen, aber freylich nicht immer, tiefe Schwermuth in süsse Melankolie. (IV: 233, 221, 223, 225, 217) In diesem Zusammenhang ist Langeweile natürlich kein Thema.

Es bleibt zu diesem Punkt abschließend nebenbei noch anzumerken, daß nicht nur Einsamkeit und Langeweile, sondern erfahrungsgemäß auch Geselligkeit und Langeweile gemeinsam auftreten können. Das ist im 18. Jahrhundert wiederholt bemerkt und erörtert worden. Populären Moralphilosophen „fällt der paradoxe Sachverhalt auf, daß Menschen in Gesellschaft eilen, um der Langeweile zu entfliehen, sich aber dort erst recht langweilen" (H.E. Müller: 74). Dies gilt freilich nicht für jede Art von Gesellschaft, sondern stellt sich nur dort ein, wo der Gesprächsstoff fehlt, die Interessen verschieden sind oder Verpflichtungen binden.

> Eine weit gewöhnlichere Ursache des Mißvergnügens in Gesellschaft giebt der Mangel an Unterhaltung, die lange Weile, die man findet, wo man ein Hülfsmittel gegen lange

Weile erwartete, das Unbefriedigende der Zeitvertreibe, mit welchem an sich darin abgiebt [...]
Überdieß ist lange Weile ohne allen Zwang noch erträglich; bey der mindesten Einschränkung aber wird sie ganz unerträglich. Einige Einschränkung aber legt jede Gesellschaft auf. Je weniger man aus ihr schnell heraus kann: desto mehr wird dieses Mißvergnügen vergrößert. Daher die Hofgesellschaft und alle Zusammenkünfte, wo die Etiquette fast nicht brechende Fesseln anlegt [...]

Wenn die wirkliche Langeweile überhand nimmt und stärker ist als der menschliche Hang, mit anderen Menschen zusammen zu sein, dann „flieht (er) in die Einsamkeit; um in vollkommener Stille und Abwesenheit aller Eindrücke, dem Verdrusse zu entgehen [...]". Ein Höhepunkt leidvoller Erfahrung ist übrigens die Tatsache, daß nicht nur andere Menschen langweilig sind, sondern daß man unter Umständen selbst andere langweilt:

Die Menge langweiliger Menschen, die wir in der Gesellschaft antreffen und dulden müssen, ist es nicht so häufig, was uns dieselbe verleidet, als das Gefühl, welches wir nicht selten haben, daß wir selbst andern lange Weile machen. (Garve, 3: 335 f., 356, 361)

Solche Einsicht und Befürchtung setzen natürlich eine ausgeprägte Sensibilität und Fähigkeit zur Selbst- und Fremdbeobachtung voraus. Es gibt bemerkenswert robuste Menschen, die ihre langweilenden Wirkungen auf andere Menschen nicht wahrnehmen und ihre gelangweilte Umgebung in erziehungsbedingter Höflichkeit erstarren lassen. Manche Mitmenschen können freilich auch anders reagieren, indem man Anzeichen von Langeweile nicht völlig unterdrückt, sondern beispielsweise durch Blättern in einer Zeitschrift oder Anzünden einer Zigarette sein Gelangweiltsein kundtut (Goffman, 1971: 140).

19.2 Befunde und Vermutungen

Über Einsamkeit und Langeweile in der Gegenwart gibt es zahlreiche Vermutungen, die sich gelegentlich zu Gesamtdeutungen der Moderne ausweiten. Hier sollen zwei Hinweise genügen.

• Die historisch weit zurückreichende positive Bewertung von Einsamkeit gibt es nach wie vor. Wenn einleitend von einem Zeitalter der Einsamkeit die Rede war, dann heißt es erläuternd und modifizierend dazu: Was uns modern plagt, quält und malträtiert, ist also nicht nur – und keineswegs in erster Linie – die Einsamkeit, sondern vor allem der Verlust der Einsamkeitsfähigkeit [...] Diese Malaise ist modern, aber sie ist keineswegs selbstverständlich: denn positive Erfahrung der Einsamkeit ist möglich (Marquard: 135). Dazu paßt der Hinweis auf eine Kultur der Einsamkeitsfähigkeit etwa durch Humor, Bildung und Religion, um Alleinsein und Vereinzelung positiv zu erfahren (139 ff.).
Solche Vorstellungen vom Wert 'der' Einsamkeit sind auf andere Kulturen nicht ohne weiteres übertragbar. Eine bemerkenswerte These: Unsere

Behauptung geht dahin, daß der amerikanische Mensch mit der verbalen Deutung seiner eigenen Befindlichkeit als 'einsam' ein durchaus negatives Werturteil verbindet, während dies beim deutschen Menschen nicht der Fall ist (Hofstätter, 1957: 88). Letzteres trifft zwar wohl nur eingeschränkt zu, vergleicht man aber die Worte Einsamkeit und lonesomeness näher, dann verbindet sich mit dem zweiten Wort das Gefühl von Angst und Langeweile. Eine Schlußfolgerung lautet: Die 'schlechte' Einsamkeit des Amerikaners läßt sich auf deutsch wohl am besten als ein Zustand der Angst nacherleben (97). Ob die beim deutschen Wort Einsamkeit mitschwingenden positiven Erlebnisse in den USA vielleicht anderswo zum Ausdruck kommen, wäre gesondert zu prüfen.

• Empirische Untersuchungen über Einsamkeit und Langeweile sind vermutlich selten und im übrigen gar nicht so leicht durchzuführen. Wahrscheinlich stimmt die vor vielen Jahren geäußerte Vermutung immer noch: Wir wissen freilich nicht, wie groß das Ausmaß der Einsamkeit tatsächlich ist [...] (Dreitzel, 1970: 14).

(a) In einer amerikanischen Studie von 1978 mit 25.000 Antworten aus allen Altersstufen, Rassen und Einkommensschichten erfährt man, daß es zusammen mit Einsamkeit vier Gruppen von Gefühlen gibt. Mehrheitlich geht es um Verzweiflung: hilflos, hoffnungslos, verlassen, Angst, Furcht. An zweiter Stelle folgt die ungeduldige Langeweile: ungeduldig, gelangweilt, konzentrationsarm, Wunsch nach Veränderung, zornig, unwohl. Es folgen sodann die Gefühlskomplexe geringe Selbstachtung sowie Depression. (zit. Rubinstein/Shaver/Peplau: 28)

(b) Man kann bekanntlich auch unter Menschen allein und einsam sein, wenngleich Ledige, Geschiedene, Getrennte und Verwitwete unter Umständen besonders gefährdet sind. Einer nicht repräsentativen Untersuchung ist unter anderem zu entnehmen: Allein in der Freizeit heißt auch einsam sein; Fast ein Viertel der Alleinlebenden gibt offen zu, zu wenig Kontakte zu haben, ungern allein zu sein und sich einsam zu fühlen; Dauerndes Alleinsein droht bei ihnen schnell in Einsamkeit umzuschlagen; bei einem Vergleich Alleinlebender und Verheirateter hinsichtlich negativer Vorstellungen vom Feierabend erleben erstere mehr Einsamkeit, Passivität, Langeweile, Depression (Opaschowski, 1981: 38, 40, 47, 50).

(c) Man liest und hört oft, daß Einsamkeit und Langeweile unter älteren Menschen weit verbreitet seien, weil viele von ihnen unvermeidbar soziale Kontakte eingebüßt hätten. Das stimmt so allgemein formuliert wohl nicht, denn man wird differenzieren müssen unter anderem nach Familienstand, Wohnungstyp, Umwelt, Bildungsgrad, Lebenserfahrungen, Ansprüchen, Interessen.

„Gemessen am Umfang der Kontakte kann man isoliert, muß jedoch nicht einsam – und kann man einsam, muß jedoch nicht isoliert sein". Demnach gilt: „Das Ausmaß der Einsamkeitsgefühle ist eher eine Funktion der Erwartungen hinsichtlich der Sozialkontakte als eine Funktion der tatsächlichen Kontakthäufigkeit". – Was Einsamkeit und Langeweile betrifft, so ist festgestellt worden, daß Menschen mit begrenzten Interessen und geringer Zukunftsorientierung eher über Langeweile klagen, weshalb man mit Goldfarb Einsamkeitsgefühle als eine Funktion der Langeweile begreifen kann. Es können allerdings Einsamkeit und Langeweile trotz vieler Interessen auftreten, was mit fehlender Rhythmysierung des Tagesablaufs etwa wegen Arbeitslosigkeit zusammenhänge. (Lehr: 155 f.)

Isolation und Vereinsamung sind bei älteren Menschen angeblich keine Massenerscheinungen (Tews: 348). Anfang der 70er Jahre wurden einer repräsentativen Auswahl über 65 Jahre alter Einwohner der Bundesrepublik Deutschland die Frage gestellt: Leiden Sie unter Alleinsein und Langeweile? Es antworteten 81 % mit Nein, 7 % mit Ja, 12 % mit gelegentlich oder selten. Mit zunehmendem Alter stimmen insbesondere alleinstehende ältere Frauen häufiger zu (zit. Reimann: 84).

(d) Bei einer Untersuchung des Freizeitverhaltens älterer Menschen in einer süddeutschen Stadt sagten 88 %, daß für sie die Feststellung 'Manchmal weiß ich nicht so recht, was ich mit mir anfangen soll' völlig unrichtig sei, 95 % erklärten, daß sie mit ihrer Zeit genug anzufangen wüßten auch ohne spezielle Veranstaltungen für ältere Menschen (Arbeitsgemeinschaft ...: 48).

Beim Studium unter anderem der sozialen Kontakte in ländlichen Räumen gaben 9 % an, sich sehr oft einsam zu fühlen, 65 % antworteten mit nie, und wenige Befragte verweigerten die Antwort. Es wird zu Recht angemerkt, daß man darüber streiten könne, ob knapp 10 % sich „sehr oft einsam fühlender älterer Menschen viel ist, denn Einsamkeit ist sicherlich auch in anderen Gruppen unabhängig vom Alter anzutreffen". Man müsse im übrigen mit Hemmnissen rechnen, Einsamkeit zuzugeben. Es sei immerhin bemerkenswert, daß die befragten älteren Menschen unter den Problemen im Alter an erster Stelle Krankheit und an zweiter Stelle Einsamkeit genannt hätten (Brösching: 131 ff., 155).[57]

20. Rückzug

20.1 Selbst und Umwelt

Mönchs-Acedia als Trägheitsünde allein oder in weltabgewandten religiösen Gemeinschaften lebender Menschen; krankhafte Melancholie als lebensfeindlicher und Lebensmöglichkeiten begrenzender Zustand; erhabene Melancholie als positiv bewertete Absonderung begabt-genialer Menschen; Ennui als Leiden beispielsweise politisch entmachteter Adliger; Oblomowerei als Erkrankung menschlicher Tatkraft ... Das Acedia-Syndrom wird wiederholt mit Rückzug zusammengesehen. Ihn gibt es allerdings auch bei einigen einfachen Formen situationsbedingter Langeweile, wie sie etwa Arbeitslose erleben, die soziale Kontakte einbüßen. Und über Langeweile allgemein heißt es kurz und bündig: So we get boredom, that is withdrawal [Rückzug] from engagement (Bartlett: 2).

• Rückzug, sich absetzen von etwas, kommt im üblichen Leben öfters vor.

Da meidet jemand ab sofort die Nachbarn, gibt seinen Beruf auf, kündigt die Kirchenmitgliedschaft, beteiligt sich nicht mehr am hochschulinternen Klatsch, verläßt Mann und Kinder, zieht sich auf sein Gut zurück, lebt das einfache Leben, hält weltliche Dinge nicht mehr für attraktiv, geht in ein Kloster, bringt sich im Extremfall selbst um. Der Rückzug wird rasch bewältigt oder erfordert langwierige Anstrengungen, er bleibt folgenlos oder hat schwerwiegende Nebenwirkungen, er befriedigt oder bringt Leid mit sich, er geschieht eigeninitiativ oder wird dringend nahegelegt, er erweckt weiter kein Aufsehen oder ist ein Fall für die Medien.

Ein vielzitierter Autor spricht dann von retreatism = Rückzug, wenn die geltenden Lebensziele und Verhaltensweisen nicht mehr anerkannt und befolgt werden. Das gelte für Psychopathen, Autisten, Parias, Ausgestoßene, Landstreicher, Clochards, chronische Säufer und Drogensüchtige. Solche Personen

> leben, strenggenommen, in einer Gesellschaft, ohne Teile davon zu sein. Soziologisch gesehen, sind sie echte Außenseiter. Da sie das allgemeine Wertesystem nicht teilen, kann man sie der Gesellschaft (die wir von der 'Bevölkerung' unterscheiden) nur fiktiv zurechnen [...] Sie haben die kulturell gesteckten Ziele aufgegeben, und ihr Verhalten stimmt nicht mit den institutionellen Normen überein. Das heißt jedoch nicht, daß nicht in manchen Fällen ihr Verhalten durch eben die Sozialstruktur bedingt ist, von der sie sich eigentlich losgesagt haben; es bedeutet auch nicht, daß ihr Auftreten kein Problem für die Mitglieder der Gesellschaft darstellt. (Merton: 309 f.)

Das deutsche Wort Rückzug ist deshalb nicht ganz glücklich, weil die Absonderung von geltender Normalität nicht das Ergebnis einer Entscheidung sein muß. In manchen Fällen stellt sich die andersartige Lebensform wegen fortdauernder widriger Umstände erst als Endpunkt einer abweichenden Karriere ein. Der deshalb zutreffende Hinweis: 'Rückzugsverhalten' ist im Grunde ein zu aktionsgesättigtes Wort für dieses Phänomen – Aktion liegt ja noch im Rückzug, was tendenziell, wie oft, ein militärischer Begriff gut zur Geltung bringt, der 'geordnete Rückzug' (Lepenies: 10). Es gilt also zu unterscheiden zwischen aktivem und passivem Rückzug. Im ersten Fall geht es um einen nach kurzer oder reiflicher Überlegung getroffenen Entschluß, anders als bisher zu leben – etwa als Säulenheiliger. Im zweiten Fall schlittert man eher unfreiwillig in eine im allgemeinen nicht übliche Lebensweise hinein – etwa als Nichtseßhafter.

Zur beispielhaften Umschreibung des Rückzugsverhaltens ist anzumerken, daß nicht jede Aufgabe der üblichen Lebensziele und Verhaltensweisen mit einer weitreichenden und tiefgreifenden Apathie und Passivität einhergehen muß. Die doppelte „Verneinung schließt aktive, spontane Verhaltenssteuerung keineswegs aus; in gewissem Sinne ist sie ihre Vorbedingung" (Lipp: 154). Weltflucht der Mönche ist ein älteres, Leben im groß-

städtischen Szenen-Untergrund ein neueres Beispiel. Die möglichen weiterreichenden kulturellen Folgen eines entschlossenen Auszugs aus der herkömmlichen Welt mit dem Ziel einer neuen Welt sind ein eigenes Thema.
Die beispielhafte Kennzeichnung von retreatism ist selbstverständlich
nicht erschöpfend. Vom gleichen Autor wird andernorts über das Syndrom
des Rückzugsverhaltens ausgeführt, daß es über Jahrhunderte hinweg als
Acedia bezeichnet und von der Kirche als eine der Todsünden aufgefaßt
worden sei (Merton: 243). Selbst wenn man etwa bei der Mönchs-Acedia
auch psychologisch-psychiatrische Deutungen ausreichend berücksichtigt
und beispielsweise von einer religiös mitbedingten Angstkrankheit spricht,
dann ist die Wortfolge retreatism-Acedia-Psychotiker / Autisten / Parias usw.
dennoch unzulässig. Eine derart verengte Sicht auf den Acedia-Komplex
ist gewiß auch nicht beabsichtigt.

• Die nähere inhaltliche Beschreibung des Rückzugsverhaltens verweist auf
einige folgenreiche Zustände individueller und sozialer Art.
Wenn anerkannte kulturelle Ziele wie etwa Wohlstand nicht akzeptiert,
die ihrer Verwirklichung dienenden Verhaltensweisen wie beispielsweise
Fleiß nicht befolgt und alternative Orientierungen nicht bedacht werden
(können), dann ist mit einer apathischen Haltung zu rechnen. Es fehlen ja
erstrebenswerte Lebensziele, deretwegen es sich lohnt, für sich selbst und
andere Menschen aktiv zu sein. Die weiteren Stichworte treffen sehr genau:
indifference, cynicism, moral fatigue, disenchantment, withdrawal of affect,
opportunism, dis-oriented, de-moralized, resignation form responsibility
(Williams: 564, Bezug für Merton: 243 f.). Das ist ein Zustand extremer
Anomie. Der griechische Ausdruck: nomos bedeutet Gesetz beziehungsweise Regel, und das Gegenteil ist hier – etwas großzügig verfahrend – mit
Orientierungslosigkeit, Sinnverlust, Zukunftslosigkeit, Hoffnungslosigkeit,
stark herabgesetztem Lebenswillen übersetzbar. Anomie and Failure of Mo-
tivation (Cohen: 481 ff.) hängen eng zusammen. Man ist wie gelähmt und
wirkt wie gelähmt. Der psychische und soziale Tod können schon lange
vor dem physischen Tod eintreten.
Mehr oder weniger ausgeprägte Apathie, die übrigens irgendwelche,
wenngleich wenig befriedigende, Aktivitäten keineswegs ausschließt, hat
viele Gesichter. Erinnert sei an die asketische Unlust der Anachoreten mit
ihrer Angst und ihrem Überdruß des Herzens, durch den Mittagsdämon
hervorgerufen, der vor allem bei körperlich-seelisch geschwächten Menschen in der Wüsteneinsamkeit reiche Beute fand. Mutlosigkeit, Mattigkeit
und Trägheit sind nicht auf jene beschränkt, die mit ihrer Weltflucht zugleich höchste religiöse Anforderungen sich stellen, wie aus den Bemerkungen über Accidie-Sloth hervorgeht. Manche Adligen wissen nichts mit sich
anzufangen und versuchen unentwegt, ihrem Ennui zu entrinnen. Viele
russische Oblomows leben fern der neu heraufziehenden Zeit in einer von
ihnen selbst als verkommen und sinnlos empfundenen langweiligen Welt.
Die verwöhnten Götter auf dem Olymp erfahren in ihrem anhaltenden

Nichtstun eine Ziel- und Hoffnungslosigkeit, welche ihr Leben höllisch langweilig werden läßt und sie zu störenden Eingriffen in die Menschenwelt führt. Manche Müßiggänger im antiken Rom reisen gelangweilt ziellos hin und her und finden dabei keine Befriedigung. Und unfreiwillig arbeitslose Menschen sind gefährdet, orientierungslos und resigniert in den Tag hinein zu 'leben' und mühsam überflüssige Zeit totzuschlagen.

• Wüste gibt es im übertragenen Sinne eben auch in zwischenmenschlichen Beziehungen und im Umgang von Menschen mit sich selber. Leere und Öde sind entweder schon von vornherein vorhanden oder breiten sich mit der Zeit stetig aus, weil bestimmte Lebensinhalte verloren gehen.

Manche Mönche verlieren doppelt. „Der Auszug aus der Welt ist Verlust, auch wenn er frei gewählt worden ist und der religiös-aszetische Neubeginn bleibt überschattet von diesem Verlust" bis zur vollkommenen Ablösung (Illhardt, 1982: 28). Schwerwiegender erscheint die im religiösen Überdruß der Acedia erlebte Gottesferne, die einem betrauerten Verlust des göttlichen Gutes gleichkommt und somit die ersehnte Freude über die eigene Gotteskindschaft verhindert. Dieser Verlust ist den Mönchen um so schmerzlicher, als er ja gerade jene andere Welt betrifft, um derenwillen die übliche Welt verlassen und ein strenges Leben in Kauf genommen wird. Sie sind also einerseits nicht mehr (ganz) in der profanen Welt verwurzelt, andererseits in der religiösen Welt (auch) quälenden Zweifeln und Entmutigungen ausgesetzt, weswegen unter Umständen sogar der Glaube an Gottes geweissagte Güte verlorengeht.

Für Pascal folgt Ennui-Langeweile unmittelbar aus einer Verweltlichung des Menschen wegen seines sündigen Abfalls von Gott und also dem Verlust des Paradieses. Kierkegaard bedenkt die bedauerliche Existenz des Menschen als Folge einer von ihm selbst zu verantwortenden Gottesferne – und bleibt trotzdem gläubig. Büchners Lenz leidet am Nichts und kennt keinen anderen Weg aus der Hoffnungslosigkeit als wiederholte Selbstmordversuche. Oblomow betrauert den Verlust des friedlich-erfüllten Lebens auf seinem Gut Oblomowka und flüchtet aus der langweiligen Gegenwart in eine Traumwelt. Manche Eheleute empfinden nach dem Verlust ihrer Zuneigung füreinander nichts mehr, ziehen sich auf sich zurück und kommen sich gelangweilt, einsam und verlassen vor. Bei den Arbeitslosen von Marienthal greift nach dem Verlust der gewohnten Lebensweise das Gefühl einer langweiligen öden Leere mit der Zeit immer stärker um sich.

Rückzug ist also unter Umständen ein folgenreiches Phänomen. Acedia constitutes a withdrawal of one's self, one's thought's, one's talent's, and one's endeavors from society, or from service to God (Lyman: 8). Das gilt dann natürlich in gleicher Weise für Melancholie, Ennui und existentielle Langeweile – gegebenenfalls auch für situationsbedingte Langeweile etwa in der Freizeit oder in Organisationen, denen die Verbringung von Zeit ein gängiges Problem ist.

20.2 Exkurs: Zeitbahnen

Withdrawal from engagement des sich langweilenden Menschen bedeutet, Zeit nicht so zu nutzen, wie dies um ihn herum sonst üblich ist, von der Umwelt erwartet oder von ihm selbst gewünscht wird. Die Zeitverwendung ist zugleich bedauerte Zeitverschwendung.

• Wir erleben bekanntlich nicht Zeit an sich, sondern soziale, das heißt, umweltbedingt zergliederte, Zeit. Darauf verweist auch der Begriff time track = Zeitbahn beziehungsweise Zeitstrecke.

Es handelt sich um temporal periods employed by individuals, groups, and whole cultures to designate the beginnings or the termination of things. Es gibt lifetime track als Lebenszeitbahn ebenso wie kürzere Zeitstrecken nach Art von Kindheit, Jugend, Schule, Militär, Haft ... Es gibt institutionalisierte Zeitbahnen (z.B. Schule) und private Zeitphasen (z.B. Barbesuch), und die Bewegungen auf ihnen sind weithin geregelt oder größtenteils persönlich gestaltbar. Der Ausdruck side tracking = Zeit-Nebenstrecke bezieht sich auf mögliche unterbrechende Zeitabschnitte zwischen Eintritt in und Austritt aus Zeitbahnen. Drei Typen gelten als prominent: waiting, time out, and withdrawal – Warten, Auszeit/Zeit-Aus und Rückzug. Als Beispiele werden unter anderem genannt für Typ 1: sich in eine Dienstaltersliste eintragen und warten, daß der Dienstvorgesetzte sich zurückzieht oder stirbt; für Typ 2: Kaffeepause während der Arbeitszeit; für Typ 3: Hippie. (Lyman/ Scott: 189, 204, 203, 205)

Wenn man dieses Konzept variiert, erscheinen viele langweilige Situationen als Rückzug-Zeit, Aus-Zeit und Warte-Zeit. Eine langweilige Situation ist insofern Rückzug-Zeit, als umständehalber Engagement und Aktivität begrenzt sind oder völlig fehlen; so etwas kommt beispielsweise bei gelangweilten wehrpflichtigen Soldaten vor. Eine langweilige Situation ist insofern Aus-Zeit, als in dieser Zeit ein erstrebenswertes Leben nicht möglich ist: das gilt etwa für den Aufenthalt im Gefängnis. Eine langweilige Situation ist insofern Warte-Zeit, als ihr Ende ersehnt wird; das gilt unter anderem für ein langweiliges Wochenende. Ein und dieselbe langweilige Situation kann selbstverständlich Rückzug-, Aus- und Warte-Zeit in einem sein, was sich im Fall gelangweilter Zuhörer eines nicht endenwollenden langweiligen Vortrags über Langeweile gedanklich durchspielen läßt.

In dieser, vom ursprünglichen Konzept abweichenden Sicht können einzelne Zeitbahnen zu Nebenbahnen werden, auf denen man leere Zeit erlebt. Das gilt etwa für die von manchen Menschen immer wieder als langweilig empfundene arbeitsfreie Zeit. – Es können sodann die drei prominenten Typen von side tracking mehr als bloß zeitbahngebundene periodische Einsprengsel sein, eventuell einzelne Zeitstrecken auf ihrer ganzen Länge betreffen. Das gilt etwa für Langeweile provozierende monotone Arbeit oder unfreiwillig arbeitslose Menschen, die unter dem Rückzug aus dem

Erwachsenenleben leiden, den Kontaktverlust bedauern und darauf warten, wieder gebraucht zu werden. – Die Lebenszeitbahn kann insgesamt von chronischer Langeweile betroffen sein, indem jemand lustlos dahinlebt, seine eigene Existenz als außenseiterhaft empfindet und keine grundlegenden Veränderungen mehr erwartet. – Bei manchen psychisch erheblich Kranken ist der Rückzug aus der kommunikativen Welt total, sinnhaft erlebte Zeit ausgeschlossen, hoffnungsvolles Warten kein Thema, wobei Leiden in und an der Zeit freilich nicht mehr vorkommt.

• Bleibt noch anzumerken, daß time-out zugleich time-in bedeutet. Wer etwa den Wehrdienst am üblichen Leben gemessen als Zeit-Aus erlebt, hat ja dienstintern allerlei zu tun. Die Frage ist nur, was und wie.

Im Zusammenhang mit Totalen Institutionen wurde schon darauf hingewiesen, daß deren Insassen ein Übermaß an freier, eigener Gestaltung überlassener und dabei zugleich nur begrenzt nutzbarer Nutzung von Zeit ausgesprochen lästig und problematisch sein kann. Die Zeit will schließlich verbracht werden, und für ein Rehabilitationszentrum sind die folgenden styles of time usage = Zeitverwendungsstile dargestellt und erörtert worden: Passing Time, Waiting, Doing Time, Making Time, Filling Time und Killing Time. Letzteres signalisiert das Bedürfnis nach einer nicht an der institutionell angebotenen und zugleich unzureichenden Strukturierung von Zeit angepaßten Art der Zeitverwendung. Es geht darum, die monotony of ward [= Anstalt] life zu überwinden, empty blocks of time beispielsweise durch unerlaubtes Trinken zu überwinden. Die Zeittöter anerkennen nicht the mechanized environment and mechanical timing of the institution. (Calkins: 499, 500)[58]

21. Ablenkungen

21.1 *Gewalt als angenehmer und quälender Zeitvertreib*

Krawall aus Langeweile, Rowdys rauben Bürgern die Ruhe, unerträglicher Lärm und wilde Zerstörung – solche und ähnliche Schlagzeilen findet man häufig in den Medien. Reagiert der eine auf anhaltende quälende leere Zeit mit Rückzug, Resignation und Apathie, so bricht der andere gelegentlich aus seiner Käfig-Situation aus und richtet seine angestauten Aggressionen gegen Menschen und/oder Sachen. Was auf den ersten Blick nach sinnloser Zerstörungswut ausschaut, erweist sich bei näherem Hinsehen als durchaus verstehbar – nämlich um Langeweile loszuwerden. „Gewalttätigkeit ist eine sehr naheliegende Reaktion auf Langeweile" (Klinkmann: 268).

• Ein Zusammenhang zwischen Langeweile sowie Gewalt, Aggression, Verbrechen, Krieg, körperlicher und seelischer Grausamkeit, genußvoller Ausübung von Macht ist nicht erst in der Gegenwart behauptet worden.

Zur Erinnerung: Pascal begreift den Menschen mit drei Worten: inconstance, ennui und inquiétude – Unbeständigkeit, Langeweile und Unruhe (127). In dieser Welt sind die Menschen zur vollkommenen Ruhe unfähig und darauf angewiesen, sich immerfort zu zerstreuen. In beeindruckenden Ausführungen zu seiner stark metaphysisch geprägten Theorie der Unruhe heißt es:

> Wenn ich mir mitunter vornahm, die vielfältigen Aufregungen der Menschen zu betrachten, die Gefahren und Mühsale, denen sie sich, sei es bei Hofe oder im Krieg, aussetzen, woraus so vielerlei Streit, Leidenschaften, kühne und oft böse Handlungen usw. entspringen, so fand ich, daß alles Unglück der Menschen einem entstammt, nämlich, daß sie unfähig sind, in Ruhe in ihrem Zimmer zu bleiben. [...] Sie glauben ehrlich die Ruhe zu suchen, und sie suchen in Wirklichkeit nur die Unruhe [...] (139).

Wer sein Zimmer verläßt, kann vieles unternehmen. Einige der von Seneca beschriebenen, unter taedium vitae leidenden Menschen schweifen ziellos hin und her auf der Suche nach einem Betätigungsfeld oder reisen heute nach Kampanien und morgen ins Land der Bruttier. Unter den vielen möglichen Divertissements sind – so Pascal – Spiel, Unterhaltung mit Frauen, hohe Ämter, Jagd und nicht zuletzt Kriege besonders bedeutsam. Was sollen Menschen auch anderes tun, die andere Menschen für sich tätig sein lassen können und deswegen viel freie Zeit haben, die totgeschlagen werden will? So gehen die Zeittöter unter anderem auf Menschenjagd und bringen ihre Artgenossen aus Zeitvertreib um. „Das Fechten und Sterben, das Anfachen von Krieg und Revolution ist die abenteuerlichste und gefährlichste Blüte, die der ennui hervortreiben kann". Die großen Herren, so Montesquieu, brauchen Eroberungen zu ihrer Unterhaltung. Jagd und Krieg sind für die Edelmänner erforderlich, so Goethe, um die Zeit zu töten und den Lebensraum zu füllen (zit. Schneider: 157).

Solche Zerstreuungen zielen keineswegs darauf ab, Ruhe zu finden. Denn nicht der Spielgewinn befriedigt, sondern das Spiel; nicht das Jagdopfer erfreut, sondern die Jagd; nicht das Kriegsziel beglückt, sondern der Krieg. Pascal:

> Nur der Kampf macht uns Lust, nicht der Sieg [...] Und kaum ist er entschieden, hat man es satt. Ebenso ist es beim Spiel, beim Erforschen der Wahrheit [...] (135) Das aber antworten sie nicht, weil sie sich selbst nicht kennen; sie wissen nicht, daß es nur die Jagd und nicht die Beute ist, was sie suchen [...] (139).

Krieg, Gewalt, Zerstörung und Töten bereiten damals und davor, nebenbei bemerkt, großes Vergnügen. Raub, Kampf, Tier- und Menschenjagd gehören jedenfalls in der mittelalterlichen Gesellschaft „unmittelbar zu den Lebensnotwendigkeiten" und für die „Mächtigen und Starken zu den Freuden des Lebens". Die Verstümmelung von Gefangenen wird besonders genußvoll erlebt; sie ist im übrigen nützlich, weil solche Menschen als Krieger nicht mehr taugen. Raub, Plünderungen und Mord sind an der Tagesordnung, und die grausame Behandlung von Menschen ist nicht verpönt. „Die Freude am Quälen und Töten anderer war groß, und es war eine gesellschaftlich erlaubte Freude". (Elias, 1977: 266, 268) Das ist bei uns schon seit langem nicht mehr der Fall.

Revolutionäre Gewaltentladungen sind an dieser Stelle deshalb beiläufig erwähnenswert, weil dafür nach Ansicht – nicht nur – von Ernst Bloch Schwermut und Langeweile als mögliche Ursachen in Frage kommen. In der modernen, abstrakten Gesellschaft, in der die Langeweile angeblich weit verbreitet ist, sei Revolution „eine Ideologie geworden, die vor allem die gelangweilten Mitglieder der reichen Länder reizt" (Zijderveld: 335). Ein Professor für Soziologie und erstaunlicherweise zugleich Nobelpreisträger für Literatur behauptet: Die Langeweile hat mit der modernen politischen Revolution mehr zu tun als die Gerechtigkeit. Im Jahre 1917 sei es dieser langweilige Lenin gewesen, der so viele langweilige Pamphlete und Briefe über organisatorische Fragen verfaßt habe. Nachdem der revolutionäre Schwung der Anfangsphase verpufft war, sei die langweiligste Gesellschaft der Geschichte gekommen. Als Symptome werden genannt: Schwunglosigkeit, Schäbigkeit, Stumpfheit, uninteressantes Warten, langweilige Gebäude, langweilige Unbequemlichkeiten, langweilige Beaufsichtigungen, eine öde Presse, öde Erziehung, langweilige Bürokratie, Zwangsarbeit, ständige Allgegenwart der Polizei, Allgegenwart der Strafe, langweilige Parteikongresse usw. (Bellow: 233). Das ist selbstverständlich nur eine Leseart unter vielen anderen, und sie soll, falls sie überhaupt je zutreffend war, gegenwärtig nicht mehr gelten.

• Gewalt aus Langeweile ist übrigens literarisch wiederholt behandelt worden.

Ein Beispiel bietet Dostojewskis Roman Die Dämonen. Stawrogin ist ein von Langeweile zutiefst geplagter Aristokrat. Er bekennt: Vor allem hatte ich vor dem Leben einen tiefen Ekel. Dieser Zustand bewirkt bei ihm unter anderem: Ich führte ein ausschweifendes Leben, das mir kein Vergnügen machte (29, 15). Unter den aus Trägheit und Müßiggang entstehenden Handlungen fällt die Verführung des noch kindlich-jungen Mädchens Matrjoschka besonders auf, die sich einige Zeit später erhängt. Vieles von dem, was Stawrogin tut, geschieht „ohne innere Erregung, ohne Aufruhr, nur als Langeweile" – wobei übrigens bedacht werden muß, daß das russische Wort skuka mehr als das umgangssprachlich verwendete deutsche Wort Langeweile bedeutet, weil es „eine gute Portion Melancholie und Weltverachtung" in sich birgt (Maurina, 1960: 192). Im Hinter- und Untergrund seien es der russische Nihilismus und Atheismus, aus denen der Müßiggang und die gelangweilte Einstellung zur Welt erwachse. Für den Dichter gilt: Langeweile ist, wo Gott nicht ist (zit. Rehm, 1963: 89).

Ein zweites Beispiel ist Choderlos de Laclos' im Jahre 1782 erschienener Briefroman Les Liaisons dangereuses = Schlimme Liebschaften. Angehörige einer müßiggängerischen und gelangweilten Oberschicht in der Zeit vor der Französischen Revolution vergnügen sich damit, andere psychisch zu

quälen. Es sind Menschen, die „nur aus müßiger Neugier und Langeweile, in kalter, schrecklich spielender Berechnung ihre Mitmenschen zugrunde richten, die sie in der Seele treffen und ihnen bewußt Böses antun"
(Rehm, 1963: 88). Die Hauptakteure sind der Vicomte de Valmont und seine
frühere Geliebte, die Marquise de Merteuil – beide Repräsentanten eines
verkommenen Adels. Zentrales Thema ist die Verführung. Hauptopfer sind
ein junges aus dem Kloster gekommenes Mädchen, das ahnungslos bis zur
Dirne erniedrigt wird, und eine verheiratete fromme Frau, die sich schließlich Valmont hingibt und in Schande endet. Der Vicomte „beginnt beide
Unternehmungen ohne eine Spur von Gefühlsdrang und nicht einmal aus
Sinnlichkeit" (Mann: 5). Alles ist perfekt geplant und läuft programmge-
mäß ab. Das Quälen der Opfer wird ebenso lustvoll erlebt wie deren Qualen.
Spielerisch-experimentell wird Leben vernichtet.

Die angebliche Gefühllosigkeit, aus der heraus Grausamkeit möglich ist,
erinnert an torpor = Stumpfheit beziehungsweise Gleichgültigkeit, bei Gregor und Thomas eine Tochtersünde der Acedia. Es hat deshalb Sinn, als ein
weiteres Beispiel Camus' 1942 erschienenen Roman Der Fremde heranzu-
ziehen, dessen Hauptfigur, ein in Algier lebender kleiner Büroangestellter
namens Meursault, von einem Interpreten als the acedic French clerk vorgestellt wird. Ein Zeitgenosse spricht von der „Studie eines Menschen, der
unempfindlich ist für die Gegenwart der Wirklichkeit". Diese Unempfind-
lichkeit reicht weit und tief und drückt sich in einer beeindruckend kurz
und präzis formulierten Lebensphilosophie Meursaults aus: Es ist mir gleich!
Gleichgültig ist ihm auch der junge Araber, den zu erschießen er eigentlich
keinen Grund hat, nachdem der Streit zwischen diesem und seinem Bekannten Raymond Sintés längst beigelegt ist. Und dennoch:

> Ich war ganz und gar angespannt, und meine Hand umkrallte den Revolver. Der Hahn
> löste sich, ich berührte den Kolben, und mit hartem betäubendem Krachen nahm alles
> seinen Anfang. [...] Dann schoß ich noch viermal auf den leblosen Körper, in den die
> Kugeln eindrangen, ohne daß man es sah. Und es waren gleichsam vier kurze Schläge
> an das Tor des Unheils.

Ein Interpret erweitert die Figur des Meursaults zu einem Typ: The stran-
ger, having been removed from the world of affect, is prepared to enter
the world – as a destroyer (Lyman: 40, 41). Schon Baudelaire wußte übrigens von einem Zusammenhang zwischen Langeweile und Aggressivität.
Er habe deshalb große Angst vor der Langeweile gehabt, weil er annahm,
„daß ihre Sinnlosigkeit ihn zu völliger Verantwortungslosigkeit führen würde. Ein gelangweilter Mensch, so hat er gesagt, würde freiwillig die Welt
vernichten" (Zijderveld: 331).

Es gibt zwar viel Gewalt, aber keinen eindeutigen Gewaltbegriff und keine wissenschaftlich verbindlichen Antworten auf die Frage nach den Ursachen von Gewalt. Das gilt ebenfalls für benachbarte Bezeichnungen wie etwa Aggression, die in vielfältiger Weise auftritt und unterschiedlich erklärt wird.

• Das Thema Langeweile und Gewalt wird zumindest unter dieser Bezeichnung nur selten systematisch und empirisch erforscht, weil das Wort Langeweile mehrdeutig ist und manches von dem, was es meint, manchmal anders ausgedrückt wird.

Es ist wiederholt ein Zusammenhang zwischen Gewalt und Langeweile behauptet worden, wobei vor allem Psychologen und Psychoanalytiker einschlägige Vermutungen äußern. So werden beispielsweise in einer Psychologie der Gewalt unterschiedliche Typen von Gewalttätern diskutiert. Ein Typ heißt catharters – von Katharsis, gr., Reinigung, Läuterung –, who attack others to release accumulated emotions [...] Die den aggressiven Handlungen zugrundeliegende Gefühlslage may range from depression and tension to boredom and desire for exitement (Toch, 1969: 170). Für einen anderen Fachmann hängt das Problem der Stimulation „eng mit einem Phänomen zusammen, das keinen geringen Anteil an der Erzeugung von Aggression und Destruktivität hat, nämlich der Langeweile" (Fromm, 1974: 219). Ein dritter Spezialist hat keinen Zweifel, daß bordom may arise not only in conflicts arround libidinal fantasies or impulses but also in relation to aggressive wishes (Wangh: 544). In einem Beitrag einer wissenschaftlichen Tagung über Langeweile wird die These von boredom als Root of Discontent and Aggression kulturgeschichtlich, psychoanalytisch, klinisch und soziologisch ausführlich erörtert (Goetzl). In einer unter anderem darauf bezugnehmenden Arbeit steht kurz und bündig, daß boredom and melancholie might lead to aggression and troublemaking [...] (Lyman: 14).

• Die Bedeutung von Langeweile für Gewalt ist bei manchen jungen Menschen offenkundig, die in einer bestimmten Art von Gangs organisiert sind und eher unteren als mittleren und oberen Schichten angehören.

Einleitend zu interessanten, auf die „Bloßlegung der Ursachen gewalttätigen Handelns" abzielenden und sich als einen Beitrag zu einer „allgemeinen Theorie physischer Gewaltanwendung" verstehenden, theoretischen Überlegungen wird zwischen instrumenteller und nicht-instrumenteller physischer Gewalt unterschieden (Klinkmann: 254, 255). Erstere dient bewußt als Mittel zur Erreichung eines bestimmten Zweckes, ist von ihm aus gesehen verständlich – obwohl zusätzlich interessiert, weshalb dieses Mittel benutzt wird, wenn es gegebenenfalls andere und zugleich legale Möglichkeiten gibt. Wie verhält es sich aber mit nicht-instrumenteller Gewalt, bei der üblicherweise so verstandene Zwecke nicht erkennbar sind, weshalb oft von irrationalen, grausamen und sinnlosen Taten gesprochen wird? Es sind ja keineswegs Einzelfälle, denn es gibt Lebensbereiche, „in denen Akte 'sinnloser' Gewalt ständig wiederkehrende Erscheinung, ja alltägliche Praxis sind" (256). Man kennt sie aus heruntergekommenen Großstadtvierteln mit ihren Menschen, die Zeit totschlagen müssen, insbesondere bandenmäßig organisierten Jugendlichen, die pöbeln, plündern, rauben, prügeln und im Extremfall – wie es scheint und oft vage so ausgedrückt wird – aus purer Langeweile töten.

Diese subkulturelle Welt ist beispielsweise in den USA wiederholt untersucht worden. Zu den klassischen Arbeiten gehört Thrashers The Gang (1927 u.ö.), wo es verschiedene Typen, unter anderen den kriminellen Typ, gibt. Ein großes Problem dieser Jugendlichen besteht darin: How to break the humdrum [= alltäglich, langweilig, eintönig] of routine existence. Ein anderer erfahrungsgesättigter Kenner formuliert es beeindruckend präzise so.

The boredom of the delinquent is remarkable mainly because it is so little compensated for, as it may be among the middle classes and the rich who can fly down to the Caribean or to the Europe, or refurnish the house, or have an affair or at least go shopping. The delinquent is stuck [= festgefahren] with his boredom, stuck inside it, stuck to it, until for two or three minutes he 'lives'; he goes on a raid around the corner and feels the thrill of risking his skin or his life as he smashes a bottle filled with gasoline on some other kid's head. It is his shopping tour. [...] It gives him something to talk about for a week. It is his life. Standing around with nothing coming up is as close to dying as you can get. [...] They are drowning in boredom. School bores them, preaching bores them, even television bores them. The word rebel is inexact for them because it must inevitably imply a purpose, an end. (A. Miller: 51)

Das ist eine auf die Dauer belastende Situation, weil Vorstellungs-, Denk- und Handlungsmöglichkeiten erheblich begrenzt sind. Das Bedürfnis nach Aktivität ist jedoch anthropologisch tief verwurzelt. Wenn sinnvolle Handlungsziele fehlen, leere Zeit leidvoll empfunden wird und Lebensenergien brachliegen, ist eine Entladung durch physische Gewalt verständlich. Sie „hebt nicht nur Langeweile schlicht auf, sondern tut dies darüber hinaus noch auf eine besonders gelungene und nachhaltige Art, indem sie nämlich in hohem Maße den Lastcharakter des Handelns verringert und dessen lustvolle Aspekte betont" (Klinkmann: 266 f.). Anders lebenden und Gewalt erlebenden Menschen mag es zwar schwer verständlich sein, Erregung und Action bereiten den Gewalttätigen aber durchaus Spaß und Freude. Es handelt sich dabei freilich nicht um eine gesellschaftlich tolerierte Freude.

• Die Suche nach zeittötenden actions ist nicht auf milieuspezifische Gruppen beschränkt und kann zu höchst unterschiedlichen Verhaltensweisen führen.

Der sogenannte Vandalismus ist eine Form physischer Gewaltanwendung gegen Sachen. Die verbreitete Übersetzung durch rohe Zerstörungswut ist insofern richtig, als im erregten Zustand etwas zerstört wird. Daß dies in roher Weise geschieht, setzt voraus, sich das Gegenteil vorstellen zu können. Davon abgesehen wird immer wieder behauptet, daß die vandalistischen Zerstörungen unter Jugendlichen zunähmen. Angeblich betrug die Steigerung zwischen 1965 und 1978 in Holland 725 %. Bezüglich der Ursachen ist zwischen Dimensionen der emotionalen Reaktion und der sozialen Umwelt zu unterscheiden. Eine These: Je häufiger monotone Wohnlandschaften, monotone Arbeitsplätze, Arbeitslosigkeit und Statusprobleme das Leben vieler junger Menschen prägten, desto häufiger sei mit Gefühlen der Unterordnung beziehungsweise Machtlosigkeit, Unlust und Nichterregung beziehungsweise Langeweile zu rechnen. Ausweich-Reaktionen könnten sein, in eine andere Wohngegend ziehen, einen interessanten Arbeitsplatz auswählen usw. Das ist in vielen Fällen jedoch gar nicht möglich. Es gibt dann mehrere „andere, zumeist sozial weniger akzeptablere Versuche zur Lösung ihres Problems: wie Alkohol, Rauschgift, reizintensive Umwelt, Identifikation, Aggression und Vandalismus" (Hauber: 362). Wer weshalb randaliert, während andere in gleichen Situationen resignieren oder aktiv werden, kann verallgemeinernd nicht gesagt werden.

Unfreiwillige Arbeitslosigkeit ist schwer zu ertragen, insbesondere von Jugendlichen. „Das Schlimmste am Nichtstun ist, daß man nicht weiß, wann man damit fertig ist" – so die Inschrift auf einer öffentlichen Toilette. Einige Jugendliche aus einer Kleinstadt berichten freimütig, daß sie regelmäßig in Geschäften stehlen und sich dabei finanziell ganz gut stehen. In dem Bericht heißt es: Reden hilft gegen Langeweile und kostet nichts. Also reden sie. Reden über das Klauen, das dem ewig gleichen Kleinstadteinerlei ein paar 'Lichter' aufsetzt (Scheuring: 30). Die Eltern dieser Jugendlichen sind übrigens untadelige Bürger, deren Lebenseinstellung und Lebensplanung und Lebensgestaltung jedoch abgelehnt werden.

In einer vergleichsweise abgeschiedenen ländlichen Gegend lenken sich 18 bis 25 Jahre alte Schüler, berufstätige und arbeitslose Jugendliche durch Diskothekenbesuche und einen geradezu suchtartigen Gebrauch von Motorrädern und Autos ab. Das Leben der Jugendlichen hat sich „einzupendeln zwischen Arbeit und Automobil, zwischen Automobil und Diskothek". Dabei ist Lärm durch sogenannte E-Musik und dröhnende Motoren das eine Betäubungsmittel. Das zweite Medium der Flucht vor dem ewigen Einerlei des Gestern, Heute, Morgen und Übermorgen ist die Raserei auf engen und kurvenreichen Straßen. Die Unfallrate ist hoch, schwere Verletzungen mit und ohne Todesfolge sind nicht selten. „Alkohol und überhöhte Geschwindigkeit, Leichtsinn und Wahnsinn machen aus Jugendlichen Depressive, Schuldige, Krüppel, Leichen". (Pfannenschmid, 1987: 14, 16) Warnungen werden überhört.

Suchtverhalten gilt vielen Beobachtern als ein weitverbreitetes Mittel, Langeweile zu vertreiben oder sie erst gar nicht aufkommen zu lassen. So heißt es: Alkoholismus ist eines dieser Mittel, die der Mensch anwendet, um seine Langeweile vergessen zu können (Fromm, 1974: 223). Ein Arzt spricht von der Sucht als dem wohl besten Studienobjekt für die Formen der Langeweile (Bodamer, 1960: 11). Ein Therapeut erwähnt im Zusammenhang mit Langeweile die Sucht, das Fressen, den Spielautomaten, die exzessive Promiskuität und maßlose Arbeitswut (Groß). Ausgesprochen theoretisch orientiert sind Überlegungen, nach denen es eine Verbindung geben kann zwischen Mißbrauch von Suchtmitteln und einer „psychophysisch unterfordernden Umwelteinbettung in Abstimmung mit spezifischen normativen und technisch-situativen Substraten". Zusammen damit sind auch die Begriffe Rollenunterlastung beziehungsweise Rollenunterforderung sinnvoll und erklärungsbedürftig. (Gundel: 17, 25 f.)

Der beiläufige Hinweis auf exzessive Promiskuität ist insofern interessant, als gar nicht so selten Langeweile und <u>Sexualität</u> erörtert werden. In einer älteren Quelle steht: [...] gerade zu wiederholten Onanieakten greifen; auch zwischen Langeweile und sogenannter Zwangsonanie bestehen breite Verbindungen (Fenichel: 279). Erwähnenswert ist die Behauptung, daß in den letzten Jahren ein neues Phänomen aufgetaucht sei, welches die „Intensität der Langeweile bei Angehörigen der Mittelklasse zeigt. Ich meine die Ausübung des Gruppensex bei den sogenannten 'Swingers'". Manche Ehepartner, die sich nichts mehr zu sagen wußten, hätten nunmehr ein Gesprächsthema, nämlich sexuelle Erfahrungen mit wechselnden Partnern (Fromm, 1974: 223). Sehr weitreichend erscheint die Behauptung: Auch sexuelle Handlungen – als 'action' oder nicht – sind naheliegende Reaktionen auf Langeweile (Klinkmann, 1980: 41).

Und schließlich kann Sexualität selbst als langweilig empfunden werden. Der reiche Müßiggänger Dino, Sproß einer adligen und sehr alten Familie, leidet unter Langeweile als „eine Art Ungenügen- oder Unangemessenheit oder Spärlichkeit der Realität", zu welcher er kein rechtes Verhältnis bekommen kann. Im Zusammenhang mit dem Liebesakt gibt es Ausdrücke wie: Präzision eines einmal ausgelösten Mechanismus, oder: Kolbens, der sich unermüdlich mit automatischer Kraft bewegt. Bei der physischen Liebe wird „vor allem auf den Mangel an Natürlichkeit" und die „Unzulänglichkeit und Absurdität des physischen Vorgangs" hingewiesen. Diese Einsicht und Empfindung provoziert Langeweile, läßt die Geliebte Cecilia als langweilig erscheinen und zu einem „absurden Objekt" werden. (Moravia: 6, 61, 88 f., 95) Taedium sexualitatis hat viele Gesichter.[59]

22. Anlage und Umwelt: ein kompliziertes Verhältnis

22.1 Endogene Depression – endogene Langeweile

Wenn man im Zusammenhang mit unfreiwilliger Einsamkeit, passivem Rückzug oder Gewaltanwendung auf ein schlechtes Sozialklima als günstigen Nährboden solcher Erscheinungen hinweist, dann kann es trotzdem ausgesprochen kontaktarme, in gestörten Beziehungen mit sich selbst und ihrer Umwelt lebende oder mit einem erheblichen Gewaltpotential 'ausgestattete' Menschen geben. Das wiederum könnte auch für das Verhältnis mancher Art von Langeweile folgenreich sein.

• Nochmals: Daß der Mensch imstande ist, sich zu langweilen, gründet in seiner biologischen Konstitution. Ob er sich langweilt und in welchem Ausmaß, bestimmt seine kulturelle Umwelt (Klinkmann: 262). Der zweite Satz gibt Anlaß für einige differenzierende Überlegungen.

Die menschliche Fähigkeit zur Langeweile ist anthropologisch unschwer begründbar. Das „Talent zur Langeweile" ist jedoch angeblich „verschieden groß": es gibt Menschen, die, wenn man sie nur in Ruhe läßt, niemals Langeweile erleben, weil sie in sich genügend geistige Hilfsmittel haben, bei deren Gebrauch sie nicht in die Gefahr einer inhaltsleeren Zeit geraten" (Hoche: 52). Bei einem anderen Fachmann heißt es: Es gibt nun, wie die Erfahrung zeigt, Menschen, die eine ausgesprochene Disposition zur Langeweile haben [...] (Winterstein: 551). Und ein dritter Gewährsmann behauptet:

> Menschen, die die Fähigkeit besitzen, auf 'aktivierende Stimuli' produktiv zu reagieren, sind praktisch nie gelangweilt – aber sie sind die Ausnahme in unserer kybernetischen Gesellschaft. Die große Mehrheit leidet zwar nicht an einer schweren Krankheit, doch kann man behaupten, daß sie an einer leichteren pathologischen Erscheinung leidet, nämlich an einer unzureichenden inneren Produktivität. Derartige Menschen fühlen sich gelangweilt, wenn sie sich nicht stets wechselnde einfache – nicht aktivierende – Stimulationen verschaffen können (Fromm, 1974: 22).

Das sind weitreichende, mutige und diskussionswürdige Thesen. Hier interessiert vorerst nur die Annahme, daß es außer der anthropologisch verwurzelten Fähigkeit angeblich eine weitere Disposition zur Langeweile gibt, die dann wirksam wird, wenn beispielsweise geistige Hilfsmittel fehlen oder man auf aktivierende Stimuli nicht produktiv reagieren kann. Wer in diesem Sinne anders und besser 'ausgestattet' ist, der wird von den potentiell nachteiligen Auswirkungen einer kybernetischen Gesellschaft nicht betroffen; wer über eine unzureichende innere Produktivität verfügt, muß mit dem Schlimmsten rechnen. Kurzum: der bevorzugten Minderheit kann die fragliche kulturelle Umwelt nichts anhaben – die benachteiligte Mehrheit ist ihr schutzlos ausgeliefert.

Wenn es eine solche zusätzliche Disposition zur Langeweile geben sollte, dann könnte sie zwar durch widrige, die Intensität und das Ausmaß der Langeweilegefühle beeinflussende, äußere Umstände wirksam werden, es wären dann aber eben nicht allein die kulturelle Umwelt bedeutsam, sondern gleichfalls das unterstellte 'Talent' zur Langeweile in Rechnung zu stellen.

• Solche Überlegungen lassen sich unter Hinweis auf unterschiedliche Arten von Langeweile ein wenig vertiefen.

Es ist wiederholt zwischen dem Acedia/Melancholie/Ennui/Langeweile-Syndrom und weniger schwerwiegender und vorübergehender Langeweile unterschieden worden. Hier ist es eine situationsbedingte und zeitlich begrenzte Verstimmung der Gefühle, dort ein chronisches Leiden (Völker, 1975: 192). Diese Differenzierung ist weit verbreitet. Erinnert sei an boredom als Oberbegriff, unterschieden nach many forms of boredom und ennui als one particular form – wohl zu trennen von der Langeweile Grüner Witwen und in Schulen (Kuhn: 5). Das Erlebnis der Langeweile bei einem schlechten Film oder in einer banalen Gesellschaft sei grundverschieden vom ennui, jenem sich selbst Langweilen, das angeblich von allen äußeren Bedingungen unabhängig ist (Wiegand: 82). In gleicher Weise werden gegenübergestellt responsive = reagierende boredom, das vorübergeht, und chronic boredom, das anhält – wenngleich der wesentliche Unterschied zwischen beiden Formen nicht in der Dauer oder Häufigkeit liegt, sondern in the location of the cause (Bernstein: 513 ff.). In die gleiche Richtung zielt die Unterscheidung zwischen exogenous boredom und endogenous boredom. Im ersten Fall fehlen geeignete Objekte und Stimuli – im zweiten Fall ego cannot find them because it is inhibited in its search for them, and inhibited also in its acceptance of their assistance even offered (Goetzl: 73). In einer solchen Käfig-Situation ist der Mensch sozusagen von innen heraus unfähig, Lebenschancen zu nutzen.

Endogenous boredom – das erinnert natürlich an endogene Depression. Wie aus dem kurzen kulturgeschichtlichen Rückblick hervorgeht, sind für das Acedia-Syndrom wiederholt auch psychologisch-psychiatrisch-psychoanalytische Etikette verwendet worden. Diese gibt es in großer Zahl und einer gelegentlich verwirrend erscheinenden Vielfalt. Es mag ein erster Hinweis genügen, daß es Fälle von „'periodischer' Langeweile gibt, die von vornherein an einer Verwandtschaft mit dem manisch-depressiven Kreis keinen Zweifel lassen", und daß die der „Depression verwandte Langeweile sich als Spezialfall der geschilderten pathologischen Form der Langeweile überhaupt ein(ordnet)" (Fenichel: 278). Einem zweiten Hinweis zufolge kann zwischen nicht-depressiver und depressiver Langeweile unterschieden werden.

> Menschen, die nicht in der Lage sind, sich von einem normalen Reiz in einen Zustand der Erregung versetzen zu lassen, sind krank; zuweilen sind sie sich ihres Seelenzustands akut bewußt, manchmal sind sie sich der Tatsache auch nicht bewußt, daß sie leiden [...] wird die Langeweile nicht kompensiert. Wir sprechen hier von der Langeweile in einem dynamischen charakterologischen Sinn, und man könnte sie als einen Zustand chronischer Depression beschreiben. (Fromm, 1974: 219)

Zu diesem Thema führt ein dritter Fachmann aus, daß in der endogenen Depression „die Langeweile in einer spezifischen Form (erscheint), die der normalen, nicht krankhaften Langeweile fehlt" (Bodamer, 1960: 113).

• Über krank gibt es nun allerdings ebenso unterschiedliche Auffassungen wie über Depression und endogen.

Schon seit längerer Zeit spricht man vom depressiven Syndrom, womit zum Ausdruck gebracht wird, daß es um eine Gruppe zusammenhängender, mehr oder weniger schwerwiegend krankhafter, Erscheinungen geht. Die möglichen vielfältigen Erscheinungsweisen und Ursachen werden unter Hinweis auf – um nur diese eine Konzeption zu erwähnen – somatogene, endogene und psychogene Depressionen versuchsweise berücksichtigt, wobei in allen drei Kategorien noch weitere Unterscheidungen getroffen werden. – In einer Arbeit über Depression und Melancholie wird unter Bezug auf neuere Studien das klassische Endogenitätsprinzip in Frage gestellt, weil nicht nur erbkonstitutionelle Faktoren, sondern auch exogene Umstände mitwirken (Bucher: 23). – Nach Ansicht eines bekannten Psychiaters „gibt (es) endogene Depressionen, und endogen heißt in diesem Zusammenhang somatogen. Diese Depressionen können psychogen ausgelöst werden, sind biochemisch bedingt und sogar heriditär substruiert" (Frankl, 1981: 25). – Bei einem nicht minder bekannten Spezialisten liest man: Wir haben allen Anlaß anzunehmen, daß die Depression biochemisch wie psychologisch eine Resultante verschiedenster in sie einfließender Prozesse darstellt (Battegay: 10).

Bei dem breit erörterten Phänomen scheint es sich also um eine komplizierte Sache zu handeln:

> Das Konstrukt der Depressionen zerfällt in eine Menge verschiedener Kategorien, die dem jeweiligen Forschungsstand, dem jeweiligen Abstraktionsvermögen, dem Differenzierungsbemühen, dem ordnenden Intellekt, der jeweiligen Schule [...], dem subjektiven Wahrnehmungs- und Erfahrungshorizont derjenigen entstammen, die diese Kategorien bilden [...] Damit enthält jede Kategorisierung von depressiven Erscheinungen immer auch die subjektive Einschätzung des Untersuchers [...] Kurzum: die Depression ist ein eher verwaschener Oberbegriff für verschiedenste Zustandsbilder (Scobel: 52).

Diese, vermutlich ihrerseits diskutierbare, Auffassung trifft auch auf die Etikette endogene und depressive Langeweile zu. Davon abgesehen gibt es nun einmal unstreitig Menschen, die – periodisch oder dauernd – gedrückt, verstimmt, interessenlos, antriebsgestört, gehemmt, innerlich passiv, gelangweilt, unter Umständen von körperlichen Störungen begleitet, leben (müssen). Damit kann auch die negative Empfindung leerer Zeit und Lebensüberdrusses einhergehen und mithin diese Langeweile als Symptom eines psychischen Leidens verstanden werden. Sofern konstitutionelle Faktoren hineinspielen, erscheint die „pathologische depressive" Langeweile (Wellershoff: 266), die heutzutage vermutlich selten noch Langeweile genannt wird, eher individuell-schicksalhaft bedingt, als durch die kulturelle Umwelt bestimmt. Letztere muß deswegen jedoch nicht bedeutungslos sein, weil sie als Auslöser oder Verstärker wirken oder einer möglichen Eindämmung des Leidens hinderlich sein kann. Anlage oder Umwelt – diese Gegenüberstellung gilt in vielen Fällen ja schon seit langem als eine Alternativ-Attrappe.

22.2 Dandy: Blasiertheit als Befindlichkeit und Zeiterscheinung

Wer den für Langeweile fraglos großen Einfluß der kulturellen Umwelt um die gelegentlich nicht minder große Bedeutung physisch-psychischer Gegebenheiten ergänzt, braucht diese deswegen nicht generell und einseitig hervorzuheben.

• Anlaß für diese Bemerkung und die knappen weiteren Überlegungen ist der schon ältere Hinweis eines Psychiaters, daß er bei Menschen mit einer angeblich ausgesprochenen Disposition zur Langeweile zwei Typen unterscheiden könne, nämlich den „blasierten, durch Überreizung abgestumpften, nach Genuß schmachtenden und genußunfähigen Menschen und jenen, der vor der peinigenden Langeweile in die Arbeit flieht, weil ihn alles, was nicht Pflichterfüllung ist, langweilt". Er rechnet zum Genußtyp den Dichter Baudelaire, der schon im Zusammenhang mit Ennui und Spleen erwähnt wurde – zum Pflichttyp bedeutende Wissenschaftler wie Fechner und Darwin.

Bei den beiden Typen wird auf tief verwurzelte, wodurch auch immer zustande gekommene, 'Kräfte' oder 'Neigungen' verwiesen, denn die betroffenen Menschen

scheinen aber jedenfalls eine geringe wirkliche Liebensfähigkeit zu besitzen, die genitale Stufe nicht vollständig erreicht zu haben, vielmehr in der anal-sadistischen Phase der Libidoentwicklung verblieben zu sein (Winterstein: 551). Darauf bezugnehmend heißt es bei einem anderen Menschenkenner: Nun scheinen uns diese zwei Typen lediglich als Varianten der chronischen Libidostauung, die sich als Spannung bemerkbar macht, während das Triebziel verdrängt wird. Der erste Typ ist der orgastisch Impotente [...] Der zweite ist der Sonntagsneurotiker, von dem wir vorhin sprachen. Auf der physiologischen Grundlage aber, meinen wir, beruht die Langeweile in beiden Fällen, nämlich auf der physiologischen Grundlage der Libidostauung. (Fenichel: 280 f.)

Sicherlich, der Pflichttyp ist rastlos tätig und zeitbesessen. Man wird heutzutage aber doch fragen dürfen, welchen Erklärungswert der Hinweis auf seinen angeblichen Analcharakter hat und was es einbringt, bei ihm den Zeitbegriff „im Unbewußten als Wertäquivalent der Darmprodukte und des Geldes" zu begreifen (Winterstein: 552). Und die Figur 'des' Blasierten ist vermutlich viel zu komplex, als daß eine solche Annahme ihr gerecht würde. Selbst wenn es bei dem blasierten Menschen eine chronische Libidostauung geben sollte, ist damit jedenfalls noch nicht die Zeitgebundenheit jenes Blasierten erklärt, den man als gesellschaftlichen Typ kennt. Es ist freilich möglich, daß Kernsymptome blasierter Menschen zeitunabhängig vorkommen und nur zeitspezifisch unterschiedlich bezeichnet werden.

• Das Wort blasiert ist bei uns ziemlich aus der Mode gekommen. Es leitet sich vom französischen blaser ab und bedeutet soviel wie abgestumpft und übersättigt. Knappe lexikalische Hinweise lauten: dünkelhaft beziehungsweise hochnäsig, gelangweilt-überheblich beziehungsweise dünkelhaft-herablassend.

Als ein historischer Typ blasierten Verhaltens gilt der Dandy (engl.; u.a.: Nettes, Schmuckes, Zierliches; Stutzer, feines Herrchen, Geck, Gigerl). Er wird im beginnenden 19. Jahrhundert durch G.A. Brummell und junge Adlige repräsentiert, und zwar in Form eines aufwendigen-exzentrischen Verhaltens in Kleidung, Sprache und Bewegungen. Man gibt sich gelangweilt, gleichgültig, arrogant und pflegt eine müßiggängerische Lebensweise. Die übliche Welt verdient kein Interesse, die eigene Person beansprucht Exklusivität. Eine präzise Charakterisierung lautet: Die Grundlagen seines Ideals entdeckte (der Dandy) im Müßiggang und in der Nobilitierung der Langeweile. Es seien damals blasierte Sklaven des Spleens gewesen, die den Ennui aufgewertet und die Langeweile wie ein kostbares Geschmeide getragen hätten (Schwarz: 30). Auf die damalige große Bedeutung des Dandy als eines gesellschaftlichen Typs sowie die vielschichtige literarisch-künstlerische Bewegung des Dandyismus vornehmlich in Frankreich – vgl. vor allem Huysmans 'Gegen den Strich' – und England wird hier nur hingewiesen.

Bei Depressionen gibt es seit einiger Zeit unter anderem einen Rückgang der Schuldgefühle, insbesondere des religiösen Wahns, und eine Zunahme hypochondrischer Ichbezogenheit (Bucher: 19 f.). Solche Verschiebungen verweisen auf eine bemerkenswerte „Abhängigkeit psychopathologischer Erscheinungen von epochalen Einflüssen". So reagiere man bei Erschütterungen und Spannungen heutzutage nicht mehr so häufig und intensiv hysterisch, wie dies früher üblich gewesen sei. Affektiv bewirkte Ohnmachtsanfälle vor allem von Frauen kämen gegenwärtig sehr viel seltener als im 19. Jahrhundert vor. Ähnliches gelte für blasiertes Verhalten. Angesichts einer weitverbreiteten Aufforderung zur Bescheidenheit lasse sich die Blasiertheit „mit dem Lebensgefühl unserer Zeit schlechter vereinbaren" als in der damaligen Londoner Gesellschaft. Wer heutzutage ähnlich wie früher dandyhaft zu leben wünsche, brauche viel Zivilcourage. Es sei denn, man ginge davon aus, daß „selbst eine so eminent individuelle Verhaltensweise wie die Blasiertheit unter Umständen zu einem Verhaltensschema ganzer Kollektive, zum kollektiven Gehabe Gleichaltriger etwa, degradiert werden kann, eine Möglichkeit, die man, wie wir sehen, bejahen darf". (Petrilowitsch: 24, 26)

Es erscheint zweifelhaft, ob es sich wirklich um eine ausgeprägt individuelle Verhaltensweise handelt. Denn was zeitweise als ein gesellschaftlicher Typ prägend wirkt, betrifft ja nicht nur unwiederholbare Individualität. „Soziale Verhaltenstypen" wie etwa Snob, Dandy, Beatnik und Gammler haben zu bestimmten Zeiten für bestimmte Menschen einen verpflichtenden Charakter im Sinne von „Zugehörigkeitserwartungen". Es kann zwar fraglich sein, ob der soziale Verhaltenstyp „als beliebige Charaktermaske jedermann zur Verfügung (steht)" (Popitz: 12), wo er aber als Orientierungsmaßstab dient, werden Einstellungen und Handlungen offenkundig typisiert. In diesem Zusammenhang ist es unerheblich, ob die Blasiertheit physisch fundiert oder nur in einer modisch bedingten Attitüde verwurzelt ist. Es interessiert vielmehr vorwiegend, weshalb ein bestimmter sozialer Verhaltenstyp in Erscheinung tritt und wirksam wird. Das ist beispielsweise für den Malcontent ebenso leicht erklärbar wie für den damaligen Dandy. Der Hinweis auf eine mögliche chronische Libidostauung trägt wohl selbst dann nichts zum Verständnis bei, wenn sämtliche betroffenen Menschen physiologisch einschlägig betroffen wären.

• Neben dem gesellschaftlichen Typus des Blasierten, etwa in Form des Dandy der englischen Gesellschaft im frühen 19. Jahrhundert, kennt man den Typus des blasierten Menschen.

Zu ausdruckspsychologisch wahrnehmbaren Merkmalen blasierten Verhaltens zählt unter anderem das sogenannte verhängte Auge mit seinem passiv herabsinkenden Oberlid, (was freilich auch durch eine organischneurologische Störung bedingt sein kann). Wichtiger als das ist der behauptete Zusammenhang zwischen Blasiertheit und starkem Geltungsverlangen. Als Fassade dienten, so heißt es, Reserviertheit, Vorbehalt, Distanz, eine sich überlegen gebende Gelassenheit und ein desillusionierter Gleichmut. Hinzu kämen in ausgeprägter Weise Eitelkeit, Launenhaftigkeit und Eigensinn. Für die Befriedigung des geradezu suchtartigen Geltungsverlangens sei der Beachtungserfolg wichtiger als der Geltungserfolg.

Bestimmte äußere Umstände begünstigen angeblich bei entsprechend disponierten Menschen ein blasiertes Verhalten. Vor allem bei luxuriös aufgewachsenen verwöhnten Menschen wie etwa manchen Einzelkindern „trifft man auf jene kennzeichnende Blasiertheit des Verhaltens, die man als Symptom der Übersättigung, des Überflusses werten darf". Wer herkunftsbedingt oder zufällig oder besonderer Begabung wegen ohne größere Anstrengungen viel Lebensglück erreiche, gewinne leicht das Gefühl einer Sonderstellung, woraus blasiertes Verhalten erwachsen könne. Wer nicht ernsthaft gefordert werde und also gefährdet sei, die „manifeste und hektische Langeweile verwöhnter Personen" zu erleben, bei dem finde man übrigens ein für Blasierte typisches „aus dem Luxus erwachsendes Geschmäckler- und Ästhetentum".

Von der Blasiertheit in ihren „im wesentlichen anlageabhängigen, charakterologisch eindeutig präformierten Formen" ist jenes blasierte Verhalten abzugrenzen, das sich aus Reaktion auf äußere Einflüsse ergibt. Diese Blasiertheit wirke gekünstelt, verkrampft, aufgesetzt, unecht. Der „'habituell' Blasierte spielt sich selbst, der in blasiertes Verhalten Gedrängte aber den Blasierten". So etwas kommt gelegentlich bei Jugendlichen als vorübergehende Blasiertheit vor, die ganze Gruppen junger Menschen befallen könne. Man gibt sich distanziert-gelangweilt beziehungsweise salopp-blasiert und merkt nicht, wie ausgeprägt man als „genormter Super-Individualist" dahinlebt. (Petrilowitsch: 27, 30, 31, 34, 36) Warum nicht die einen und nicht auch die anderen, doch allesamt zeitspezifisch geprägten Menschen blasiert reagieren, ist sicherlich ein interessantes Thema.

• Verwöhnung und Übersättigung werden andernorts mit bestimmten Lebensverhältnissen und einer entweder durch diese verursachten oder von ihnen unabhängigen Lebenseinstellung zusammengesehen.

So hat man gelegentlich erörtert, ob die moderne Welt zunehmend langweiliger erscheine, und dabei auf einen unter Isolation und Langeweile leidenden psychotherapeutisch behandelten jungen Menschen hingewiesen, dessen unerträgliche Blasiertheit geradezu pathologisch sei. Verallgemeinernd heißt es: In der Blasiertheit bezeugt sich eine Ekel-Verfassung: Man degoutiert die abscheulich-langweilige Welt! Die Blasiertheit ist in der Nausea fundiert. (Bilz: 183) Diese distanziert-reservierte Haltung der Umwelt gegenüber erfordert kein äußerlich sichtbares exzentrisch-extravagantes Verhalten, wie dies früher einmal beim Dandy der englischen Gesellschaft der Fall war.

Der Hinweis auf Blasiertheit und Nausea = Ekel erinnert natürlich an vertraute Themen: Acedia, taedium vitae, Melancholie, Ennui, Spleen. Diese Stichworte sind Baudelaire, dem angeblich mit chronischer Libidostauung belasteten Menschen, einem der großen Sinndeuter existentieller Langeweile, allesamt bekannt, und er kennt die abendländische Denktradition. Er selbst empfindet sich als Dandy und beschreibt ihn als jenen „müßig blasierten, im Luxus aufgewachsenen Mann, der nie gezwungen war, Schwierigkeiten zu überwinden" (Maurina, 1962: 22). Lebensüberdruß und Lebensekel speisen sich bei diesem genialisch-provokativen Dichter aus vielen Quellen, die wohl auch psychologisch-psychiatrischer Analysen zugänglich sind. Seiner künstlerischen Bedeutung tut dies allerdings keinen Abbruch.

Blasiertheit, dandyhafte Gesinnung, Abstumpfung, Überdruß, Ekel – das beschränkt sich nicht auf einzelne Menschen und hochsensible Künstler. In einer der vielen Zeitanalysen wird der Dandy als eine weitverbreitete Erscheinung diagnostiziert. Es ist angeblich vor allem die heutige Jugend mit ihrer überschüssigen Kraft, Verwöhnung und Ziellosigkeit, die aus Überdruß und Langeweile ihre Zeit totschlägt. Halbstarke, Lederjackenfans, Autoknacker usw. sind „Dandys, ins Vulgäre übersetzt: anstelle des Hangs zum Flanieren tritt – ein Hang zum Herumstehen und sich Herumtreiben" (26). Nicht die einzelnen Menschen sind daran schuld, sondern eine verwöhnende und sinnentleerte kulturelle Umwelt. Über den wissenschaftlichen Wert solcher und ähnlicher globaler Aussagen läßt sich selbstverständlich streiten.[60]

H. Moderne Gesellschaft – eine besonders langweilige Welt?

Wenn man den vielen Hinweisen auf die gegenwärtig zahlreichen langeweileträchtigen Situationen glauben darf, dann entsteht der Eindruck, wir lebten in einer durch und durch langweiligen Welt. In vielen Zeitdiagnosen von Vertretern verschiedener Disziplinen sind die Grenzen einzelwissenschaftlicher Aussagen oft fließend, werden wechselseitig manchmal die gleichen Argumente benutzt, bleiben die Behauptungen häufig sehr allgemein und wird gelegentlich offen zugestanden, daß es nur wenig empirisch gesichertes Wissen gibt. Das wiederum erleichtert kühne Vermutungen, die freilich nicht deshalb falsch sein müssen, weil sie gemäß üblicher Regeln unzureichend überprüft sind – falls sie überhaupt systematisch überprüft werden können. Unangesehen dessen sind die vielen Behauptungen über Langeweile in der modernen Gesellschaft eindeutig und bemerkenswert, weil sie ein vorgeblich weitverbreitetes Lebensgefühl anzeigen, das die gegenwärtige Welt weithin als lebensunwert erscheinen läßt. Eine grundsätzliche Aussage lautet: Bei näherer Betrachtung erweist sich die Zeit vieler Männer und Frauen heutzutage als vollgestopft wie ein Ei und zugleich leer wie ein Loch. Die schwarze Sonne der Langeweile erhebt sich am Horizont der modernen Welt, und die Kritik des Alltagslebens erweitert ihr Programm um eine Soziologie der Langeweile. (Lefebre: 85) Ein anderer Diagnostiker der Gegenwart erklärt lapidar, daß die Langeweile eines der größten Probleme unseres Alltags sei (Parkinson: 55).

Bemerkenswert für die weiteren Überlegungen ist sodann eine kurz zusammenfassende Erörterung des Phänomens Langeweile, welches die Menschheit angeblich seit ihren Anfängen begleitet:

> In neuerer Zeit hat man die Frage unter dem Namen <u>Anomie</u> oder Entfremdung behandelt, als eine Wirkung der kapitalistischen Arbeitsbedingungen, als eine Folge der Nivellierung in der Massengesellschaft, als eine Konsequenz des abnehmenden religiösen Glaubens oder des allmählichen Verschleißes der charismatischen oder prophetischen Elemente oder der Vernachlässigung der unbewußten Kräfte oder der zunehmenden Rationalisierung in einer technologischen Gesellschaft oder des Wachsens der Bürokratie. Es scheint mir jedoch, daß man mit dieser Überzeugung der modernen Welt beginnen konnte – entweder du brennst oder du moderst.

Demnach ist Langeweile ein Schmerz, der von brachliegenden Kräften verursacht werde. (Bellow: 232) So gesehen stellt sich die Frage, weshalb heutzutage angeblich bei vielen Menschen Kräfte brachliegen und Langeweile zu einem Massenphänomen geworden ist.[61]

23. Zeitdiagnose und Kulturkritik

23.1 Verwöhnung, Unterforderung, innere Leere

Wer Langeweile als ein Hauptproblem unserer Gesellschaft bezeichnet, von einer Epidemie der Langeweile spricht und diese zusammen mit Depressionen als eine kulturelle Seuche bezeichnet, sucht und findet sie des genaueren in den so oft beschworenen Erscheinungen der Mechanisierung, Standardisierung, Bürokratisierung und Verstädterung (Keen, 1980: 21, 26). Es sei vor allem jenes weit verbreitete Wohlleben, das Sättigung und Überdruß mit sich gebracht habe – und damit auch eine Demokratisierung der früher einmal auf einige bevorrechtigte Menschen beschränkten königlichen Krankheit (1977: 56 f.).

• In verhaltensbiologischer Sicht ergibt sich das Zivilisationsleiden Langeweile aus einer Unterforderung.

Ein Psychiater spricht bedenkenlos verallgemeinernd von 'Unserer langweiligen Welt'. Jener Hund in der Stadtwohnung mit einer valenzarmen Umwelt 'langweilt' sich, weil es ihm zu gut geht. Das kann Menschen ebenfalls passieren. Es ist eine legitime Frage, ob die Welt zunehmend langweiliger wird, ob sich in den letzten 50 Jahren eine „Progression im Sinne der Verlangweiligung unserer Welt feststellen" läßt, ob die „Welt in der Jahrhundertmitte objektiv langweiliger ist als vor dem ersten Weltkrieg". Zur Begründung heißt es, daß in früherer Zeit Feindtönung, Hunger, Kälte, Epidemien und andere Gottesgeißeln die Menschen ausreichend stimuliert hätten, Was speziell die Feindtönung betreffe, die sich von der Angst nicht trennen lasse, so sei unsere Lebenswelt vergleichsweise gefahrlos geworden. In diesem Zusammenhang sei auch die Entmythologisierung erwähnenswert, und es erscheine die Frage erwägenswert, „ob die Verwissenschaftlichung unseres Weltbildes dasselbe ist wie die Verlangweiligung unseres Welt-Erlebens". Was wissenschaftlich erforscht und damit erklärbar sei errege keine besondere Aufmerksamkeit mehr. So wüßten wir beispielsweise, wie Donner und Blitz zustandekämen; Gottes früher einmal unterstellte geheimnisvoll-ängstigende Stimme werde im Donner nicht mehr vernommen. Alles in allem bestehe Anlaß, von einem Defizit oder Unter-Angebot seitens der Umwelt zu sprechen. Unangesehen möglicher neuer Stimulierungen gebe es gegenwärtig eine Stimulations-Verarmung. Und diese sei weniger auf „langweilige Orte" bezogen, als auf die „langweilige Zeit" der Jahrhundertmitte. (Bilz: 180, 182, 184, 182, 184, 186, 188, 199, 188)

Die Folgen reizarmer Umwelt werden kulturvergleichend andernorts wie folgt erörtert. Der noch im Stammesverband lebende Ahnherr hat nicht reizarm gelebt, sondern wurde im Kampf ums Überleben gefordert. Es ist „nicht besonders wahrscheinlich, daß er übermäßig an Langeweile infolge starker Unterstimulierung gelitten hat, wie es das Dasein im Superstamm paradoxerweise ebenfalls mit sich bringen kann. Die hochdifferenzierten Formen des Ringens um Reize sind also eine Besonderheit des verstädterten Lebewesens". Was man bei manchen Tieren im Zoo beobachten könne, daß sie nämlich aus Langeweile um Reize rängen, gelte gleichfalls für die verstädterten Menschen, den Bewohnern im Menschenzoo. Das lasse sich etwa an der Sexualität als Beschäftigungs-, Beruhigungs- und kommerziellem Sex studieren. (Morris: 167, 168, 89 ff.)

Aus dieser Quelle schöpft ein anderer Diagnostiker der modernen Welt, für den der Mensch zu den höheren Tieren zählt, die allesamt drei angeborene Bedürfnisse haben: „Identität, Stimulierung und Sicherheit. Ihre begrifflichen Gegensätze verdeutlichen diese Bedürfnisse noch: Anonymität, Langeweile, Angst". Eine grundsätzliche These lautet kurz und bündig: Sicherheit und Freisein von Angst führten zur Langeweile. Diesem leidvoll erlebten Zustand versuchten viele Menschen durch Stimulierung zu entgehen. In einer gelangweilten Gesellschaft, wie wir sie gegenwärtig erlebten, sei die Jagd auf Stimulierung sozusagen einprogrammiert. Vor allem sinnliche Erfahrungen und Gewalt würden als Mittel benutzt, der „Öde unerträglicher Langeweile" zu entkommen, die nicht zuletzt durch „erlangte Sicherheit" in die Welt gekommen sei. (Ardrey: 108, 324, 326)

Für einen vierten Gewährsmann steht fest: Die wenigen Jahre Zivilisation sind evolutionär bedeutungslos. Man könne viele Veränderungen im Laufe der Jahrtausende zwar nicht leugnen, müsse aber zur Kenntnis nehmen, daß das verhaltensökologische Gleichgewicht zwischen stammesgeschichtlich programmierten Aktions- und Triebpotential sowie natürlicher Umwelt aus den Fugen geraten sei. Von unserer Anatomie und Physiologie her müßten wir uns ausreichend bewegen und unsere Triebe leben. „Wir erwarten Gefahr, Streß, Anstrengung, Kampf und Bindung. Auf eine solche Welt, auf ein anstrengendes und hartes Leben, ist der Mensch angelegt". Dies ist vielen Menschen in der Wohlstandsgesellschaft verwehrt. Sie sind verwöhnt und können sich verwöhnen lassen. Wenn das stammesgeschichtlich gewachsene Trieb- und Aktionspotential nicht mehr eingesetzt zu werden braucht, dann steigen diese Potentiale „aufgrund ihrer Spontaneität an: Es kommt zur aggressiven Langeweile". Diese ist heimtückisch, denn sie „verführt zur Suche nach immer mehr Lust ohne Anstrengung". Das Fernsehen verwöhnt in besonders folgenreicher Weise. (v. Cube: 7, 6, 7, 8)

• Auch manche Psychologen und Psychiater diagnostizieren die Unterforderung als Zeiterscheinung und Massenphänomen, das zugleich philosophischen und theologischen Erörterungen zugänglich ist.

Während in vielen Abhandlungen wiederholt eine sich ausbreitende Langeweile in der modernen Welt behauptet wird, gehört einer gegenteiligen These zufolge die Langeweile „nicht zu den Zivilisationskrankheiten unseres Jahrhunderts". Langeweile sei lange Zeit in der ganz- oder halbfeudalen Welt verbreitet gewesen und habe sich gegenwärtig nicht auf die Masse der Bevölkerung ausgeweitet. Die gegenwärtige Welt sei viel mehr von einer Aktivität wie nie zuvor erfüllt, und das betreffe Arbeit ebenso wie Muße. Man könne deshalb vom „Verschwinden der Langeweile oder ihrer Verwandlung in einen anderen Zustand" sprechen. Dieser wird kurz und bündig innere Leere genannt, die von der Langeweile zu unterscheiden sei. Langeweile lasse verzweifeln, Leere dagegen erzeuge Unruhe, Geschäftigkeit und Scheinaktivität. Die zahlreichen zivilisatorischen Zerstreuungen verdeutlichten, wie umfänglich die innere Leere sei. (Bodamer, 1961: 49, 50, 53, 54, 53)

Die Unterscheidung zwischen Langeweile und Leere ist in gewisser Weise sinnvoll, wenngleich die Symptome der Leere bei anderen Autoren mit Langeweile zusammen gesehen werden. Ein griffiges Schlagwort lautet: existentielles Vakuum, womit der Verlust des Lebenssinns infolge existentieller Frustration gemeint ist. Als ein auf Sinn hin angelegtes Lebewesen trifft den Menschen das Gefühl der Leere und Sinnlosigkeit fundamental. Nicht verwunderlich also, wenn „(uns) heute, auch uns Neurologen, die Langeweile mehr zu schaffen (gibt) als die Not – und die sogenannte Sexualnot ist hierbei nicht auszunehmen, sondern einzuschließen". Manche Selbstmorde hängen vermutlich mit der inneren Leere zusammen. (Frankl, 1978: 75, 73, 72, 75)

Die Zahl der als stimmungsgestört bezeichneten Menschen hat angeblich stark zugenommen. Depressive Verstimmungen seien eine der repräsentativsten Neuroseformen der Gegenwart. Die meisten Hilfesuchenden „(werden) durch die Sinnlosigkeit und die Langeweile ihres Lebens zu Boden gedrückt". Wenn die Möglichkeiten der Ablenkung durch Arbeit, Vergnügung und Betäubung versagen, wird deutlich, was Langeweile wirklich ist: „Es ist dem Kranken überhaupt langweilig. Es gibt in der Langeweile keine echte Zukunft, keine tragende Vergangenheit und keine sinnvolle Gegenwart mehr". Wer an sogenannten Langeweile- und Sinnlosigkeitsneurosen leidet, dem droht die Gefahr, daß eine „unbestimmte unfaßbare Angst die Oberhand gewinn(t)". Mit ihr können im Extremfall die Bezüge zur Welt überhaupt verloren gehen (Boss/Condrau: 736). Angst und Langeweile – das so vertraute Thema!

Der Allerwelts-Ausdruck Depression ist vieldeutig, und verallgemeinernde Aussagen über die Zunahme psychischer Leiden sind nicht problemlos. In einer verschiedene Auffassungen sorgfältig wägenden Studie wird vermerkt, daß hinsichtlich der Zunahme depressiver Erkrankungen „die jüngsten Untersuchungen nicht ganz eindeutig" sind, und daß sich im Rahmen epidemiologischer Forschung einer „auch nur annähernden Erfassung" der Häufigkeit beziehungsweise Zunahme von Depressionszuständen „aber bis heute riesige Schwierigkeiten entgegen(stellen)" (Bucher: 16, 18). Die Meinung ist dennoch weit verbreitet, daß depressive Verstimmungen häufig vorkommen und noch zunehmen. Keine wissenschaftliche Aussage im engeren Sinne des Wortes: Das Monopol auf Depressionen haben die

Krankenkassen-Patienten den vornehmen Leuten entrissen: diese Zustände sind zu Wald- und Wiesenstörungen geworden (Dirks: 108). Falls es sich da und dort jedoch um mehr als das handelt und damit die traditionsreiche Frage nach dem Lebenssinn verknüpft wird, enthält das Wort Langeweile natürlich eine weit vom Alltagsverständnis entfernte Bedeutung. Die innere Leere –

> man könnte sagen: die metaphysische Leere. Hier ist der Punkt, wo sich die Schwermut mit der Langeweile verbindet, und zwar eine bestimmte Art von Langeweile, wie gewisse Naturen sie erleben. Sie bedeutet nicht, daß einer nichts Ernsthaftes tue, müßig gehe. Sie kann ein sehr beschäftigtes Leben durchziehen. Diese Langeweile bedeutet, daß etwas in den Dingen gesucht wird, leidenschaftlich und überall, was sie nicht haben. [...] Die Dinge sind endlich. Alle Endlichkeit aber ist defekt. Und dieser Defekt ist Enttäuschung für das Herz, welches nach Unbedingtem verlangt. (Guardini: 27)

Der Umgang mit so verstandener und aus einer bestimmten christlichen Sicht gedeuteten Langeweile kann sehr verschieden und mit Resignation oder Hoffnung verbunden sein. Dazu gab und gibt es ebenso viele kluge wie langweilende philosophische und theologische Beiträge.

23.2 Modernisierung und kulturelle Leere

Die moderne Gesellschaft wird in mannigfacher Weise gedeutet und trägt zahlreiche Namen. Eines der vielen Etikette heißt abstrakte Gesellschaft. Über sie liest man:

> Wenn die Sozialstruktur und die Kultur abstrakt werden und die Menschen sich nicht länger unreflektiert zu ihren Institutionen verhalten können, entstehen nicht nur Verhaltensprobleme wie die von Marx analysierte Entfremdung oder die von Durkheim signalisierte Anomie, sondern wächst vor allem auch die Langeweile als ein soziales Problem und als ein Kulturphänomen.

• Als die wichtigsten Komponenten einer „kultursoziologischen Abhandlung über Langeweile" werden Sinn und Zeit genannt. Wenn Menschen nicht mehr wissen, „wie die Zeit sinnvoll gestaltet werden kann, spricht man eben von Langeweile". (Zijderveld, 1975: 321, 322, 321)

In der Aufklärung sei der Mensch an die Stelle Gottes getreten. Dadurch habe sich das Zeitbewußtsein unvermeidbar verändert, sei die Zeit entleert, die Lebensmitte leer, die Welt selber immanent-unendlich und somit die Zeit endlos geworden (Jacoby: 19). Man hat wiederholt die aufkommende und zunehmende Langeweile mit abnehmendem religiösem Glauben in Verbindung gebracht: Die Langeweile der Welt, the boredom of the world, is Hegel's symbol for the spiritual state of a society to whom its gods have died (Voegelin: 335). Die Vertreibung der Götter aus der Welt kam nach Hegels Ansicht in zwei Epochen vor. Es war zunächst die von den Römern eroberte antike Welt betroffen, deren unterworfene Völker ihren überlieferten religiösen Halt verloren. Die so entstandene Sinnleere wurde durch das Christentum beseitigt. Mit der Reformation beginnt die zweite Epoche einer

Entsakralisierung von Welt – und damit von Zerrissenheit und Langeweile. Ihre Aufhebung wird in einer Philosophie als Religion für möglich gehalten.

Was zu Recht als eine reichlich spekulative Philosophie der Langeweile bezeichnet wird, ändert nichts daran, daß infolge der Modernisierung, wozu die Reformation wichtiges beigetragen hat, die „Klagen über Entfremdung und Langeweile [...] nicht nur immer lauter wurden, sondern auch massiver. Das heißt, Langeweile wurde in zunehmendem Maße ein soziales Phänomen und damit ein soziologisches Objekt". Eine solche Aussage läßt sich natürlich nur dann rechtfertigen, wenn klassische soziologische Erkenntnisse entsprechend gedeutet werden. Verwiesen wird insbesondere auf Rationalisierung, Spezialisierung und Pluralisierung, in deren Folge eine hochdifferenzierte Sozialstruktur entstanden ist. Der Verlust selbstverständlicher kultureller und traditioneller Sinninhalte wird nicht durch neuartige verhaltenssichernde Sinndeutungen kompensiert. Es gibt vielmehr eine folgenreiche kulturelle Leere. Konkurrierende Weltanschauungen und deren Relativierung und Ideologisierung gehen unvermeidbar mit Sinnleere einher. Irgendwelche umfassenden Deutungsmuster sind nicht mehr zu erwarten, denn „theoretisch sind alle weltdeutenden Möglichkeiten ausgedacht". Demnach gilt angeblich:

> Eine weltanschaulich überraschungslose Zeit ist aber auch eine langweilige Zeit – ein Posthistoire, das eine endlos lange Weile dauern wird. Dann muß aber die Frage gestellt werden, wie der moderne Mensch überhaupt noch zum Handeln kommt. Ich möchte hier die Hypothese formulieren, daß sein Handeln hauptsächlich nur noch aus Reaktionen auf die abstrakte und Langeweile fördernde Gesellschaft bezeichnet werden darf.

Die fraglichen Reaktionen sind und bleiben ihrerseits oberflächlich. Unter der Herrschaft der Langeweile würden die Sprache grob und hyperbolisch, die Musik laut und nervenerregend, die Ideen und Theorien schwindlig und phantastisch, die Emotionen zügellos und schamlos und unverschämt. Solche Erregungen brauche der sich langweilende Mensch, „weil er eben nur noch von Schocks, die in launenhaften Ausbrüchen erlebt werden, in Bewegung gebracht werden kann". (Zijderveld: 329, 330, 324, 326, 332, 333, 334)

• Derartige Gesamtdeutungen der modernen Welt muten ihrerseits spekulativ an. Es ist trotzdem bemerkenswert, aus wie vielen wissenschaftlichen Richtungen und sonstigen Perspektiven über die Aktualität der prägnanten Aussage nachgedacht wird: Der Vater der Langeweile ist das Nichts, die Mutter die Leere (Maurina, 1962: 20). Drei schon etwas ältere Arbeiten belegen das zusätzlich.

Für einen psychologischen Fachmann gilt fraglos, daß wir in einem „Zeitalter der Langeweile" leben. Es sei gekennzeichnet durch hohe Empfindlichkeit = Erregungsüberschuß, ständige Geladenheit = Hypertonie, übersteigertes Sicherungsbedürfnis = Verichung, nervöse Labilität = Neurasthenie. Die aus alledem resultierende Krankheit hysterischen Charakters werde gemeinhin als Neurose bezeichnet. Und der „eigentliche und tiefste Grund für die Langeweile ist der Umweg um Gott oder die Abkehr von ihm". (Revers, 1949: 73, 78) Gottesverlust gleich Religionsverlust gleich Sinnverlust gleich Langeweile – so lautet die auch von einigen anderen Zeitgenossen verkündete Botschaft.

Aus einer anderen Sicht erscheint die moderne Gesellschaft von sekundären Systemen beherrscht, deren gemachten und durchrationalisierten sozialen Strukturen den Menschen jeweils auf ein Minimum dessen reduzieren, was von ihm erwartet wird, ihn den Institutionen willig machen und anpassen – und ihn damit im Sinne des Hegelschen Begriffs entfremden. Wegen der Einbindung des Menschen in mehrere Institutionen sekundärer Systeme steht er „niemals im Mittelpunkt einer verläßlichen Welt, sondern immer im Schnittpunkt von Linien, die ihn – ihn unter anderen – betreffen. Es läßt sich kaum eine wirksamere Methode denken, den Menschen zu vereinzeln". Und die Vereinzelung des Einzelnen mache seine Einsamkeit aus, von der es seit gut 100 Jahren heiße, daß sie erschreckend zugenommen habe und zum allgemeinen Schicksal geworden sei. Man lebe, esse und schlafe zwar miteinander, sei aber durch Welten getrennt und wisse sich im Grunde nichts zu sagen. Wenn man etwas zueinander sage, werde „wie durch eine Leere hindurch" gesprochen. Eine solche Einsamkeit

kann sich abwandeln zu Weltschmerz, zu Trotz, zu Angst, zu Langeweile, zu Verzweiflung, dann auch zu Sartres activisme du désespoir. Sie ist wie eine überall verteilte Substanz, die sich zu all diesen Grundbefindlichkeiten und Psychopathien des Zeitalters verdichtet. (Freyer: 83, 80, 88, 89, 137, 135, 136)

Einem anderen bedeutenden Analytiker der modernen Welt erscheinen zumindest die Amerikaner als lonely crowd = einsame Menge beziehungsweise Masse (Riesman). Der außengeleitete Mensch bleibt innerlich einsam trotz zahlreichen Begegnungen und deswegen auch von Langeweile bedroht. Die Kontakte sind ausschnitthaft und oberflächlich, die Beziehungen sporadisch und distanziert, die Engagements begrenzt und zurückhaltend. Man wird nicht eigentlich gefordert und ist daran auch nicht wirklich interessiert. Geselligkeit ist sowohl Bedürfnis als auch Last. Sie kann zum „leeren Betrieb [werden], der dem verdeckten Kampf um Popularität und vor allem der Überwindung der inneren Einsamkeit und der sie begleitenden Langeweile dienen muß" (Oberndörfer: 92). Die Zeit will gefüllt und totgeschlagen werden – sie läßt sich jedoch nicht wirklich ermorden.

• Unterhalb der Ebene solcher und ähnlicher umfassender Vermutungen gibt es noch zahlreiche unmittelbar gegenwartsbezogene Einzelaussagen, die sich unter Umständen mosaikartig zu einem ähnlichen Gesamtbild fügen könnten. Einige wenige Hinweise machen dies ansatzweise deutlich.

Eine Erziehungsberatungsstelle startete eine Aktionswoche 'Gegen Langeweile in der Familie', die offensichtlich ganz erfolgreich war und insbesondere bei den Medien auf viel Interesse stieß. Bemerkenswert ist unter anderem, daß Langeweile „in der heutigen Zeit, in der Zeitmangel und Streß vorherrschen, ein Tabuthema darstellt. Langeweile wird, gerade in einer Familiensituation häufig nicht eingestanden" (Brendenmühl/Feldkamp: 10). Davon abgesehen ist bissigerweise bezweifelt worden, daß die Kursteilnehmer sich nun künftig weniger langweilen werden als vorher (Pankraz).

Freizeit ist natürlich das große Thema. Was tun mit der vielen freien Zeit? Die einen flüchten in Geschäftigkeit um ihrer selbst willen: They make money to make more money. Die anderen wünschen ein irgendwie sinnvolles Leben und werden nicht selten desillusioniert: The great emptiness lies before them (MacIver: 119, 120). Es mangelt freilich nicht an Angeboten, so beispielsweise Freizeit- und Vergnügungsparks. Sie sind „Fabriken gegen die Langeweile, naturnah geformte Miniaturwelten aus Plastik als Alternative zur großen, häßlichen Plastikwelt". Allein in Deutschland werden jährlich ca. 19 Millionen Besucher durchgeschleust (Mönninger).

Langeweile ist nicht neu, aber erst in der Neuzeit gibt es die „immer greifbaren Vitalitätsstimulatoren", nach denen eine massenhafte Nachfrage besteht. Fernsehen, Schallplatte, Tonband, Walkman – daran kann die „erschlaffte Seele sich heute anschließen, um sich mit Dauerreizen zu beschicken, die ihnen ihre Leere und Langeweile verdecken" (Wellershoff: 265 f.). Das verführt zwar zur Passivität, sie scheint aber nichtsdestoweniger gut erträglich zu sein.

Überhaupt das Fernsehen! Macht Fernsehen träge und traurig? Wer so fragt, kennt auch eine Antwort. Sie lautet: Man kann an eigene Erfahrungen denken, man kann Thomas von Aguin über die acedia zitieren: Trägheit macht traurig. Je mehr davon, desto schwieriger ist der Übergang zur Tätigkeit. Die Kräfte wachsen nicht (Noelle-Neumann, 1977: 3). – Andernorts wird kurz und bündig angemerkt, daß die Produkte der monopolistischen Massenkultur auch etwas Langweiliges an sich hätten. Ältere Untersuchungen rechtfertigten die lapidare Aussage: Tatsächlich langweilt sich das Publikum. Man denke nur an Unzufriedenheit mit dem Fernsehen [...] (Prokop: 4). – Ein anderer Beobachter ist sich sicher: Eine Attraktion des Fernsehens und der modernen Massenmedien liegt darin, daß sie sich als Heilmittel gegen die Langeweile aufdrängen. Das könnte man durchaus positiv sehen, denn durch die – wie es heißt – ständige Teilnahme an massenmedial hergestellter Öffentlichkeit werden Kinder mit Meinungen bekannt, die denen ihrer Eltern widersprechen. „Insofern erweitert die industriell vergrößerte Familie das Deutungs- und Interpretationsspektrum der Kinder, schützt sie vor allem aber gegen Langeweile und Isolation". (Hengst: 52, 55) – Ob das Fernsehen, gelegentlich als Zeitvernichtungsmaschine bezeichnet (Barth: 208), der 80er Jahre Langeweileverursacher oder Langeweileverhinderer sei, so lautet eine sicherlich nicht leicht zu beantwortende

Frage (Opaschowski, 1983). Vermutlich: sowohl als auch und sehr differenziert zu sehen nach Herkunft, Interessen, Einschalthäufigkeit u.a.m.

Fernsehen und Videokonsum sind weitverbreitet und nicht zuletzt bei Kindern und Jugendlichen sehr beliebt. Ein Zusammenhang zwischen Gewaltvideo und Langeweile wird vermutet: Daß viele Jugendliche (und auch Erwachsene) Video-Filme aus Langeweile sehen, ist so trivial, daß man sich scheut, auf diesen Aspekt noch einmal hinzuweisen (Wagner-Winterhager: 369). In einer speziellen Studie wird Langeweile als ein weiteres Motiv für jugendlichen Gewaltvideokonsum untersucht. Um der lähmenden Monotonie des Alltags zu entkommen, würden starke Reize gesucht, als welche action-Filme in Frage kämen. Die Videocassette diene zur Betäubung der Langeweile und komme möglicherweise einer Droge gleich. Kurzum: „Die große Zustimmung der Vielseher, bei Langeweile Videofilme anzuschauen, läßt vermuten, daß sie nach starken Anreizen suchen, um ihr Gefühl von Langeweile zu durchbrechen". (Henningsen/Strohmeier: 58, 59, 60, 61, 94)[62]

24. Empfehlungen

24.1 Acedia und religiöse Sinndeutung

In manchen der vielen Aussagen über Langeweile in der gegenwärtigen Gesellschaft kann man unschwer wichtige Elemente der Acedia wiedererkennen.

• Zur Erinnerung: Ekel des Herzens und Verdrossenheit zu allen Dingen nennt Cassian, so Zimmermann, diesen trübseligen und leider in der Menschennatur nur allzu sehr gegründeten Zustand. Ein präziser Kommentar dazu lautet: Die acedia der Einsiedler hat deshalb in der modernen Langeweile ihr Pendant (Schings: 238).

Der von asketischer Unlust gepeinigte Mönch ist bekanntlich unfähig, sich ausreichend auf sein selbstgewähltes Lebensziel zu konzentrieren. Er wird abgelenkt und lenkt sich ab, wie das etwa in der Bemerkung zum Ausdruck kommt: Dazu blickt er ängstlich mal hierhin, mal dorthin (Cassian: 1, 203). Innere und äußere Unruhe verstärken nur noch das Gefühl, Gott und damit den Lebenssinn zu verfehlen. Und keineswegs nur auf geistliche Stände beschränkt gilt: Sed acedia non movet ad agendum, sed magis retrahit ab agendo – die Acedia führt nicht zum Handeln, sondern hält davon ab (Thomas: 31).

Der acedia-geplagte Mensch muß deswegen nicht aktionslos, sondern kann hochaktiv sein. Ein „Verfallensein an die Welt befriedigt allerdings nicht. Signale des Unbefriedigtseins, des Unausgefülltseins sind z.B. Angst, rastloses Schaffen und Suche nach Sensation und Genuß" (W. Heinen: 337). In ihrer je eigenen Weise sprechen deshalb beispielsweise Seneca von Reisen ohne Ziel, Pascal von unaufhörlichen Divertissements, Kierkegaard von anhaltender Wechsel-Wirtschaft und Schopenhauer vom nie endenden quälenden Kampf gegen die Langeweile. Und auf die Gegenwart projiziert werden die folgenden „Stichwörter für das Auffinden von Acedia im heutigen Leben" genannt: Langeweile, Ruhelosigkeit, Ziellosigkeit, Herumfahren, Herumhängen, Drogen, Faszination des Kriminellen, Desinteressiertheit, kurzlebiges Engagement, Sensationshunger, Destruktivität – wenn man so will alles Indizien für eine „Verweigerung des Menschwerdens" (Illhardt, 1982: 316 f.).

Acedia in ihrer komplizierten und potentiell tödlich verlaufenden Form ist eine gefährliche Mischung aus boredom, sorrow and despair. Langeweile, Trauer und Verzweiflung hat es immer schon gegeben, wenngleich sie sich in vielfältiger Weise – etwa elitär zum mal de siècle sich mischend – darstellen können. Für das 20. Jahrhundert gilt: [...] we can claim with a certain pride that we have a right to our accidie. With us it is not a sin or a disease of the hypochondries; it is a state of mind which fate has forced upon us. (Huxley: 22, 23, 25)

• Über die angebliche Bedeutungslosigkeit hypochondrischer Erkrankungen läßt sich wohl streiten, denn Kernsymptome 'der' Hypochondrie können zeitunabhängig vorkommen, und die hypochondrische Ichbezogenheit nimmt angeblich zu. Auch Acedia als Sünde ist keineswegs gar kein Thema mehr.

Nach Ansicht eines Theologen bezeichnet das Wort Trägheit als gängige Übersetzung von Acedia unsere geistliche Schwäche besser als das Wort Stolz. Er führt dazu aus: Trägheit beschreibt unsere müde Willenlosigkeit, am Fest der Erde uns zu freuen oder das volle Maß des Daseinsleidens und der Verantwortung zu teilen. Es bedeutet, teilweise oder ganz der Fülle der Menschlichkeit abzusagen (Cox: 13).

Nun sind begreiflicherweise nicht alle Menschen fähig, aus einer bestimmten religiösen Sicht heraus wahrzunehmen, daß die Erde ein Fest feiert. Es gibt überdies Menschen, die eine Einladung zum Fest nicht annehmen, weil ihr eigener desolater Zustand oder derjenige großer Teile der Erde bei ihnen keine Festtagsstimmung aufkommen läßt. Es ist dennoch die bloße Tatsache bemerkenswert, daß Acedia als müde Willenlosigkeit beziehungsweise als abstumpfende Traurigkeit, verdrossene Trauer, trauriger Mißmut (Jankowski: 68) zusammen auftritt mit Angst und Einsamkeit. Denn, wie es ein anderer Theologe formuliert: „Die innere Angst – von Lorenz ängstliche Hast und hastende Angst bezeichnet – meldet dem Menschen seine radikale Verlorenheit. Damit signalisiert sie mehr als den Hinweis: Du bist tot!", sondern vielmehr den Verlust des „Auswegs in die Transzendenz" (Stoeckle, 1973: 35 f.). So gesehen kann Acedia, neuzeitlich gedeutet, als – wie es heißt – Versagen gegenüber dem Auftrag der Selbstverwirklichung begriffen werden (1977: 166 ff.).

Diese Auslegung ist religiös-christlich verwurzelt und schließt die Vorstellung möglicher sündhafter Fehlhaltung ein. So sieht es auch ein anderer religiös-kirchlich gebundener Zeitdeuter, der von einer brennenden Aktualität der beiden traditionsreichen und eng zusammenhängenden Laster Traurigkeit und Trägheit spricht. Als beste Übersetzung für Acedia erscheint ihm Verdrossenheit mit ihren aggressiven Handlungen und jener inneren „passiven Stimmung, welche der Langeweile verwandt ist". Es sind keineswegs nur Insassen klösterlicher Gemeinschaften betroffen, sondern „auch wir (können) in unseren Depressionen und in unserer Gleichgültigkeit das große Hindernis erkennen". Sicherlich, Depression sei ein vieldeutiges Wort, und es gebe mindestens ein Dutzend verschiedener Sorten depressiver Verstimmung. Deren wissenschaftliche Deutungen seien bemerkenswert, sie alle klammerten jedoch die Schuldfrage aus. Es sei allerdings eine legitime Frage, „ob ein Anteil eigenster Schuld dabei ist, wenn ich depressiv gestimmt bin, wenn ich ohne Antrieb, ohne Schwung bin, wenn ich von lähmender Traurigkeit oder schlimmer Trägheit befallen bin". Zum düsteren Verstummen habe uns Gott nicht bestimmt, sondern für Friede und Freude. (Dirks: 113, 111, 116)

In einer ausgeprägt (?) säkularisierten Gesellschaft ist die frohe Botschaft der Heiligen Schrift der Christen freilich nur begrenzt wirksam. Die als „Acedia bezeichnete Langeweile" ist zuallererst keine Mönchskrankheit mehr, denn die „Zahl der von ihr befallenen 'Laien' ist unvergleichlich größer, heute mehr denn je" (Endres: 73, 76). Der weit verbreitete religiöse Überdruß bewirkt eine tiefgreifende Gleichgültigkeit gegenüber religiös-kirchlichen Vorstellungen und Anforderungen. Viele Menschen sind und geben sich diesbezüglich gelangweilt. Demgegenüber bedeutet es wenig, wenn darauf hingewiesen wird: Viele allzu viele Predigten sind ausgesprochen langweilig, oder: Gefährlich, hochgefährlich ist die langweilige Predigt (Jacobi: 9, 95). Die Gefahr, durch Predigten gelangweilt zu werden, besteht für viele Menschen heutzutage deshalb nicht, weil sie Predigten gar nicht mehr anhören.

24.2 Langeweile, Muße und Müßiggang

Eine Abhandlung trägt den bemerkenswerten Titel: Langeweile, Muße und Humor. Das erinnert an Acedia, cum sit tristitia guaedam, gaudio opponitur/Da der überdruß Trauer ist, ist er der Freude entgegengesetzt (Thomas: 25). Diese Freude zielt auf den christlichen Gott. Sie kann jedoch ebensowenig erzwungen und erfolgreich therapeutisch verordnet werden wie innerweltlich verhaftete Freude. Und Humor ist keine lehr- und lernbare menschliche Eigenschaft, Frohnaturen sind wohl nicht die Regel.

• Muße – das ist ein traditionsreiches und zusammen mit Langeweile in der Literatur wiederholt erörtertes Thema. Kurz und bündig: Mit der Verkümmerung der Fähigkeit zur Muße wächst die Anfälligkeit für die Langeweile, wird dieselbe Zeit, die in der Muße als <u>Kurzweil</u> der Unterhaltung in Erscheinung tritt, zur <u>langen</u> Weile (Revers, 1964: 282).

Die wechselvolle Bedeutungs- und Wirkungsgeschichte des facettenreichen Wortes Muße braucht hier nicht nachgezeichnet zu werden (z.B. Martin). Anläßlich des Themas Entdeckung leerer Zeit ist beiläufig hingewiesen worden auf das griechische Wort <u>scholé</u> als Muße, Freizeit, Müßiggang – dem Gegensatz zu <u>a-scholé</u> als Tätigkeit und Beschäftigung. Sinnverwandt sind die lateinischen Bezeichnungen <u>otium</u> mit ahd. muoza, mhd. muoze, md. mûze und mnd. mote.

Muße als freie Zeit meint ursprünglich selbstverständlich nicht den Müßiggang als aller Laster Anfang. Es geht im Gegenteil um eine hoch positiv bewertete Zeit, die frei von allen erforderlichen Tätigkeiten ist, wie sie von Handwerkern, Händlern, Bauern, Gewerbetreibenden, Tagelöhnern, Sklaven usw. ausgeübt werden. So ergibt sich eine Zweiteilung der Menschen und des Lebens:

> Die Erfüllung der höchsten Möglichkeiten menschlichen Lebens geschieht im vollendeten Wirksamwerden derjenigen Eignung, die dem Menschen als solchem zukommt. Das aber heißt, es geschieht nicht anläßlich einer ihm durch die Nöte des Lebens aufgedrungenen Aufgabe, sondern um ihrer selbst willen. Das, was anläßlich einer dem Menschen aufgedrungenen Aufgabe zu geschehen hat, nennen wir das Nötige, das, was aber um seiner selbst willen geschieht, nennen wir das Wertvolle (Aristoteles, Politik, VII, 1333a).

Muße = Müßiggang als Zeithaben für etwas, welches nicht dem Nötigen dient, besteht also nicht einfach aus Erholung von der Arbeit, Nichtstun oder nichtigen Tätigkeiten. Ein Interpret: In der Muße geschieht nicht das Beliebige, sondern das Wesentliche, man hat, der Sorge um das Materielle ledig, Zeit für etwas, worum es eigentlich geht, Zeit zur Arbeit in der Ruhe des bios theoreticos (Schalk, 1985: 228). Dieser Muße-Gang ist frei verfügbare Tätigkeit als schöpferische Nutzung von arbeits-, erholungs- und regenerationsfreier Zeit, insbesondere durch Philosophie, Wissenschaft, Kunst.

Bleibt noch beiläufig daran zu erinnern, daß die Mußezeit schon damals ungleich verteilt ist und es bereits in der homerischen Zeit den „Keim zu einer Ausartung der Muße der Reichen, aber auch der Entartung der Muße des Bettlers" gibt. Zur Lebenszeit Platons sind die „Keime alle entwickelt", und für ihn sind „das Übermaß und der Mißbrauch der Muße innerhalb des eigenen Gemeinwesens" zentrale Themen. (Welskopf: 205, 203) Ein nunmehr anderer und kritisierter Müßiggang verbindet sich mit der negativen Empfindung leerer Zeit und also Langeweile. Sie wird durch nichtige Tätigkeiten versuchsweise vertrieben, und damit wird die Muße selbst mißbraucht. Sehr viel später erscheinen Otiositas = Müßiggang und Trägheit als eine Tochtersünde der Acedia.

• Das antike Ideal der Muße hat sicherlich nichts mit der vorhin erwähnten 'Muße als Kurzweil der Unterhaltung' zu tun. Das gilt ebenfalls für eine neuerdings vertretene Auffassung, wonach mit dem „Wandel von der Geld-kultur zur Mußekultur an die Stelle der demonstrativen Verschwendung von Geld die demonstrative Verschwendung von Zeit (tritt)", um persönlichen Neigungen und Interessen gemäß zu leben (Opaschowski, 1983: 183). Muße bedeutet ja wohl nicht Verschwendung, sondern gezielte und sorgfältige Nutzung von Zeit.

Wenn die Erledigung von Aufgaben für das Nötige nicht der Ort für Muße ist, dann bleibt nur die Freizeit übrig, um sie sinnvoll zu nutzen und möglicher Langeweile vorzubeugen. Eine nähere Bestimmung von Muße in der Freizeit ist schwierig. Prominent ist die schon ältere Aussage, daß es eine emanzipierte Freizeit erst dann gebe, wenn das Freizeitverhalten nicht mehr unter dem Diktat der Bedürfnisse der Berufssphäre stehe. Das altmodische Wort Muße lasse noch am ehesten etwas von der „ungekränkten Freiheit anklingen. Im entspannten Müßiggang sowohl wie in der mußevollen Anspannung gewinnt der Mensch die Bestimmung über sich selbst zurück". (Habermas: 122)

Das ist leichter gesagt als getan, denkt man nur daran, was interessen-, motivations- und bildungsmäßig alles vorausgesetzt werden muß, damit Menschen im entspannten Müßiggang und in mußevoller Anspannung ihre Freizeit verleben können. Dieser Hinweis ist auch noch deshalb wichtig, weil das bloße Wort Muße leicht als ein exklusiver Bewertungsmaßstab dienen kann, um große Teile völlig undramatischen Freizeitverhaltens als Ausdruck von Unmuße und langeweileträchtigen Nichtigkeiten abzuwerten. In diesem Zusammenhang erscheint es in der Tat angebracht, an des jungen Marx Utopie erinnernd polemisch zu fragen, ob es Muße in der Freizeit nur beim „Fischen und Jagen beziehungsweise deren zeitgemäßen Äquivalenten geben kann" (Scheuch, 1972: 24). Wer diese Frage verneint, muß freilich Abschied nehmen vom antiken Ideal der Muße.

Dies ist dann natürlich auch dort angebracht, wo von Demokratisierung der Muße gesprochen und der „Begriff der 'Muße' als eine alle sozialen Schichten umfassende und ihr soziales Verhalten kennzeichnende Daseinsqualität" angesehen wird (Schelsky). In diesem Zusammenhang ist kritisch eingewandt worden, daß für bevorrechtigte Schichten in der antiken Welt „Fron und Muße inter-personal, zwischen Sklaven und Herren, geteilt (war)" – wohingegen heutzutage „Arbeit und Freizeit intra-personal, von einer Person, zeitlich und räumlich wechselnd, erlebt (werden)". Wer Freizeit apologetisch als Freiheit von den Tätigkeiten für das Nötige überhöhe, verfalle leicht antiker Geringschätzung lebenserhaltender Tätigkeiten. (Eichler: 92, 93) Davon abgesehen bedeutet die Zuweisung von Muße an alle Menschen natürlich noch nicht, daß Langeweile in der Freizeit entfällt. Wäre es anders, brauchte nicht bedauernd auf die Verkümmerung der Fähigkeit zur Muße hingewiesen und Muße als Mittel gegen Langeweile empfohlen zu werden. Diese Muße in der Mußezeit = Freizeit wäre erst noch genauer zu bestimmen.

• Darüber ist im Laufe der Zeit wiederholt nachgedacht und sind manche beachtenswerten Ansichten veröffentlicht worden. Einige davon zielen auf das Verhältnis des Menschen zur Arbeit ab, woran gemessen der Müßiggang so oft und so hartnäckig abgelehnt wurde.

Ein erstaunlicher Zeuge ist Lafargue, Schwiegersohn von Marx, mit seinem 1883 erschienenen Pamphlet Le droit de la paresse = Das Recht auf Faulheit. Darin heißt es:

> Eine seltsame Sucht beherrscht die Arbeiterklasse aller Länder, in denen die kapitalistische Zivilisation herrscht, eine Sucht, die das in der modernen Gesellschaft herrschende Einzel- und Massenelend zur Folge hat. Es ist dies die Liebe zur Arbeit, die rasende, bis zur Erschöpfung der Individuen und ihrer Nachkommenschaft gehende Arbeitssucht. Statt gegen diese geistige Verwirrung anzukämpfen, haben die Priester, die Ökonomen und die Moralisten die Arbeit heiliggesprochen. Blinde, und beschränkte Menschen, haben sie weiser sein wollen als ihr Gott; schwache und unwürdige Geschöpfe, haben sie das, was Gott verflucht hat, wiederum zu Ehren zu bringen versucht. Ich, der ich weder Christ noch Ökonom, noch Moralist zu sein behaupte, ich appelliere von ihrem Spruch an den ihres Gottes, von den Vorschriften ihrer religiösen, ökonomischen oder freidenkerischen Moral an die schauerlichen Konsequenzen der Arbeit in der kapitalistischen Gesellschaft (19).

In einem Lob auf Idleness = Faulheit/Trägheit/Müßiggang wird die Überbewertung der Arbeit in unserer Zivilisation bedauernd registriert. Der wise use of leisure sei ein Produkt der Zivilisation und Erziehung. A man who has worked long hours all his life will be bored if he becomes suddenly idle. Man solle die Arbeitszeit auf vier Stunden pro Tag reduzieren und es dem Menschen überlassen, den Rest der Zeit zu nutzen as he might see fit (Russell: 97, 100, 103).

Es gibt offensichtlich eine Kunst des Müßiggangs, die auch vom geistigen Arbeiter beherrscht werden will. Diese Kunst ist „im Verfall und außer Kredit und Übung geraten". Im Unterschied von der orientalischen Trägheit und vom dort genossenen Müßiggang gebe es im Abendland leider kaum eine zur Kunst ausgebildete Trägheit. Dies sei schon deshalb bedauerlich, weil schließlich jeder Künstler während seines künstlerischen Schaffens unvermeidbar Wartezeiten erlebe, in denen es nicht so recht weitergehe. Solche „scheinbar leeren Ruhepausen" wollten durchgestanden werden, wobei es sich nur selten empfehle, die üblichen „Zeitvertreiber" um Hilfe zu bitten. „Hier ist der Punkt, an welchem ich eine durch solide Tradition befestigte und geläuterte Kunst des Faulenzens schmerzlich vermisse [...]". (Hesse: 7, 8, 10, 11, 12) Von Langeweile wird zwar nicht ausdrücklich gesprochen, sie ist im Hintergrund aber präsent.

Ein entsprechender Einstellungswandel verspricht eine schöne neue Welt. Auf die Frage, wie sich ein Müßiggänger verhalte, antwortet ein Schüler so: Ein Müßiggänger ist der Mensch der Zukunft. Betreibt der Müßiggänger künftig den Müßiggang, so wird es zu einer Revolution kommen, die auf wunderbare Weise Errungenschaften hervorbringt, von denen heute niemand zu träumen wagt (G.B. Fuchs: 12).

• Man braucht die Notwendigkeit aktiver Lebensgestaltung nicht bestreiten und kann trotzdem vor jener hektischen Betriebsamkeit warnen, die Menschen dazu führt, ziellos umherzuschweifen. Divertissements befriedigen oftmals nur begrenzt, weil sie sich mit der Zeit abnutzen. Und das Hin und Her in der Kierkegaardschen Wechselwirtschaft kommt einem letztlich doch langweilig vor.

Der Rat eines Psychologen lautet deshalb: Jeder hektische Versuch, der Langeweile un-bewußt zu entfliehen und damit uns selbst auszuweichen, macht alles nur noch schlimmer. Deswegen tue man gut daran, den Angeboten professioneller Lebenshelfer zu mißtrauen, die über eine breite Palette von Anti-Langeweile-Tips verfügten. Die vielleicht erstaunlich anmutende Empfehlung deshalb: Das beste, was man gegen [welche?] Langeweile tun kann, ist nichts zu tun. (Keen, 1980: 27, 20, 22) Wirklich? Ein Amerikaner sieht das anders und gründete The Boring Institute (Caruba).[63]

Robert Gernhard, Frankfurt a.M.: *Der Teufel liest Faust II*

Robert Gernhard, Frankfurt a.M.: *Gott liest Nietzsche*

Nachwort

Das Wort Langeweile bezeichnet also sehr unterschiedliche und vielfältig deutbare Erscheinungen. Diese oder jene Langeweile, es gibt sie als: aggressive, endogene, exogene, primäre, sekundäre, tertiäre, normale, krankhafte, pathologische, hektische, depressive, dynamische, sichtbare, larvierte, vorübergehende und anhaltende Befindlichkeit. – Diese oder jene Langeweile, sie kann sich ausdrükken in: Aggression, Angst, Apathie, Betriebsamkeit, Boshaftigkeit, Depression, Eintönigkeit, Ennui, Enttäuschung, Gewalt, Faulheit, Freudlosigkeit, Geschwätzigkeit, innerer Leere, Lethargie, Melancholie, Mißmut, Müdigkeit, Müßiggang, Nachlässigkeit, Nörgelei, Rastlosigkeit, Selbstmord, Spleen, Sucht, Trauer, Trostlosigkeit, Untätigkeit, Verdrießlichkeit, Verzweiflung, Wut und Zorn. – Diese oder jene Langeweile, sie kann gedeutet werden als: Vehikel der Kulturentwicklung, Mutter der Musen (Goethe), Mutter des Nichts sowie Ausdruck des geistigen Todes (Leopardi), spezifische Qual des geistig lebenden Menschen (Voßler, 1923), Vorgefühl eines langsamen Todes (Kant), Weltentzug (Wellershoff), Handlungshemmung (Lepenies), Empfindung der Sinnlosigkeit, bleibende Optimierung des Überdrusses (Blumenberg, 1987), Schwester der Melancholie und Verzweiflung sowie Ekel der Seele (Staguhn). – Diese oder jene Langeweile, das interessiert Theologen, Philosophen, Psychologen, Psychiater, Psychoanalytiker, Literaturwissenschaftler, Soziologen, Verhaltensforscher, Literaten, Kulturkritiker...

Angesichts des breiten Erscheinungsbildes mag es verwundern, daß über (welche?) Langeweile im üblichen Alltag vergleichsweise wenig gesprochen wird. (Welche?) Langeweile ziemt sich wohl nicht? Eine beachtenswerte ältere Vermutung lautet: Erfolgreiches Verheimlichen von [welcher?] Langeweile ist ein Höflichkeitsakt und spätes Produkt der Bildung, offensichtliches Zurschautragen unter Umständen erlaubte Abwehr im Interesse des Selbstschutzes (Hoche: 45). In schwerwiegenden Fällen scheitern freilich alle Versuche, sich selbst und der Umwelt etwas vorzumachen. Man gesteht es sich und anderen schließlich ein oder wird an auffälligen Symptomen erkannt.

Langeweile hat viele Gesichter. Wo sie mit Acedia/Ennui/Melancholie/Spleen eins ist, scheint ihre Bekämpfung nur begrenzt erfolgreich zu sein. Denn: [...] während die Melancholie Schlacht um Schlacht verliert, von Niederlage zu Niederlage taumelt. In jeder einzelnen erkennt und gebiert

sie sich wieder (Horstmann). Einer der sehr vielen betroffenen Dichter sieht
es so:

Confiteor

Die bunten Bilder, die das Leben malt
Seh' ich umdüstert nur von Dämmerungen,
Wie kraus verzerrte Schatten, trüb und kalt,
Die kaum geboren schon der Tod bezwungen.

Und da von jedem Ding die Maske fiel,
Seh' ich nur Angst, Verzweiflung, Schmach und Seuchen,
Der Menschheit heldenloses Trauerspiel,
Ein schlechtes Stück, gespielt auf Gräbern, Leichen.

Mich ekelt dieses wüste Traumgesicht.
Doch will ein Machtwort, daß ich verweile,
Ein Komödiant, der seine Rolle spricht,
Gezwungen, voll Verzweiflung – Langeweile!   (Trakl)

Diese wahrhaft düstere und so auch durch die Zeiten hindurch immer
wieder leidvoll empfundene und verkündete Weltsicht kennen nicht nur
einzelne Menschen etwa als hochsensible Künstler. Dennoch mutet die prä-
gnante Aussage: Langweilig ist's auf dieser Welt, Herrschaften! (Gogol: 559)
reichlich übertrieben-einseitig an. Freude und Humor sind ja nicht ausge-
storben, Zufriedenheit ist bei uns weit verbreitet, und es gibt keineswegs
nur Anlaß für zynisch-höhnisch-gelangweiltes Gelächter.

176

Anmerkungen

1 In der sehr langen Geschichte wissenschaftlicher und literarischer Reflexion über Melancholie spielt Robert Burtons 1621 erstmals erschienenes Buch Anatomy of Melancholy eine große Rolle. Der Autor vermerkt einleitend: If any man exept against the matter or manner of treating of this my subject, and will demand a reason of it, I can allege more than one; I write of melancholy by being busy to avoid melancholy [...] for I had gravium cor, foetum caput, a kind of inposthume in my head, which I was very desirous to be unladen of, and could imagine no fitter avacuation than this (4 f.).
Kürzlich erst übersetzt: Falls jemand an meiner Materie und der Art ihrer Behandlung Anstoß nimmt und eine Begründung wünscht, kann ich mehr als eine liefern. Ich habe über Melancholie geschrieben, um sie mir mit dieser Unternehmung vom Leib zu halten [...], denn ich hatte ein schweres Herz und umwölktes Haupt, eine Art Abszeß im Kopf, von dem ich mich gern befreien wollte, und vermochte mir keine bessere Art der Entfernung vorzustellen als diese (22 f.).

2 Aristoteles: 953 10 ff. Es ist strittig, ob Aristoteles den Text selbst verfaßt hat. Flashar (1966: 61) benennt „mit einiger Wahrscheinlichkeit" Theoprast (4. Jh. v. Chr.) als Autor. Vgl. auch: Der Text „beruht auf Theoprasts Buch über Melancholie, das [...] hier in einem Bruchteil seines ursprünglichen Umfanges erhalten ist" (Müri: 21).

3 (Titelstand: Zeitpunkt der Korrespondenz)
Berg, H., Dr., Persönlicher Referent des Wehrbeauftragten des Deutschen Bundestages. – Bohne, Oberstleutnant, Bundesverteidigungsministerium, Bonn – Brendenmühl, U., Diplom-Psychologin, Erziehungsberatungsstelle Köln, Zweigstelle Ehrenfeld. – Clauß, D., Generalleutnant, Kommandeur des I. Korps, Münster. – Deutsches Institut für Internationale Pädagogische Forschung, Frankfurt. – Dünkel, Fr., Dr., Max-Planck-Institut für Ausländisches und Internationales Privatrecht, Freiburg. – Feldkamp, R., Sozialarbeiter, Erziehungsberatungsstelle Köln, Zweigstelle Ehrenfeld. – Feuerlein, W., Dr., Prof., Max-Planck-Institut für Psychiatrie, München – Finzen, A., Dr., Prof., Landeskrankenhaus Wunsdorf. – Fürstenberg, Fr., Dr., Prof., Bonn. – Giegler, H., Dr., Privatdozent Gießen. – Groß, J., Diplom-Psychologe, Vettelschoß. – Hau, F.R., Dr., Privatdozentin, Bonn. – Heinemann, K., Dr., Prof., Hamburg. – Hentig, H. von, Dr., Prof., Bielefeld. – Hörning, K.H., Dr., Prof., Aachen. – Huppmann, G., Dr., Prof., Mainz. – Illhardt, F.J., Dr., Seminar für Geschichte der Medizin, Freiburg. – Institut für Angewandte Sozialwissenschaft, Bonn-Bad Godesberg. – Jacobsen, H.A., Dr., Prof., Bonn. – Jehle, J.-M., Dr., Direktor Kriminologische Zentralstelle e.V., Wiesbaden. – Jung, P., Dr., Prof., Koblenz.- Klein, P., Dr., Wissenschaftlicher Direktor des Sozialwissenschaftlichen Instituts der Bundeswehr, München. – Kitzing, Dr., Prof., Landeskrankenhaus Osnabrück. – Klinkmann, N., Dipl.-Soziologe, Melle. – Krüger, G., Dr., Privatdozent, Landeskrankenhaus Andernach. – Kruse, G., Dr., Direktor, Nervenklinik Langenhagen. – Lutz, B., Dr., Prof., Institut für Sozialwissenschaftliche Forschung e.V., München. – Mechtersheimer, A., Dr., MdB, Starnberg. – Michelitsch-Träger, I., Dr. Leiterin Justizvollzugsanstalt Ludwigshafen. Sozialtherapeutische Anstalt. –Müller, E.H., Dr., Prof., Weingarten. – Müller, M., Diplom-Soziologin Koblenz. – Moghmann, F., Dr., Zentralarchiv für Empirische Sozialforschung, Köln. – Nentwig, H., SAC, Oberstudiendirektor i.R., Rheinbach. – Opaschowski, H.W., Dr., Prof., B.A.T.-Freizeitforschungsinstitut, Hamburg. – Peters, U.H., Dr., Prof., Köln. – Pudel, V., Dr., Prof., Göttingen. – Reifenrath, B., Dr., Akademischer Oberrat Koblenz. – Rink, J., Dr., Prof.,

Leoben/Direktor Wirtschaftsvereinigung Eisen und Stahl, Düsseldorf. – *Schiefele, H.*, Dr., Prof., München. – *Schmitz-Scherzer, R.*, Dr., Prof., Kassel. – *Schumann, M.*, Dr., Prof., Göttingen. – *Stagl, J.*, Dr., Prof., Bonm. – *Tokarski, W.*, Dr., Akademischer Oberrat, Kassel. – *Traxler, S.*, Dr., Diplom-Psychologe, Landeskrankenhaus Andernach. – *Tyrell, H.*, Dr., Prof., Bielefeld. – *Vaskovics, L.*, Dr., Prof., Bamberg. – *Weiler, I.*, Dr., Prof., Graz. – *Zimmermann*, Dr., Bundesministerium für Jugend, Familie, Frau und Gesundheit, Bonn.

4 Auf der Suche nach dem Sinn des Lebens, FAZ, 27.12.1984. / Die Gasse als Waffe der Gewerkschaften, Der Spiegel, 11.6.1984. / Wenig Türken, Der Spiegel, 3.9.1984. / Palm Springs – Das 'Goldene Kaff', Der Spiegel, 30.4.1984. / Neben der Kapp, Der Spiegel, Nr. 17/1984. / Wenn die Welt selbst kein Feeling mehr vermittelt, FAZ, 3.6.1982. / Immer wieder Sonntags, Zeit-Magazin, 15.11.1985. / aus: Pardon, Juni 1975 (Interview mit Erich Fromm). / Der Spiegel, 2.5.1988. / Wiedemann.
Vgl. auch die möglicherweise nur begrenzt gültige These: „[...] daß die Langeweile sich gleichsam stufenweise von oben herab bis zu den Bürgerlichen und Arbeiterkreisen gesenkt hat, um schließlich in der heutigen Zeit von dem Psychologen Revers als das 'Grundklima des Massenmenschen' oder von Sieburg als Lebensstil der heutigen Gesellschaft gekennzeichnet zu werden". Und: „Denn die Langeweile, die sich nicht damit begnügt, unseren Lebensstil zu prägen, sondern zum Lebensstil selbst geworden ist, dürfte mehr sein als eine krankhafte Veränderung des Zeitgefühls, sie ist nämlich eine moralische Erscheinung. 'Die Langeweile', sagt Wilhelm Röpke, 'ist der Hauptschlüssel zum Verständnis des heutigen Menschen'". (Hübner: 8, 12) Usw. usf.

5 Piehl, XXXIII. / Fack: Blick in Nachbars Seelenhaushalt. Das neue Jahrbuch der Demoskopie aus Allensbach, FAZ, 17.1.1984./ – gr.: Immer Grünstiger, FAZ, 30.10.1989.

6 • Noch zu Langeweile und Acedia. In der Erfahrung der *Acedia*, wie sie Johannes Cassianus beschrieb, können wir, so weit wir sehen, zum ersten Mal in der Geschichte die Beschreibung einer Erfahrung wahrnehmen, die zu der hin tendiert, die später Pascal Ennui und Büchner Langeweile nannten (Stenzel: 63). – Der Hinweis „zum ersten Mal" kann fragwürdig sein. Kuhns umfangreiches Werk beginnt mit dem Kapitel The black gall (= die schwarze Galle), an das sich das Kapitel The demon of noontide (= Acedia) anschließt. Manche Traditionen haben eben schon ihre Tradition.
• Merton. Übersetzung Lepenies: 12. Original Merton [3]1968: 243. Seine einflußreich gewordene Typologie der „Arten individueller Anpassung" kennt: Konformität, Innovation, Ritualismus, Apathie/Rückzug und Rebellion.
• Quelle für Stelzenberger: Parvue Catechismus catholicorum Petri Canisii, Herbipolis 1688.
• Gregor: [...] 87. Ecercitus diaboli dux superbia, cujus soboles septem principalia vitia [...] Ipsa namque vitiorum regina superbia cum devictum plene cor ceperit, mox illud septem principalibus vitiis, quasi quibusdam sui ducibus devastrandum tradit [...] Primae autem ejus soboles, septem nimirum principalia vitia, de hac virulenta radice proferuntur, scilicet inanis gloria, invidia, ira, tristitia, avaritia, ventris ingluvies, luxuria (PL 76: 620 f.) – Zum großen Einfluß Gregors vgl.: [...] his work achieved a certain popularity even in the lay public, and its influence spread beyond the cloister wall. Such totally different writers as Dante and Chaucer did not escape its impact. Modern writers, too, were familiar with *The Morals of the Book of Job.* Just Baudelaire and Saint-Beuve equate the far earlier analysis of acedia with the romantic concept of ennui. So Kierkegaard sees in the Gregorian tristitia a forrunner of the spleen that torment him (Kuhn: 54 f.).
• Thomas: 21.

7 • Noch zum Einfluß. Cassians beide Bücher sind von „außerordentlicher Bedeutung für die Kultur des Abendlandes" (Stelzenberger: 259). Und: One of the most important figures in the church history is Johannes Cassianus [...] Not only is his work one of the prime sources for our knowledge of the cenobites, but also he is rightly considered as

providing the link between Orient and Occident (Kuhn: 49 f.). Schließlich noch: Johannes Cassianus „verband Selbsterlebtes und Lehren des Evagrius in seinen 'Collationes patrum' und in den 'Instituta coenobiorum', die auf das westliche Mönchtum, vor allem auch auf Benedictus, von größtem Einfluß waren" (Laager: 314).

• Zu den Bezeichnungen der Laster. Vgl. Collatio V: Narratio Abbatis Serapionis de octo principalibus vitiis. Octo sunt principalia vitia, quae humanum infestant genus, id est, primum gastrimargia, quod sonat ventris ingluvies; secundum fornicatio; tertium philargyria, id est, avaritia, sive amor pecuniae; quartum ira; quintum tristitia; sextum acedia, id est, anxietas, sive taedium cordis; septimum cenodoxia, id est, jactantia, seu vana gloria; octavum superbia (PL 49: 611; vgl. auch CSEL 13 II: 121). – Die deutschen Übersetzungen der acht Laster aus: Cassian, 1: 95 f./Sartory, 1981: 47.

• Evagrius. Umfassend informativ Guillaumond, A. und Ch.
Zum Verhältnis von Cassian und Evagrius heißt es: [...] obwohl Cassian Evagrius an keiner Stelle seines Werkes nennt. Dies mag eine Vorsichtsmaßnahme gewesen sein, denn die weitgehende Abhängigkeit von Evagrius macht Cassian gleichzeitig zu einem Vertreter jener origenistischen Fraktion unter den ägyptischen Mönchen, deren Schicksal nach dem Tod des Evagrius Cassian nur zu gut kannte (Jehl, 1982: 290)
Zum evagrianischen Lasteroktonar vgl.: Octo summa vitiosarum cogitat num genera sunt, sub quibus omnis cogitatio continetur. Prima est gulae, secunda libidinis, tertia avaritiae, quarta tristitiae, quinta irae, sexta desidiae, septima inanis gloriae, octave superbiae (De octo vitiosis cogitationibus, PG 40, 1272 A-1276 A-B; deutsche Übersetzung der einzelnen Laster im Text: Guillaumont, 1102). Siehe auch die (von mir nicht studierten) Schriften: Antirrhektikus (= Traktat wider die acht Laster); De octo spiritibus malitiae (PG 79, 1145 A-1104 B) sowie De diversis malignis cogitationibus (PG 79, 1200 D-1233 A).

8   Stoa. Schon Zöckler (I) bringt Evagrius mit der Stoa in Verbindung und erwähnt ausdrücklich deren Affektenlehre (16 ff.). Die Anerkennung „stoischer Lehrformeln [...] (als) Voraussetzungen der Achtlasterlehre" erlaubt trotzdem die These, daß „diese antiken Analogien für sich allein zur Erklärung des Phänomens nicht aus(reichen) [...]" (Zöckler, 1904: 60). Zustimmend zu Wrzol: Die Achtzahl ist einfach entstanden durch die Addition der stoischen Grundaffekte plus den Gegensätzen der vier Kardinaltugenden (Stelzenberger: 398). Vgl. auch: Die hauptnächlichen Versuchungen spielen sich im Bereich der Affekte ab. Der hellenistisch-philosophische Ursprung der Lehre von den Affekten klingt gelegentlich wie ein Nachhall aus reiter Ferne nach (Heussi: 258).
Es wird in der Literatur oft auch auf Philon von Alexandrien hingewiesen, „der nicht nur die beiden Quartenare der Stoa häufig zitiert, sondern zu einem festen Schema von acht Lastern verbindet und allegorisch nach Deut.7.1 (sieben feindliche Völker Kanaans und der Hauptfeind Ägypten) deutet, gelangt der Lasterkatalog in dieser fixierten Sonderform zu den Kirchenvätern. Der Antirhektikos des Euagrios Pontikos und die 'Conlationes' des Johannes Cassianus sind die ersten literarischen Zeugen der in der mündlichen Tradition des Mönchtums gewahrten Achtlasterlehre". (Hauser: 38) Dabei ist die Nähe des mönchischen Denkens zur Stoa verständlich: „Die asketischen Neigungen (Askese als Befreiung der Seele vom Leib), die sich in jeder Ethik zeigen, welche aus einer Geist und Materie scharf scheidenden Denkweise hervorgeht, ließen sich eher an die rigorose ethische Theorie der Stoiker als an Epikurs Hedonismus anschließen. Sowohl Philon als auch die Mönchstheologen des 4. Jh. haben sich weithin an die stoische Ethik anschließen können, Tertullian sogar an die stoische Psychologie" (Dihle: 673).
Die Stoiker ihrerseits haben verständlicherweise nicht von Null angefangen. So hat die Stoa – Überblick von Graeser – die „aristotelische Lehre von den Kardinaltugenden übernommen, [übrigens] ohne Rücksicht darauf, daß es sich [...] um alte griechische Standesideale handelte [...] (Und) was der Stoiker zu meiden hatte, war neben dem Gegenteil dieser vier Kardinaltugenden die Hingebung an die Affekte, in ihren vier [schon]

von Aristoteles beschriebenen Hauptarten: Trauer, Furcht, Begierde, Lust". (Fichtenau: 89).

9 Dittrich, O., 2: 30.

10 Wrzol, II: 397.

11 Diogenes Laertius: 59.

12 • Zu den Kardinaltugenden. Vgl. Platon: 'Der Staat' sowie 'Die Gesetze', Platons Gesammelte Werke, Bde. 2 und 3, Berlin 1942; Aristoteles: Nikomachische Ethik, Hamburg 1972.
• Ergänzend zu Maat. Sie ist in einem komplizierten Verhältnis mit Religion zu sehen. Es heißt: Der Fromme nahm die Maat als ethisches Prinzip ernst, er spürte ihr Walten im Zusammenhang mit Sünde und Strafe. Aber gerade weil er sie ernstnahm, hütete er sich, ihr über dieses Leben hinaus auch noch das ewige anzuvertrauen. Eines kam ihm dabei zugute: Maat erschöpfte sich nicht in Ethik [...]. (Morenz: 168) – Maat hat übrigens göttlichen Rang: Da sagte Atum: Tefnut ist meine lebendige Tochter / sie ist zusammen mit ihrem Bruder Schu / 'Leben' ist sein Name / 'Maat' ist ihr Name (zit. Assmann, 1984: 209) – wohl eine frühe Konzeption der Dreieinigkeit bzw. Dreifaltigkeit.

• Noch zu Mäßigkeit. Paulsen fährt fort: Von ihrer Begabung für die eigentlichen Geschäfte des Mannes, Politik und Krieg, hatten sie eine sehr geringe Meinung. Eben dieser Mangel ist es nun, wie es scheint, der die Griechen zu Moralphilosophen und besonders zu Lehrern der Sophrosyne gemacht hat. Die Stoiker sind die Moralprediger der ganzen Welt geworden, direkt oder indirekt. Und die eindringlichere Aufforderungen zur Disziplinierung der Affekte durch den Willen, als Epiktets Handbüchlein oder Mark Aurels Betrachtungen sie enthalten, hat bis auf diesen Tag keine Literatur hervorgebracht (2: 12 f.). Und andernorts steht: Jene Harmonie des Seins und Verhaltens [...] beruht nach einer in den Gemüthern der Griechen tief gewurzelten Anschauung im Wesentlichen auf dem Innehlaten des rechten Maßes. Wie die ihnen verhaßte Hybris stets in einem Ueberschreiten desselben besteht, so verletzte jedes Zuviel und jedes Zuwenig neben ihrem künstlerischen zugleich ihren sittlichen Sinn [...] (L. Schmidt, 1: 315). – Ob diese Völkerpsychologie stimmt?

• Ergänzend zu v. Wiese. Sicherlich nicht ohne Widerspruch bleibend, allein schon weil 'die' Ethik differenziert zu betrachten ist, heißt es bei v. Wiese: Wer gewohnt ist, sich in den Gedankengängen der außerethischen Sozialwissenschaften zu bewegen, stutzt bei der Literatur der Ethik von Seite zu Seite: wie nahe rühren da Philosophen an Probleme, die sie unmöglich nur aus ihrem Apriori deduzieren können, bei denen sie vielmehr die verachtete soziale Erfahrung befragen müßten. – Woher nimmt [die Ethik] ihr Apriori? Viele Philosophen sagen: aus der Vernunft; die Theologen: aus der göttlichen Offenbarung; die Eudämonisten: aus dem natürlichen Verlangen nach Glück; die Positivisten: aus dem Naturgesetz [...] Sollte sich die Ethik nicht aus den Bedingungen der zwischenmenschlichen Beziehungen [...] herleiten, also sozial zu begründen sein? – So selbständig und unabhängig die Idee des sittlichen Werts als apriorisches Prinzip gefaßt werden muß, so sehr ist das (gerade von Hartmann seit Aristoteles wieder zum ersten Mal entfaltete) Wertsystem ein Produkt der Kulturentwicklung. (v. Wiese: 46, 47, 50) Solche kritischen Äußerungen treffen wohl nur auf apriorisch konzipierte Ethiken zu. Nicht betroffen sind beispielsweise teleologisch (z.B. Schüller) und analytisch (z.B. Frankena) verfahrende ethische Überlegungen. Sicherlich: „Weder das Wertgefühl der Phänomenologen noch das Wertempfinden der soziologischen Ethik führt zu einer gesicherten Erkenntnis einer inhaltlich bestimmten, für alle Menschen geltenden sittlichen Ordnung. Allein eine, an der allgemeinen Menschennatur orientierte Vernunft überwindet das Dilemma von Formalismus und Relativismus im Sittlichen" (Lück: 102). Es gibt jedoch immer noch gewisse Schwierigkeiten bei der verbindlichen Festlegung dessen was 'die' Natur ausmacht.

13 • Noch zum Kynismus. Man kann geradezu von einer Kulturrevolution sprechen, in der nahezu alles in Frage gestellt wurde, was einer vorgeblich natürlichen Lebensweise widerspricht. Interessanter als Details und Wertungen ist die Tatsache, daß „der Samen, den [der Kynismus] ausstreute, auf einen wohl vorbereiteten Boden (fiel). Einer Überkultur gegenüber, wie sie in Griechenland damals tatsächlich vorhanden war, hatte der Rousseau'sche Zug zur Natur, zur völligen Bedürfnislosigkeit, zur Verachtung aller künstlich gewordenen Sitte und aller scheinbar notwendigen Lebensgewohnheiten, zur ungebundenen Rücksichtslosigkeit im Reden und Handeln ein gutes Recht, zumal wenn er mit der Einsicht verknüpft war, daß die bürgerliche Gesellschaft in der Auflösung begriffen und der griechische Staat dem Untergang nahe sei [...]". Es seien allerdings an sich richtige Gedanken schließlich überspitzt vertreten worden. Köstlich: Immer unwissenschaftlicher und einseitiger, immer beschränkter und hochmütiger, immer roher und schamloser wurden diese cynischen Weisen, und es war darum gut, daß eine wissenschaftliche Richtung aufkam, welche, ganz anders als jene, ähnliche Gedanken wissenschaftlich begründete und ihnen dadurch Halt und Berechtigung verschaffte, die Stoa. (Ziegler: 165) – Über Kynismus als polemische Auseinandersetzung mit den sozialökonomischen Verhältnissen und geistigen Strömungen zur Zeit der beginnenden Krise der griechischen Stadtstaaten vgl. Ebert et al.: 202 ff.; „Einfachheit" als Zielvorstellung der Kyniker siehe Vischer: 75; Abweichendes Verhalten und Kynismus vgl. Weiler, 1988. Was radikale kynische Vorstellungen umständehalber plausibel erscheinen läßt, ist deswegen anderer Betrachtungsweise nicht unzugänglich. „Als der [Kyniker Antisthenes] ein Loch in seinem Mantel recht sichtlich hervorkehrte, sagte Sokrates, der dieses gewahr ward, zu ihm: Deine Eitelkeit blinkt mir aus Deinem Mantel entgegen" (Diogenes Laertius: 298). Mag sein, aber Wirkungsgeschichten haben bekanntlich ihre Eigendynamik.
• Zu Vernant. Als Hauptquelle für die Hinweise 82 ff. werden Ausführungen benannt, die ein L. Gernet in einem unveröffentlichten Kurs im Jahre 1951 in Paris gemacht habe; diese Quelle ist mir nicht zugänglich. Gernet ist freilich als Kenner des antiken Griechenlands bekannt; Literaturhinweise beispielsweise in Austin/Vidal-Naquet, 134. Es wird allerdings das 6. Jahrhundert auch andernorts erwähnt, z.B.: [...] vier Perioden politischer und sozialer Unruhen, welche Bewegungen entstehen ließen, die man im weitesten Sinne des Wortes 'mystisch' nennen kann, namentlich das 6. Jahrhundert v. Chr. (Pythagoras, Orphismus) [...] (Dodds, 1985: 169). – Einzelhinweise findet man an verschiedenen Stellen. So wird die Tugend Mäßigkeit dort beschworen, wo ein Zeitgenosse Solons über die „neue Bedeutung des Reichtums" spottet: [...] wie ja einst schon Aristodamos in Sparta das kluge Wort, wie jeder weiß, sagte: 'Geld ist Mann', denn nie gilt ein Armer für ehrenwert und tugendhaft (Murray: 179). Über die gleiche Zeit heißt es andernorts: Aber auch in anderer Hinsicht sägte der Adel den Ast ab, auf dem er saß: nämlich dadurch, daß er das Maßhalten verlernte. Unersättliche Habgier – die wieder von dem unersättlichen Ehrgeiz nicht zu trennen ist – beherrschte die meisten [...] (Gschnitzer: 55).

14 Über frühes Mönchtum vgl. z.B. Palladius; Blazovich; Heussi, speziell 229 ff. (Die geistige Askese); Fichtenau, 9 ff. und 63 ff. (Wesen und Wandlungen der Askese sowie Lasterkampf und Lasterlehre); Frank, 11; Lohse; Nagel; Ranke-Heinemann, besonders 50 ff. (Von der christlichen Askese zum christlichen Mönchtum); Brown, vor allem 109 ff.; Wenzel, 6 ff.; Kuhn, 43 ff.; Bergmann, 1985: 39 ff. – alle mit zahlreichen Literaturhinweisen. Das Für und Wider sowie die dabei urteilsleitenden Beweggründe wären ein eigenes Thema; einige Hinweise in Anm. 16.
Von besonderem Interesse können natürlich jene Umstände und persönlichen Motive sein, die zu Weltablehnung/Weltangst/Weltflucht/Rückzug veranlassen; vgl. dazu neuerdings u.a. van Hessen, Bergmann (1985), P. Fuchs. Diese Absonderung von der Welt heißt auch Apotaxis. Sie wird gelegentlich zurückgeführt auf ein Verhältnis von Immanenz und Transzendenz mit einem „Präferenzgefälle in Richtung Transzendenz".

Als Folge dessen gilt „[...] man erhält immer, wenn es um Transzendenz geht, das, was man nicht will: Immanenz. Der Effekt ist die Negativbesetzung von 'Welt'", die zur Flucht vor der Welt führen kann – damals beispielsweise „horizontal in die Wüste, vertikal auf die Säule". Der Begriff 'Welt' ist freilich mehrwertig. Denn was aus der Sicht des Beobachters von draußen als „Gesellschaftsflucht" erscheint, „womit der Beobachter seine Welt als einzig reale und relevante unterstellt", erweist sich etwa für den Anachoreten anders, weil er die von ihm erstrebte Welt als „die eigentliche Welt" begreift. Als Folge dessen „(unterstellt) der Weltflüchtige dem Weltmenschen Weltflucht, und das heißt: Flucht vor Gott" (P. Fuchs: 394, 397).

Bleibt noch anzumerken, daß religiös bedingte Apotaxis weit verbreitet ist in primitiven, archaischen, historischen, frühmodernen und modernen Religionen (Bellah).

15 • Zum vereinzelten Sprachgebrauch des Wortes akedia. Hier nur ein Beleg: Übrigens ist [hier das griechische Wort für Acedia] bereits im Corpus Hippocraticum als pathologischer Zustand gedeutet, De gland. 12 (VIII 566 K.) (Flashar 1966: 91). In der Schrift 'Über die Drüsen' (De Glandulis) heißt es (Das Gehirn) zieht die Flüssigkeit (aus dem Körper) an und verursacht (durch sie) Krankheiten. Beides schwächt bei Vernachlässigung [akedeia] die Natur (des Menschen), und wenn sie leidet, so besteht ein doppelter Mißstand. Folgende Leiden der Natur nämlich (stellen sich ein): Die oben erwähnten Abflußkanäle ertragen die Menge (des Flusses) schlecht [...] Anderseits erleidet das Gehirn ein Unheil und ist selbst nicht gesund, sondern kommt, wenn es sich entzündet, in starke Unruhe. Der Verstand geht verloren, das (kranke) Gehirn verursacht Zuckungen und Krämpfe am ganzen Menschen, manchmal verliert er die Sprache und erstickt. Dieses Leiden heißt Apoplexie. In einem anderen Fall [...] der Verstand wird getrübt und (der Kranke) läuft umher, wobei er verändert denkt und sieht, wobei er die Art seiner Krankheit durch sein grinsendes Lachen und seine sonderbaren Trugbilder an sich trägt. (in: R. Kapferer/G. Stricker, Hrsg., Die Werke des Hippokrates. Die hippokratische Schriftsammlung in neuer deutscher Übersetzung, Stuttgart o.J., Bd. II, Kap. 12, VIII/19; Originaltext mit französischer Übersetzung vgl. E. Littré: Oeuvres Complète d'Hippocrates, Paris 1853, 566. – Die Unterlagen besorgte per segensreicher Kopie freundlicherweise die Medizinhistorikerin F.R. Hau/Bonn.)

• Psalmen. Jerusalemer Bibel; Sacra Vulgatae Editionis, Venedig 1758; Nuova Vulgata, Libreria Editrice Vaticana, 1979. – Cassian: Sextum nobis certamen est, quod Graeci [hier das griechische Wort für akedia] uocant, quam nos taedium siue anxietatem cordis possumus nuncupave (CSEL, 17 I, 173). Und: Deneique nonnulli senum hunc esse pronuntiant meridianum daemonem, qui psalmo nonagensimo nuncupatur (174).

Außer in Psalm 119 (118) Vers 28 kommt das Wort Acedia nur noch an zwei Stellen in der Septuaginta vor: (1) Jesus Sirach 29,5. Die wörtliche Übersetzung des griechischen Textes: Und gibt kummervolle Worte zur Antwort; Vulgata: et loquetur verba taedii. (2) Jesajas 61,3. Die wörtliche Übersetzung des griechischen Textes: Um den Trauernden Zions zu geben Ehre statt Asche, Prachtgewand statt Geist der Akedia; Vulgata: pallium laudis pro spiritu maeroris.

• Übersetzungen. Ob durch griechische, lateinische und deutsche Übersetzungen der hebräische Text adäquat wiedergegeben wird, scheint diskutierbar zu sein. Vgl. z.B.: Le texte hébreu du Psaume 91 (v.6) ne fait pas à proprement parler mention d'un démon de midi (Caillois, 16: 156). Im hebräischen Text kommt in der Tat kein Wort Dämon vor. „Die griechischen Übersetzer haben die Idee eines persönlichen Dämons eingeführt, was dem hebräischen Alten Testament – zumindest bis zu den jüngsten Schichten heran – absolut fremd ist." So die Auskunft des Alttestamentlers K. Heinen/Theologische Hochschule Vallendar, der freundlicherweise den Hinweis auf Caillois überprüft hat. Das vermutet man übrigens schon seit längerem (z.B. Grau: 8 ff.).

16 • Über Mittagsdämon/en. Es gibt eine reichhaltige Literatur; einige zusätzliche Hinweise im Exkurs (4.4) und Anm. 18.

Detaillierte theologische, medizinische, psychologische und psychiatrische Analysen sind ein eigenes Thema für die jeweils zuständigen Spezialisten. Caillois beispielsweise zitiert eine ältere Abhandlung von Alphandery u.d.T.: De quelques documents médiévaux relatifs à des états psychasthéniques, worin der von Cassian geschilderte Zustand als hypotension psychologique bezeichnet wird (16: 169). Oder: Es handelt sich bei dieser Mönchskrankheit offensichtlich um eine besondere Form von Neurose oder Psychose, welche die Folge der Weltabgeschiedenheit ist und die nichts mit unsern endogenen Depressionen zu tun hat (Starobinski: 35). Usw. usf.

• Warnungen. Von Hieronymus aus 'Brief an Mönch Rusticus': [...] noui ego in utroque sexu per nimiam abstinentiam cerebri sanitatem [...] (CSEL 56, 198), sowie aus 'Brief an Demetriam': [...] qui humore cellularum inmoderatisque ieiunis taedio solitudinis ac nimia lectione, dum diebus ac noctibus auribus suis personant, uertuntur in [hier das griechische Wort für Melancholie] et Hippocratis magus fomentis quam nostris indigent (135). – Hinweis von Kuhn (46 ff.) auf Chrysostomus' Ermahnungen 'Ad Stagirium ...'; Quelle: Kuhn's: PG 47-48, 423-494.

Vgl. auch den Kommentar zu Thomas' 35. Frage (Der Überdruß), 35.2: Neuere Untersuchungen haben als Wirkungen übermäßigen Hungerns ergeben, Einengung des Denkens auf das Essen, Gleichgültigkeit gegen alles andere, Gedrücktsein, Freundlosigkeit, Unzufriedenheit, Gefühlsleere und Antireligiösität. Die Mönche früherer Jahrhunderte, die acedia so sehr fürchteten und ihr zu entgehen suchten, hatten ihr durch übermäßiges Fasten und andere körperliche Bußwerke zugleich auch die Tür geöffnet. Schon Hieronymus bemerkt [...]. (417)

Siehe auch neuerdings die folgende Meinung: Das Leben der Eremiten liefert zahlreiche abstoßende Beispiele für dauernde physische Selbstquälerei [...] Wo kam dieser Wahnsinn her? Wiederum muß ich sagen: ich weiß es nicht. Anders als Reitzenstein [...] kann ich nicht glauben, daß er im wesentlichen in der hellenistischen Tradition verwurzelt ist (Dodds, 1985: 42). Und doch versucht Dodds eine Erklärung, nicht individual, sondern epochal – nämlich als Folge einer Zeit, in der teils unter gnostischem und teils unter [mißverstandenem?] stoischem Einfluß es – angeblich – zu einer „Introjektion feindseliger Gefühle (kommt): der Haß auf die Welt wird zum oder bringt mit sich einen Haß auf das Ich [...]" (38). Das ist sozusagen ein doppelter Rückzug: von der Welt, in der man lebt, und von sich selbst. Andere „vermochten [wenigsten] sich selbst zu ertragen, in dem sie scharf zwischen dem Selbst und dem Körper unterschieden und ihren Haß gegen den letzteren lenkten. Diese Trennung entstammt natürlich dem klassischen Griechenland – sein folgenreichster und zugleich fragwürdigster Beitrag zur menschlichen Kultur" (39). Ausführlich dazu Dodds, 1970: 72 ff. Vgl. z.B. seinen Hinweis: [...] Das ist jedoch Spekulation. Gewiß ist nur, daß dieser Glaube bei seinen Anhängern eine Abneigung vor dem Körper und eine Abscheu vor der Sphäre der Sinne hervorrief, der völlig neu in Griechenland war [...] war es offensichtlich der Anstoß schamanistischer Vorstellungen, der diese Entwicklung in Gang setzte [...]. (87) So jedenfalls eine These.

Interessant auch der von einer Patres-Kommission für den Jesuitengeneral erstellte Bericht aus dem Jahre 1549: Je mehr sich ein vernunftbegabtes Geschöpf nach außen abschließt, um so fester heftet sich der Geist an das, was er sich selbst zurechtgrübelt. Solchen Personen begegnet es häufig, besonders wenn der Rausch einer Leidenschaft dazukommt und den klaren Blick nimmt, daß sie das Opfer fixer Ideen werden. Die Täuschungsgefahr wird noch erhöht durch seine körperliche Schwäche, die er sich infolge seiner indiskreten körperlichen und geistlichen Anstrengungen zugezogen hat. Wir ersehen dies aus den Mitteilungen über Blutauswurf und andere Krankheitserscheinungen. Da liegt der Gedanke an Halluzinationen sehr nahe. (zit. Marcuse, 1956: 185)

• Zur Aktualität des Themas. Innerhalb der Theologie ist die Spezialdisziplin Aszetik zuständig. Sehr modern wirkt Cassian, wenn man fünfzehnhundert Jahre später liest: die Lauheit ist ein Wollen der geistlichen Dinge ohne Eifer, ein Wollen nur mit Gleichgültigkeit. Verwandt sind geistliche Trägheit, Nachlässigkeit, Überdruß (adeciae vitium, id est taedium cordis) [...] gewöhnliche Kennzeichen: Zerstreut und ohne Eifer beten; ohne Andacht und Furcht betrachten; schwer sich von häufigem und nutzlosem Gerede freimachen; ungern in das eigene Innere zurückkehren; [...] sich ausgießen in äußere Beschäftigung [...] aus Überdruß am Inneren; in Geschöpfen und Träumereien seine Freude suchen; [...] die Sakramente kalt und seltener empfangen; geistliche Vorträge nicht anhören [...]; der Sinnlichkeit nachgeben und die äußere Buße verlassen; weltliches Leben als etwas Begehrenswertes betrachten [...]. (O. Zimmermann: 168 f.) – Manches davon ist sicherlich auf Menschen sinngemäß übertragbar, die keinem geistlichen Stand angehören.

17 • Noch zu Hauptlastern bzw. Todsünden. Es ist gelegentlich darauf hingewiesen worden, daß beide Worte streng genommen nicht synonym verwandt werden dürften. Bei Todsünden handele es sich um Fehlhandlungen, die, wenn nicht besiegt, zur ewigen Verdammnis führen würden (Bloomfield: Vorwort). Vgl. auch: Mit Bedacht habe ich die sieben Sünden immer als Kapitalsünden bezeichnet und nicht etwa mit dem populären Namen der sieben Todsünden. Zur Todsünde d.h. zu einer Sünde, welche im Gegensatz zur ewigen Seligkeit die ewige Verdammnis der Seele zur Folge hat, kann jede Art von Sünde werden, sei es durch die Steigerung, welche sie erreicht, sei es durch den Umstand, daß sie vor dem Tode nicht gebüßt und erlassen ist. (v. Liliencron: 33 f.).
• Zu den Folgelastern: CSEL, 13 II, 142 f. Die deutschen Übersetzungen aus Jehl, 1984: 11 / Cassian, 1: 432. – In der Folgezeit tauchen im einschlägigen Schrifttum gelegentlich umfangreiche Listen von Folgelastern auf. Vgl. beispielsweise: Filie accidie multe sunt, quod multis modis per accidiam peccat homo. Ejus autem filie sund hec: dilatio, signities, sive pigritia, tepiditas, pusillanimitas, evagatio mentis, ignorantia, ociositas, verbositas sive multiloquium, murmur, taciturnitas mala, indiscretio, gravedo, somnolentia, negligentia, omissio, indevotio, languor, tedium vitae, impeditio bonorum, impenitentia, desperatio [...] (V. de Beauvais, 15. Jh., zit. Boismont, 1856: 168).
• Über Selbstmorde. „Wahrscheinlich waren auch die Selbstmordepidemien, durch die im Mittelalter wiederholt Klöster vereinsamten, und die durch ein Übermaß religiösen Eifertums ausgelöst worden zu sein scheinen, von derselben Art" (Durkheim, 1887/ 1973: 255). Als – mir nicht zugängliche – Quelle wird genannt Bourquelot: Recherches sur les opinions et la législation en matière de mort volontaire pendant le Moyen-Age. Die gleiche Quelle benutzt Boismont in seinem frühen und umfangreichen Werk über den Selbstmord (1856), in dem vergleichsweise ausführlich auch das Mittelalter behandelt wird. Bemerkenswert der Hinweis: Les écrivains ecclésiastiques ne sont fréquemment occupés de cette maladie morale du monde monacal, à laquelle ils ont donné le nom particulier d'acedia. Cette maladie mène droit au suicide, et les exemples des moines qu'elle y a poussés sont malheureusement assez nombreuz (168). Aufschlußreich für das frühe Koinobitentum sind die Ermahnungen des Hl. Chrysostomus an Stagirius. Saint Chrysostôme nous a également dépeint la tristesse, l'athumia, le défaut d'énergie et de ressort [...] (167). Im Zusammenhang mit athymia (= Verzagtheit, Mutlosigkeit, Betrübnis, Verzweiflung) wird gerade auch die Gefahr des Selbstmords erörtert. Des Stagirius' Zustand makes him so desperate that he is constantly tempted by suicide (Kuhn: 47). Vgl. auch: Lecky [...] affirms that 'most of the recorded instances of medieval suicides in Catholocism were monks', and traces them to the acedia 'a melancholy leading to desperation' (Carrol: 135).

18 • Noch zu den Gefahren des südlichen Mittags. Ein Fachmann: Schon früh hat man erkannt, daß die heiße Mittagssonne des Sommers Gesundheit und Leben des Menschen zu gefährden vermag [...] Aus dieser Erfahrung, dann aber auch aus Traum- und Alperscheinungen während des Mittagsschlafes in der heißen Sonnenglut, die zuweilen auch Fieberträume und der Beginn ernster Gehirnkrankheiten sein können, ist im Glauben vieler Völker ein eigenes Mittagsgespenst, ein daemon meridianus, erwachsen, dessen Begegnung bezeichnenderweise oft die gleichen Folgen hat, wie der Sonnenstich und auch zu einem hitzschlagartigen Tod führen kann (Jungbauer: 414).
• Bollnow behandelt Mittags-Gedichte von Eichendorf, Leconte de Lisle, Nietzsche, d'Annunzio und Mallarme. Andernorts heißt es bei Bollnow: Nicht nur bei Nietzsche,

sondern auch bei einer Reihe anderer Dichter finden sich bemerkenswerte Zeugnisse über das Erlebnis des Mittags, insbesondere des heißen südlichen Mittags (1974: 219). Nietzsche äußert sich in 'Also sprach Zarathustra' über den Mittag wie folgt: [...] Sieh doch – still! der alte Mittag schläft, er bewegt den Mund – trinkt er nicht eben einen Tropfen Glücks – einen alten braunen Tropfen goldenen Glücks, goldenen Weins? [...] Was geschah mir: Horch! Flog die Zeit wohl davon? Falle ich nicht? Fiel ich nicht – horch! in den Brunnen der Ewigkeit? [...] Wie? Ward die Welt nicht eben vollkommen? Rund und reif? O des goldenen runden Reifs – wohin fliegt er wohl? Laufe ich ihm nach! Husch! – Ein Kommentar dazu: Es ist die Stille, von der die Alten sagten, daß Pan schliefe, und auch Nietzsche macht von sich aus ausdrücklich auf das Panische dieser Erfahrung aufmerksam. Die ganze Natur schläft, 'einen Ausdruck der Ewigkeit im Gesicht' (Bollnow, 1954: 158).

• Einige bloß erinnernde Erläuterungen zu den beispielsweise von Caillois als <u>Mittags-dämonen</u> ausführlich erörterten mythologischen Figuren:

= <u>Sirenen</u>, gr., wörtlich 'Umstrickerinnen', bei Homer (Odyssee, XII, 165 ff.) zwei weibliche Unheildämonen, die von einer Insel aus die Vorbeifahrenden durch ihren betörenden Gesang bestricken und sie, ihr Blut saugend, töten. – Homers Erzählung ist die „älteste literarische Fassung der Sirenensage. Sie ist nicht seine Erfindung, er setzt vielmehr ihre Kenntnis bei seinen Hörern voraus [...]" (Weicker: 37). Die Vorstellung vom Blutdurst der Seelen Verstorbener ist uralt und der Vampyrismus der Sirenen in der alten Mythologie offenkundig. Sicherlich: [...] wie sie selbst über den Lauf der Zeit erhaben sind, so verfliegen auch ihrem Opfer unter den Tönen ihres betörenden Gesanges Jahre und Jahrzehnte wie wenige Minuten. Aber ihnen selbst kommt es dabei doch lediglich auf die Befriedigung ihrer erotischen Gelüste und ihres Blutdurstes an (69). Die Erklärung der Sirene als Seelenvogel ist zwar strittig, nicht dagegen, daß die Sirene „schon im 6. Jh. als daemon meridianus vorkommt, der in der heißen Mittagsstunde Mensch und Tier angreift und Leben und Seele schädigen kann, eine Rolle, die meistens dem Pan zugeteilt wird [...]" (Geister ...: 603 f.).

= <u>Lotophagen,</u> gr., wörtlich Lotos-Fresser ..., imaginäres Volk, eine der Versuchungen in der Odyssee (IX, 89 ff.).

= <u>Incubus,</u> wörtlich: Auflieger; von cubo = liegen, ruhen; incubitus = darauffliegen; incubus: (1) ..., (2) Alpdrücken; dann: den Menschen (insbesondere im Mittags-) Schlaf belästigender Dämon mit sexueller Komponente; später bedeutsam in Verbindung mit Vorstellungen über sexuellen Kontakt zwischen Hexen und Teufeln; in der älteren katholischen Moraltheologie natürlich ein nicht zu ignorierendes Thema.

= <u>Succubus:</u> unter etwas liegen; succuba: die Beischläferin; weiblicher Dämon ...

= <u>Nymphen,</u> gr., wörtlich Braut, weibliche Naturgeister des Meeres und Waldes, der Berge und Bäume; zwar Töchter des Zeus, aber doch dämonenhafte Lebewesen zwischen Mensch und Tier; oft anzutreffen im Gefolge der Artemis, jedoch ebenfalls des Hermes, Dionysos und Pan.

= <u>Pan</u>, gr., bocksgestaltartiger Sohn des Hermes und einer Nymphe, dessen gelegentlich plötzliches <u>mittägliches</u> Erscheinen Mensch und Tier in panischen Schrecken versetzen kann. Vor dem schlafenden Pan gilt es, sich in Acht zu nehmen: L'heure de midi était pour les bergers difficile à passer. Ils ne pouvaient jouer de la flute sans risquer de provoquer la colère de Pan et s'abondonner au sommeil n'était pas moins dangereux, car c'était, sans préjudice du reste, se livrer à l'aggression de nymphes. (Caillois, 16: 149)

= <u>Zikaden.</u> Sokrates: Muße haben wir ja offenbar dazu. Und zugleich kommt es mir vor, als ob in dieser Glut die Zikaden, die über unsern Häuptern singen und miteinander Zwiesprache halten, auch auf uns herabsehen. Wenn sie nun sähen, daß wir beide nicht anders als die meisten andern verstummen und einnicken und uns aus Trägheit des Geistes von ihnen in Schlaf singen lassen, würden sie mit Recht lachen und glauben, ein paar Sklaven seien in ihre Herberge gedrungen, um wie die Schäfchen ihren Mittagsschlaf an der Quelle zu halten. Wenn sie aber sähen, daß wir im

Zwiegespräch begriffen sind und unbezaubert an ihnen wie an den Sirenen vorbei-steuern, dann würden sie wohl entzückt sein [...] Man erzählt aber, daß diese Zikaden einstmals Menschen waren, ehe es noch Musen gab. Als aber die Musen entstanden und der Gesang an den Tag trat, da wurden einige von ihnen so hingerissen vor Lust, daß sie singend Speise und Trank vergaßen und ohne es innezuwerden, dahinstar-ben. Von diesen stammt seitdem das Geschlecht der Zikaden, das von den Musen dies Geschenk empfing, von ihrer Entstehung an keinerlei Nahrung zu bedürfen, sondern ohne Speise und Trank sogleich zu singen, bis sie sterben, dann aber zu den Musen zu kommen, um ihnen zu melden, wer von den Menschen hier eine von ihnen verehre [...] Aus vielerlei Gründen also müssen wir reden und nicht schlafen am Mittag. (Platon, Phaidros: 258B-259B)

Nebenbei: Zikaden; fr. cigales, avoir des cigales en tête bzw. avoir des grillons dans tête; it. avere de' grilli per il capo; dt. eine Grille im Kopf haben, von Grillen geplagt sein, Grillenkrankheit. Grille: (1) lat. grillus bzw. gryllus = Grashüpfer, Heimchen; (2) lat. grilli = Gebilde der Groteskmalerei, sodann Bezeichnung für ungeordnete Ge-danken, die von kleinen durchs Ohr in den Kopf gelangte Tiere hervorgerufen werden. Ab dem 16. Jh. meint Grillen im Kopf haben (Grillen fangen, füttern) lau-nisch, närrisch, melancholisch.

19 • Noch zu den drei Gründen. Andernorts ist angemerkt worden, es sei „kindisch", bei Gregor eine „Vorliebe für die Siebenzahl und Zahlensymbolik überhaupt" (so Stelzen-berger) ableiten zu wollen (Fichtenau: 97).

Für die Verschmelzung von Acedia mit Tristitia „(mochte) nicht nur die Tatsache maß-gebend sein, daß 'Trägheit' zur Traurigkeit und Verzweiflung führen kann, sondern eine sprachlich falsche, inhaltlich nicht unzutreffende Etymologie: Acedia oder acidia [...] ließ sich leicht von acidus, sauer, herleiten. Der Teufel ist ein saurer Geist (Luther). Solange das ältere Mönchtum herrschte, mußte man darauf bedacht sein, die sündige 'Traurigkeit' vom 'moderatus moeror', dem feierlichen Ernst der Haltung, zu scheiden; der neue Frömmigkeitsstil brachte auch hier eine verstärkte Betonung der inneren Freude im Geiste der Liebe, der dem mürrischer Traurigkeit und der 'acedia' entgegen-gesetzt war" (93).

Zum dritten Grund: Die Versuchung durch Acedia as it had been defined by Cassian was apparently felt to be either not frequent or not oppressive enough to merit inclu-sion among the 'chief vices'. This is at least the explanation implied in a treatise attribu-ted to Hrabanus Maurus (Wenzel: 26). Explizit wird dieser Gedanke am Beispiel der benediktinischen Ordensregeln: The monk's individuality is merged in an order that regulates practically every minute of his day with a series of appointed activities [...] Boredom with the religious life will, of course, continue to plaque the monk, but it will no longer be the specific kind described by Evagrius, so heavily fraught with the noonday heat and desert solitude (27).

• Zur platonisch beeinflußten Seelen- und Lasterlehre beispielsweise Cassians. cum ergo aliquem ex his adfectibus uis noxiae obsederit passionis, pro illius corruptione etiam uito nomen imponitur. nam si rationabilem eius partem uitiorum pestis infecerit, cenodoxiae, elationis, inuidiae, superbiae, praesumptionis, contentionis, haereseos uita procreabat. si irascibilem uulueaurit sensum, furorem, inpatientiam, tristitiam, acediam, pusillanimitatem, crudelitatemque parturiet. si concupiscibilem corruperit portionem, gastrimargiam, fornicationem, filargyriam, auaritiam et desideria noxia terrenque gene-rabit (CSEL, 13 II, 691). – Es wird also unterschieden zwischen einem vernünftigen See-lenteil (Ruhmsucht, Überheblichkeit, Neid, Hochmut, Streit, Häresie), einem erzürnba-ren Seelenteil (Wut, Ungeduld, Traurigkeit, Überdruß, Verzagtheit, Grausamkeit) und einem begehrenden Seelenteil (Bauchdienerei, Unzucht, Geldgier, Geiz, schädliche Be-gierden).

20 • Zitate aus Thomas: 20, 27, 23, 25, 26, 31.
   • Acedia, Faulheit, Trägheit. Acedia bedeutet nicht Faulheit, denn diese hat nichts mit

Taurigkeit zu tun. Deshalb trifft man den ursprünglichen Bedeutungskern von Acedia auch nicht mit Worten wie Tatenlosigkeit, Müßiggang, Arbeitsscheu, Bequemlichkeit, Nachlässigkeit. Selbst die später weithin üblich gewordene Übersetzung durch Trägheit (die Trägheitssünde), ist nicht problemlos. Dieses Wort „(entspricht) zwar dem unmittelbaren Wortsinn des griechischen akedia einigermaßen, aber (stellt) den eigentlichen begrifflichen Inhalt nur unvollkommen und unvollständig dar" (Pieper, 1948, 55 f.) Vgl. auch: Die geläufige Übersetzung 'Trägheit' bezeichnet ebensowenig das für den Mönch Wesentliche, wie die ursprüngliche Wortbedeutung von 'Sorglosigkeit' oder 'Erschöpfung'. Diese acedia kennt der Weltliche nicht [...] (Fichtenau: 91). Darauf hat neuerdings Völker wieder hingewiesen und von einer folgenreichen deutschen Acedia-Rezeption gesprochen, die „im wesentlichen jener vereinfachten, oberflächlichen Auffassung (folgt), die Thomas von Aquin kritisiert hatte" (1975: 125).

• Acedia und Tristitia. Thomas begreift die Acedia – neben anxietas, invidia und misericordia – als eine Form der Trauer (species tristitiae), weshalb man ggf. darüber streiten kann, ob er sich wirklich „für Acedia als Obergriff der Tristitia" entschieden hat (Obermüller: 17).

Sicher ist, daß Thomas und Gregor Tistitia und Acedia zusammendenken. „Auch Cassian unterscheidet die Traurigkeit vom Überdruß. Sinnvoller aber nennt Gregor den Überdruß Traurigkeit" (Thomas: 34) – wenngleich Thomas den Ausdruck Acedia vorzieht. Die hier so begriffene weitreichende Ähnlichkeit wird verständlicherweise auch an den jeweiligen Tochtersünden demonstriert. „Das aber, was Isidor aus der Traurigkeit und dem Überdruß ableitet, läßt sich auf das zurückführen, was Gregor sagt" (35). Dieser kennt bekanntlich sechs Folgelaster der Tristitia, und Thomas führt im einzelnen aus, „daß sich die von (Cassian) und Isidor genannten filiae der acedia und tristitia auf die von Gregor aufgeführten Tochtersünden der tristitia reduzieren lassen. – Wenn Thomas die acedia – und nicht die tristitia – zu den vitia capitalia zählt [...], so weist seine Autorität damit der weiteren Entwicklung den Weg: in dem noch heute gültigen Katechismus gilt die 'Trägheit', nicht aber der 'Trübsinn' als Hauptsünde" (Ruprecht, 15 f.).

• Zu Acedia, Tristitia, Langeweile. Kein Zweifel, Thomas „gibt [...] der Lehre des Gregorius den Vorzug, Isidor scheint aber psychologisch genauer zu unterscheiden [...]", dieser kommt denn auch der Psychologie der Langeweile näher, wohingegen die Thomassche Acedia „mehr zum Weltschmerz hin(tendiert)" (Revers: 17). Dennoch ist der „hier gemeinte religiöse Überdruß von der Schwermut und von den sich mit dieser berührenden depressiven Zuständen" abzugrenzen (Kommentar ...: 413). Andererseits: „Daß die acedia seit jeher auch Melancholie, Traurigkeit, Schwermut genannt wurde, erschwert in etwa ihre Abgrenzung von der eigentlichen Schwermut und den sich mit der Schwermut berührenden depressiven Zuständen. Sie ist aber klar vorhanden [...] Hier ist der Punkt, wo sich die Schwermut mit der Langeweile verbindet". (Hünerbein: 17)

21 Noch zum Einfluß der Scholastik. Es gibt in Dantes Werk angeblich noch andere Stellen, an denen Trägheit und Trägheitssünde behandelt werden; vgl. dazu Wenzel: 128 ff. und Kuhn: 56 ff.

Erwähnenswert ist auf jeden Fall die auffällige Tatsache, daß Dante auf seinem Weg durch den ja vornehmlich den Trägen vorbehaltenen vierten Sünderkreis des Fegefeuers einmal schläfrig wird und zu einem späteren Zeitpunkt sogar einschläft! Im Traum erscheint ihm ein altes häßliches Weib mit verstümmelten Händen (Purg., 19, 9). Zu dem allegoriereichen Traum wird u.a. vermerkt: The lack of the hands is a clear indication that she is incapable of good works (Kuhn: 58) – was wiederum in engem Zusammenhang mit Acedia gesehen werden kann.

• Es hieß vorhin einmal mit Blick auf Thomas, daß Acedia immer auch schon Melancholie, Traurigkeit und Schwermut genannt worden sei (Anm. 20). Ähnliche Bezeichnungsprobleme gibt es auch für jenen Teil des Werkes von Dante, um den es hier geht: „Dagegen handelt es sich bei jener Schwermut [!], von der in Dantes Inferno die Rede ist, um das Zeichen der Abkehr, des Abfalls" (Wiegand: 63). Andernorts heißt es: Melancholie und Acedia stehen sich im Mittelalter nicht immer in klarer Trennung gegenüber. Die auffällige Ähnlichkeit ihrer Symptome sowie die Bildkraft der schwarzen Galle als Ursache seelischer Verstimmungen haben schon frühzeitig zu einer Annäherung und gegenseitigen Durchdringung der durch sie bezeichneten Vorstellungen geführt. Und das gelte auch für Dante: Die Seelen im Schlamm des 5. Höllenkreises büßen die Sünde der mit der Melancholie zusammengeschauten Acedia". (Klostermann: 190 f.)

22 • Canterbury Tales. Chaucer kennt sich in Italien, das er bereist hat, gut aus; die Werke Dantes, Petrarcas und Boccaccios sind ihm bekannt. Weitere Details vgl. beispielsweise Droese.

In einer deutschen Übersetzung wird die Erzählung des Landpfarrers nicht abgedruckt: „Wir haben diesen Traktat nicht in die Sammlung der Canterbury-Geschichten aufgenommen, weil er keinerlei ästhetische Bedeutung hat und deshalb kaum von allgemeinem Interesse sein dürfte" (515). Das ist eine erstaunliche Feststellung.
Zum Inhalt: In einem Gasthaus in London treffen sich zufällig Vertreter unterschiedlicher Berufe und Stände. Sie wollen am folgenden Tag nach Canterbury wallfahrten und vertreiben sich die Zeit bis zur Abreise mit Erzählungen. Es handelt sich unter anderem um einen Ritter, Müller, Arzt, Büttel, Kaufmann, Dienstmann und eben auch um einen Landpfarrer. Sein Bericht geht im wesentlichen über das Sakrament der Buße und die sieben Todsünden.
Übrigens: The earliest translation of acedia as *slaewp* findet sich in einer Schrift von Aelfric datiert 992-1000. 'Slæwpe' for 'accidiam' occurs also in the Old English glosses to a Latin confessional formula [...] (Wenzel: 231).
• Piers Plowman. Die Autorschaft Langlands (Willielmus de Langlond) ist wohl unbestritten, er ist dennoch als Autor nicht allein. Piers Plowman, which of all poems is most like an English cathedral, is also virtually anonymous; it is a poem of Catholic people, written from below; a whole nation's way of thinking and feeling finds voice in it; indeed i speaks for all Christendom, though with an English accent. Der Autor Langland had a long Catholic tradition at his back, wozu unter anderem Dante ebenso gehört wie Thomas von Aquin. (Coghill: Introduction, in: Langland: VII,XXV)

23 • Noch zum homunculus tristis. Vor dem letzten Zitat heißt es: Ich will einen traurigen Menschen beschreiben und ihn, in der Retorte hergestellt, als homunculus tristis bezeichnen. Er soll die Schwermut zur Mitgift erhalten, die Gaben Saturns und das Zeichen der Melancholie. Ich nenne ihn Hamlet und Luther, Philip, Rudolf und Karl, nenne ihn Niemand und the malcontent. Aber wie immer er heißt, sein Schicksal steht fest: in Höhlen und dämmrigen Zimmern, im Neon-Hades und der erleuchteten Wabe verbringt er den Tag. Er liebt die Wissenschaft und möchte ein Mönch sein. Er ist Faust und Franziskus in einer Person. Der Rechenschieber dient ihm als Lesezeichen im Brevier; über den Rosenkranz hat er das Buch mit den Logarithmentafeln gelegt. Am Tage schläfrig, beginnt er zur Dämmerungszeit, wenn die Fledermaus kreist, die Augen zu öffnen. Im Dunkel verborgen und von künstlichen Spiegeln umgeben, sieht er die Welt aus heiterer Distanz. Eine Sekunde lang vergißt er die Drähte, an denen ihn der Puppenspieler lenkt. Doch dann kehrt die Erinnerung zurück und er weiß: wenn es morgen wird, kommen die Adler, die scharf geschnäbelten Zweifel [...]. (Jens: 36 f.)
• Deutungsvielfalt. Die zahllosen begrifflichen Verwendungen des Wortes Melancholie einschließlich ihrer etwa zweieinhalbtausend Jahre belegbaren Geschichte können und brauchen hier nicht dargestellt und erörtert zu werden. In vielen Studien wird auf die gelehrten und einflußreichen Arbeiten von Panofski/Saxl (PS) und Klinbanski/Panofski/Saxl (KPS) hingewiesen; materialreich und informativ auch Müri, Schöner, Flashar (1966). Die Wirkungsgeschichte von PS und KPS ist ein Thema für sich. Es wurde unter anderem Benjamin von dem Werk stark beeinflußt, der seinerseits zahlreiche literaturwissenschaftliche Arbeiten angeregt hat; kurz und informativ Schings: 1 ff.
Moderne medizinische Ansichten über Melancholie sind „erheblich enger" als antike

medizinische und philosophische Ansichten (Flashar, 1966: 12). Ähnlich die Auffassung: Aber man darf sich nicht täuschen lassen durch die Wortähnlichkeiten: die mit 'Melancholie' bezeichneten Zustände weichen höchst bemerkenswert voneinander ab. Im Augenblick, da die Alten eine beharrliche Angst und Traurigkeit feststellten, schien ihnen die Diagnose gesichert, und so mußte, wo die moderne Wissenschaft zwischen endogener und reaktiver Depression, Schizophrenie, Angstneurose und Paranoia unterscheidet, für all dasselbe Wort herhalten. (Starobinski: 9)

• Acedia und Melancholie. Schläfrigkeit und Traurigkeit spielen schon in frühen antiken Vorstellungen über Melancholie eine Rolle. Es ergibt sich so „ein(en) Ansatzpunkt für eine eventuelle Annäherung des melancholisch-phlegmatischen Temperaments zum Phänomenbereich der Acedia, in dessen Spektrum [...] die Schläfrigkeit und Traurigkeit als Versuchungen der Anachoreten gehören" (Jehl, 1984: 271). Zu Hieronymus und Chrysostomus vgl. S. 27 und Anm. 16. Zu Chrystostomus, seinen Brief an Stagirius und die darin erörterte monastic melancholy vgl. KPS: 75 f.; Cassians Kapitel De spiritu acediae gilt dort als ein weiterer Beleg für melancholische Traurigkeit (Fußnote KPS: 76). Mittelalterliche Dokumente vgl. Wenzel: 119 ff. über Victor von St. Hugo aus Fußnote in KPS: 78.

Von späteren Aussagen vgl. zum Beispiel Hildegard von Bingen kommentierend: Traurigkeit, Lauheit, Verlust des Glaubens, die typischen Merkmale der Acedia als Wirkungen der Melancholie! Hier sind beide Begriffe nahezu identisch [...]. In der Renaissance wird die Acedia dann von der aus mannigfaltigen Kanälen gespeisten und anschwellenden Melancholieliteratur absorbiert. (Klostermann: 191) – Im Mittelalter wird die „Melancholie sowohl positiv als Zustand [...] wie negativ als ein Nachlassen in der Anstrengung, das summa bonum zu erreichen, und damit als spezifische 'Mönchskrankheit' gedeutet [...] (Flashar, 1966: 137). – Die spezifische Übereinstimmung dieser spätantiken Definition der Tristitia / Acedia mit dem Temperaments- und Krankheitsbild der Melancholie ist offensichtlich [...] (Obermüller: 17). – Aus einem 'anderen' Kontext: Und für den begrifflichen Gehalt von 'truren' läßt sich auch keine bessere Definition finden als die, welche Hugo für 'Acedia' hat: Acedia est ex nimia confusione animi nata tristitia sive taedium, vel amaritudo animi nimia, qua jucunditas spiritalis (!) extinguitur, et quodam desperationis principio mens in ipsa subvertitur (Korn: 45 f.). – The process by which acedia was reinterpreted and combined with the ideas of Saturnian melancholy during the Renaissance can be seen in the visual arts as well as the verbal ones [...] (Lyons: 6). – Nachdem das Mittelalter die Melancholie, acedia, in der Tristitia-Lehre als Verlust der Hoffnung und damit als Grundversuchung des Mensch, an der Gnade Gottes zu verzweifeln, verdammt hatte [...] (Hay: 202).

Es ist sicherlich nicht gerechtfertigt, Acedia und Melancholie einfach gleichzusetzen. Aber: Thus the sorrow-dejection-despair aspect of acedia the sin shared some common ground with melancholia the disease (Jackson: 181). Man kann deshalb auch mit Blick auf die Symptomatologie der Acedia sagen: In der frühen Neuzeit wurden diese Formen religiös-psychischer und sozialer Devianz in den medizinischen Begriff der Melancholie gefaßt, in der die alten Phänomene der Trauer und acedia aufgehoben waren (Illhardt, 1986: 54).

Alles in allem: die Acedia is a subtle and complicated vice (Huxley: 19). Und: The complexity of the notion of 'acedia' [...] ist ein Problem für sich (KPS: 78). Abschließend noch: Perhaps most difficult sin to define [...] is sloth (a) medival translation of the latin terme acedia [...] (Lyman: 5).

24 • Noch zu acedia / acida / sauer / kalt. Luthers Spruch zit. in Anm. 19. – Cäsarius von Heisterbach: [...] dicitur autem Acedia, quasi acida, eo quod opera spiritualis nobis acido reddat et insipidia, zit. Du Cange: Glossarium ad scriptores Mediae et Infirmae Latinitatis, Tome Primus, Paris 1733: 90. – Sonstiges zit. Kommentar ...: 368. – Ein zusätzlicher Hinweis: Acidose, ein medizinischer Ausdruck, erhöhter H=Säurewert.

• Corpus Hippocraticum. Der Laie kann sich leicht falsche Vorstellungen machen. „Das gesamte Corpus umfaßt bekanntlich Schriften der verschiedensten Verfasser und Zeiten und der verschiedensten Art, Kompilationen, Exzerpte, Reden, Handbücher, Notizen, Monographien, Bücher für Laien und Spezialabhandlungen für Ärzte, orientalisch, pythagoreisch, heraklitisch, empedokleisch, sophistisch und schließlich stoisch beeinflußt – eine buntgemischte Sammlung von 53 Abhandlungen in 72 Büchern, 'un chaos' (Littré I 64), ein Abriß medizinischer Praxis, Probleme und Theorien aus rund fünf Jahrhunderten (von ca. 430 v. Chr. bis 50 n. Chr.)" (Schöner: 15).

• Zu humores und der Lehre von den vier Körpersäften und den vier Temperamenten. Der früheste Beleg über das Wort Melancholie findet sich wohl in einer hippokratischen Schrift aus dem letzten Drittel des 5. Jhs. v. Chr.: Wenn auf einen rauhen und im Zeichen des Nordwindes stehenden Sommer ein ebenfalls im Zeichen des Nordwindes stehender und trockener Herbst folgt, so ist dies nützlich für die Schleimtypen [...] und die feuchten Naturen [...], aber sehr schädlich für die Galletypen [...], denn diese werden zu stark ausgetrocknet, bekommen trockene Augenentzündung, heftige und langwierige Fieber, einige sogar Melancholie (zit. Flashar, 1966: 21 f.). Erst in einer um 400 v. Chr. entstandenen Schrift wird die schwarze Galle eingeführt. Wohl erst bei dem römischen Arzt Galen (2. Jh.) kommt es zu einer deutlichen Verbindung der vier Körpersäfte mit menschlichen Typen. „Aber die nähere Charakterisierung der vier Typen bei Galen stimmt noch nicht durchweg mit den später üblichen und uns geläufigen Vorstellungen überein [...] Die Namen der Temperamente sind erst im 12. Jh. belegt" (117). Alles in allem ein Zeitraum von immerhin eintausendsiebenhundert Jahren!

25 • Der fragliche Arzt: zit. Völker, 1975: 131. – „Ist der Sanguiniker, das Idealtemperament des späten Mittelalters und der frühen Neuzeit kurzweilig, so ist der Melancholiker, die allgemeine Zielscheibe des Spotts, langweilig [...] einmal erregt er durch sein lustloses Wesen bei anderen Langeweile, zum anderen empfindet er selbst Langeweile. Auf diese Weise geraten im 16. und 17. Jahrhundert die Begriffe langweil und melancholey in enge Berührung miteinander" (a.a.O.).

• Problemata Physica XXXI. Das vollständige Zitat: „Warum erweisen sich alle außergewöhnlichen Männer in Philosophie oder Politik oder Dichtung oder in den Künsten als Melancholiker; und zwar ein Teil von ihnen so stark, daß sie sogar von krankhaften Erscheinungen, die von der schwarzen Galle ausgehen, ergriffen werden, wie man z.B. berichtet, was unter den Heroen dem Herakles widerfuhr? Denn auch jener scheint eine derartige Naturanlage gehabt zu haben, weshalb auch die Alten die Krankheit der Epileptiker nach ihm 'heilige Krankheit' genannt haben" (953a 10 ff.).

Für viele Jahrhunderte ist dann Ciceros knapper Hinweis folgenreich gewesen: Aristoteles jedenfalls sagt, daß alle Begabten schwarzgallig seien, so daß ich nicht darüber betrübt bin, nicht so begabt zu sein / Aristoteles quidem ait omnis ingeniosos melancholicos esse, ut ego me tardiorem esse non moleste feram (I, 80). Der erste Satzteil wird später wiederholt zitiert und darauf Bezug genommen. – Zur Wirkungsgeschichte von Problemata Physica XXXI vgl. u.a.: PS: 20 ff.; KPS: 67 ff.; Flashar, 1966: 60 ff.; Flashar, 1975: 715 ff.; (6.4).

Die Liste der ingeniosen melancholischen Menschen ist lang. Aristoteles nennt namentlich Herakles, Empedokles, Platon, Sokrates und „viele andere bekannte Männer, ferner aber auch von den Dichtern die meisten" (953a 27 ff.). Der Hl. Paulus wird später ebenso erwähnt wie Luther. Und über Cervantes' Werk Don Quijotes heißt es: Das Ingenium, der Wahn und die Traurige Gestalt fügen sich zwanglos in die alte Lehre von der Melancholie ein. Der melancholische Wahn ist ein möglicher Zustand des Ingeniums und manifestiert sich äußerlich in einer traurigen Gestalt. (Weinrich: 53)

Was das traditionsreiche Thema Genie/Künstler und Wahnsinn betrifft, so sind manche Differenzierungen erforderlich, denn: „Das Problem des 'verrückten Künstlers' konfrontiert uns historisch mit drei durchaus verschiedenen Formen von Wahnsinn: erstens mit Platons 'mania', dem heiligen Wahnsinn von Enthusiasmus und Inspiration; zwei-

tens mit Krankheit oder geistigen Störungen verschiedenster Art; und drittens einer ziemlich unscharfen Vorstellung von ungewöhnlichem Betragen" (Wittkower: 98).
• Hildegard von Bingen. Hinweis in KPS: 79. Die fragliche Stelle: Im Augenblick, da Adam sich der göttlichen Offenbarung widersetzte, gerade in diesem Augenblick gerann in seinem Blut die Melancholie, genau so wie die Helligkeit verschwindet, wenn das Licht auslöscht, während der noch warme Docht einen übelriechenden Rauch hinterläßt. So erging es Adam; denn während das Licht in ihm erlosch, gerann in seinem Blut die Melancholie, aus der in ihm die Traurigkeit und die Verzweiflung sich erhoben; in der Tat hauchte Adam beim Sündenfall der Teufel die Melancholie ein, die den Menschen lau und ungläubig machte (zit. Starobinski: 38; seine Quelle P. Kaiser (Hrsg.), Hildegardis causae et curae, Leipzig 1903).

26 • Petrarca. Sein Begriff Accidia ist umstritten. Manche Interpreten verweisen auf (moderne) Melancholie, Weltschmerz, Ennui. Dem ist gelegentlich entgegengehalten worden, daß Petrarca „an einer Krankheit dieser Art nicht gelitten" habe, er vielmehr in einer Denktradition stehe, die Accidia als große Gefahr und Sünde kenne – nämlich die „Lässigkeit in der Liebe zum wahren Guten, die Trägheit in der Ausführung dessen, was man selbst als Pflicht des Menschen erkannt hat" (Nachod/Stern: 385 f.).
Im Widerspruch dazu heißt es: Wenn im zweiten Diskurs Augustinus bei Franziskus = Petrarca jene pestis animi diagnostiziert, dann sei es this sentence alone, [which] makes it impossible, to explain Petrach's 'acedia' in theologico-moral terms; es handele sich vielmehr um eine sickness of soul, although he had not yet called this sickness by the name of melancholy (KPS: Fußnote 248). Unstrittig bewegt sich Petrarca im „Umkreis der Acedia. Seine freizügige Verwendung des Begriffs – er setzt ihn psychologisch – zeigt wohl schon eine säkularisierte Auffassung" (Fischer: 7). Das wiederum wird in vielen Abhandlungen über Petrarca zugestanden. In this process of reducing the concept to a psychological phenomen per se (tristitia), however, Petrarch's notion of acedia has lost such aspects of lack of devotion, boredom with the religious acts, neglect of spiritual duties, all of which were essential components – of the genuine medieval vice (Wenzel: 186).
Eine so starke Psychologisierung des fraglichen Phänomens schließt religiös-kirchliche Vorstellungen nicht völlig aus. Einer These zufolge ist das „Secretum, in welchem Petrarca seine intimsten Gefühle und Handlungen religiöser Prüfung unterwirft, durch und durch ein christliches Werk" (Kristeller, 1986: 9). Die Selbstbekenntnisse lassen sich freilich auch säkularisiert lesen, und es verwundert dann nicht, wenn die Accidia zusammen gesehen wird mit the same psychic malady that beset Werther or René (Chateaubriand) and, more recently, Baudelaire (Wenzel, 1960: 36).
• Betroffenheit. In den Diskursen läßt sich der Dichter intensiv über widrige äußere Lebensumstände und fehlende innere Ruhe aus. Augustinus sagt von der unheilvollen Seelenkrankheit: Lange und schwer hat sie Dich gequält. Franziskus-Petrarca fügt hinzu: So ist es. Und dazu kommt noch, daß ich eine falsche Süßigkeit verspürte in allem, worunter ich leide. (62) Ein Interpret kommentiert acedia-Weltschmerz als „das süße, träge Sichhingeben an alle die bittern Empfindungen, die das Leben mit sich zu bringen pflegt, das bewußte Wühlen in den kleinen Schmerzen des Alltags, gepaart mit einer weichen Melancholie der Erinnerung. Das merkwürdige Nervenleiden spielt in Petrarcas Leben eine große Rolle: der ruhelose Wandertrieb, der in ihm steckt, findet dadurch seine Erklärung". (Hefele: XVII) Andernorts ist angemerkt worden, daß man Franziskus- Petrarcas Hinweis auf den genießerisch erlebten Weltschmerz nicht überinterpretieren solle: „Aber Petrarca hing nicht etwa mit süßer Lust an den Schattenseiten des Lebens, er hing mit nie versiegender Kraft am Leben in seinem ganzen Umfange, berauscht vom Glücksgefühl des Lebendürfens" [...] (Nachod/Stern: 385).
• Zu accidia-aegritudo. Der Hinweis des fiktiven Gesprächspartners Augustinus im zweiten Diskurs findet eine Entsprechung in Augustinus' Werk De civitate dei = Der

Gottesstaat, XIV, 7: De tristitia uero, quam Cicero magus aegritudinem appellat, dolorem autem Vergilius [...] (CSEL, 40 II: 14). Der Verweis auf Cicero – Petrarca kennt ihn ebenso wie die Affektenlehre der Stoa (Heitmann: 89 ff., 203 ff.) – ist u.a. deshalb erwähnenswert, weil dieser, obwohl der Stoa schulmäßig fernstehend, sich ausdrücklich auf die stoische Affektenlehre bezieht. Zentrale Fragen Ciceros sind, ob der weise = vollkommene Mensch von den vier Hauptaffekten Schmerz, Kummer, Angst und Begierde frei sein kann, wobei der aegritudo eine besondere Bedeutung beigemessen wird. Über diese Seelenkrankheit, die sich auch körperlich auswirken kann, heißt es: Der Kummer lacerat, exest animum planeque conficit / zerfetzt und zerfrißt die Seele und vernichtet sie ganz (III, 27). Die aegritudo hat viele Gesichter: Neid, Eifersucht, Mißgunst, Mitleid, Sorge, Leid, Traurigkeit, Grübeln, Schmerz, Jammer, Besorgnis, Ärger, Niedergeschlagenheit, Verzweiflung usw. (IV, 16; vgl. auch III, 83). Die zahlreichen psychischen Erscheinungen lassen die Auffassung verständlich erscheinen: nam cum omnis perturbatio miseria est, tum carnificina est aegritudo / Denn wenn jede Leidenschaft ein Elend ist, so ist der Kummer ein mörderisches (III, 27).

27 • Ficino. Dieser bedeutende Gelehrte – vgl. die umfangreiche Studie von Marcel – ist wesentlich mitverantwortlich für jene „Umdeutung der saturnischen Melancholie", die sich in der Renaissance „im Sinne einer Lehre vom Genie mit einer auch im Denken der Antike niemals erreichten Rücksichtslosigkeit vollzog" (Benjamin: 164). Die Ambivalenz des Saturn spiegelt sich im Genie-Mensch wider: ausgeprägter Intellekt und kontemplative Kraft sowie Resignation, wobei die Reichweite der Erkenntnis mit der Tiefe der Trauer verknüpft ist (Völker, 1978: 12). Die Verbindung von Melancholie und Genie hat langanhaltende und vielfältige Auswirkungen auf Bildende Kunst (z.B. Dürer) und Literatur.
Die Doppeldeutigkeit von Saturn und Melancholie hat Ficino grundsätzlich und nachhaltig beschäftigt. Die erwähnte Briefstelle zit. PS: 33. Der Vorfall ist bemerkenswert, denn Ficino antwortet seinem Freund Cavalcanti: Ich werde einen Ausweg suchen und entweder sagen, daß die Melancholie, wenn Du so willst, nicht vom Saturn kommt – oder, wenn anders sie notwendig von ihm kommen muß, dann will ich dem Aristoteles beistimmen, der gerade sie für eine einzigartige und göttliche Gabe erklärt (34). So geschieht es – was andernorts als ein „zeit-typischer, komplexer Legitimationsvorgang" bezeichnet worden ist. Denn einerseits empfindet Ficino seine Stimmungen durchaus als leid- und verhängnisvoll und ist er andererseits renaissancetypischen Vorstellungen ausgesetzt. „Aber so einfach war Tradition nicht zu eskamotieren, und Ficino nimmt den Einwand der kommen muß, vorweg, resigniert, indem er sich zur aristotelischen Tradition bekennt, in deren Nachfolge die Frührenaissance in Florenz die Nobilierung der Melancholie bewirkte". (Lepenies: 216 f.) Subjektive Empfindungen und umweltbedingte Erwartungen geraten somit in einen Konflikt; soziale Kontrolle sorgt für eine bestimmte Bewertung der Melancholie – übrigens ein Beispiel für das, was neuerdings Gefühlsarbeit genannt wird (Gerhards).
• Diätetik des Leibes und der Seele. In De Vita Triplici Tres werden vor allem empfohlen: Vermeidung von Unmäßigkeit, vernunftgemäße Tageseinteilung, geeignete Wohnung, geeignete Speisen, Spazierengehen, geregelte Verdauung, Massagen, Musik ... (PKS: 39 f.). Man kann sagen: die kühnste theoretische Konstruktion, die in einer zusammenhängenden, ja allzu zusammenhängenden Lehre Philosophie, Medizin, Musik, Magie und Astrologie verbindet, findet sich bei Marsilius Ficinus und dessen Schülern (Starobinski: 82).
Man sollte wohl auch Theologie erwähnen. Ficino kennt eine Lehre der Unruhe. Er schreibt wiederholt „über die Torheit und das Elend der Menschen", die ständig mühevoll leben, von Schmerz und Unruhe begleitet. „Wir alle sind wie Tantalus", heißt es bei ihm gelegentlich. Kenner verweisen auf den Einfluß Plotins und vor allem Augustinus' Konzept der Unruhe zu Gott: Unruhig ist unser Herz, bis es ruht in Dir. Ficinos Theorie der Unruhe und Theorie der Melancholie haben diese gemeinsame Grundlage: die „un-

bestimmte Trauer des inneren Bewußtseins [als] einer philosophischen Erfahrung". Deren Auslegung ist in beiden Fällen jedoch verschieden. „Denn wenn wir von der Unruhe des Bewußtseins sprechen, so wird die Grunderfahrung sofort in einen großen metaphysischen oder theologischen Zusammenhang hineingestellt [...] Hier befinden wir uns also ganz auf dem Boden der mittelalterlichen christlichen Anschauung, wie er durch das Vorbild des Augustinus ohne weiteres gegeben ist. Dagegen wenn wir von der Melancholie sprechen, so wird die Stimmung gleichsam in sich selbst und ohne einen metaphysischen Hintergrund verstanden [...] Und so kann der Mensch die Melancholie zwar in einer Anwandlung von Schwäche beklagen und verwünschen, aber sie doch in der Regel als ein Korrelat seiner geistigen Berufung mit einem gewissen Stolz ertragen und sie selbst ohne die Aussicht auf eine einstige Erlösung bejahen und sogar genießen. Dies ist eine durchaus moderne Auffassung, die wir bis in die Romantik und selbst bis in die Gegenwart verfolgen können und die von der zuvor genannten ihrem Wesen nach verschieden ist". (Kristeller, 1972: 197)

28 • Auswirkungen Ficinos. Vgl. dazu allgemein PS: 49 ff. und KPS: 227 ff. Speziell zu Melancholie-Lyrik vgl. beispielsweise Völker, 1978 und 1983. – Aus der Fülle melancholischer Gedichte: Zart Gedicht wie Regenbogen, / wird nur auf dunkeln Grund gezogen, / Darum behagt dem Dichtergenie / Das Element der Melancholie (Goethe). Zu solcher Art Dichtung ist ausdrücklich von ästhetischer Melancholie gesprochen worden, welche den ästhetisch fein organisierten Dichter in poetisch-produktive Stimmung versetzen könne (Kahn: 52), wobei eine melancholische Veranlagung nicht vorliegen müsse.
• Luther. Im Zusammenhang mit Melancholie schon beiläufig erwähnt in Anm. 23 und 25. „Wie gut, daß ich das Bild des melancholischen Luther lediglich nachzeichnen muß: 'Bitte für mich elenden und niedrigen Wurm, den der Geist der Traurigkeit plagt' [...]" (Jens: 27). Andernorts wird von einer „angeborenen Bereitschaft zur Melancholie" gesprochen; von „so starken Depressionen", daß Luther „sogar vor Angst und Schrecken in Ohnmacht" fiel; von „theologischen Rationalisierungen", die „tiefer (lagen), nämlich in seiner Krankheit" (Mock: 49, 67, 74). Differenzierte Betrachtungen scheinen möglich und nötig. Es heißt: Ohne Zweifel bot Martin in depressiven Augenblicken bisweilen das, was wir als das klinische Bild einer Melancholie bezeichnen würden. Aber er suchte sehr klar zu unterscheiden, was als Krönung eines fruchtbaren Konfliktes von Gott kam und was Zeichen seiner Niederlage war. Daß er mit Niederlage den Teufel meinte, bedeutet nur, daß er ein naheliegendes diagnostisches Etikett verwendete. [...] daß er später diese Gestimmtheit zur Melancholie vollständig verlor zugunsten gelegentlicher heftiger Schwankungen zwischen Depression und seelischer Gehobenheit, zwischen Selbstanklage und Schmähung anderer. So war die Traurigkeit in der Hauptsache charakteristisches Symptom seiner Jugend, eingekleidet in eine zeitbedingte traditionelle Haltung. (Fromm, 1975: 42 f.) Und schließlich noch: Luthers Angst entsprang ähnlichen Motiven wie die der Anachoreten. Wir müssen darauf verzichten, sie zu untersuchen, da sie sich einer neutralen Beurteilung entzieht: es gibt darüber ebenso viele Meinungen wie Autoren, darunter Psychiater, die in Luther einfach einen Geisteskranken oder zumindest einen schweren Neurotiker sehen wollen. Pathologisch oder nicht – die Ängste Luthers bringen uns nichts Neues. Sie setzen die augustinische Tradition fort, sie entstammen der gleichen Verzweiflung, als Mensch vor Gott nicht bestehen zu können. Gerade darum möchte ich ein 'psychiatrisches Etikett' vermeiden. (Lenné: 92)
• Malcontent. Im damaligen England gibt es einen großen Einfluß antiker und mittelalterlicher Autoren, insbesondere Platon, Aristoteles, Galen, Augustinus, Avicenna und Thomas. Was die Temperamentlehre betrifft, so gilt: The ideal man would have the four humors mingled in his body in an exact proportion. Blood would be the most abundant humor, phlegma the next in quantity, melancholy the next, and cholor the least [...] Melancholy men are leane, dry, lank ... crokenayled ... the face becommeth pale, yellowyshe & swarty ... As touching the notes & markets of their mindes, they are churlish, whyning ... obstinate, greedy ... they vse a certaine slow pace & soft nyce, holdinge down

their heads, with countenaunce & loke ... grim and frowninge (zit. englische Arbeit von 1576). Wenn melancholy humor abnormal in quantity and quality vorkommt, hat man es mit einer krankhaften Melancholie zu tun. Es gibt mannigfache Ursachen der Melancholie, allen voran – so Burton – Sorrow is 'the mother and daughter of melancholy, her eptiome, symptom, and chief cause'. (Babb, 1951: 1, 9, 23 f.)

Der social type malcontent ist seinerseits in vier Untertypen entfaltbar: (1) Menschen, die davon überzeugt sind, daß sie melancholisch sind, weil melancholy signifies astuteness and profundity of mind. He snarls at the world because it has not perceived and rewarded talents and selfimprovements (76). (2) Menschen mit criminal violence and intrique, also villians = Schurken, Schufte, Bösewichter (84). (3) Menschen of interesting and amusing pecularities. He is shaggy and disheveled; he is gruff and bearish; he is prone to taciturn moping in corners [...] (91). (4) Der melancholy scholar (96).

29 • Aufklärung – Frankreich – Diderot. Der erforderlichen Beschränkungen wegen kann auf den wichtigsten Beitrag Diderots (1713-1784) in der 'Encyclopedie' nicht eingegangen werden, in dem es zu Beginn knapp und präzise heißt: Melancholie, s.f. c'est le sentiment habituel de notre imperfection (432). Vgl. auch Schalk, 1964 und Schings.
• Melancholie als Hypochondrie. Es gibt bemerkenswert viele literarische Selbstzeugnisse und wissenschaftliche Analysen (vgl. z.B. Busse).
Der Arzt J.U. Bilguer schreibt 1767: Ich sehe aber als Hauptquellen der heutigen Tages so allgemein herrschenden Hypochondrie an: Die Pracht, die Schwelgerey, und die überhaupt schlechte Lebensordnung, den Müssiggang; die heutigen Tages vorhandene und gegen die Anzahl der sich tüchtig bewegenden und dadurch immer gesund und stark erhaltenden Leute, gar zu überwiegende Menge solcher Personen, welche sich mit solchen Geschäften abgeben, deren Ausübung vieles Sitzen, oder eine presshaft gezwungene und unnatürliche Stellung des Leibes, oder auch, es geschehe nun freywillig oder gezwungen, eine zu stille und sittsame Lebensart erfordert; die heutigen Tages übertriebene Begierde, seinen Stand zu verbessern, das zu frühzeitige Verheyrathen, die unglücklichen Ehen, den ehelosen Stand oder das Cölibat über das 25ste bis 30ste Jahr, [...] der so allgemein herrschende Misbrauch des Zuckers und Backwerks, des Thee-Kaffee-Schocolade- und Brandtwein-Getränkes, wie auch des Rauchtabaks; die zu große Anstrengung der Seelenkräfte [...] die fast allgemein herrschende stolze Nachahmung oder Affectation der Personen von geringem, mittlern oder ungelehrten Stande, um entweder den Vornehmen oder den Gelehrten, wie in vielen andern Stücken, also auch in Ansehung der Zärtlichkeit, der Weichlichkeit und den kränklichen Leibesumständen gleich zu seyn; das blinde Vorurtheil, so fast alle Menschen in den Städten beherrschet, fast keinen Tag vorbey gehen zu lassen, da sie nicht etwas von einer oder der andern Arzney einnehmen ... und endlich, die durch diese oder jene Krankheit oder Leidenschaft oder durch diese oder jene Ursache erlangte kranke Gemüthsbeschaffenheit! (zit. Busse: 7 f.).
Aus weiteren Ausführungen könnte man den Eindruck gewinnen, als seien tendenziell alle Menschen betroffen. Das ist jedoch offensichtlich nicht der Fall, wie der Ausdruck „Gelehrtenkrankheit" deutlich macht. (177) – Vgl. auch Foucault: 285 ff.
• Acedia-Tradition. Der Hinweis auf G. Arnold und Cassian bei Schings: 337.
Interessant sind in dem Arnoldschen Buch die beiden Kapitel 'Von der geistlichen trägheit' (506 ff.) und 'Von der geistlichen traurigkeit und zaghaftigkeit' (523 ff.), in denen Cassian wiederholt zitiert bzw. erwähnt wird. Beispielsweise: Da findet man nun in den alten geistlichen schriften einen solchen zustand gutmeinender seele beschrieben, den sie im griechischen [akedia] nennen, d.i. nach ihrer eigenen beschreibung eine solche unlust zum guten, und unverständige niedergeschlagenheit, die aus der sorglosigkeit und faulheit des hertzens herühret [zit. Nilus]. Ein überdruß und bangigkeit des hertzens, die sonderlich den einsamen nachstelle [zit. Cassian], das ist solchen, die sich vornehmlich auf ein gottseeliges und von der Welt geschiedenes leben begeben haben (514 f.).
Zimmermann kennt Cassians Analyse der Acedia und Tristitia sehr genau: Ach wer hat

194

den Zustand nicht erfahren, den ein tiefer Grundkenner der Egyptischen Einsiedler, Cassianus, so meisterhaft schildert, indem er diesen armen Tröpfen nicht üble Regeln gibt, demselben zu entgehen! [...] Ich fordere jeden Arzt und Seelenmahler auf, mir diesen Zustand treffender darzustellen, als dies Cassianus getan hat. Er fügt noch in einer Fußnote hinzu: Wie mahlerisch und rührend ist zumal das Bild des Cassianus von einem Mönch den Langeweile drückt: Saepiusque egreditur et increditur cellam et solem velur ad occasum tardius properantem crebrius intuetur / Und öfters ging er aus der Zelle hinaus und in die Zelle hinein und hielt häufig Ausschau nach der Sonne, als ob sie zu langsam dem Untergang zueile. Man sollte eben nicht vergessen: „Menschen waren sie. Aber ihr angeblicher Grundkenner Oberreit, verschweigt nicht nur ihre Fehler und Verbrechen; sondern er ist frech genug sogar ihre Krankheiten und vorzüglich ihre Melankolie zu leugnen". (II: 132, 125)

• Zu Moritz-Reiser und Pietismus. Die im letzten Drittel des 17. Jahrhunderts entstandene pietistische Reformbewegung betont stark eine rigorose regelmäßige Selbstergründung. Die ständige Gewissenserforschung, das anhaltende Grübeln über sich selbst, die Enttäuschungen bei mangelndem religiös-moralischem Fortschritt u.a.m. sind ein fruchtbarer Boden für Hypochondrie. Ein Ausdruck wie 'pietistische Hypochondristen' (Busse) erhält so seinen Sinn.

• Noch Goethe. In einer wiederholt zitierten Quelle über Melancholie im 18. Jahrhundert heißt es: Das prominenteste literarische Opfer der acedia ist aber ... Faust des ersten Teils, in der Inkubationsphase des Paktwunsches (Schings: 239, unter Hinweis auf Forster). Es wird dann von „großen acedia-Beschreibungen" gesprochen: die Paktszene und die „schlechte Litanei", wo fast schon eine klinische Beschreibung der Depression erfolge. In dem umfangreichen Werk Kuhns über Ennui wird Goethe ausführlich gewürdigt (z.B. Faust 189 ff.). In einer wichtigen Studie über Langeweile heißt es: Nach dem Werther ist es der Faust, mit dem Goethe an der Ausbildung des modernen Lebensgefühls beteiligt ist; seine Konzeption fällt ebenfalls in die Epoche des Sturm und Drang (Völker, 1975: 176). – Zu Faust und Acedia, Goethe und Cassian liest man: Die Frage, ob Goethe Cassian oder die anderen Kirchenväter tatsächlich gelesen hat, ist interessant [...]. Auf jeden Fall muß ihm die hergebrachte Lehre der Kirche über die sieben Todsünden, ob bewußt oder unbewußt, vertraut gewesen sein. (Forster: 318)

30 • Acedia, Melancholie und Ennui. Vgl. dazu die Hinweise:
Bevor wir jedoch die Erfahrung des Ennui bei Pascal analysieren, wollen wir auf die Tradition eingehen und die Erfahrung interpretieren, die Johannes Cassianus im 5. Jahrhundert n. Chr. und Thomas von Aquin unter dem Begriff acedia darstellten. – Man könnte den Ennui, in Anlehnung an die acedia als die Mönchskrankheit im frühen Christentum, die Krankheit der Aristokratie in ancien régime nennen. (Stenzel: 62, 71) – In Cassian's earlier work we underlined certain similiarities between acedia and ennui [...]. The emotional impact of the demon of noontide is as violent as the spiritual destructiveness of ennui. (Kuhn: 53 f.)

• Zur Wortgeschichte von Ennui. Vgl. vor allem Völker, 1975: 13, 135 ff. mit einer Fülle hochinteressanter Quellen. Übrigens: der älteste Beleg, den man als rom(anisch) ansehen kann, steht Reich.Glossen 1122 tedet: anoget (v. Wartburg) [Französisches Etymologisches Wörterbuch 4 (1952)], S. 704 a (137). Im 12. Jahrhundert ist freilich auch das Wort melancholie gebräuchlich, von dem es zahlreiche Abkömmlinge gibt, z.B. mancolie, malencolie, melencolie, merencolie ... (Heger: 65 ff.).

• Zu Ennui und Langeweile. Nach v. Wartburg lassen sich zwei Hauptrichtungen unterscheiden: „je nachdem das missbehagen, das damit bezeichnet wird, durch eine konkrete ursache; ein bedrängnis, ein leiden usw. hervorgerufen wird (1) oder aber dadurch, daß es der menschlichen seele an einem befriedigenden inhalt fehlt (2)". Der Kommentar dazu: Semantisch ist damit schon ein wichtiger Unterschied zur dt. Langeweile gegeben: eine Gemeinsamkeit zwischen ennui und Langeweile besteht nur in der zweiten Bedeutungsrichtung, nicht aber in der ersten! Langeweile besetzt also nur einen Teil

des ennui-Feldes [...] (Völker, 1975: 137).
Ein früher Beleg für Langeweile ist Überdruß: Langweil: otium taediosum = ekelhafte
Muße! (Teutonisch-Lateinisches Wörterbuch 1741, zit. Jacobi: 11). – Zur engen Verbindung: Schon vom Wort her gehören Melancholie und Langeweile zusammen; nicht nur
im 'ennui' sind beide verborgen (Lepenies: 115). – So ist schließlich der Ennui der Franzosen der eigentliche Grund unserer Langeweile (Hübner: 18). – Wir verstehen unter
Ennui nicht jenen Zustand einer vorübergehenden Langeweile, die uns etwa befällt,
wenn wir in einen schlechten Film oder in eine banale Gesellschaft geraten sind, die wir
über uns ergehen lassen müssen: dieser Zustand verschwindet, sobald wir unsere Freiheit wiedergewonnen haben. Der Ennui dagegen besteht nicht darin, gelangweilt zu
werden, sondern sich selbst zu langweilen; er ist von allen äußeren Bedingungen unabhängig [...]. (Wiegand: 82) – Usw.
• Noch zu Taedium vitae und Ennui. Seneca ist Stoiker, und Stoiker sind bekanntlich
darum bemüht, alle Affekte zu beherrschen (schon 2.3., 3.2.). Das Lebensziel ist klar:
Ergo quaeriumus quomodo animus semper aequali secundoque cursu eat propitiusque
sibi sit et sua laetus aspiciat et hoc gaudium non interrumpat, sed placido statu maneat,
nec attolens se umquam nec deprimens. Id tranqillitas erit / Unsere Frage richtet sich
also darauf, wie der Geist immer in gleichmäßiger und glücklicher Bewegung verbleibte, mit sich selbst in segensreicher Übereinstimmung stehe, sein eigenes Tun freudig betrachte und diese Freude nicht unterbreche, vielmehr in einem Zustand der Ruhe verharre, ohne je überheblich oder niedergeschlagen zu sein. Dieser Zustand wird die Ausgeglichenheit der Seele genannt (2.4.).
Seneca: vgl. u.a.: Bouchez: 27 ff.; Sénèque nous à montré l'âme de ses contemporains
pleine d'ennui et de dégoût [...] (Boismont, 1856: 167); The most serious treatment accordet the problem of ennui in antiquity is to be found in the work of Seneca [...] (Kuhn:
28, mit einer ausführlichen Analyse).
• Zur Wirkungsgeschichte des Taedium vitae-Konzepts. Hier nur vier Hinweise:
„Im Rückblick ordnet sich für Goethe die Werther-Stimmung in die Tradition des
Taedium vitae und der Melancholie ein [...]. 'Max Laroche verheirathet. Taedium vitae.
Wertherianism. Düstre Lebenslast. Periodisch wiederkehrend. Entschluß zu leben. 'Werther' geschrieben und gedruckt. Wirkung desselben'" (Völker, 1975: 173, Zitat aus 13.
Buch von 'Dichtung und Wahrheit'). – Andernorts heißt es, daß Werthers Weltschmerz
zwar nicht mit Langeweile zu verwechseln, er aber „dennoch nahe verwandt mit der
acedia" ist (Revers: 19).
Baudelaires Hinweis auf Seneca und Chrysostomus zeigt, daß der Dichter in der fraglichen Tradition zu Hause ist. An Senecas Analyse des Lebensüberdrusses in (1,15) „(wird)
sich Baudelaire wieder erinnern" (Starobinski: 31). Auch die – vermutlich durch Boismonts 1850 erschienene Schrift vermittelte – Kenntnis von Chrysostomus' Ermahnung
an Mönch Stagirius wirkt nach dem Gedicht Le mauvais moine (Les Fleurs du mal, erster
Zyklus: Spleen et Idéal).
Senecas Brief 24,26 im Original: Nihil novi facio, nihil acerbum iudicent vivere sed supervacuum. Dazu heißt es: Der eindrucksvoll formulierte und sehr modern anmutende
Gedanke von dem einer tödlichen Langeweile entspringenden Lebensüberdruß findet
[zumindest] eine verblüffende Parallele in J.-P. Sartres La Nausée: 'Solange man lebt,
passiert nichts. Die Szenerie wechselt, Leute kommen und gehen, das ist alles. Nie gibt
es einen Beginn. Tag schließt sich an Tag, ohne Sinn und Verstand, eine unaufhörliche
und langweilige Addition' (aus Anm. 42).
Zur näheren Analyse des von Serenus in (2.1.) bekannten und dann von Seneca in (2,2 ff.)
erörterten Leidens heißt es: Das taedium vitae, die nausea [...] verraten, mit heutigen
Augen gesehen, weit eher eine neurotische Depression als eine endogene Melancholie
[...] (Starobinski: 31). Ob's stimmt?

31 • Zu Einflüssen auf Pascal. Die skeptische Philosophie seiner Zeit heißt Neo-Pyrrhonismus und geht auf den älteren Skeptizismus des Phyrron v. Elis (4./3. Jh.) zurück. Der

erkenntnistheoretische Zweifel angesichts konkurrierender Meinungen, Urteile und Glaubenspositionen muß nicht, kann aber mit einer mehr oder weniger stark ausgeprägten negativen Bewertung eben dieser Wirklichkeit einhergehen. Die Vorstellung von der Schlechtigkeit dieser Welt ist in der damals vor allem in Frankreich sehr einflußreichen katholischen Reformbewegung 'des' Jansenismus gang und gäbe – zusammen mit der Annahme einer wenn überhaupt, dann nur begrenzten Veränderbarkeit durch den Menschen. Ennui und Rückzug müssen nicht, können aber die Folge sein.

Das wird hier nur deshalb erwähnt, weil es – so jedenfalls eine Behauptung – eine bemerkenswerte Parallelität zwischen steigendem Einfluß 'des' Jansenismus und Verfestigung der absoluten Monarchie gab. Unter den Anhängern 'des' Jansenismus sind viele Mitglieder des politisch entmachteten Hochadels sowie „Advokaten und Beamte der souveränen Gerichte, die von den commissaires, den Beamten der neuen zentralen Bürokratie, in den Hintergrund gedrängt wurden" (Stenzel: 29). Die weite Verbreitung es Ennui in adligen Kreisen hat demnach nicht nur politische Ursachen, sondern wirkt sich auch auf das religiöse Weltbild aus.

• Ennui/Langeweile. Wie schon in (7.1) und Anm. 30 erwähnt, sind Ennui und Langeweile keine einfach austauschbaren Begriffe. Wer many forms of boredom kennt und sich auf jene Langeweile beschränkt, die er Ennui nennt, den interessiert keine banale Langeweile, wie es sie in Schulen, bei Hausfrauen in Suburbia und am Arbeitsplatz angesichts monotoner Arbeitsvollzüge (angeblich) gibt. Davon ist der Ennui zu unterscheiden, as the state of emptiness that the soul feels when it is deprived of interest in action, life, and the world [...], a condition that is the immediate consequence of the encounter with nothingness, and has an immediate – effect a disaffection with reality. Such alienation does in turn produce a number of different effects. (Kuhn: 13)

Was speziell Langeweile betrifft, so ist sie im Zusammenhang mit Ennui als temporäres Problem schirer Zeitverbringung nicht interessant. Erst wenn Langeweile sich verfestigt und in welchen Ausdrucksformen auch immer sich zum Lebensüberdruß ausweitet oder wenn sie als Begleiterscheinung eines als leidvoll empfundenen Lebens auftritt, werden semantische Unterscheidungen schwierig und erscheinen Acedia, Melancholie, Ennui und Langeweile als austauschbare Begriffe. Hier verhält sich beispielsweise Lepenies konsequent. Und völlig zu Recht merkt Völker (1975: 134 f.) an: Vergegenwärtigt man sich den [von Seneca] so beschriebenen Seelenzustand, so fällt es schwer, in ihm etwas anderes zu sehen als (existentielle) Langeweile, als Ennui und Daseinslehre.

32   • Noch zu Wortbedeutungen. Der Ausdruck Spleen zielt anfangs und längere Zeit nicht nur auf trübsinnige Seelenstimmung ab, sondern wird auch – so etwa bei Shakespeare – als Ausdruck von Freude verwandt. Er dient sodann dazu, plötzliche seelische Veränderungen, die „aus dem Rahmen des Gewöhnlichen" fallen (Kalkühler: 2), zu kennzeichnen. Verständlich also, daß sich mit dem Wort Spleen ebenfalls die Vorstellung von ärgerlich und zornig verbindet.

• English Malady. Sie wird vermutlich erstmals von G. Harvey: Morbis Anglicus ... (1672) titelmäßig benannt. Eine Abhandlung gibt es sodann von dem Arzt G. Cheyne: The English Malady: Or a Treatise of Nervous Diseases of all Kinds; Spleen, Vapours, Lowness of Spirits, Hypochondriatical, and Hysterical Distempers, Etc. (1717). Literarisch M. Greene: The Spleen and other Poems (1737). Literarisch bedeutsam sind auf jeden Fall noch A. Pope, L. Sterne (Tristam Shandy) und J. Swift. Kurzer Überblick von C.A. Moore.

• Noch zu Ausmaß und Verbreitung. Cheyne vermerkt in seinem Buch, daß es sich bei der fraglichen Krankheit um einen Vorwurf von Fremden handle. Zu einer Äußerung im Spectator vom Mai 1712, Melancholy is a kind of demon; that haunts our island, wird angemerkt, daß diese Formulierung was to become a cliché (Kuhn: 130). Allerdings ein sehr wirksames Etikett, denn der Spleen war „seit dem Ende des 17. Jahrhunderts, in den Rang eines nationalen Symbols gerückt", wohingegen im 16. und 17. Jahrhundert „niemand die Melancholie für eine spezifisch englische Krankheit (hielt)". Für Burton war sie Kennzeichen der <u>conditio humana</u> schlechthin (Blaicher: 39).

Es gibt den Spleen als wirkliches Leiden und Pose ebenso wie seine literarische Benutzung zu satirischen Zwecken. Neither [Pope] nor his contemporaries seemed to take the malady seriously, but rather saw in it an ideal object of satire (Kuhn: 139). Sicherlich gibt es diese Satire, aber eben diese kann durchaus durch Spleen verursacht sein.

Man hat sie häufig gesehen, die herumreisenden spleenigen Engländer. Kleine Reisen zu Hause langen nur für „kleine Verstimmungen. Sobald man viel <u>Spleen</u> hat, ist eine große Reise angebracht" (Starobinski: 76). Es sind allerdings nicht nur begüterte Menschen spleenig. Im Spectator steht irgendwann einmal: every heavy Wretsch, who has nothing to say, excuses his Dulness by complaining of the spleen (zit. Kuhn: 139). Wirklich erlebter oder nur modisch bedingt vorgeschobener Spleen?

• <u>Ursachen.</u> Es werden damals vielfältige Zusammenhänge behauptet. Häufig verweist man auf körperliche Einflüsse. Das drückt sich im Wort Vapours (von lat. vapor = Dunst, Dampf) aus, in der Annahme nämlich, daß innere Gase aus den Körperorganen „zum Kopfe emporsteigen und seltsame Phantasien und Stimmungen erzeugen". Klima, Wetter, zuviel geistige Tätigkeit und Beschäftigung mit metaphysischen Bedürfnissen fördern den Spleen (Kalkühler: 8, 13, 18 ff., 13 f., 41).

• <u>Noch zu Spleen und/als Ennui.</u> Die Nähe von Ennui und Spleen in Frankreich darf nicht darüber hinwegtäuschen, daß es dort manche feinen, nichtsdestoweniger wichtigen, Unterschiede gibt. Obwohl im 19. Jahrhundert Baudelaire beide Begriffe fast austauschbar gebracht werden, geht der „'Spleen' über den 'Ennui' insofern hinaus, als er sich deutlich dem Bereich des Neurotischen, ja manchmal Pathologischen nähert". Hinzu kommt eine gewisse Idealisierung in Form „trotziger Bejahung". Und in Huysmans Roman 'A Rebours' = Gegen den Strich (1884) ist − so jedenfalls eine Deutung − „der 'Spleen' kein Zeichen metaphysischer Unruhe, nicht Ausdruck des Leidens an der Spannung zwischen Bedingtem und Unbedingtem. Der bei Baudelaire sehr weit gefaßte Begriff wird vielmehr reduziert auf die hypochondrische, neurotische Verachtung alles Bürgerlich-Durchschnittlichen". Später geht dann der neurotisch übersteigerte Spleen „mit dem raffiniert-dekadenten Literatentum des 'Fin de Siècle' in den großen Umwälzungen des 20. Jahrhunderts unter, die nur die Wahl zwischen Scheitern und Bewährung lassen". (Arnold, W.: 164 ff.) J.-P. Sartres Roman 'La Nausée' (1938) ist in diesem Zusammenhang erwähnenswert.

33 • <u>Kierkegaard und Pascal.</u> [...] In diesen Sätzen Pascals ist bereits alles enthalten, was die folgenden Jahrhunderte zur Langeweile und Zerstreuung sagen. Seine Beschreibung der Langeweile entspricht bereits voll der des Existentialismus. (Jacobi: 22) Kierkegaard hat die Existenzphilosophie stark beeinflußt.

• Die <u>Tagebuchnotiz Kierkegaards</u> findet sich in 'Studien auf des Lebens Weg', 15 Abteilung Gesammelte Werke, Anm. 220, S. 547. Es gibt von Kierkegaard Ausführungen unter der Überschrift „Die stille Verzweiflung". Laut Anmerkungen des Übersetzers: „Für die persönlichen Hintergründe dieses ersten Einlagestückes sind wichtig zwei während der Lektüre eines Stücks von Gregors moralia gemachte Tagebuchaufzeichnungen", nämlich die zitierten Passagen (a.a.O.). − Vgl. auch: In diesem Sinne spricht auch Kierkegaard in 'Entweder-Oder' von [der Schwermut], im Anschluß an 'eine ältere Kirchenlehre'; 'Heutzutage gilt es als etwas Großes, schwermütig zu sein; ich schließe mich an eine ältere Kirchenlehre an, welche die Schwermut zu den Kardinalsünden zählte'. Kierkegaard denkt hier offenbar an die <u>acedia</u> [...] (Wiegand: 63).

• <u>Einflüsse.</u> Kierkegaard schreibt: Es waren einmal ein Vater und ein Sohn [...] Ganz selten einmal, wenn der Vater den Sohn betrachtete und sah, daß er sehr kummervoll war, da stand er still vor ihm und sagte: Armes Kind! Du steckst in einer stillen Verzweiflung [...] Sonst wurden niemals zwei Worte über diese Angelegenheit gewechselt! Aber der Vater und der Sohn waren vielleicht zwei der schwermütigsten Menschen, die seit Menschengedenken gelebt haben (zit. Rohde: 17). − Grundsätzlich: Grimault.

Unter anderem von der deutschen Romantik, Shakespeare (Hamlet) und Goethe (Werther) ist Kierkegaard stark beeinflußt. Seine scharfe Kritik an Hegels idealistischer Philosophie ist erwähnenswert. Es erscheint Kierkegaard absurd, Welt und Weltgeschichte in einem System von Begriffen auf den Begriff zu bringen. Dagegen sperrt sich 'die' Wirklichkeit, denn in ihr geht es gar nicht so und schon gar nicht so vernünftig zu, wie es in dem philosophisch Ausgedachten als einem Produkt bloßen Denkens den Anschein hat.

Für Kierkegaard ist die Hegelsche Philosophie auch deshalb angreifbar, weil in ihr seiner Ansicht nach die menschliche Freiheit zu kurz kommt. Der „Grundvorwurf, daß Hegel vermeinte, es käme lediglich darauf an, die Ordnung der Welt in ihrer inneren Harmonie zu erkennen. In einem solchen Erkennen, so sagt Kierkegaard, wäre jede Möglichkeit der Freiheit zugunsten der Notwendigkeit des Begriffs negiert" (W. Schulz: 277). Dann aber hat der Mensch auch keine Wahl mehr, den Sprung zu wagen, sich zu entscheiden – so beispielsweise für das Christentum. Diese Möglichkeit erscheint Kierkegaard jedoch aus persönlichen Gründen und seinen philosophischen Erwägungen unerläßlich. Angesichts existentieller Langeweile kommen für ihn die denkbaren Alternativen Resignation oder Selbstmord nicht in Frage.

34 • Zeitsituation. Büchner und seine Generation leben in einer Übergangszeit, die üblicherweise auf 1815 (Restauration nach dem Wiener Kongreß) und 1848 (Märzrevolution, Nationalversammlung in Frankfurt) datiert wird. Überliefertes erscheint fragwürdig, und Zukünftiges ist noch ungewiß. In solchen Zeiten hallt den „Nachfahren so oft der Ruf der Langeweile und der allgemeinen Lebensangst entgegen". Die damalige europäische Generation „kannte solche Gefühle und Lage. Ihr Schicksal und Empfinden sprach sich darin aus. Daher jene Philosophien und Dichtungen der Monotonie und Langeweile, ungezählter Beschreibungen des Seelenzustandes innerer Leere, ein Dasein ohne Richtung und Inhalt, auf der Jagd nach seelischen Sensationen, um die innere Leere zu übertönen [...]". (H. Mayer, 1974: 27)

• Acedia. Bei Büchner kommt das Wort nicht vor. Ob man es für Leonce und Lena verwenden darf, kann strittig sein. Es heißt jedenfalls in einer Studie: „Wie Danton ist Leonce von der Umwelt separiert und fühlt sich in seiner acedia unfähig, zu ihr hinüberzugelangen". Und: „Die Zeugnisse über Büchners Leben, besonders in den Briefen, so spärlich sie sind, lassen die acedia klar erkennen". (Fischer: 42,4) Vgl. auch Stenzels Hinweis in Anm. 6, S. 178 dieser Arbeit.

• Ein Lustspiel der Langeweile. Wie gesagt, man sollte sich von dem Wort Lustspiel nicht täuschen lassen. Es ist (auch) bitter ernst. Sein Stück is no caricature. Rather it is a product of ennui, a whimsical fantasy whose dreamlike atmosphere is achieved by the aura of melancholy and fatique that surrounds all of the characters (Kuhn: 247). Im Repertoire vieler Bühnen, beispielsweise in Kurstädten, wo Kuren bekanntlich viel Langeweile produzieren, hat das Stück freilich vor allem die Funktion, für Heiterkeit zu sorgen. Warum auch nicht? Warum nicht kurzweilige Stunden erleben mit den Königskindern aus den Reichen Popo und Pipi? Man muß den philosophischen Hintergrund mancher Äußerungen wie beispielsweise a priori und a posteriori nicht verstehen und hat an vielen Stellen dennoch Anlaß, sich lauthals lachend auf die Schenkel zu schlagen. Nach der Kurzweil wird es sowieso wieder ernst.

35 • Schopenhauers Philosophie. Sie gilt üblicherweise als eine Ausdrucksform des philosophischen Pessimismus, der seinerseits eine lange Vorgeschichte hat. Als eine grundsätzliche Aussage kann gelten: „die Summe der Unlust überwiegt die Summe der Lust; folglich wäre das Nichtsein der Welt besser als deren Sein" (Plümacher: 1). Zusammenhänge zwischen philosophischem Pessimismus und der Poesie des Weltschmerzes etwa bei Byron und Leopardi sind offenkundig (101 ff.). Zu Schopenhauers Philosophie vgl. beispielsweise Breidert, Meyer, Abendroth, Safranski.

• Noch zu Not und Langeweile. Wer sich mit der Not herumschlagen muß – und das müssen viele Menschen sechs Tage in der Woche tun –, ist von Langeweile frei. Für „fast alle von Noth und Sorgen geborgenen Menschen [gilt, daß] nachdem sie nun endlich alle anderen Lasten abgewälzt haben, jetzt für sich selbst zur Last sind und nun jede durchgebrachte Stunde für Gewinn erachten [...]" (392). Von Not befreit, werden Energien freigesetzt, unter anderem die „zwecklose Reisesucht der Unbeschäftigten". Was diese Menschen „so durch die Länder jagt, ist dieselbe Langeweile, welche zu Hause sie haufenweise zusammentreibt und zusammendrängt, daß es ein Spaß ist, es anzusehen" (zit. Bleistein, 1973: 56). Im Zusammenhang damit erscheint Schopenhauer die Langeweile auch als die „Quelle der Geselligkeit" (392) – worüber sich vermutlich streiten läßt.

Konsequent weiter gedacht, kann man sich einen Staat vorstellen, dem es gelingt, alle jene Nöte zu beseitigen, die vor Langeweile bewahren. Schopenhauer führt aus, daß dann ein Schlaraffenland entstehe, in dem die Langeweile die Stelle all der Übel einnehmen werde, die man nun endlich beseitigt glaubte (wohl sinngemäß zit. Lepenies: 114). Were it possible to construct such an utopia – Schopenhauer demonstrates convincingly that it isn't – the result would be the total boredom and thus despair (Kuhn: 289). Was immer sich Schopenhauer vorgestellt haben mag – Langeweile als Folge sozialstaatlicher Absicherungen ist ein möglicherweise aktuelles, freilich leicht ideologisch belastetes Thema.

36 • Geburtsstunde der Oblomowerei. Eine als bedeutend geltende, oft ein wenig abwertend als 'geisteswissenschaftlich' bezeichnete, Analyse der Romane Gontscharows stammt von Rehm (1963: 21 ff.). Demnach gilt für Oblomow, daß er unter dem Einfluß westlicher Ideen und Zeitvorstellungen aus dem „behaglichen epischen Genuß des eigenen inneren und äußeren Zeitmasses aufgestört" und dann das als „bitter, alles verzehrende und entfremdende Langeweile empfunden wird, was bislang als mild, ruhig und lang währende Lagenweile, als selbstverständlicher Besitz des Daseins erschien". Das alles hat bei jenen erhebliche Auswirkungen, „die nichts zu tun haben und sich langweilten [...]" (24). Alles zusammengenommen ergibt bei Oblomoweine „unbewußte Gottverlassenheit", denn er ist gerade durch diese Langeweile gegen seine ursprüngliche, ihm überantwortete Gottesebenbildlichkeit gleichgültig geworden, und es wirkt bei ihm die Langeweile in einem „metaphysisch-religiösen Sinne tödlich; sie tötet die Seele und das Bewußtsein des Göttlichen" (34).

Gegen diese Deutung ist eingewandt worden, daß westliche Ideen zwar als Verstärker in Frage kommen, aber „keineswegs als Ursachen. Diese liegen in der russischen Wirklichkeit selbst". Nämlich, verkürzt ausgedrückt: Befreiung des russischen Adels vom Staatsdienst in der Mitte des 18. Jahrhunderts, der seine Güter dennoch behalten darf, seine Leibeigenen für sich hart arbeiten läßt, die Situation insgesamt nicht gutheißen kann, ohne sich jedoch aus der Verstrickung lösen zu können. Und das ist die „Geburtsstunde der Oblomowerei: Die bis zur Mitte des 19. Jahrhunderts auf ihren Höhepunkt unnachsichtig zustrebende soziale und politische Krise Rußlands und die damit verbundene und zugleich aufsteigende Zerrüttung geistiger Ordnung und Folgerichtigkeit, wie seelischen Wohlbefindens, das Ungenügen und dem allen und an sich selbst, der Ekel, die Lähmung, das innere Chaos, die Langeweile und der Ausweg in einen flüchtigen ästhetischen Genuß, der im Verdunsten die Langeweile wieder kondensiert [...]". (Goerdt: 43, 46)

• Langeweile – Sinn – Arbeit. Daß Andrej Stolz, Gegenspieler Oblomows, deutschstämmiger Herkunft ist, kommt nicht von ungefähr. Gontscharow merkt an, „daß ich Faulheit und Apathie in ihrer ganzen Breite und Verwurzelung als elementaren russischen Zug dargestellt habe. Schon aus diesem Grund konnte ich keinen Russen als Vorbild der Energie, des Wissens, der Arbeit, überhaupt jeglicher Stärke neben Oblomow stellen [...]" (Lieber spät als nie ..., 1207). Die russische Trägheit ist so verbreitet und sitzt so tief, daß nicht einmal Raiski völlig frei davon ist. Er wird vorgestellt als „der gleiche Oblomow, das heißt sein unmittelbarer Sohn, der Held der Epoche des Erwachens", Held der „Übergangsperiode", der „erwachte Oblomow". Er schaut aber immer auch noch auf „seine oblomowsche Wiege zurück", wird von den „Resten des noch nicht abgestorbenen Oblomowtums" in seinen erwogenen Aktivitäten behindert, erfährt „immer das gleiche Oblomowtum" wie Gewicht an seinen Füßen (1210 f.). Das wirkt noch lange nach, wie beispielsweise Tschechow (1840–1904) in seinem Drama 'Die drei Schwestern' zeigt, die trostlos-ironische Geschichte von Andrej Prozorov, seinen Schwestern Olga, Masa und Irina sowie deren Gästen und Begleitern. Alle singen monologhaft das hohe Lied der Arbeit, weil sie meinen, durch Arbeit ihre tiefsitzende Langeweile überwinden zu können, jene fine purity in that play, with soul and acedia combining to produce a cultural, social, and moral destruction that is complete, unbearable, and terrifying. The daemon meridianus has taken over an entire family and like a disease, promises to infact an already decaying civilization and to visit both tedium and terror on generations to come (Lyman: 42). Es geht um einen auch andernorts und in anderen Kulturen beobachtbaren Verlust der Fähigkeit, leben zu wollen – eine extreme Form von Anomie.

• Tradition. In teilweise anderem Zusammenhang ist angemerkt worden: Zynismus entspringt der Langeweile, einer höllischen Langeweile. Daß die Natur der Langeweile mit der Hölle verwandt ist, wußten die russischen Schriftsteller. (Goritschewa: 46) Als Repräsentanten des L'Ennui Slave (Bouchez: 120 ff.) sind insbesondere erwähnenswert Puschkin (1799–1837) mit seinem Eugen Onegin, Gogol (1809–1852) mit seinem Tentetnikow und Platonow in 'Tote Seelen', Lermontow (1814–1841) mit seinem überflüssigen Menschen Petschorin in 'Ein Held in unserer Zeit' sowie Dostojewski (1821–1880) mit seinem Stawrogin in 'Die Dämonen'.

37 • Geschichte des deutschen Langeweilebegriffs. Vgl. dazu die ausführliche und informative Arbeit von Völker (1975). Sein Interesse „gilt weniger der Geschichte des Motivs Langeweile, als seiner Vorgeschichte. Wie entsteht das Wort? wie entwickelt sich sein Gebrauch? unter welchen Voraussetzungen wird es literarisch hoffähig und schließlich zu einem literarischen Motiv und Thema? lauten die Fragen [...]" (7).

• Das Zitat stammt aus einem bemerkenswerten Artikel, der unter anderem der Frage nachgeht, wie das Wort Boredom, die englische Bezeichnung für Langeweile, einzuordnen ist. To bore: (1) bohren, (2) langweilig/untätig stammt aus der Mitte des 18. und boredom aus dem frühen 19. Jahrhundert. Bore and boredom were not early cognate terms for acedia, accidie, sloth, melancholy or weariness. Sicherlich, die Sache steckt in 'french boredom', der englischen Umschreibung des französischen Ennui, teilweise in Spleen und Hypochondrie, sodann in sorrow und grief. Trotzdem: Boredom never acquired in English that rich set of connotations already it had for Rousseau, Büchner, and Baudelaire. (Peters: 507 f.) Vgl. auch den Hinweis, daß im 18. Jahrhundert die „englische Sprache, im Gegensatz zur französischen und deutschen, keine zentrale Bezeichnung für das Phänomen der Langeweile hat, daß es vielmehr im Laufe des 18. Jahrhunderts mit einer Fülle von wechselnden Bezeichnungen versehen wurde". Erwähnenswert sind außer Melancholie, Ennui, Spleen und Hypochondrie die Wörter kill-time, boredom, languor, lowness of spirits, valetudinarian, hyp, monotony, Black Dog, chagrin, insomnia, malaise, neurosis – alles im 18. Jahrhundert in den englischen Wortschatz eingeführt. (Blaicher: 28, 27)

38 • Noch zu Philosophie der Zeit. Die erste Äußerung des Hl. Augustinus befindet sich in seinen 'Bekenntnissen' (zit. Heimann: 61). Bei der zweiten Äußerung ist der weitere Text bemerkenswert: Die gegenwärtige Zeit aber, wenn sie immer gegenwärtig wäre und nicht in die vorübergegangene hinüberginge, wäre keine Zeit mehr, sondern Ewigkeit. Wenn also die gegenwärtige Zeit, um Zeit zu sein, nur dadurch in Erscheinung tritt (fieri), weil sie in die vorübergegangene hinübergeht, wie können wir dann sagen, daß sie sei, da der Grund ihres Seins jener ist, daß sie nicht sein wird, so daß wir also in Wahrheit nur sagen können, die Zeit ist, wenn sie strebt, nicht zu sein (zit. Lampey: 30). Philosophisch ist auch heute noch manches fraglich: „Der Versuch, die Zeit, von der wir ständig reden, zu begreifen und eine Definition der Zeit zu geben, fällt auf sich selbst und ein eigenes Artikuliertsein im hic et nunc des Artikulierens zurück. Es gibt keine

eigentliche Definition der Zeit, weil das Bewußtsein der Zeit dem Begreifen wesentlich ist, darum Definieren ohne Zeit weder denkbar, nicht möglich ist" (Dupré: 1831). Darüber gibt es vermutlich manche Auffassungsunterschiede, wie überhaupt das Thema Zeit noch viele Fragen offen läßt (vgl. den Sammelband (Die) Zeit).

• Zeitbegriffe. In sozialwissenschaftlich-soziologischer Perspektive ist soziale Zeit ein zentraler Begriff. „Man stelle sich zum Beispiel vor, was der Begriff Zeit wäre, wenn wir das abziehen, womit wir sie einteilen, messen und mit Hilfe von objektiven Zeichen ausdrücken, wenn Zeit, die keine Folge von Jahren, Monaten, Tagen, Stunden wäre! Das wäre etwas fast Unvorstellbares. Wir können die Zeit nur begreifen, wenn wir in ihr verschiedene Augenblicke unterscheiden". Im Zusammenhang damit wird sodann auf Differenzen zwischen Zivilisation und Gruppen hingewiesen und angemerkt: „Die Kategorie der Zeit dagegen ist die der Gruppe gemeinsame Zeit, sozusagen die soziale Zeit. Daher ist sie dem Menschen eigen; das Tier hat keine Vorstellungen dieser Art". (Durkheim, 1981: 28 f.)
Wichtige ältere Arbeiten zum Thema soziale Zeit vor allem von Merton/Sorokin und Moore. Grundlegend in neuerer Zeit Elias (dt. 1984). Die Literatur nimmt seit einiger Zeit explosionsartig zu. Informative Zusammenfassungen und Beiträge zum Forschungsstand von Heinemann/Ludes, K.-H. Dittrich, Bergmann (1981 und 1983), Rinderspacher (speziell: 20 ff.), Vogt, Fürstenberg/Mörth, Schmied, Wendorff (Lit.).

39 • Griechische Terminologie. The Greeks in fact have only one word that could – and then only occasionally – be translated as ennui: álys (Kuhn: 16). In D.W. Papas Griechisch-Deutschem Handwörterbuch wird álys übersetzt mit müßiges, zweckloses Herumtreiben, Langeweile. Ein geläufigerer Ausdruck ist nach Kuhn plésmoné, which means 'surfeit', and this word is often found paired with its antonym, the state of emptiness (a.a.O.). Die Übersetzung in Langescheidt Taschenwörterbuch Altgriechisch lautet: (Über-)Sättigung, Überdruß. – Die Übersetzung der Stelle aus Aristophanes stammt von Droysen. Nach Ansicht von H. Nentwigh ist plésmoné mit Überdruß etwas überzogen übersetzt; gemeint sei zunächst Sättigung, satt sein, genug haben. Erst eine Übersteigerung führe zur Übersättigung und gegebenenfalls zum Überdruß.
Zur Langeweile in der Antike heißt es neuerdings: Hätte der antike Mensch die Langeweile gekannt – man weiß es nicht, aber Vermutungen sind erlaubt, da es keinerlei Nachweise gibt –, so hätte er sie gewiß der düsteren Brut der Urnacht zugeordnet ... Doch die Langeweile taucht erst später als Kulturphänomen auf. (Staguhn: 52)
• Zeitbewußtsein/Zeitperspektive/Zeitauffassung. Angeblich schließt zu Zeiten Homers der Rhythmus Arbeit – Verzehr – Muße weitere freie Zeit im wesentlichen aus, die zur (erheblichen) Langeweile führen könnte. – Das gilt wohl auch hinsichtlich 'des' ägyptischen Zeitbegriffs, über den es heißt: Dieser Begriff von der Kostbarkeit des Erdendaseins als einer vorübergehenden Gelegenheit, die genutzt werden muß, und als einer Gegenwart, die nicht in der Sorge um die Zukunft vertan werden darf, erschließt sich dem Ägypter aus dem Bewußtsein seiner Sterblichkeit (Assmann, 1983: 197).
Von mittelalterlichen Menschen ist wiederholt behauptet worden, daß für sie Gott in der Lebensmitte gestanden habe und ihre Zeit dementsprechend ausgefüllt gewesen sei. In der Renaissance vorbereitet, sei dann in der Aufklärung der Mensch an die Stelle Gottes getreten. „Damit tritt zwangsläufig eine Wandlung des Zeitbewußtseins ein. Die Zeit wird entleert – und zwar dadurch, daß die Mitte des Lebens leer geworden ist [...] Die Welt selber wird immanent – unendlich und damit die Zeit endlos! In die immanente Unendlichkeit schleicht sich die Langeweile ein" (Jacobi: 19). Diese etwas gewaltig anmutende These ist wohl erörterungsbedürftig, wenngleich es im 18. Jahrhundert einen tiefgreifenden Wandel der Zeitauffassung gegeben hat (Koselleck: 226).
Für die Gegenwart ist von einer „Beschleunigung des Lebensrhythmus" gesprochen worden. Im Unterschied zu allen früheren Zeiten würden immer größere Ereignisse anfallen, die bewältigt werden wollen. Je mehr Technik man dabei einsetzt, auch um Störungen und Zufälle auszuschließen, „umso mehr leere Zeit schafft man in der Zukunft,

in die neue Ereignismassen einrücken können", was den Menschen dauernd zukunfts-orientiert leben läßt. Und wenn wir im „Zustand des Vorauslebens einmal unbeschäf-tigt sind, gewinnen wir noch lange nicht die Kraft, geruhsam in der Gegenwart zu leben, sondern fühlen einen quälenden Leerlauf. Man greift dann zur Zerstreuung und zum Zeitvertreib, sofern man das nicht noch langweiliger findet, als Langeweile". (Gehlen: 314, 315, 319)

• <u>Homerische Zeitauffassung.</u> In der zuerst erwähnten Studie gilt ein Hauptinteresse der Muße. Das ist seinerseits ein schillerndes Wort. „Muße verstehen wir zugleich als Quantität freier Zeit und als Qualität der Tätigkeit in dieser Zeit, mit Kräften, die nicht durch die notwendige Arbeit, auch nicht durch ihre eigene Regenerierung, also nicht durch Schlaf, Essen, Ruhe beansprucht wird". Zur Muße ist zwar jeder Mensch fähig, die „Menge an Mußezeit" ist aber ungleich verteilt, typisch für eine Klassengesellschaft, in der die „adligen Grundbesitzer Knechtsarbeit ausnutzen konnten", weshalb sie über viel Zeit verfügten. In diesem Zusammenhang liegt es nahe, auch auf Spiele und Raub-züge hinzuweisen, in und mit denen leere Stunden gefüllt werden. Viele Details außer Acht lassend ist noch der Hinweis erwähnenswert, daß es bereits in der homerischen Zeit den „Keim zu einer Ausartung der Muße der Reichen, aber auch eine Entartung der Muße des Bettlers (gibt)". (Welskopf: 120, 118, 120, 74 ff., 205 ff.)

In der an zweiter Stelle erwähnten Studie heißt es eingangs, „keine einheitliche und ein-fache Antwort erzwingen zu wollen". Es wird sodann angemerkt: „Denn was wir in viel-fältigen Bezügen 'Zeit' nennen, ist in der ganzen Epoche noch nicht als besonderer und einheitlicher Gegenstand ins Bewußtsein getreten [...]". – Das bekannte Wort chronós ist übrigens überaus vieldeutig. Und von Homer bis hin zu Pindar gibt es eine „Entwick-lung zum absoluten Zeitbegriff", der die „Bedeutung des homerischen 'Tages' fast ganz in sich aufgenommen hat" (Fränkel: 1.10.). Dadurch verändert sich das Zeitbewußtsein erheblich. In der homerischen Zeit spricht man, wie erwähnt, nicht von Zeit, sondern von ihren Inhalten. „Der Mittag heißt: die Zeit, da der Holzfäller sich das Essen zube-reitet [...], der Abend: die Zeit des Stierausspannens [...]. In die Polis, die ländliche Stadt, führt die Bestimmung der Zeit: da der Richter vom Markt zum Abendessen weggeht" (Strasburger: 106 f.). Solche Vorstellungen verändern sich, wenn mit der Zeit die Zeit in Bewegung gerät und sich nach vorne dehnt.

40 Erklärungsbedürftig ist natürlich jener innere Bewegungsdruck bei Tieren und Men-schen, welcher bei fehlendem Umwelt-Druck zu Unruhe-Verhalten führt. Umschreibun-gen gibt es viele, so wenn von „biosphärischer Bedingung der Langeweile als Triebspan-nung (Bedürftigkeit)" gesprochen, Langeweile als „Produkt einer leerlaufenden, weil eines Merkdings ermangelnde Wirktendenz oder Strebung" und schließlich als „Er-gebnis einer ziellosen Strebung" vorgestellt wird (Revers, 1949: 40 ,44). Wie sind Wirk-tendenz, Strebung, Triebspannung physiologisch-psychologisch näher zu bestimmen? Das gehört wohl zunächst in den Bereich naturwissenschaftlicher Anthropolooie und bleibt in den weiteren Überlegungen ausgespart.

Ob der Hinweis von Bilz: „Was der Hund erlebt, wenn er unuhig durch die Wohnung trippelt, wissen wir nicht", das letzte Wort ist, sei dahingestellt. Eine schon ältere Ver-mutung: Es ist bekannt, daß sich die Tiere nicht langweilen, abgesehen von einigen hoch-stehenden Haustieren, die durch den beständigen Umgang mit dem Menschen allmäh-lich ebenfalls etwas Menschliches angenommen haben (Gerhard: 103). Vgl. auch den Hinweis: Spaß muß sein im Gehege. Spaß hält Schwermut fern und dient der Körperer-tüchtigung (Liebs). Der Ausdruck Schwermut ist in diesem Zusammenhang vermutlich nicht so recht angebracht. Tierpsychologen wissen sicherlich mehr.

41 • <u>Warten als Thema.</u> Warten ist sozusagen allgegenwärtig. The necessity of waiting is an objective social feature of the various times which make up everyday life (Weigert: 227). Trotz der weiten Verbreitung von Warten ist diese Erscheinung vergleichsweise selten erforscht worden. Die Soziologie der Zeit jedenfalls hat sich „mit diesem Problem noch kaum beschäftigt" (Bergmann, 1983: 484). Vgl. auch Bergmann, 1981; Schwartz.

42 • <u>Noch zum Anfang der Zeiten.</u> Die tiefsinnige Geschichte vom Earthmaker, die sich angeblich um viele ähnliche Erzählungen aus anderen Kulturen ergänzen läßt, wird von Lepenies in dem Buchkapitel 'Handlungshemmung und Reflexion' wiedergegeben. Die Erzählung des Winnebago-Clans mache den „Zusammenhang von Reflexion, Tatenlosigkeit und trauriger Disposition auch für eine ganz andere, entfernte Kultur verständlich", wenngleich es sich doch um eine Ausnahmeerscheinung handle, denn – so Radin – „wie bei uns selbst herrscht auch bei den Naturvölkern der Tatmensch in überwältigender Mehrheit vor" (zit. Lepenies: 189). Handlungshemmung ist des weiteren dann sowohl für utopisches Denken als auch für resignative Verstimmung bis hin zur echten psychischen Erkrankung bedeutsam. – Zitat Wieland in Völker, 1975: 53.
• <u>Götter auf dem Olymp.</u> Der Hinweis auf Bowmans Deutung bei Lyman, bei dem es unter anderem heißt: The condition of slothful god is exchanged for the status of leisurely aristocrat. The human representative of the exchange is Odysseus. Obwohl adliger Herkunft, arbeitet er gelegentlich tatkräftig mit, wenngleich er nicht gezwungen ist zu arbeiten, weil ein freier Mensch und kein Sklave. Er hätte ein behagliches Leben führen können und wäre sicherlich nicht in die Geschichte eingegangen, had not Paris set world-historical events in motion by his abduction of Helen.
In der Odyssee hat es Odysseus bekanntlich mit acht großen Gefahren bzw. Abenteuern zu tun, was an die sieben Hauptsünden erinnere, obwohl the greek list does not correspond entirely to the later christian enumeration of the seven deadly sins. Es sei auffallend, daß die Gefahrenliste does not include acedia. One might say that the entire odyssey is a struggle against the succumbing to the unnamed sin [...] And with this active mastery of Cyclops, Odysseus is released from ennui. As Andrew L. Bowman concludes: 'For whatever else it may or may not have done, it managed to assuage – for more than ten years – the boredom that a man of war must inevitably experience in an age of peace'. (Lyman: 16 ff.)

43 • Noch zum <u>Ursprung von Zivilisation in Langeweile.</u> Das Zitat: The question may now be rephrased: what was lacking in the Garden of Eden? and the answer that seems to me direct is <u>exitement.</u> Its happiness and virtue were insufferably boring. Men civilized themselves to escape suffocation by the Good, True, and Beautiful. But something should perhaps be said to save this answer from the charge of frivolity. Civilization cannot be regarded simply as a prolongation of simple culture along lines already definable within culture. It is something else together, a radically different posture of mind that we shall call here 'reflection' [...]. (Earle: 108)
Für diese Zivilisationstheorie, die natürlich nicht verabsolutiert werden darf, lassen sich unschwer zahlreiche weitere Belege anfügen. Für die Zeit Ludwigs XIII. und Ludwigs XIV. ist unter anderem dargestellt worden, wie durch die politische Entmachtung des Adels es in diesen Kreisen zu einer weitverbreiteten Langeweile kommt und der Salon als Versuch begriffen werden kann, „ein neues Ordnungssystem zu errichten, um die Langeweile zu vertreiben [...]" (schon 7.2.). Sehr dezidiert: „Die literarische Produktion der Salons ist verarbeitete Langeweile". Sehr viel später wird in Marcel Prousts Werk 'Auf der Suche nach der verlorenen Zeit' die Vermutung geäußert, daß es vielleicht „Meisterwerke (gibt), die unter Gähnen zustande gekommen sind". (Lepenies: 52, 69, 146)
• <u>Langeweile – Glück – langweiliges Glück.</u> Es ist bemerkenswert, daß manchen Menschen etwas langweilig erscheint, was andere als höchstes Glück erhoffen: ein zukünftiges Paradies anstelle des verlorenen Paradieses. Das hängt mit veränderten Glücksvorstellungen jener Schichten zusammen, die sicheren Wohlstand erlangt haben und „nicht mehr von der alltäglichen Möglichkeit der Verelendung bedroht sind. Das gilt besonders für die Intellektuellen, die Utopien schreiben". Sie sind skeptisch gegenüber den lange Zeit geltenden Idealen eines „sicheren, ruhigen und geregelten Lebens", das manchen langweilig vorkommt. Das gilt eben auch für die traditionsreichen Vorstellungen von einem zukünftigen seligen Leben. Man greift im 18. Jahrhundert auf Leibniz

zurück, für den „die bestehende die beste aller möglichen Welten (ist). Welten, die im utopischen Sinne als vollkommen gedacht werden, sind für ihn undenkbar [...]". In einigen gedanklich durchgespielten Glückswelten wird wiederholt die Ansicht vertreten, daß das „utopische Glück nur um die Aufgabe des freien Willens zu erkaufen (ist)", wobei Trägheit und Langeweile als unvermeidbare Begleiterscheinungen angesehen werden. (Winter: 57-61)

44 • Noch zu Paradiesverlust – Zwang zur Arbeit – Müßiggang. Im Goldenen Zeitalter, noch von Kronos geschaffen, brauchen die Menschen kaum zu schaffen, und „die lebten wie Götter und hatten nicht Kummer im Herzen" (Hesiod, Erga: 112) – ein aufschlußreiches Wort, das an Niedergeschlagenheit und Traurigkeit denken läßt. Wenn es nicht so viele Mühen im menschlichen Leben gäbe, denn: Mühelos würdest du sonst und an einem Tag erwerben, / Daß du übers Jahr hin genügend hast, und wärst du auch müßig / (43 f.). Davon kann im eisernen Zeitalter nicht mehr die Rede sein. Durch Opferbetrug (Theogonie: 535 ff.) und Feuerdiebstahl (565 ff.) des Prometheus erzürnt, läßt Zeus die Pandora erschaffen und durch Hermes zur Erde bringen. Sie hat ein Gefäß bei sich, in dem – bildlich ausgedrückt – alle denkbaren zukünftigen Leiden der Menschen enthalten sind. Dazu gehört auch der Zwang zur mühseligen Arbeit, um sich am Leben zu erhalten: Denn Hunger ist treuer Kumpan dem trägen Gesellen. / Dem verargen es Götter und Menschen, welcher in Trägheit / Hinbringet den Tag, wie die Drohnen, die stachellosen, es lieben, / Fressend die Tracht. Du mache dich gern an das Maß deiner Arbeit, / Daß dir der Jahreszeiten Ertrag ausfüllt deine Speicher (302-307). Also ein Loblied auf die leider unvermeidbare und mühevolle Arbeit – eine Verurteilung von Trägheit und Müßiggang.
• Bewertung körperlicher Arbeit. Was in der homerischen Zeit sich schon ankündigt, wird in der archaischen Zeit zur Regel: der Adel ist der Arbeit „entwachsen; er lebt grundsätzlich von der Arbeit anderer" (Gschnitzer: 63), die selbst zu erbringen von adligen Menschen für unzumutbar und entehrend angesehen wird. Das ist später in philosophischen Betrachtungen nicht generell so akzeptiert worden. Die Trennung zwischen körperlicher und geistiger Arbeit ist zwar weitverbreitet, wird aber von den Kynikern Antisthenes und Diogenes nicht zum Anlaß genommen, erstere abzuwerten. „Die Kyniker wandten sich gegen diese Verunglimpfung der Arbeit. Ihre Wertschätzung auch der niedrigsten und einfachsten Tätigkeit als einer nützlichen Leistung bedeutete zugleich die Herabsetzung der Privilegien aller Müßiggänger, denen die Früchte der Arbeit anderer in den Schoß fielen" (Ebert: 204). Das läuft zugleich auf eine Ablehnung der Sklaverei hinaus, die seit dem 5. Jahrhundert verstärkt vorkommt. Interessant in diesem Zusammenhang ist ein Gesetz gegen Müßiggang, das oft Solon zugeschrieben, aber, wie Theophrast bemerkt, vom Tyrannen Peisistratos (6. Jh.) erlassen worden ist (Plutarch, Zürich/Stuttgart 1954, 249). Die Begründung ist bemerkenswert: Solon hingegen hatte vielmehr die Gesetze den Umständen als die Umstände den Gesetzen anzupassen, und da er sah, daß der karge Boden mit Not denen, die ihn bebauten, Unterhalt bot, aber nicht imstande war, eine müßige, arbeitslose Menge zu ernähren, so gab er dem Handwerk Ehre und ordnete an, daß der Rat auf dem Aropag die Aufsicht darüber zu führen hatte, woher jeder einen Unterhalt beziehe und die Müßiggänger bestrafte (237).

45 Vergils Georgica sind lange Zeit als ein Loblied auf die Arbeit gedeutet worden. Man kann jedoch zeigen, daß der Dichter „nicht bereit ist, Arbeit und Mühsal zu verklären". Und wenn schon der „anerkannte Dichter des labor so zögernd ist in seinem Enthusiasmus, dann mag man vermuten, daß die Römer wohl insgesamt ein entspannteres Verhältnis zur Arbeit hatten als wir heutigen Europäer ... Sie haben ja auch, wie man weiß, nie ein moralisches Problem darin gesehen, andere für sich arbeiten zu lassen, Lohnabhängige und vor allem Sklaven". (Stroh: 129, 132 f.)

46 • Noch zum Rittertum. Es ist natürlich nicht die Absicht von Völker, das damalige Rittertum mit dem Hinweis auf gesellschaftliche Voraussetzungen für Langeweile umfassend zu deuten. Sicherlich, eine sozusagen 'höhere' oder 'verfeinerte' Standeskultur setzt auch voraus, daß Menschen für deren Entfaltung und Handhabung die nötige Zeit haben. Es ist das aber weder die einzige Bedingung, noch erlaubt der Hinweis nur auf diese Bedingung eine sachgemäße Würdigung solcher Kulturprodukte. Deswegen besteht freilich kein Anlaß für Idealisierungen. Die damalige Zeit ist prall angefüllt mit Vorkommnissen, die immer wieder Kritik provozieren und den beschworenen Ritteridealen widersprechen. Viele freie Zeit ist allerdings die Regel, und beispielsweise die „Höfische Unterhaltung" ist ungemein aufwendig (Bumke, 1: 301 ff.).
• Adel. Zur besonderen Anfälligkeit adliger Menschen für Langeweile/Ennui vgl. schon (7.2) und speziell Lepenies, der sich ausführlich mit dem französischen Adel zur Zeit Ludwigs XIII. und Ludwigs XIV. beschäftigt und dabei unter anderem auf Etikette und Zeremoniell zu sprechen kommt. Obwohl Etikette und Zeremoniell selbst Langeweile hervorrufen (können), sind sie nichtsdestoweniger nützlich – vergleichbar der Gewohnheit im Alltagsleben. „Ein solcher Rückhalt war besonders notwendig in einer Gesellschaft, die in so starkem Maße den materiellen Forderungen des Alltags entrückt war. [...] da eine Gesellschaftsschicht, die es nicht nötig hat zu arbeiten, künstliche Grenzen erfinden und sich setzen muß, um die Forderungen der äußeren Notwendigkeit zu ersetzen" (Bruford: 82).

47 • Noch zu England. Es ist nebenbei interessant zu erfahren, daß ein heutzutage bei uns weithin positiv verwendetes Wort wie Freizeit im damaligen England in einem Wortfeld vorkommt, das zahlreiche negativ besetzte Bezeichnungen kennt wie: inertia, boredom, apathy, melancholy, ennui, spleen, restlessness, emptiness, disgust, despair, taedium cordis, wanhope, spiritual torpor. Unter dem Einfluß der calvinistischen Theologie der Arbeit „fehlten Maximen für die Gestaltung des Lebens jenseits des Arbeitsbereiches, die dem Suchenden als Richtschnur seines Handelns hätten dienen können. Die auch in dieser Phase vorhandenen psychischen Kräfte waren richtungslos und stellten sich als Unrast, Ruhelosigkeit, Langeweile dar. Die Affinität von leisure und boredom wird mehrfach beschrieben". (Enninger: 121)
• Adel und Bürgertum. Vergleichbare Probleme gibt es selbstverständlich auch außerhalb Englands. Über bürgerliche Melancholie im Deutschland des 18. Jahrhunderts vgl. beispielsweise Lepenies (76 ff. und 197 ff.) und an vielen Stellen Schings.
• Misanthropie. Diskrepanz zwischen eigenen Idealen und erlebter Wirklichkeit ist eine Erscheinungsform der Misanthropie; daneben gibt es übersteigerte Subjektivität sowie Selbsthaß. „Seit Aristophanes findet sich die Gestalt des Timon in der Literatur der Griechen und Römer als der konstante Typus des Misanthropen, dessen Züge sich allmählich verdichten bzw. modifizieren". (Hay: 9-13, 15) Die Gestalt des Timon kennt den Mißvergnügten „in mehreren Varianten: den Melancholiker, den ruhelos Tätigen und von innen her Gehetzten, den Hypochonder (um 1750), den vom Weltschmerz 'Zerrissenen' der Werther-Nachfolge (1774), den 'Europamüden' (um 1830) [...] und schließlich die blasierten 'Schwierigen' des Fin de siècle bei Hofmannsthal und Schnitzler, die man früher oder später auf Freuds Couch wiederzufinden erwartet" (Hofstätter, 1986: 69).

48 • Freizeitbegriff/e. Es gibt wissenschaftsintern keinen Konsens über die begriffliche Verwendung dieses Wortes. Soviel scheint (einigermaßen) klar zu sein: Freizeit rechnet zur freien Zeit, die ihrerseits eingerahmt ist von Arbeitszeit und der für sogenannte physische/physiologische Notwendigkeiten erforderlichen Zeit. Natürlich ist nicht alle so verstandene freie Zeit unbedingt auch Freizeit, denn es können Tätigkeiten anfallen, die nicht als Freizeit empfunden werden. Also: „Die eigentliche Freizeit, d.h. die Zeit, die von einem Menschen als Freizeit i.e.S. erlebt wird, wird als Teil der freien Zeit verstanden"; und: die Freizeit ist „zunächst ein unstrukturierter Zeit- und Handlungsraum innerhalb der freien Zeit" (Tokarski/Schmitz-Scherzer: 67). Das sind sicherlich erkenntnisreiche Aussagen.

• <u>Arbeitsfreie Zeit heute und gestern.</u> Vgl. z.B. Nahrstedt (1972). – Man liest und hört oft, daß heutzutage sehr viel mehr Menschen als früher über (viel) arbeitsfreie Zeit verfügen. Dagegen: Die heutige durchschnittliche Arbeitszeit pro Jahr entspricht etwa der des 14. und auch des 13. Jahrhunderts; Ferien von 30 Tagen hatten schon im Mittelalter z.B., die Drahtzieher in Paris neben den obligatorischen Feiertagen (Hammerich: 302). Auch andernorts wird auf die vielen Feiertage hingewiesen: Die Freizeit von Antike und Mittelalter hatte die Gestalt von Feiertagen (Andreae: 15). Dennoch ist die Ansicht weit verbreitet: Zu den auffälligsten Veränderungen, die sich während der letzten Jahrzehnte beobachten lassen, zählt ohne Zweifel der wachsende Umfang an freier Zeit ... Urlaub zu machen, Freizeit zu haben, untätig zu sein und müßig zu bleiben, ist also nichts Besonderes mehr (Adam).

49 • <u>Noch zu Acedia – Arbeit.</u> Pieper formuliert seine Kritik an einer anderen Stelle so: „Es gibt kaum einen ethischen Begriff, der im Bewußtsein des Durchschnitts-Christen so aufweisbar 'verbürgerlicht' worden wäre, wie der Begriff der <u>acedia</u> [...]. Die landläufig gewordene Vorstellung von der 'Haupt-Sünde' der Trägheit kreist um das Sprichwort 'Müßiggang ist aller Laster Anfang'. Trägheit ist nach dieser Meinung das Gegenteil von Fleiß und Arbeitsamkeit; sie gilt fast als Synonym für Faulheit und Unfleiß. Auf diese Weise ist die <u>acedia</u> nahezu ein Begriff des bürgerlichen Erwerbslebens geworden. Die Tatsache, daß sie zu den sieben 'Haupt-Sünden' gezählt wird, erscheint dabei sozusagen als religiöse Sanktion und Bestätigung für die Mußelosigkeit der kapitalistischen Arbeitsordnung. Das ist nun nicht bloß eine Verflachung und Entleerung des ursprünglichen moraltheologischen Begriffs der Sünde <u>acedia,</u> sondern geradezu seine Umkehrung". (1948: 55 f.)
Pieper erwähnt ausdrücklich Sombart. Diesen – Max Weber gegenüber kritisch eingestellt – interessiert auch die „Bedeutung der katholischen Religion für die Ausbildung des kapitalistischen Geistes". Erwähnt wird unter anderem der Müßiggang (otiositas) als einer der „Feinde der bürgerlichen Lebensführung", die von der christlichen Ethik bekämpft und als Sünden verdammt werden. Nichts wird so sehr abgelehnt, wie „geistige und moralische 'Schlappheit': die acidia, jene Modekrankheit des Trecento, von der wir durch Petrarca so genau unterrichtet sind, ist eine Todsünde. Und ein großer Teil ihrer Morallehre liest sich wie Vorschriften für eine Art von seelischem Training" (1923: 308, 310, 312). Für Pieper hat ein solches Verständnis von Acedia als „Mangel an wirtschaftlichem Unternehmergeist" (1985: 49) nichts mehr mit dem ursprünglichen Gehalt zu tun.
• <u>Protestantisches Arbeitsethos.</u> So oder ähnlich steht es in vielen einschlägigen arbeits- und freizeitorientierten Büchern: Schon in der Reformation entstand demnach das heute noch aktuelle Arbeitsethos: Die Arbeit wird zum Sinn des Lebens und beruht auf einer ursprünglich religiös begründeten Verpflichtung, die der einzelne seiner Arbeitstätigkeit gegenüber empfinden soll. (Tokarski/Schmitz-Scherzer: 18)
Cassians eindringliche und ja nicht folgenlos gebliebene Ermahnungen, regelmäßig auch zu arbeiten, lassen es als eine interessante These erscheine, „daß bereits hier, im Anachoretentum des 4. und 5. Jahrhunderts, Wurzeln für den späteren Typus des bürgerlichen Arbeitscharakters gelegt worden sind. Arbeit und disziplinierte Selbstkontrolle sind jene Mittel, mit denen die Verzweiflung über den verlorenen Lebenssinn überwunden werden soll: Arbeiten und nicht Verzweifeln [...]. Jedenfalls kann man kaum übersehen, daß die Motivgeschichte des modernen Arbeitsverhaltens doch tiefer in das Mittelalter zurückreicht, als Weber beschrieben hat". (Post: 6)
• <u>Arbeit-Freizeit: Wertewandel.</u> Seit Jahren deuten manche Anzeichen auf veränderte Wertvorstellungen hin, die auch das Verhältnis zur Arbeit und die damit traditionell verknüpften Tugenden betreffen. Vereinfachend kann man sagen, „daß das protestantische 'Ethos' im Abklingen ist, das Max Weber noch als ein durch den Modernisierungsprozeß garantiertes 'stahlhartes Gehäuse' anzusprechen bereit war" (Klages: 341). Im Zusammenhang damit wird auch die Frage erörtert, ob der „Arbeitsgesellschaft" die

Arbeit ausgeht, was sich nicht zuletzt auf die Freizeit auswirkt – sowohl hinsichtlich ihres Umfangs als auch ihrer Handhabung. „Nicht nur die Freizeitindustrie hat sie zu einem eigenen Lebensbereich gemacht. Vielmehr ist das vor allem darum geschehen, weil die große Leere, die sich über die Freizeit zu legen begann, erfüllt werden mußte" (Dahrendorf: 33).

Was den gemeinten Wertewandel betrifft, so wird sowohl erörtert, ob es ihn überhaupt gegeben hat bzw. gibt, als auch, wie weit er reicht. Dezidiert beispielsweise: Ein erheblicher Teil des behaupteten Wertewandels, so möchte ich in der Folge zeigen, ist überhaupt eine Fiktion [...] (Prisching: 49). Eine „Rangminderung" arbeitsethisch orientierter Werte ist sicherlich eine vertretbare vorsichtige Umschreibung (Klages), wohingegen eine Aussage wie: Die Freizeit hat der Arbeit den Rang abgelaufen (Opaschowski, 1983: 29; vgl. auch Ders., 1981) vermutlich zu weit geht. – Grundsätzliche Beiträge in Matthes (Hrsg.), speziell 25 ff.; vgl. auch Noelle-Neumann (1978); Noelle-Neumann/Strümpel; v. Klipstein/Strümpel; Kern/Schumann (1984); Pawlowski. – Speziell über Jugendliche wird ausgeführt, daß von einer „mehrheitlichen inneren Abwendung von Arbeit und Beruf bei einer genauen Betrachtung der Lebenskonzepte Jugendlicher nicht die Rede sein (kann). [...] Auch die Annahme, daß die Werte der Freizeit denen der Arbeit den Rang abgelaufen hätten, kann so nicht bestätigt werden". (Baethge et al.: D)

50 • Freizeitkritik. Die kritischen Stimmen über tatsächlich oder vermeintlich falsches Freizeitverhalten, mit dem das Thema Langeweile eng zusammenhängt, sind Legion. Eine frühere Aussage dürfte auch heute noch aktuell sein: Kulturkritik, Freizeitpädagogen und die Objekte dieser Kritik-plus-Pädagogik sind sich zum großen Teil einig: die meisten Menschen wissen mit ihrer Freizeit nichts Rechtes anzufangen; nur 23 % der Bundesdeutschen widersprechen dieser Aussage. Insofern ist die Kulturkritik nur spiritualisierter Ausdruck eines Massenkonsensus (Scheuch, 1969: 786). Letzteres sei dahingestellt, ersteres wird immer erneut 'bestätigt'. In diesem Zusammenhang ist Freizeitpädagogik natürlich besonders wichtig. Vgl. u.a. Grunow-Lutter, Müller-Wichmann (1984), Emeis, Fromme.

• Freizeitproblem: Zeitüberschuß – Zeitmangel? Es wird immer wieder behauptet, daß die bislang schon erreichte arbeitsfreie Zeit bei vielen Menschen zu einem Zeitüberschuß geführt habe und es eben deswegen Langeweile in der Freizeit gebe. Der Überschuß-These ist die Zeitnot-These gegenübergestellt worden, wobei gefragt wird: „Wo ist die Zeit aus den Arbeitszeitverkürzungen geblieben?" Und: „Wie weit ist uns mit disponibler Zeit auch die Dispositionsmacht über Zeit zugewachsen?" (Müller-Wichmann, 1984: 6; vgl. auch Rinderspacher).

• Noch zu Wichtigkeit von Arbeit und Freizeit. Wie in Anm. 49 beiläufig erwähnt, gibt es bemerkenswerte Auffassungsunterschiede von der Wichtigkeit von Arbeit im Verhältnis zu anderen Lebensbereichen unter besonderer Berücksichtigung der Freizeit. Das Ergebnis einer Repräsentativbefragung 1986 ist kürzlich wie folgt kommentiert worden: Freizeit und Bildung laufen der Arbeit den Rang ab (Zukunftsfaktor Freizeit, 1986). Der These 'ungefähr 50 : 50' liegen die Daten des Wohlfahrtssurveys 1978 zugrunde, wobei übrigens vor dem Lebensbereich 'Beruf' rangieren: Gesundheit, Familienleben, Ehe/ Partnerschaft, Soziale Sicherung, Einkommen – und nach Beruf folgen Wohnung, Lebensstandard, Freizeit ... (Glatzer: 199). Es ist nicht auszuschließen, daß sich in den letzten 10 Jahren einige weitere Veränderungen in der Einstellung zu Arbeit-Freizeit ergeben haben, wenngleich eine erhebliche Rangminderung des Lebensbereichs Arbeit eher unwahrscheinlich ist. Ein Grund für die Skepsis: „Wenn Freizeit ganz allgemein und spezifische Freizeitaktivitäten im besonderen einen solchen Sinngehalt vermitteln könnten, wie es die Arbeit vermag (Jahoda, 1983), wenn sie einen solchen Wert darstellen könnten, wie ihnen oft zugesprochen wird, dann wären z.B. die Reaktionen von Arbeitslosen kaum denkbar, ebenso wie auch die Zunahme der Langeweile während der Freizeit in den letzten 30 Jahren kaum nachvollziehbar wäre" (Tokarski/Schmitz-Scherzer: 59).

51 • <u>Noch zur langfristigen Entwicklung.</u> Was hinsichtlich einer anderen Repräsentativbefragung im Jahre 1981 über Gefühle der Langeweile im allgemeinen und bei Problem-
gruppen im besonderen kritisch vermerkt worden ist, verdient auch an dieser Stelle be-
achtet zu werden. „Es ist allerdings – und dies muß hier betont werden – nicht klar, ob
diese Gefühle von Langeweile zeitweise auftreten, oder von Dauer sind, was von den
Befragten darunter verstanden wird und inwieweit die verwendete Fragestellung nach
'Langeweile als Problem' nicht eine Verengung des Phänomens darstellt" (Tokar-
ski/Schmitz-Scherzer: 151). Es ist übrigens vorstellbar, daß mehr Menschen, als die mit
'kenne ich' geantwortet haben, das Gefühl der Langeweile kennen, denn das Zugeständ-
nis, sich zu langweilen, kann deshalb schwerfallen, weil Langeweile nicht gerade als
Ausdruck sinnvoller Lebensgestaltung gilt.
• <u>Zu Problemlagen und Sozialmerkmalen.</u> Es gibt von Opaschowski zwei nichtreprä-
sentative, sogenannte qualitative Studien (1980, 1981), in Frankfurt, Mannheim und im
Ruhrgebiet durchgeführt, zweistufig, unter Einbeziehung tiefenpsychologischer, grup-
pendynamischer Verfahren und teilstrukturierter Interviews (zur Methode 1980: 28 ff.).
Eine Wertung: „Der gewählte Zugang erbringt eindrucksvolle Ergebnisse, die aufräu-
men mit dem Bild einer 'Freizeitfamilie' oder der 'happy swinging singles'. Und doch
steht Opaschowskis Situationsanalyse in beiden Publikationen über weite Strecken in
seltsamer Beziehungslosigkeit zu den Resultaten der qualitativen Studien" (Müller-
Wichmann, 1984: 43).
Zu den Daten über Problemlagen in der Freizeit gibt es eine Tabelle bzw. Graphik mit
der Quelle 'B.A.T. Freizeit-Forschungsinstitut 1980', in: BAT-Forschungsinstitut & Deutsche Gesellschaft für Freizeit (Hrsg.), Freizeitdaten, Hamburg/Düsseldorf 1982, S. 122.
Man kann den Eindruck gewinnen, daß sich diese Daten in Opaschowski, 1980, S. 42
und 46 finden (so auch Tokarski/Schmitz-Scherzer: 150). Das ist jedoch nicht der Fall.
Aus der Quelle der Daten, nämlich 'B.A.T. Freizeit-Forschungsinstitut 1980', geht nun
aber nicht hervor, woher die Daten stammen. Aus der 1980 veröffentlichten Untersuchung? – dann wären die Ergebnisse nicht repräsentativ. Aus einer anderen Studie? –
dann wären sie ggf. repräsentativ. Vermutlich ist die 1980 publizierte Studie gemeint,
denn in ihr geht es ebenfalls a) um Feierabende und Wochenende und b) um Verheiratete, die mit einem Partner zusammenleben und mindestens ein Kind haben.

52 • <u>Noch zu Arbeit und Zeitstrukturierung.</u> Die in Anm. 49 und 50 beiläufig erwähnten
Auffassungsunterschiede vom Stellenwert von Arbeit sind hier erneut bedeutsam.
„Wenn sich mit dem Verlust der Arbeitszeit nicht automatisch diese Bewertung der Bedeutung der Arbeit aufhebt, muß in der Arbeitslosigkeit das Bewußtsein der Zeitver-
geudung und damit des Nutzloswerdens entstehen" (Heinemann, 1982: 91). Und genau
dies ist der Fall und kommt (vermutlich) häufig vor. Die oft vertretene Auffassung einer
Bedeutungszunahme sogenannter postmaterieller Werte scheint nicht von der Art zu
sein, daß ihretwegen die Erwerbsarbeit erheblich abgewertet wird. In einer Enquête des
Deutschen Bundestages aus dem Jahre 1983 über Jugendprotest im demokratischen
Staat heißt es, daß die „Sorge um die Ausbildungschancen und die berufliche Zukunft
ein beherrschendes Thema für die junge Generation ist. Arbeit, mit der man sich iden-
tifizieren kann, stellt auch für die Jugendlichen einen wesentlichen Teil der Sinngebung
des Lebens dar" (zit. Lenz: 370). Im Zusammenhang damit erscheint die Empfindung
langanhaltender arbeitsloser Zeit als langer Weile verständlich und das Bedürfnis nach
arbeitsgebundener Strukturierung von Zeit begreiflich.
• <u>Wissenschaftliche Studien.</u> In einer neueren Arbeit heißt es einleitend, „daß die wesentlichen Feststellungen zu psychischen und sozialen Folgeproblemen der Arbeitslosigkeit seit einem halben Jahrhundert dieselben geblieben sind: Die Veränderung der
Zeiterfahrung (Jahoda et al. 1933), die Bedrohung der Identität (Bakke 1933) oder die
Modifikation von Statuskonstellationen im sozialen Nahbereich (Komarowsky 1940)
sind so aktuell wie damals". Die Marienthaler Studie wird als „zweifellos bahnbrechen-
de Arbeit" gekennzeichnet. (Alheit/Glaß: 9, 21) Gekonnt zusammenfassend heißt es

über sie: Wir wissen aus M. Lazarsfelds schöner Untersuchung, wie sich hier die überkommenen Ordnungen des Lebens allmählich auflösen, die Zeitperspektive und auch die Beziehungen zu anderen – selbst zu den nächsten – Menschen werden schattenhaft unwirklich (Hofstätter, 1951: 254 f.). Unter ausdrücklichem Bezug auf diese Studie sind andernorts ähnliche Ergebnisse berichtet worden, beispielsweise: Hopelessness, bitterness, hatred, outbreaks of rage, gloominess as an all-pervading feeling, flight into drunkenness, or, much oftener, thoughts of suicide – these are the main traits of the attitude of distress (Zawadski/Lazarsfeld: 238).

53 Noch Bedeutung von Wiederholungen. Was üblicherweise unter Stichworten wie Arbeitsmonotonie, monotone Berufsarbeit und repetitive Tätigkeiten erörtert wird, macht tatsächlich nur einen kleinen Teil der Alltags-Monotonie aus. In diesem weiteren Sinne wird freilich das Wort Monotonie selten verwendet und beziehen sich vor allem alltagssprachliche Bezeichnungen wie Gewohnheit, Routine und Trott auf die hier interessierenden Wiederholungen. Um diese geht es schließlich auch in vielen anderen Worten wie etwa: Sitte, Brauch, Gepflogenheit, Gewöhnung, Regel, Norm, typisch, Etikett, Höflichkeit, Förmlichkeit, Regelmäßigkeit, Verhaltenserwartungen, soziale Rolle ...
Soziales Handeln setzt ein Mindestmaß an Sicherheit im Umgang mit anderen Menschen und sich selbst voraus, und das erfordert unter anderem Routine in vielen alltäglichen Verrichtungen. Zwischenmenschliche Beziehungen können nur dann verläßlich funktionieren, wenn wichtige oder für wichtig gehaltene Verhaltenserwartungen in wiederkehrenden Situationen berücksichtigt werden und somit Verhaltensregelmäßigkeit zustandekommt. Und wer von sich selbst immer wieder überrascht wird, ist in der Gefahr, sich selbst nicht mehr zu trauen. Kurzum: „Der Mensch kann nur ein bestimmtes Maß an Chaos und Neuigkeit ertragen" (Keen, 1980: 24).

54 Wählt man Belastung/Arbeitsbelastung als Oberbegriff, dann hat man es einerseits mit zahlreichen und nicht immer eindeutig verwendeten Ausdrücken wie monoton, repetitiv, Sättigung, Ermüdung usw. zu tun – andererseits mit arbeitswissenschaftlichen, sozialwissenschaftlichen und arbeitspsychologischen Belastungsbegriffen, die intern nochmals unterschiedliche Positionen aufweisen (z.B. Maschewsky: 329 ff.).

55 Statt weiterer Informationen hier nur die neueste Stellungnahme des Wehrbeauftragten Willy Weiskirch anläßlich einer Tagung von Zeit- und Berufssoldaten in Dieblich/Mosel. Die Rhein-Zeitung Koblenz berichtete am 23.10.1987 unter der Überschrift 'Gammeln aus dem Vokabular gestrichen' wie folgt: „'Im Gespräch mit einer größeren Soldatengruppe wurde ich überrascht: ich war der einzige, der ein Bier bestellt hatte'. Dieses Erlebnis bewertete der Wehrbeauftragte als symptomatisch für den Umgang mit Alkohol in den Einheiten. Das Alkoholproblem, das im Zusammenhang mit den 'Gammeldiensten' zu sehen sei, existiere nicht mehr. 'Und das Wort 'gammeln' wurde meines Wissens aus dem Vokabular der Bundeswehrsprache gestrichen'". Ob's stimmt?

56 • Gefängnis und Psychiatrie. Einige Fachleute reagierten auf die Frage nach dem Ausmaß von Langeweile im Strafvollzug verblüfft-ratlos. Ähnlich unwissend-erstaunt gaben sich um Informationen angeschriebene Psychiater und Psychologen. Kümmel wurde erwähnt, der über psychopathologische Zeitlichkeit nachgedacht hat. Ein wiederholt zitierter Gewährsmann ist v. Gebsattel, der von „Stillegung der basalen Lebensbewegungen" spricht, die sich bei depressiven Menschen in der Weise zeige, daß die „Gerichtetheit auf die Zukunft entfällt" (7). Auf solche Ansichten wird später wiederholt Bezug genommen (z.B. Pauleikoff: 224).
• Schule. Zum Thema Indikatoren für schulische Langeweile ist mir außer den zitierten Schüleraussagen nur jene Studie bekannt geworden, die sich mit dem sogenannten Schul-Vandalismus befaßt, ein seinerseits komplexes und keineswegs monokausal zu begreifendes Phänomen. „Als möglicher Grund vandalistischen Verhaltens wird oft Langeweile genannt [...]". In einer Spezialstudie werden vier Faktoren/Beweggründe erwähnt, unter anderem der Faktor 'Spaß / Langeweile / Sachen verschönern'. Lange-

weile ist ein bedeutender Bestandteil dieses Faktors, kommt jedoch nicht als primärer Beweggrund infrage. Sofern dieser Faktor eine Rolle spielt, erklärt er „wohl vorrangig geringfügige Beschädigungen". (Klockhaus/Habermann-Morbey: 83, 87). – In einem neueren Bericht über Schule steht u.a.: Langweiliger Unterricht ist denn auch die von Schülern am häufigsten genannte Störungsquelle. Konkrete Äußerungen lauten: todlangweilig, wahnsinnige Langeweile. (Gestört und seelisch tot: 35, 46).

• Ehe. „Seit dem 18. Jahrhundert [...] tendiert die Gesellschaft dazu, die beiden traditionell gegensätzlichen Formen der Liebe einander anzunähern. Im Westen entstand nach und nach ein Eheideal, das es den Ehegatten zur Pflicht macht, einander wie Verliebte zu lieben – oder wenigstens so zu tun. Die außereheliche Erotik hat Eingang in die Ehe gefunden und die traditionelle Zurückhaltung zugunsten der Leidenschaft und auf Kosten der Dauer verdrängt" (Ariès: 173). Neuere Entwicklungen der Privatisierung und Subjektivierung von Zweierbeziehungen laufen in beachtenswert vielen Fällen darauf hinaus, kirchliche und staatliche Legalisierung zu meiden und den privatintimen Bereich völlig sich selbst zu überlassen. Das macht es sicherlich leichter, den Rat von Cervantes aus dem Jahre 1615 zu beherzigen, Ehen auf Zeit zu schließen, sie alle drei Jahre aufzulösen und wie einen Pachtvertrag ggf. neu zu bestätigen – um dem zu entgehen, was „zur ewigen Marter für beide Teile" sich darstellt (zit. Lamprecht: 40). – Eine in diesem Zusammenhang grundsätzliche Diagnose lautet: An diesem Mangel gegenseitiger Diskretion, im Sinne des Nehmens wie des Gebens, gehen viele Ehen zugrunde, d.h. verfallen in eine reizlos-banale Gewöhnung, in eine Selbstverständlichkeit, die keinen Raum für Überraschungen mehr hat (Simmel: 272).

Vom Ehetrott im Sinne abgestumpfter Partnerbeziehungen ist die Langeweile der sogenannten Hausfrauenehe zu unterscheiden. Dabei geht es nicht so sehr um alltägliche Routine als solche, sondern um deren Bewertung im Zusammenhang mit begrenzten außerhäuslichen Kontakten. Hinweise darauf gibt es zuhauf etwa unter den Stichworten Rollenwandel der Frau, Hausarbeit und Berufsarbeit, Frau im Beruf ... Eine der typischen Klagen: „'Aber ohne Kinder wäre es noch langweiliger. Immer nur arbeiten und Fernsehen schauen und ab und zu mal fortgehen, das ist auch nicht das Wahre', meint Frau Jakob" (Wahl et al.: 102).

57 • Noch einsam als einssein. Nietzsche spricht gelegentlich von den Sieben Einsamkeiten (in: Fröhliche Wissenschaft). In der Zahlenmystik bedeutet die Zahl Eins das Ureine, die Zahl Sieben steht für Ganzheit, Fülle und Vollkommenheit: 7 Planeten, siebenarmiger Leuchter, 7 Sakramente, Tugenden, Gaben des Hl. Geistes ... Im Zusammenhang damit ist über Einsamkeit ausgeführt worden: Nach dem alten Wortsinn heißt es 'zum Einen neigend'. Der Hauptbestandteil ist die eins, das Symbol des noch undifferenzierten Anfangs und einer Einheit, in die alle Dinge und Wesen zurückstreben: Zeichen der Vereinzelung und des Gottes. Die Zahl 'sieben' bedeutet in der alten Symbolik den Weg, der vom Anfang bis zum Ende führt, die Spur also, die sich in jede Biographie eingräbt. (Walter: 9)

Von hier aus läßt sich eine Verbindungslinie ziehen zu einer eigenwillig anmutenden Auffassung: „Das Alleinsein mit Gott ist die einzige primäre Quelle alles einsamen Fühlens und Bewußtseins [...]". Dies kam nicht zuletzt im Calvinismus zum Ausdruck, der „wohl die allerstärkste, allerprinzipiellste Einsamkeit der einzelnen Seele (erzeugt), und er erzeugt diese unsägliche Fremdheit nicht nur als transitorischen Zustand, sondern als dauernd festgehaltene, ja als methodisch gezüchtete". Das wirkt lange Zeit nach, denn diese Einsamkeit ist „vom Calvinismus aus strukturierender Einschlag in dem gesamten modernen Lebensgewebe geworden, weiterexistierend und sich sogar verbreitend, obwohl der religiöse Grund längst erloschen ist". (Schmalenbach: 86, 89, 91) Damit entfällt dann allerdings jene Hoffnung auf Aufhebung der Entfremdung und Wieder-Ineinswerdung mit Gott, wie sie in so vielen Erlösungsreligionen üblich ist und in die alte Wortbedeutung von Einsamkeit hineingedacht werden kann. Existentielle Langeweile hängt mit alledem eng zusammen.

• Zimmermann. Sein Streitgegner ist Oberreit; beide haben sich mit mehreren Schriften heftig befehdet. Oberreit bemüht sich um ein Verständnis des Mönchtums und der Mystik und ist bestrebt, die „Religion vor den Ansprüchen der Aufklärer zu schützen" und Zimmermann unter anderem „auch darüber (zu) belehren, daß seine Behauptung von der Schädlichkeit der Einsamkeit für die Gesundheit nicht richtig sei" Milch: 123, 122). Zimmermanns Polemik geht schon aus Kapitelüberschriften hervor, beispielsweise: Wirkungen der Einsamkeit bey Müssiggang, geschäftloser Ruhe und allzustarker Anstrengung: in der Einsamkeit werden die Ideen steif und unbiegsam; Genieseuche; Die Schwärmereyen der neuen Platoniker waren Geburten der Einsamkeit; Melankolie und Wahnwitz waren bey diesen Mönchen und Einsiedlern nicht nur Veranlassungen des Triebes zur Einsamkeit, sondern auch gar nicht selten Wirkungen der Einsamkeit; Einsamkeit wird in religiöser Melankolie eine wahre Hölle ... Burton ist übrigens gleicher Auffassung: Gleichsam eine leibliche Base des Müßiggangs und eine seiner Begleiterscheinungen ist übermäßige Einsamkeit [...] Die erzwungene tritt bei Mönchen und Einsiedlern auf, die durch ihren Orden und seine Lebensregeln die Gesellschaft anderer Menschen meiden müssen und sich in ihre Zelle zurückziehen. (dt. 190). – Zur Würdigung Zimmermanns vgl. auch Schings (z.B. 222 f.) und Kölbel (22 f.).

• Studien. Die Schwierigkeiten empirischer Forschung sind nicht zu unterschätzen (Heigl). Was in einer speziellen Studie über alte Menschen erwähnt wird, trifft sicherlich nicht nur auf diese zu: Mit Hilfe statistischer Analysen lassen sich zwar einige wichtige Determinanten einer altersbedingten Kontaktreduzierung aufdecken, über die psychischen Auswirkungen derartiger Prozesse können deshalb aber noch keine Aussagen gemacht werden. Die Entstehung von Einsamkeitsgefühlen als Folge einer Isolationssituation muß vielmehr im Kontext individueller Erwartungen, sozial normierter Bewertungen und Bedürfnisse erklärt werden, wie die Befunde dieser Arbeit gezeigt haben. (Bungard: 235)

58 • Typologisches. Rückzug als religiös motivierte Abwendung von der Welt hat eine lange Tradition (vgl. schon Anm. 14). Es gibt überdies eine „tiefe symbolische Bedeutung der mönchischen 'Anachoresis', des 'Rückzugs aus der Welt' und des Lebens in der Wüste" (Bunge: 91), wenn man an die Aufgabe des Christen denkt, sich regelmäßig darum zu bemühen, sein sündiges Leben zu überwinden und sich aus ihm zurückzuziehen. – In eher säkularisierter Form findet man Weltflucht beispielsweise in der Renaissance. So gibt es bei Petrarca angeblich eine „aus kampfscheuem Leiden am Leben und an der eigenen Zeit geborene Flucht in eine Welt der schönen Einbildung und an der eigenen Zeit geborene Flucht in die Welt der schönen Einbildung, die ihn in die Stille der Studierstube treibt, wo die Unruhe der Zeit gebannt scheint, und in die Phantasiewelt seiner Klassik" (v. Martin: 85). – Es macht sodann einen Unterschied aus, ob sich jemand aus einer Gruppe zurückzieht oder von ihr abgestoßen und abgesondert wird: „Der Weg der existentiellen Außenseiter verläuft durchaus anders, als jener der intentionellen Sonderlinge aus Melancholie und Misanthropie. Sonderbarerweise hat man aber diejenigen niemals ernstlich abgesondert, die sich von selbst vom allgemeinen Trubel fernzuhalten gedachten. Im Gegenteil wurde der sich Absondernde von jenen hoch geschätzt und insgeheim bewundert, denen er die Gemeinschaft aufkündigte". (H. Mayer, 1977: 22 f.)

• Noch zu Rückzug, Anomie und Verlust. In zwar etwas anderem, hier aber nicht völlig irrelevantem, Zusammenhang ist unter Hinweis auf ältere soziologische Arbeiten von Weltverlust gesprochen worden, der sich als Verlust von Ordnung und Offenheit darstellt. „Mit Verlust von Ordnung und Offenheit sind wohl die beiden wichtigsten soziologischen Themen formuliert, unter denen Verlust von Welt diskutiert werden könnte, weil jeder Weltverlust relativ, also im Verhältnis der Zugänge des einzelnen zur Welt gesehen werden solle. Verlust von Ordnung umschreibt im weitesten Sinne eine anomische Situation, die überall da erfahren wird, wo eine um das Subjekt herum aufgebaute Welt – durch äußere Katastrophe oder durch eine Krise dieses subjektiven Mittelpunktes – verlorengeht" (Illhardt, 1982: 275). Dies ist bei langanhaltender und tiefsitzender Langeweile der Fall, wobei die Grenzen zur Melancholie und Depression fließend werden.

59 • <u>Anregungen.</u> Für Dostojewski und Choderlos de Laclos: vgl. Rehm, 1963: 88 f. – Für Camus vgl. Lyman: 40 f. Zitat aus M. Lebeque: Camus in Selbstzeugnissen und Bilddokumenten, Reinbek 1960: 40. Der erwähnte Zeitgenosse ist der deutsche Dichter Max Jacob (43). – Für Elias, Toch, A. Miller, (s.u.) W.B. Miller vgl. Klinkmann.
• <u>Gewalt, Macht und Langeweile.</u> Wie in (10.2) erwähnt, kann es beim Warten insofern ein Machtgefälle geben, als manche Menschen andere warten lassen können. Im Zusammenhang damit ist das Verhältnis von Macht und Langeweile erwähnenswert. Bellow erwähnt die von Djilas beschriebenen unendlich langen nächtlichen Mahlzeiten mit zwölf Gängen, bei denen viele Gäste sich fürchterlich langweilten. „Während Stalin plauderte und scherzte, suchte er sich im Geiste schon jene aus, die als nächstes dran waren, und während sie kauten und schnauften und glucksten, wußten sie: Sie erwarteten, demnächst erschossen zu werden". Erwähnt werden auch Hitlers Tischgespräche: „[...] sahen sich die Leute Filme an, aßen Gebäck und tranken Kaffee mit Schlag, während er sie langweilte, während er sprach, theoretisierte, erläuterte. Alle zitterten vor Stumpfsinn und Angst, fürchteten sich, zur Toilette zu gehen. Die Kombination von Macht und Langeweile ist niemals ernsthaft untersucht worden. Langeweile ist ein Werkzeug der sozialen Kontrolle. Macht ist die Macht, Langeweile zu verhängen, Stillstand zu befehlen, den Stillstand mit Angst zu verbinden. Das wahre <u>taedium,</u> tiefe <u>taedium</u> ist mit Terror und mit Tod gewürzt" (234). – Dieses Thema ist bislang keineswegs völlig ausgespart worden, wie etwa Lepenies' Ausführungen über Langeweile-Ennui des Adels zeigen (vgl. (13.1) und Anm. 46).
• <u>Noch 'sinnlose' Gewalt.</u> Klinkmann wendet sich gegen trieb- und lerntheoretische Konzepte und befaßt sich insbesondere mit dem „Problem der Sinnfindung für nicht-instrumentelle psychische Gewalt" (255). Er bemüht unter anderem die sogenannten Kristallisationspunkte der Unterschichtenkultur, wo beim Faktor 'Erregung' unterschieden wird zwischen der Alternative 'Spannung' (Risiko, Gefahr, Abwechslung, Aktivität) und 'Langeweile' (Apathie, Sicherheit, Gleichförmigkeit, Passivität). Erläuternd heißt es: Für viele Personen der Unterschicht pendelt das Leben zwischen Perioden relativ routinemäßiger und sich wiederholender Arbeit und den gesuchten Situationen hoher emotionaler Erregung hin und her. Viele der typischen Merkmale des Lebens der Unterschicht beziehen sich auf diese Suche nach Aufregung und Spannung (W.B. Miller: 234, 347). – Langeweile bedeutet demnach Last und Aufhebung von Langeweile Lust.

60 Vom eigenen Kenntnisstand her gesehen ist das 22. Kapitel bloß ein Exkurs, die Sache selbst aber mehr als das, weil das Wort Langeweile so vielfältige Erscheinungen einschließlich mancher Depressionsformen bezeichnet. Auf Freud (Trauer und Melancholie) müßte ebenso eingegangen werden wie auf neuere psychoanalytische und psychiatrische Literatur. Erwähnt seien noch eine ältere kleine Abhandlung, die sich als „Psychologisch-biologische Betrachtung" (Levinger) begreift sowie eine Erörterung über Langeweile in Verbindung mit Neurosen (Thiele). Eine knappe Darlegung der psychoanalytischen Deutung von Langeweile aus neuerer Zeit stammt von Wangh.
Zum Thema Depression ist kürzlich von einer „ziemlich verworrenen medizinischen Debatte" gesprochen worden, wenngleich manche Indizien auf ein bedrohliches Ausmaß von Depressionen hindeuteten. Der Autor reflektiert einen „Zusammenhang von sozialer Kontrolle und menschlicher Depression" und behauptet drei Stationen der Geschichte: Askese, Zucht und Erziehung, Emanzipation, die allerdings in aufschlußreicher Weise mit den Schatten, den sie werfen, verbunden bleiben: Acedia, dem verstockten Weltschmerz, mit der Melancholie, dem Schwarzen Schwermut und mit der Depression, der abstrakten Körperschwere. (Kamper: 92, 101, 103) Das verweist schon auf Gesamtdeutungen der Moderne, wie sie in folgenden Kapiteln vorgestellt werden.
Unvollständig sind auch die knappen Ausführungen über Dandy. Es fehlt zum einen

die beiläufig erwähnte literarisch-künstlerische Bewegung des Dandyismus und eine Fortschreibung des Typs 'blasierter Mensch', denn es ist eine berechtigte und interessante Frage: Wie kann man im Zeitalter der Massenkultur Dandy sein? (Lepenies: 156). Sicherlich, nicht mehr oder kaum noch – so heißt es – in echten Privilegien wurzelndem blasierten Dünkel eines höfischen Adels oder der tödlichen Langeweile Brummels und seiner bevorrechtigten Spielgefährten. Zugegeben, „in einer Zeit, die immer mehr Menschen den Komfort eines materiell durchsättigten Genußlebens bereitstellt, (wird) die Haltung der Blasiertheit zu einem seelischen Dauerzustand. Der gepflegte Ennui eines Aristokraten des 17. Jahrhunderts als Leitbild einer vollautomatisierten Freizeitgesellschaft, das erscheint nicht mehr als irreale Zukunftsvision". „Wo es früher jedoch die Kunst des divertissements gegeben hat, bleibt der heutigen Video- und Walkmangeneration unter der Dauerberieselung durch autovisuelle Reize vielfach die schiere Langeweile", die man als „sterile Reaktion auf den dumpfen Druck demoralisierten Müßiggangs" begreifen kann. (Schwarz: 30) Man müßte das wohl genauer prüfen.

61 • Stellungnahmen. Vgl. die folgenden, willkürlich ausgewählten, Behauptungen:
Dies ist eines der merkwürdigsten Zeichen unserer Zeit, daß der Mensch sich von der Langeweile dauernd bedroht fühlt. [...] Ganze Industriezweige existieren davon, weil sie den Menschen helfen, der Langeweile zu entfliehen. (Lorenz: 462)
Das Leben in der modernen Gesellschaft ist anstrengend; wir sind oder fühlen uns überlastet und was wir tun, erledigen wir nur noch lustlos. Ich möchte meinen, das gilt für jedermann, obwohl viele Menschen sich in der neuen Welt langweilen und nur einige in ihr den Managertod sterben [...]. (v. Hentig, 1965: 9)
'Die Langeweile' sagt Wilhem Röpke, 'ist der Hauptschlüsel zum Verständnis des heutigen Menschen' (Hübner: 12).
This would seem a perfect world if boredom did not sometimes darken the horizon – not fiercely or militantly but unobtrusively and unpretentiously. Boredom has a subtle und insidious way of hollowing and undetermining vitality and, in the end, the will to live. (Anshen: 139)
[...] our former Age of Anxiety has given way to an Age of Bordedom (Bernstein: 536).
Die gegenwärtige Langeweile habe nichts mit der von Thomas von Aquin erörterten tristitia saeculi oder dem Werther-Syndrom zu tun, und sie sei auch nur beiläufig verwandt mit dem Ennui Flauberts, Gautiers und Baudelaires. Vielmehr gelte: Die Langeweile, von der ich spreche, ist ein neuzeitliches Phänomen, das sich mit steigender Industrialisierung, großstädtischer Vermassung und Lebensstandardisierung auch außerhalb unseres abendländischen Kulturkreises epidemisch ausbreitet. (Schuberth: 344)
[...] daß der Hinweis auf das Gefühl der Sinnlosigkeit im demoskopischen Interview mit einem negativeren, meist auch mit einem passiven, oft geradezu lähmenden Lebensgefühl einhergeht. Dieses Lebensgefühl setzt sich zusammen aus einer auffälligen inneren Unruhe einerseits und aus dem Erlebnis von schrecklicher Langeweile andererseits. (Piehl: 57)
Und wer rettet uns, die gut versorgten Kinder des zwanzigsten Jahrhunderts, vor der grassierenden Langeweile? (Schwarz: 30).
Würde man ein Gesetz der Automation aufstellen, dann müßte es lauten: 'In einer mechanisierten Welt ist ein weitverbreitetes und sich verstärkendes Gefühl der Langeweile das Hauptprodukt' (Parkinson: 56).

62 • Innere Leere. In diesem Zusammenhang bedeutet Langeweile eigentlich nicht, daß die Zeit als bloß lang, sondern als zutiefst ereignis- und bedeutungslos empfunden wird. Dies ist keine neue Erfahrung, wie die beiden folgenden Hinweise zeigen:
Unter den menschlichen Leidenschaften ist die Langeweile die unfruchtbarste; sie ist nicht nur eine Tochter der Nichtigkeit, sondern gleichzeitig Mutter des Nichts: denn sie ist nicht nur an sich unfruchtbar, sondern vermag auch alles, dem sie sich vermischt und nähert, unfruchtbar zu machen. (Leopardi: 38)
[...] z.B. in der eigentlichen Langeweile. Sie ist noch fern, wenn uns lediglich dieses Buch

oder jenes Schauspiel, jene Beschäftigung oder dieser Müßiggang langweilt. Sie bricht auf, wenn 'es einem langweilig ist'. Die tiefe Langeweile, in den Abgründen des Daseins wie ein schweigender Nebel hin- und herziehend, rückt alle Dinge, Menschen und einen selbst mit ihnen in eine merkwürdige Gleichgültigkeit zusammen. Diese Langeweile offenbart das Seiende im Ganzen. (Heidegger: 30 f.)
• <u>Kulturelle Leere.</u> Das Hegelsche Manuskript „Fortsetzung des 'Systems der Sittlichkeit'" ist verloren gegangen. Unter Bezug auf einen Bericht von Rosenkranz und Haym gibt es ein „Referat" von J. Hoffmeister: Dokumente zu Hegels Entwicklung, Stuttgart, ²1974, 314 ff., das, von einigen wenigen Zitaten abgesehen, keinen „Quellenwert" hat. Darin heißt es: Die Zeit dieses unendlichen Schmerzes war gekommen, als die Römer die lebendige Individualität der Völker zerschlagen, damit ihre Geister verjagt, ihre Sittlichkeit zerstört und über die Vereinzelung die leere Allgemeinheit ihrer Herrschaft ausgebreitet hatten. Zur Zeit dieser Vereinzelung, die keine Versöhnung fand, und dieser Allgemeinheit, die kein Leben hatte, in dieser <u>Langeweile der Welt,</u> als allenthalben auf dem gebildeten Erdboden Frieden herrschte, mußte die ursprüngliche Identität aus der Zerrissenheit, ihre ewige Kraft über ihren Schmerz erheben und zu ihrer eigenen Anschauung wiedergelangen, oder das Geschlecht der Menschen mußte in sich zugrunde gehen (475, 318). – Zu Hegels Philosophie der Langeweile merkt Zijderveld an: Es ist historisch wahrscheinlich richtig, daß in der hellenistischen Kultur und im römischen Reich [...] die Klagen über Entfremdung und die Philosophien der Langeweile laut wurden. Die Entfremdung des Menschen zum Beispiel ein zentrales Thema der Gnosis – eine auf viele Sekten verteilte Weltreligion [...] Wo aber Entfremdung erfahren wurde, mußte auch Langeweile geherrscht haben. Vielleicht könnte man sogar sagen, daß die Gnosis teilweise aus Langeweile geboren wird (329).
Was auszugsweise erwähnte Einzelaussagen über Langeweile in der modernen Gesellschaft betrifft, so seien beiläufig noch zwei Stichworte ergänzt. Das erste bezieht sich auf <u>Wohnen</u> vor allem in Hochhaussiedlungen, in denen durch die baulich erzwungene Wohnweise Langeweile gefördert werden kann (z.B. Baacke: 230 ff.). Ein zweites Stichwort betrifft <u>Essen:</u> „Mit 57 Prozent geben die unter 19jährigen die Langeweile als ein Eßproblem an" (Haseltine: 66).

63 • <u>Acedia im heutigen Leben.</u> Hinweise auf Stoeckle und Cox von Illhardt (1982: 316 ff.). Es gibt sicherlich noch sehr viele andere zeitgenössische Abhandlungen, die sich einschlägig deuten lassen.
Zur erwähnten Ruhelosigkeit als einem Indikator für acedia ist im Zusammenhang mit Melancholie angemerkt worden: The most obvious sign of restlessness in the intellectual sphere (the analogue of the physical wanderings of the travellor) was curiosity, concern about forbidden or useless subjects, or sometimes an overly minute dissection of matters of faith (Lyons: 128). Curiositas ist bekanntlich eine Tochtersünde der Acedia. Sofern jene sich als Streben nach immer mehr philosophischer Erkenntnis auswirkt, findet sie etwa bei Bonaventura eine durchaus negative Bewertung. An einer bestimmten Stelle seines Werkes geht es um das „Problem der curiositas, der Neugierde, die Bonaventura sowohl in ihrer Form als 'theoretische Neugierde', wie auch als 'praktische Neugierde', welche zusammen die 'philosophische Neugierde' bilden, unter das Verdikt der vanitas [= Nichtigkeit] stellt" (Jehl, 1984: 226). Der Begriff theoretische Neugierde findet sich bei einem neuzeitlichen Philosophen, bei dem es unter anderem heißt: Thomas vergleicht die Trauer des Menschen darüber, nicht selbst Gott zu sein (tristitia de bono divino interno) mit der Mißgunst des Individuums gegenüber dem Besitz des anderen (invidia de bono proximi). Neugierde wäre dann die Art von kompensatorischer Ausschweifung, die sich an den Rätseln und Geheimnissen der Welt Ersatz für das schafft, was zu erreichen der Mensch resigniert hat. Aus ihr läßt sich der Teufelspakt der Wißbegier verstehen, der die Gestalt des Faust zur Figur der frühneuzeitlichen curiositas werden lassen sollte. (Blumenberg: 136 f.)
• <u>Muße.</u> Historisches über Muße und Freizeit, die Entwicklung des Wortes Muße und

seine Bedeutungsveränderungen z.B. auch Nahrstedt, 1972: 17 ff., 40 ff., 105 ff.; ältere Studien u.a. von Welskopf, André. – Bios theoreticos: Unter diesem ist kein Topos zu verstehen, sondern eine Leitidee des Lebenszusammenhangs mit der Versicherung, daß er dem Menschen nur 'dann und wann', in den glücklichen Augenblicken des Lebens, vergönnt sei. Als diejenigen, denen ein solches Leben – zeitweise – vergönnt ist, haben wir nicht eine besondere Berufsschicht aufzufassen, sondern die Menschen überhaupt. (Schalk: 228) – Der Hinweis von Opaschowski auf demonstratives Verschwenden von Geld erinnert natürlich an Veblen, in dessen bedeutendem Werk es nicht nur ein Kapitel 'Der demonstrative Konsum' (62 ff.), sondern auch Ausführungen über 'Der demonstrative Müßiggang' (41 ff.) gibt. Dieser Müßiggang der vornehmen Klasse als Ausweis einer hohen Stellung ist selbstverständlich bei den Überlegungen zur Entwicklung einer Mußekultur nicht gemeint.

Literatur

Abendroth, W.: Schopenhauer in Selbstzeugnissen und Bilddokumenten, Reinbek 1967.

Adam, K.: Wer Zeit hat, macht sich verdächtig. Zwischen Arbeitsgesellschaft und Freizeit-paradies, in: FAZ, 1.4.1989.

Alheit, P./Glaß, Chr.: Beschädigtes Leben. Soziale Biographien arbeitsloser Jugendlicher. Ein soziologischer Versuch über die 'Entdeckung' neuer Fragestellungen, Frankfurt a.M. 1986.

André, J.-M.: L'Otium dans la vie morale et intellectuelle romaine des origines à l'époche augustéenne, Paris 1966.

Andreae, C.A.: Ökonomie der Freizeit. Zur Wirtschaftstheorie der modernen Arbeitswelt, Reinbek 1970.

Anshen, N.R.: The Reality of Devil. Evil in Man, New York 1972.

Arbeitsgemeinschaft Sozialforschung und Sozialplanung Bamberg e.V., (Hrsg.), Altenplan Bamberg, Bamberg 1983.

Arbesmann, R.: The 'Daemonium Meridianum' and Greek and Latin Patristic Exegesis, in: Traditio 14/1985, 17 ff.

Ardrey, R.: Der Gesellschaftsvertrag. Das Naturgesetz von der Ungleichheit der Menschen, dt. Wien/München/Zürich 1971.

Ariès, Ph.: Liebe in der Ehe, in: *Ders.* et al., Die Masken des Begehrens und die Metamorphosen der Sinnlichkeit. Frankfurt a.M. 1984, 165 ff.

Aristoteles: Problemata Physica, XXX1, übersetzt von *H. Flashar,* Aristoteles' Werke, Bd. 19, Berlin ²1975.

Arnold, G.: Die Abwege, oder: Irrungen und Versuchungen gutwilliger und frommer Menschen. Aus Beystimmung des gottseligen Alterthums angemercket, (1708) Leipzig 1736.

Arnold, W.: Ennui – spleen – nausée – tristesse: vier Formen literarischen Ungenügens in der Welt, in: Die Neuen Sprachen, 4/1966, 159 ff.

Aronson, E. et al.: Ausgebrannt. Vom Überdruß zur Selbstentfaltung, dt. Stuttgart 1983 (Orig.: Burnout – From Tedium to Personal Growth).

Assmann, J.: Ägypten. Theologie und Frömmigkeit einer frühen Hochkultur, Stuttgart 1984.

Assmann, J.: Das Doppelgesicht der Zeit im altägyptischen Denken, in: (Die) Zeit, 189 ff.

Austin, M./Vidal-Naquet, P.: Gesellschaft und Wirtschaft im alten Griechenland, dt. München 1984.

Baacke, D.: Alltag im Neubauviertel. Bedingungen und Spielräume für Kommunikation, in: *Gronemeyer, R./Bahr, H.-E.* (Hrsg.), Nachbarschaft im Neubaublock. Empirische Untersuchungen zur Gemeinwesenarbeit, theoretische Studien zur Wohnsituation, Weinheim/Basel 1977, 226 ff.

Babb, L.: The Elizabethan Malady. A Study in English Literature from 1580–1642, East Lansing 1951.

Babb, L.: Sanity in Bedlam. A Study of Robert Burtons Anatomy of Melancholy, Michigan State University Press 1959.

Baethge, M./Hansche, B./Peluss, W./Voskamp, U.: Jugend und Krise ..., Abschlußbericht, Göttingen (SOFI) 1987.

Balsdon, J.P.V.D.: Work and Leisure, in: *Ders.,* Life and Leisure in Ancient Rome, London 1967, 130 ff.

Bardmann, Th.M.: Die mißverstandene Freizeit. Freizeit als soziales Zeitarrangement in der modernen Organisationsgesellschaft, Stuttgart 1986.

Bardy, G.: Acedia, in: *Viller, M.* (Hrsg.), Dictionaire de Spiritualité. Ascétique et Mystique, Tome I, Paris 1937, 166 ff.

Bartenwerfer, H.: Über die Auswirkungen einförmiger Arbeitsvorgänge. Untersuchungen zum Monotonieproblem, Marburg 1957.
Bartenwerfer, H.: Psychische Beanspruchung, in: Handbuch der Psychologie, Bd. 9: Betriebspsychologie, Göttingen 1961, 252 ff.
Barth, A.: Am Reißwolf der Geschwindigkeit, in: Der Spiegel, Nr. 20/1989, 200 ff.
Bartlett, J.R.: The Mythology of Creation, in: *Goetzl, F.R.* (Hrsg.), a.a.O., 1975, 6 ff.
B.A.T. Freizeit-Forschungsinstitut/Deutsche Gesellschaft für Freizeit e.V. (Hrsg.), Freizeit-Daten. Zahlen zur Freizeit-Situation und -Entwicklung in der Bundesrepublik Deutschland, Hamburg/Düsseldorf 1982.
Battegay, R.: Depression. Psychophysische und soziale Dimension, Bern u.a. 1985.
Baudelaire, Ch.: Les Fleurs Du Mal, (1857) Paris 1958.
Bauer, W.: Isolation, Vereinsamung und Einsamkeit: Stigmatisierung und ihre Folgen, Diplomarbeit Koblenz 1982.
Beckers, G.: Georg Büchners 'Leonce und Lena'. Ein Lustspiel der Langeweile, Hamburg 1961.
Begemann, Chr.: Schwerpunkte bürgerlicher Tugend: Arbeit, Affektbeherrschung und Geselligkeit, in: *Ders.,* Furcht und Angst im Prozeß der Aufklärung. Zur Literatur und Bewußtseinsgeschichte des 18. Jahrhunderts, Frankfurt 1987, 29 ff.
Bellah, R.N.: Religiöse Evolution, in: *Seyfahrt, C./Sprondel, W.M.* (Hrsg.), Seminar: Religion und gesellschaftliche Entwicklungs-Studien zur Protestantismus-Kapitalismus-These Max Webers, Frankfurt a.M. 1979, 267 ff.
Bellow, S.: Humboldts Vermächtnis. Roman, dt. München 1980.
Benjamim, W.: (Melancholie und Acedia), in: *Ders.,* Ursprünge des deutschen Trauerspiels, Frankfurt a.M. 1963, 149 ff.
Bergler, E.: On the Disease-Entity Boredom ('Alysosis') and its Psychopathology, in: Psychiatric Quarterly, 19/1945, 38 ff.
Bergler, E.: Fun-Deficiency: The Bores and the Bored, in: *Ders.,* Laughter and the Sense of Humor, New York 1956, 210 ff.
Bergmann, W.: Die Zeitstrukturen sozialer Systeme, Berlin 1981.
Bergmann, W.: Das Problem der Zeit in der Soziologie. Ein Literaturüberblick der 'zeitsoziologischen' Theorie und Forschung, in: Kölner Zeitschrift für Soziologie und Sozialpsychologie, 3/1983, 462 ff.
Bergmann, J.R.: Das frühe Mönchtum als soziale Bewegung, in: Kölner Zeitschrift für Soziologie und Sozialpsychologie, 1/1985, 30 ff.
Bernstein, H.E.: Boredom and Ready-Made Life, in: Social Research, 42/1975, 512 ff.
Bienert, W.: Arbeit (II-III), in: *Kernig, C.D.* (Hrsg.), Sowjetsystem und demokratische Gesellschaft. Eine vergleichende Enzyklopädie, Bd. I, Freiburg 1966, 246 ff.
Bilz, R.: Langeweile. Versuch einer systematischen Darstellung, in: *Ders.,* Paläoanthropologie. Der neue Mensch in der Sicht einer Verhaltensforschung, Frankfurt a.M. 1971, 167 ff.
Blaicher, G.: Freie Zeit – Langeweile – Literatur. Studien zur therapeutischen Funktion der englischen Prosaliteratur im 18. Jahrhundert, Berlin/New York 1977.
Blazovich, A.: Soziologie des Mönchtums und der Benediktinerregeln, Wien 1954.
Bleistein, R.: Therapie der Langeweile, Freiburg 1973.
Bleistein, R.: Freizeit wozu? Christliche Antwort auf eine Herausforderung der Zeit, Würzburg 1978.
Bleistein, R.: Freizeit ohne Langeweile. Wege zu einer erfüllten Freizeitgestaltung, Freiburg 1982.
Bloomfield, M.W.: The Seven Deadly Sins. An Introduction to the History of a Religious Concept, with Special Reference to the Medieval English Literature, Michigan State University Press (1952), Reprint 1967.
Blumenberg, H.: Der Prozeß der theoretischen Neugierde, Frankfurt a.M. 1973.
Blumenberg, H.: Das Sein – ein MacGuffin. Wie man sich Lust am Denken erhält, in: FAZ, 27.5.1987, 35.
Bodamer, J.: Die Langeweile als Zeiterscheinung, in: *Ders.,* Wir auf der Szene unseres Lebens, Freiburg/München 1960, 98 ff.

Bodamer, J.: Leere und Langeweile. Krankheitssymptome der modernen Gesellschaft, in: Die politische Meinung, 6/1961, 48 ff.

Bökenkamp, W.: Einleitung zu: Georg Büchner. Sämtliche Werke, Bütersloh ³1963.

Boismont, A. Brierre de: L'ennui (Taedium vitae), Paris 1850.

Boismont, A. Brierre de: Du Suicide et de la Folie Suicide. Considérés dans leurs Rapports avec la Statistique, la Médicine et al Philosophie, Paris 1856 (bes. 26 ff., 162 ff.).

Bollnow, O.F.: Der Mittag. Ein Beitrag zur Metaphysik der Jahreszeiten, in: *Ders.,* Unruhe und Geborgenheit im Weltbild neuer Dichter, Stuttgart 1954, 141 ff.

Boss, M./Condrau, G.: Die Weiterentwicklung der Daseinsanalyse nach Ludwig Binswanger, in: Die Psychologie des 20. Jahrhunderts, Bd. X: Ergebnisse für die Medizin (2), München 1980, 728 ff.

Bouchez, M.: L'Ennui: de Sénèque à Moravia, Paris 1973.

Bowman, A.: Poor, Nasty, Brutish, and Short – But Seldom Boring, in: *Goetzl, F.R.* (Hrsg.), a.a.O., 1975, 11 ff.

Brand, J.: Zur Lage der Bundeswehr, in: Schriften Innere Führung, 1/1983.

Braun, M./Fricke, W./Klein, P.: Erziehung in der Bundeswehr, Gutachten 1984 (nicht im Handel).

Breadsted, J.H.: Die Geburt des Gewissens, dt. Zürich 1950.

Breadsted, J.H.: Geschichte Ägyptens, dt. Köln/Berlin 1954.

Breidert, W.: Arthur Schopenhauer, in: *Höffe, O.* (Hrsg.), Klassiker der Philosophie, II, München 1981, 115 ff.

Breitinger, H.: Neues über den alten Weltschmerz, in: Studien und Wandertage, Frauenfeld 1890.

Brendenmühl, U./Feldkamp, K.: Dokumentation der Aktion 'Gegen Langeweile in der Familie', Köln 1986 (nicht im Handel).

Brösching, E.: Die Lebenslage älterer Menschen im ländlichen Raum. Eine empirische Untersuchung als Grundlage zur Planung von sozialen Diensten, Stuttgart 1983.

Brown, P.: The Rise and the Function of the Holy Man in Late Antiquity, in: *Ders.,* Society and the Holy in the Late Antiquity, Berkeley 1982, 103 ff.

Bruford, W.H.: Die gesellschaftlichen Grundlagen der Goethezeit, (1936) dt. Frankfurt a.M. 1979.

Bucher, R.: Depression und Melancholie. Eine historische und triebpsychologische Untersuchung zur Struktur und Klassifizierung von Depressionsformen, Bern 1977.

Bücher, K.: Arbeit und Rhythmus, Leipzig 1896.

Büchner, G.: Werke und Briefe, Wiesbaden 1958.

Bumke, J.: Höfische Kultur. Literatur und Gesellschaft im hohen Mittelalter, 2 Bde., München 1986.

Bungard, W.: Isolation und Einsamkeit im Alter. Eine sozialpsychologische Studie, Köln 1975.

Bunge, G.: Akedia. Die geistliche Lehre des Evagrius Pontikos vom Überdruß, Köln 1983.

Burton, R.: The Anatomy of Melancholy. What it is all the Kinds, Causes, Symptoms, Prognostics, and Several Cures of it, London 1981.

Burton, R.: 'Anatomie der Melancholie'. Über die Allgegenwart der Schwermut, ihre Ursachen und Symptome sowie die Kunst, es mit ihr auszuhalten, dt. Zürich/München 1988.

Busse, W.: Der Hypochondrist in der deutschen Literatur der Aufklärung, Diss. Mainz 1952.

Caillois, R.: Les démons de midi, in: Revue de L'Histoire des Religions, CXV (1937), 142 ff., CXVI (1937), 35 ff., 143 ff.

Calkins, G.: Time: Perspectives, Marking and Styles of Usage, in: Social Problems, 4/1970, 487 ff.

Carroll, J.S.: The Wrathful and the Sullen, in: *Ders.,* Exiles of Eternity. An Exposition of Dante's Inferno, Port Washington, N.Y./London (1902) 1971, 126 ff.

Caruba, A.: Boring stuff. How to spot and how to avoid it, The Boring Institute, Maplewood, N.J., 1987.

Cassian(us), J.: Von den Einrichtungen der Klöster-Unterredungen mit den Vätern, dt. 2 Bde., Kempten 1877.

Cassian, J.: Spannkraft der Seele, Aufstieg der Seele, Ruhe der Seele, 3 Bde., Auswahl, Übertragung und Einleitung *G.* und *Th. Sartory,* Freiburg 1981, 1982, 1984.

Chaucer, G.: Sequitur of Accidia, in: *Ders.,* The Parsones Tales, in: *Ders.,* The Canterbury Tales, in: The Complete Work of Geoffry Chaucer, Oxford 1920, 699 ff.

Chaucer, G.: Sequitur of Accidia, in: *Ders.,* The Canterbury Tales, Rendered into modern English by *J.U. Nicolson,* Garden City/New York 1934, 590 ff.

Cicero: Gespräche in Tusculum, lateinisch-deutsch, München/Zürich ^{5}1984.

Cohen, A.K.: The Study of Social Disorganization and Deviant Behavior, in: *Merton, R.K./ Broom, L./Cottrell Jr., L.S.* (Hrsg.), Sociology Today, Vol. II, New York 1959, 461 ff.

Colligan, M.J./Stockton, W.: Fließband-Hysterie. Eine neue Massenkrankheit?, in: Psychologie heute, 2/1979, 15 ff.

Corrigan, P.: Nichtstun, in: Jugendkultur als Widerstand. Milieus, Rituale, Provokationen, *J.* Clark et al. (Hrsg.), *A. Honneth,* dt. Frankfurt a.M. 1979, 176 ff.

Cox, H.: Stirb nicht im Warteraum der Zukunft. Aufforderungen zur Weltverantwortung, dt. Stuttgart/Berlin ^{3}1970.

Cube, F. von: Fordern statt Verwöhnen. Die Erkenntnisse der Verhaltensbiologie in der Erziehung. Ein Vortrag, 6.4.1987, Südwestfunk Baden-Baden.

Dahrendorf, R.: Wenn der Arbeitsgesellschaft die Arbeit ausgeht, in: *Matthes, J.* (Hrsg.), Krise der Arbeitsgesellschaft?, Frankfurt a.M. 1983, 25 ff.

Daniel, A.: Über die Langeweile (ein Vortrag), in: Ostfriesisches Schulblatt, Nr. 5-7/1887, Emden.

Dante: Die göttliche Komödie, italienisch-deutsch, Übersetzung von *Zoosmann,* Bd. I-III, Freiburg ^{2}1912.

Dante: Göttliche Komödie, Übersetzung von *Witte,* zuerst 1875, Volksausgabe Berlin 1917.

Dehlinger, R.: The Yawning Student, in: *Goetzl, F.R.* (Hrsg.), a.a.O., 1975, 44 ff.

Der Bundesminister für Jugend, Familie und Gesundheit (Hrsg.): Nichteheliche Lebensgemeinschaften in der Bundesrepublik Deutschland, Stuttgart 1985.

Diaz-Plaja, F.: The Freshman and the Seven Deadly Sins (1969), engl. New York 1976.

Diderot, D.: Mélancolie, in: Encyclopédie ..., Nouvelle Edition 1778, 21. Bd., 432 ff.

Dierse, U.: Einsamkeit (II), in: Historisches Wörterbuch der Philosophie, Bd. 2, Basel/Stuttgart 1972, 410 ff.

Dihle, A.: Ethik, in: Reallexikon für Antike und Christentum, Bd. VI, Stuttgart 1966, 646 ff.

Dillkofer, W./Klein, P.: Leerlauf im Dienst, in: *Dies.,* Unteroffizier der Bundeswehr II. SOWI-Berichte, H. 21, München 1980, 124 ff.

Diogenes Laertius: Zenon, in: *Ders.,* Leben und Meinungen berühmter Philosophen, dt. Hamburg ^{2}1967, Siebentes Buch, 7 ff.

Dirks, W.: Traurigkeit und Trägheit, in: *Walter, R.* (Hrsg.), Literarische Fastenpredigten. Über die Laster in unserer Zeit, Freiburg/Heidelberg 1981, 104 ff.

Dittrich, K.-H.: Beiträge zur sozialwissenschaftlichen Zeitforschung, in: *Ders.,* Wertorientierung, Zeitwahrnehmung und politischer Protest, Speyerer Forschungsberichte, 36/ 1984, 206 ff.

Dittrich, O.: Geschichte der Ethik, Bd. 1: Altertum bis zum Hellenismus, Bd. 2: Vom Hellenismus bis zum Ausgang des Altertums, Leipzig 1926.

Dodds, E.R.: Heiden und Christen in einem Zeitalter der Angst. Aspekte religiöser Erfahrung von Mark Aurel bis Konstantin, dt. Frankfurt a.M. 1985.

Dodds, E.R.: Die griechischen Schamanen und der Ursprung des Puritanismus, in: *Ders.,* Die Griechen und das Irrationale, dt. Darmstadt 1970, 72 ff.

Dostojewski, F.M.: Die Beichte Stawrogins, dt. München 1922.

Dreitzel, H.P.: Die Einsamkeit als soziologisches Problem, Zürich 1970.

Droese, D.: Nachwort zu G. Chaucer: Canterbury. Erzählungen, Zürich 1971, 521 ff.

Dupré, W.: Zeit, in: Handbuch philosophischer Grundbegriffe, Bd. 6, München 1974, 1799 ff.

Durkheim, É.: Der Selbstmord (1879), dt. Neuwied 1973.

Durkheim, É.: Die elementaren Formen des religiösen Lebens, dt. Frankfurt a.M. 1981.

Earle, W.: Beyond Civilization, in: *Ders.,* Public Sorrows and Private Pleasures, Bloomington/London 1976, 96 ff.

Ebert, J. et al.: Die Arbeitswelt der Antike, Leipzig 1983.

Eichler, G.: Spiel und Arbeit. Zur Theorie der Freizeit, München 1979.

Elias, N.: Über die Zeit, Frankfurt a.M. 1984.

Elias, N.: Über Wandlungen der Angriffslust, in: *Ders.*, Über den Prozeß der Zivilisation. Soziogenetische und Psychogenetische Untersuchungen, 1. Bd.: Wandlungen des Verhaltens in den weltlichen Oberschichten des Abendlandes (1936), Frankfurt a.M. [3]1977, 263 ff.

Emeis, D.: Theologische Perspektiven zur Sinngebung und Gestaltung der Freizeit, in: Freizeit. Beobachtung, Beurteilung und Erklärung im interdisziplinären Dialog, Osnabrücker Studien 5, Frankfurt a.M. 1980, 36 ff.

Émmel, H.: Einsamkeit (I), in: Historisches Wörterbuch der Philosophie, Bd. 2, Stuttgart / Basel 1972, 407 ff.

Endres, J.: Angst und Langeweile. Hilfen und Hindernisse im sittlich-religiösen Leben, Frankfurt a.M. 1983.

Enninger, H.J.W.: Bedeutungsgeschichte von Licere-Leisir/Loisier-Leisure, Diss. Bonn 1968.

Erman, A.: Die Literatur der Ägypter. Gedichte und Erzählungen und Lehrbücher aus dem 3. und 2. Jahrtausend v. Chr., Leipzig 1923.

Erman, A.: Die Religion der Ägypter. Ihr Werden und Vergehen in vier Jahrtausenden, Berlin/Leipzig 1934.

Évagre Le Pontique. Traité Pratique ou le Moine, Tome I, II, Introduction/Edition critique du Texte grec par *A. et Chr. Guillaumont*, Paris 1971.

Fairlie, H.: The Seven Deadly Sins Today, Notre Dame/London 1979.

Farber, M.L.: Suffering and Time Perspectives of the Prisoner, in: *Lewin, K.* et al., Authority and Frustration, in: *Sears, R.R.* (Hrsg.), Studies in Typological and Vector Psychology III, Iowa 1944, 155 ff.

Fenichel, O.: Zur Psychologie der Langeweile, in: Imago, 20/1934, 270 ff.

Fest, J.: Man muß das Fegefeuer schon in dieser Welt durchmachen, FAZ, 29.9.1984.

Fichtenau, H.: Askese und Laster in der Anschauung des Mittelalters, Wien 1948.

Ficino, M.: De Vita libri tres, quorum primus de Studiosarum sanitate tuenda, secundus de Vita producenda, tertius de Vita coelius com pavanda tractat, in: *Ders.*, Opera Omnia, Vol. I, Toums I, Torino 1959, 525 ff.

Finke, E.: Störungen im Zeiterleben bei Schizophrenen, med. Diss. Düsseldorf 1961.

Fischer, H.: Adecia und Landschaft in den Dramen Georg Büchners, Diss. München 1958.

Flashar, H.: Melancholie und Melancholiker in den medizinischen Theorien der Antike, Berlin 1966.

Flashar, H.: Anmerkungen zu Problemata Physica XXX1, in: *Aristoteles*, Problemata Physica ..., 1975.

Flashar, J.: Melancholie I, in: Historisches Wörterbuch der Philosophie, Bd. 5, Basel/Stuttgart 1980, 1038 ff.

Flodell, Ch.: Mitbestimmung am Arbeitsplatz und ihr Einfluß auf die Arbeitsorientierung, in: Klipstein, M. von/Strümpel, B. (Hrsg.), a.a.O., 1985, 179 ff.

Forster, L.: Faust und die acedia: Mephisto und die superbia, in: *Lange, V./Roloff, H.-G.* (Hrsg.), Dichtung, Sprache, Gesellschaft, Akten des IV. Internationalen Germanisten-Kongresses 1970 in Princeton, Frankfurt a.M. 1971, 307 ff.

Foucault, M.: Die Gestalten des Wahnsinns, in: *Ders.*, Wahnsinn und Gesellschaft. Eine Geschichte des Wahns im Zeitalter der Vernunft, dt. Frankfurt a.M. 1969, 255 ff.

Fränkel, H.: Die Zeitauffassung in der frühgriechischen Literatur, in: *Ders.*, Wege und Formen frühgriechischen Denkens. Literarische und philosophiegeschichtliche Studien, München 1968, 1 ff.

Frank, K.S.: Grundzüge der Geschichte des christlichen Mönchtums, Darmstadt 1979.

Frankena, W.K.: Analytische Ethik. Eine Einführung, München 1972.

Frankl, V.E.: Das Leiden am sinnlosen Leben. Psychotherapie für heute, Freiburg 1978.

Freizeitbrief, B.A.T. Freizeit-Forschungsinstitut, Nr. 2, Hamburg 1981.

Freizeitbrief, B.A.T. Freizeit-Forschungsinstitut, Nr. 63, Hamburg 1987.

Freyer, H.: Theorie des gegenwärtigen Zeitalters, Stuttgart 1955.

Friedmann, G.: Monotonieproblem, in: *Ders.*, Der Mensch in der mechanisierten Produktion, dt. Köln 1952, 131 ff.

Fromm, E.: Langeweile und chronische Depression, in: *Ders.*, Anatomie der menschlichen Destruktivität, dt. Stuttgart 1974, 219 ff.

221

Fromm, E.: Der junge Luther. Eine psychoanalytische und historische Studie (1958), dt. Frankfurt a.M. 1975.

Fromme, J.: Freizeit als Lernzeit. Lernen durch Arbeit in und an der Freizeit, Löln 1985.

Fuchs, G.B.: Was ist ein Müßiggänger?, in: Inselbuch der Faulheit, Frankfurt a.M. 1983.

Fuchs, P.: Die Weltflucht der Mönche. Anmerkungen zur Funktion des monastisch-aszetischen Schweigens, in: Kölner Zeitschrift für Soziologie und Sozialpsychologie, 6/1986, 393 ff.

Fürstenberg, Fr.: Die Zeit als Strukturdimension soziologischer Analyse, in: *Ders./Mörth, J.* (Hrsg.), 1986, 23 ff.

Fürstenberg, Fr./Mörth, J. (Hrsg.): Zeit als Strukturelement von Lebenswelt und Gesellschaft, Linz 1986.

Gadamer, H.-G.: Über leere und erfüllte Zeit, in: *Ders.* (Hrsg.), Die Frage Martin Heideggers. Beiträge zu einem Kolloquium mit Heidegger ..., Heidelberg 1960, 17 ff.

Garve, Chr.: Versuche über verschiedene Gegenstände aus der Moral, der Litteratur, und dem gesellschaftlichen Leben (5 Bde., 1972 ff.), 3. und 4. Teil: Gesellschaft und Einsamkeit, Breslau 1821.

Gebsattel, V.F. von: Zeitbezogenes Zwangsdenken in der Melancholie, in: *Ders.*, Prolegomena einer Medizinischen Anthropologie, Ausgewählte Aufsätze, Berlin 1955, 1 ff.

Gebsattel, V.F. von: Störungen des Werdens und des Zeiterlebens psychiatrischer Erkrankungen, in: *Ders.*, Prolegomena einer Medizinischen Anthropologie, Ausgewählte Aufsätze, Berlin 1955, 128 ff.

Gehlen, A.: Das gestörte Zeit-Bewußtsein, in: Merkur, 17/1963, 3313 ff.

Geister (Dämonen), in: Reallexikon für Antike und Christentum, IX, Stuttgart 1976, 546 ff.

Gerhard, K.: Die Langeweile. Eine psychologische Betrachtung, in: Vom Fels zum Meer, 18(1898/99) 2, 100 ff.

Gerhards, J.: Soziologie der Emotionen, Weinheim/München 1988.

Gestört und seelisch tot. Gewalt und Gefühlsarmut verändern das Klima an der Schule, in: Der Spiegel, 11.4.1988, 28 ff.

Giegler, H.: Dimensionen und Determinanten der Freizeit. Eine Bestandsaufnahme der sozialwissenschaftlichen Freizeitforschung, Opladen 1982.

Gillmeister, H.: Sprache und Literatur im mittelalterlichen England, in: Propyläen Geschichte der Literatur, Zweiter Band: Die mittelalterliche Welt (600–1400), Berlin 1982, 242 ff.

Glatzer, W.: Zufriedenheitsunterschiede zwischen Lebensbereichen, in: *Ders./Zapf, W.* (Hrsg.), Lebensqualität in der Bundesrepublik. Objektive Lebensbedingungen und subjektives Wohlbefinden, Frankfurt a.M./New York 1984, 192 ff.

Goerdt, W.: Oblomowerei und Philosophie in Rußland. Studien Joachim Ritter zum 60. Geburtstag, Basel/Stuttgart 1965, 37 ff.

Goetzl, F.R.: Root of Discontent and Aggression, in: *Ders.* (Hrsg.), a.a.O., 1975, 55 ff.

Goetzl, F.R. (Hrsg.): Boredom: Root of Discontent and Aggression, Berkeley 1975.

Goffman, I.: Interaktionsrituale. Über Verhalten in direkter Interaktion, dt. Frankfurt a.M. 1971.

Goffman, E.: Über die Merkmale totaler Institutionen, in: *Ders.*, Asyle. Über die soziale Situation psychiatrischer Patienten und anderer Insassen, dt. Frankfurt a.M. 1972, 13 ff.

Gogol, N.: Die Geschichte, wie sich Iwan Iwanowitsch mit Iwan Nikiforowitsch zerstritt, in: *Ders.*, Sämtliche Erzählungen, dt. Darmstadt 1961, 500 ff.

Gontscharow, I.A.: Lieber spät als nie. Kritische Anmerkungen (1879), in: Die Schlucht, 1185 ff.

Gontscharow, I.A.: Die Schlucht (1869), dt. Zürich 1959.

Gontscharow, J.A.: Oblomow (1859), dt. München ³1983.

Goritschewa, T.: Die Kraft der christlichen Torheit. Meine Erfahrungen, Freiburg 1985.

Graeser, A.: Stoa, in: *Höffe, O.* (Hrsg.), Klassiker der Philosophie, I, München 1981, 116 ff.

Graf, O.: Die Divina Comedia als Zeugnis des Glaubens. Dante und die Liturgie, Freiburg 1965.

Grau, D.: Das Mittagsgespenst (daemonium meridianum). Untersuchungen über seine Herkunft, Verbreitung und seine Erforschung in der europäischen Volkskunde, Diss. Bonn 1966.

Grimault, M.: La mélancolie de Kierkegaard, Paris 1965.

Groethuysen, B.: Die Entstehung der bürgerlichen Welt- und Lebensanschauung in Frankreich, Bd. 2 (1927), Tübingen 1978.

Grunow-Lutter, V.: Freizeit und Selbstverwirklichung. Eine sozialwissenschaftliche Konzeption von Selbstverwirklichung und die Analyse ihrer (faktischen) Erscheinungsformen in der Freizeit, Bielefeld 1983.

Gschnitzer, F.: Griechische Sozialgeschichte, Wiesbaden 1981.

Guardini, R.: Vom Sinn der Schwermut, Zürich 1948.

Gubser, A.: Monotonie im Industriebetrieb. Die Auswirkungen einförmiger Arbeitsvorgänge, ihrer Prophylaxe und Bekämpfung, Bern/Stuttgart 1968.

Guillaumont, A. und C.: Evagrius Ponticus, in: Reallexikon für Antike und Christentum, VI, 1966, 1088 ff.

Gundel, K.: Sucht und Situation – eine 'Ökoanalyse', in: Wiener Zeitschrift für Suchtforschung, 4/1981, 17 ff.

Habermas, J.: Soziologische Notizen zum Verhältnis von Arbeit und Freizeit, in: *Giesecke, H.* (Hrsg.), Freizeit- und Konsumerziehung, Göttingen 1972, 105 ff.

Hammerich, K.: Freizeit, in: Die moderne Gesellschaft, Freiburg 1982, 267 ff.

Hans-Böckler-Stiftung (Hrsg.): Gewerkschaften vor den Herausforderungen der 90er Jahre, Düsseldorf 1987.

Harbordt, St.: Die Subkultur des Gefängnisses. Eine soziologische Studie zur Resozialisierung, Stuttgart ²1972.

Haseltinem, H.: Kummerkilos belasten fast alle, in: Brigitte, 22/1985, 65 ff.

Hauber, A.R.: Ansätze zur Kriminalprävention in den Niederlanden, vor allem im Bereich Vandalismus und Aggressionsdelikte, in: *Kury, H.* (Hrsg.), Perspektiven und Probleme kriminologischer Forschung, Köln 1981, 341 ff.

Hauser, R.: Acedia, in: Historisches Wörterbuch der Philosophie, Bd. 1, Basel/Stuttgart 1971, 73 f.

Hauser, R.: Lasterkatalog, in: Historisches Wörterbuch der Philosophie, Bd. 5, Basel/Stuttgart 1980, 37 ff.

Hauser, R.: Laster, in: Historisches Wörterbuch der Philosophie, Bd. 5, Basel/Stuttgart 1980, 35 ff.

Hay, G.: Darstellung des Menschenhasses in der deutschen Literatur des 18. und 19. Jahrhunderts, Frankfurt a.M. 1970.

Hefele, J.: Einleitung zu: *Petrarca, Fr.,* a.a.O., 1925, I ff.

Heger, H.: Die Melancholie bei den französischen Lyrikern des Spätmittelalters, Diss. Bonn 1965.

Heidegger, M.: Was ist Metaphysik?, Frankfurt a.M. ⁹1965.

Heigl, A.: Selbstaufmerksamkeit und Einsamkeit. Eine theoretische und empirische Analyse sozial-kognitiver Bedingungsfaktoren und Verlaufsprozesse von Gefühlen der Einsamkeit, Regensburg 1987.

Heimann, H.: Zeitstrukturen in der Psychopathologie, in: (Die) Zeit, München/Wien 1983, 59 ff.

Heinemann, K.: Arbeitslose Jugendliche. Ursachen und individuelle Bewältigung eines sozialen Problems. Eine empirische Untersuchung, Darmstadt/Neuwied 1978.

Heinemann, K.: Arbeitslosigkeit und Zeitbewußtsein, in: Soziale Welt, 1982, 87 ff.

Heinemann, K./Ludes, P.: Zeitbewußtsein und Kontrolle der Zeit, in: *Hammerich, K./Klein, M.* (Hrsg.), Materialien zur Soziologie des Alltags, Opladen 1978, 220 ff.

Heinen, W.: Acedia, in: *Ders.,* Fehlformen des Liebesstrebens in moralpsychologischer Deutung und moraltheologischer Würdigung, Freiburg 1954, 332 ff.

Heitmann, K.: Fortuna und Virtus. Eine Studie zu Petrarcas Lebensweisheit, Köln/Graz 1958.

Hengst, H.: Kinder und Massenmedien – Denkanstöße für die Praxis, Heidelberg 1981.

Hennigsen, D./Strohmeier, A.: Gewaltdarstellungen auf Video-Cassetten: Ausmaß und Motive jugendlichen Gewaltvideokonsums, Bochum ²1968.

Hentig, H. von: Die Schule im Regelkreis. Ein neues Modell für die Probleme der Erziehung und Bildung, Stuttgart 1965.

Hentig, H. von: 'Humanisierung'. Eine verschämte Rückkehr zur Pädagogik? Andere Wege zur Veränderung der Schule, Stuttgart 1987.

Heron, W.: The Pathology of Boredom, in: *Larrabee, E./Meyersohn, R.* (Hrsg.), a.a.O., 1958, 136 ff.
Herrlinger, R.: Die Milz und die Melancholie. Kulturgeschichte eines rätselhaften Organs, in: Die Welt, 29.1.1966, III.
Hesiod: Sämtliche Werke, dt. Darmstadt 1984.
Hesse, H.: Die Angst des Müßiggangs, in: *Ders.,* Die Kunst des Müßiggangs. Kurze Prosa aus dem Nachlaß, Frankfurt a.M. [4]1976, 7 ff.
Hessen, J.S. van: Soziologische Voraussetzungen des Klosterwesens, in: *Helle, H.* (Hrsg.), Kultur und Institution, Berlin 1982, 357 ff.
Heule, M.: Die Überwindung der Langeweile in der Schule, in: Der Alltag. Sensationsblatt des Gewöhnlichen, 2/1986, 43 ff.
Heussi, K.: Der Ursprung des Mönchtums, Tübingen 1936.
Hieronymus: Brief an den Mönch Rusticus, Bibliothek der Kirchenväter, Zweite Reihe, Bd. XVI, II. Bd., München 1936, 214 ff.
Hieronymus: Brief an Demetria(s), a.a.O., München 1936, 239 ff.
Hiller, K.: Die Weisheit der Langeweile. Eine Zeit- und Streitschrift, 2 Bde., Leipzig 1913.
Hilsbecher, W.: Versuch über Oblomow, in: Merkur. Deutsche Zeitschrift für europäisches Denken, Nr. 222, XX/1966, H. 9, 841 ff.
Hilty, K.: Über die Langeweile, in: Schweizerisches Jahrbuch der schweizerischen Eidgenossenschaft, 22/1908, 240 ff.
Hirschberger, J.: Die Stoa, in: *Ders.,* Geschichte der Philosophie, I. Teil, Freiburg [8]1965, 247 ff.
Hoche, A.E.: Langeweile, in: *Ders.,* Aus der Werkstatt, München 1935, 38 ff.
Hoesch-Davis, R.: Ehe und Ehescheidung. Neue Entwicklungen in den Zweierbeziehungen, München 1980.
Hofstätter, P.R.: Vom Müßiggang, in: *Ders.,* Die Psychologie und das Leben, Wien/Stuttgart 1951, 236 ff.
Hofstätter, P.R.: Die amerikanische und die deutsche Einsamkeit, in: Verhandlungen des 13. deutschen Soziologentages, Frankfurt a.M. 1957, 87 ff.
Hofstätter, P.R.: Bedingungen der Zufriedenheit, Zürich 1986.
Homer: Ilias, Basel 1946 (Übersetzung: *Voß*).
Homer: Odyssee, Leipzig o.J. (Übersetzung: *Voß*).
Hoppensack, H.-Chr.: Über die Strafanstalt und ihre Wirkung auf Einstellung und Verhalten von Gefangenen. Unter anderem dargestellt an Hand einer Untersuchung in den Strafanstalten Bremen-Olslebhausen im Jahre 1965, Göttingen 1969.
Horstmann, U.: Ein Rückzugsgefecht für die Melancholie, in: Frankfurter Rundschau, 26.10. 1985.
Hübner, B.: Die Langeweile, Diss. Freiburg 1962.
Hünerbein, A.: Die religiöse Unlust. Ihre Ursachen und ihre Bekämpfung. Eine religionspsychologische Untersuchung, Speyer 1949.
Huxley, A.: Accidie, in: *Ders.,* On the Margin. Notes and Essays, London 1928, 18 ff.
Huxley, A.: Der Teufel von London, dt. München 1966.
Huysmans, J.K.: Gegen den Strich, dt. Zürich 1981.
Illge, W.: Zur Psychologie der Langeweile, in: Die neue deutsche Schule, 3/1929, 981 ff.
Illhardt, F.J.: Trauer. Eine moraltheologische und anthropologische Untersuchung, Düsseldorf 1982.
Illhardt, F.J.: Trauer-Arbeit an der Grenze, in: Lebendiges Zeugnis, 4/1986, 53 ff.
Ionesco, E.: Die kahle Sängerin, in: *Ders.,* Theaterstücke, Darmstadt 1959, 7 ff.
Jackson, B.: Killing Time. Life in the Arkansas Penitentiary, Ithaca/London 1977.
Jackson, St.W.: Acedia the Sin and its Relationship to Sorrow and Melancholia in Medieval Times, in: Bulletin of the History of Medicine, 55/1981, 181 ff.
Jacobi, G.: Langeweile, Muße und Humor und ihre pastoraltheologische Bedeutung, Berlin 1952.
Jäckel, U.: Partnerwahl und Eheerfolg. Eine Analyse der Bedingungen und Prozesse ehelicher Sozialisation in einem rollentheoretischen Ansatz, Stuttgart 1980.
Jaeggi, E.: Der Arbeitssüchtige. Ein Charakterbild, FAZ-Magazin, 11.4.1986, 64 ff.
Jaeggi, E./Hollstein, W.: Wenn Ehen älter werden. Liebe, Krise, Neubeginn, München/Zürich [3]1985.

Jahoda, M.: Wieviel Arbeit braucht der Mensch? Arbeit und Arbeitslosigkeit im 20. Jahrhundert, Weinheim / Basel 1983.

Jahoda, M./Lazarsfeld, P.F./Zeisel, H.: Die Arbeitslosen von Marienthal (1933), Frankfurt a.M. 1986.

Jahresberichte des Wehrbeauftragten des Deutschen Bundestages 1981, 1982, 1986 (Drucksache 9/1406, 9/2425, 11/42).

Jammes, Fr.: Der Hasenroman, dt. Berlin 1916.

Janowski, H.H.: Melancholie im Glauben. Über die Erneuerung aus der Trauer, in: Evangelische Kommentare, 2/1981, 67 ff.

Jehl, R.: Die Geschichte des Lasterschemas und seiner Funktion. Von der Väterzeit bis zur karolingischen Erneuerung, in: Franziskanische Studien 64/1982, 261 ff.

Jehl, R.: Melancholie und Acedia. Ein Beitrag zur Anthropologie und Ethik Bonaventuras, Paderborn 1984.

Jens, W.: Der Meister. Dialog über einen Roman, (München 1961), Frankfurt a.M. 1974.

Jungbauer, G.: Mittag/Mittagsläuten/Mittagsgespenst, in: *Hoffmann/Krayer, E./Bächthold-Steubli, H.* (Hrsg.), Handwörterbuch des deutschen Aberglaubens, VI, Berlin/Leipzig ³1934, 398 ff.

Kahn, Ch.: Die Melancholie in der deutschen Lyrik des 18. Jahrhunderts, Heidelberg 1932.

Kalkühler, F.: Die Natur des Spleens bei den englischen Schriftstellern in der ersten Hälfte des 18. Jahrhunderts, Diss. München 1920.

Kamper, D.: Das autistische Neutrum. Soziale Kontrolle und menschliche Depression, in: *Ders.*, Zur Soziologie der Imagination, München 1986, 92 ff.

Kamphausen, G.: Die Wiederentdeckung der Sünde. Die Soziologie reagiert auf ihre kulturellen Folgen, in: Die Politische Meinung, 210/1983.

Kamphausen, G.: Freizeit als Freiheit? Zur Ideologie der Selbstverwirklichung in Soziologie und Pädagogik, in: *Acham, K.* (Hrsg.), Kreativität und Leistung, Köln 1986, 190 ff.

Kamphausen, G.: Ihre Verheißung ist Freiheit. Die Moden der Freizeit, in: FAZ, 2.5.1987.

Kant, I.: Von der langen Weile und der Kurzweil, in: Kants Werke, VII, Berlin 1968, 233 ff.

Karsten, A.: Psychische Sättigung, in: Psychologische Forschung. Zeitschrift für Psychologie und ihre Grenzwissenschaften, 10/1928, 142 ff.

Keen, S.: Langeweile, in: Psychologie heute, 10/1977, 64 ff.

Keen, S.: Sich Zeit nehmen für die Langeweile, in: Psychologie heute, 10/1980, 20 ff.

Kern, H./Schumann, M.: Industriearbeit und Arbeiterbewußtsein. Eine empirische Untersuchung über den Einfluß der aktuellen technischen Entwicklung auf die industrielle Arbeit und das Arbeiterbewußtsein, 2 Teile, Frankfurt a.M. (1970) ²1973.

Kern, H./Schumann, M.: Ende der Arbeitsteilung? Rationalisierung in der industriellen Produktion, München 1984.

Keusch, M.: Gottseidank, es ist Montag!, in: Der Alltag. Sensationsblatt des Gewöhnlichen, ²1986, 51 ff.

Kierkegaard, S. (I): Diapsalmata, in: *Ders.*, Entweder-Oder. Ein Lebensfragment, Erster Teil, Jena 1932, 15 ff.

Kierkegaard, S. (II): Die Wechsel-Wirtschaft. Ein Versuch der sozialen Klugheitslehre, in: *Ders.*, a.a.O., 1932, 253 ff.

Kierkegaard, S. (III): Der Begriff der Angst, dt. Jena 1937, insbes. 132 ff.

Kierkegaard, S. (IV): Einübung im Christentum, Düsseldorf/Köln 1971.

Kierkegaard, S. (V): Die Krankheit zum Tode. Eine christlich-psychologische Entwicklung zur Erbauung und Erweckung, Bremen 1949.

Klages, H.: Wertwandel und Gesellschaftskrise in der sozialstaatlichen Demokratie, in: *Matthes, J.* (Hrsg.), Krise der Arbeitsgesellschaft?, Frankfurt a.M. 1983, 341 ff.

Klibanski, R./Panofski, E./Saxl, F.: Saturn and Melancholy. Studies in the History of Natural Philosophy, Religion and Art, London 1964.

Klinkmann, N.: Gewalt und Langeweile, unveröff. Ms., Bielefeld 1980.

Klinkmann, N.: Gewalt und Langeweile, in: Kriminologisches Journal, 4/1982, 254 ff.

Klipstein, M. von/Strümpel, B. (Hrsg.): Gewandelte Werte – Erstarrte Strukturen. Wie die Bürger Wirtschaft und Arbeit erleben, Bonn 1985.

Klockhaus, R./Habermann-Morbey, B.: Psychologie des Schulvandalismus, Göttingen 1986.

Klostermann, W.-G.: Acedia und Schwarze Galle. Bemerkungen zu Dante, Inferno VII, 115 ff., in: Romanische Forschungen. Vierteljahresschrift für romanische Sprachen und Literaturen, 76/1964, 183 ff.

Kluss, H.: Überforderung durch Unterforderung oder das Problem der Gammelei in der Bundeswehr, in: Wehrkunde, 15/1966, 349 ff.

Knigge, A. Frh. von: Über den Umgang mit Menschen (1790), Frankfurt a.M. [3]1982.

Kölbel, G.: Über die Einsamkeit. Vom Ursprung, Gestaltwandel und Sinn des Einsamkeitserlebnisses, München/Basel 1960.

Körtling, G.: Petrarcas Leben und Werke, Leipzig 1878, 236 ff. und 629 ff.

Kofler, L.: Zur Soziologie des Arbeiters, Kleinbürgers und Bürgers als möglicher Gegenstände realistischer Kunst, in: *Ders.,* Zur Theorie der modernen Literatur. Der Avantgardismus in soziologischer Sicht, Neuwied 1962, 188 ff.

Kommentar zu Thomas in: *Thomas von Aquin,* a.a.O., 1966, 413 ff.

Korn, K.: Studien über 'Freude und Trûren' bei mittelhochdeutschen Dichtern, Leipzig 1932.

Korth, L.: Mittagsgespenster. Deutsche Studien und Wanderbilder von Leonhard Korth. Herausgegeben von Dr. *Karl Hoeber,* Köln (1915).

Koselleck, R.: Vergangene Zukunft. Zur Semantik geschichtlicher Zeiten. Frankfurt a.M. 1979.

Kristeller, P.O.: Die innere Erfahrung, in: *Ders.,* Die Philosophei des Marsilio Ficino, (New York 1943), dt. Frankfurt a.M. 1972, 189 ff.

Kristeller, P.O.: Petrarca, in: *Ders.,* Acht Philosophen der italienischen Renaissance, Acta humanoria, dt. Weinheim 1986, 1 ff.

Kruppa, A.: Dialog zum Thema 'Freizeit', in: Freizeit. Beobachtung, Beurteilung und Erklärung im interdisziplinären Dialog, Osnabrücker Studien 5, Frankfurt a.M. 1980, 1 ff.

Kümmel, Fr.: Die Erscheinungen der psychopathischen Zeitlichkeit, in: *Ders.,* Über den Begriff der Zeit, Tübingen 1962, 161 ff.

Küng, E.: Arbeit und Freizeit in der nachindustriellen Gesellschaft, Tübingen 1971.

Kuhn, H.: Zur Freiheit verdammt, in: *Ders.,* Begegnung mit dem Nichts. Ein Versuch über die Existenzphilosophie, Tübingen 1950, 95 ff.

Kuhn, R.: The Demon of Noontide. Ennui in Western Literature, New York 1976.

Kusenberg, K.: Über die Langeweile, in: Süddeutsche Zeitung, 27.2.1965.

Laager, J.: Nachwort zu *Palladius,* a.a.O., 1987, 309 ff.

Lafarque, P.: Das Recht auf Faulheit, dt. Frankfurt a.M. 1966.

Lampey, E.: Das Zeitproblem nach den Bekenntnisse des Augustinus, Regensburg 1960.

Lamprecht, R.: 'Zur ewigen Marter für beide Teile'. Bilanz nach zehn Jahren Eherechtsreform, in: Der Spiegel, 28/1987, 34 ff.

Landersdorfer, S.: Das daemondium meridianum (Ps 91,6), in: Biblische Zeitschrift, XVIII/1929, 294 ff.

Langeweile, in: Deutsches Wörterbuch, hrsg. von *J. und W. Grimm,* 6. Bd., Leipzig 1885, 173.

Langland, W.: Accidia, in: *Ders.,* Vision of Piers Plowman. (Newly Rendered into Modern English by *Henry W. Wells),* New York 1968, 67 ff.

Lanz, J.: Affekt, in: Historisches Wörterbuch der Philosophie, Bd. 1, Basel/Stuttgart 1971, 89 ff.

Larrabee, E./Meyersohn, R. (Hrsg.): Mass Leisure, Glencoe 1958.

Lefebre, H.: Kritik des Alltagslebens, Bd. I., dt. München 1974.

Lehr, U.: Psychologische Aspekte des Altern, in: *Reimann H./Reimann H.* (Hrsg.), a.a.O., 1983, 141 ff.

Lenné, R.: Das Urphänomen Angst. Analyse und Therapie, München 1978.

Lenz, Chr.: Jugendarbeitslosigkeit. Ausmaß – Verlauf – Ursachen – Gegenmaßnahmen und Analyse ihrer psychischen Auswirkungen, Essen 1985.

Leopardi, G.: Langeweile, in: *Ders.,* Theorie des schönen Wahns und Kritik der modernen Zeit, ausgewählt, geordnet und eingeleitet von *Ernesto Grassi,* München 1949, 36 ff.

Lepenies, W.: Melancholie und Gesellschaft, Frankfurt a.M. [2]1981.

Lessing, H.-U.: Melancholie II, in: Historisches Wörterbuch der Philosophie, Bd. 5, Basel/Stuttgart 1980, 1040 ff.

Lessing, H.-U.: Langeweile, in: Historisches Wörterbuch der Philosophie, Bd. 5, Basel/Stuttgart 1980, 28 ff.

Levenstein, A.: Die Arbeiterfrage. Mit besonderer Berücksichtigung der sozialpsychologischen Seite des modernen Großbetriebes und der psychophysischen Einwirkungen auf die Arbeit, München 1912.

Levinger, E.: Von der menschlichen Langeweile. Psychologisch-biologische Betrachtungen, in: Schweizerische Medizinische Wochenschrift, 81/1951, 113 ff.

Lewin, K.: Die Bedeutung der Psychischen Sättigung für einige Probleme der Psychotechnik, in: Psychotechnische Zeitschrift, 3/1928, 182 ff.

Lewin, K.: Zeitperspektive und Moral, in: *Ders.,* Die Lösung sozialer Konflikte (1948), dt. Bad Nauheim 1968, 152 ff.

Liebs, A.: Spaß muß sein im Gehege. Der Zoo kann die Natur nicht ersetzen, in: FAZ, 21.3.1987.

Liliencron, R. von: Die Insassen des vierten Dante'schen Sündenkreises, in: Zeitschrift für vergleichende Literaturgeschichte und Renaissanceliteratur, Berlin 1890, 24 ff.

Lipp, W.: Stigma und Charisma. Über soziales Grenzverhalten, Berlin 1985.

Lippert, E.: Gammeln. Zur Abklärung einer Chiffre. Gutachten, hrsg. v. Sozialwissenschaftlichen Institut der Bundeswehr/München, München 1980.

Lohse, B.: Askese und Mönchtum in der Antike und der alten Kirche, München 1969.

Lorenz, W.: Zwischen Angst und Langeweile, in: Erdkreis, 9/1949, 461 ff.

Louf, A.: Die Acedia bei Evagrius Ponticus, in: Concilium, 10/1974, 682 ff.

Lück, U.: Das Problem der allgemeingültigen Ethik, Heidelberg 1963.

Luhmann, N.: Liebe als Passion. Zur Codierung von Intimität, Frankfurt a.M. 1982.

Lyman, St.M.: The Seven Deadly Sins: Society and Evil, New York 1978.

Lyman, St.M./Scott, M.B.: On the Time Track, in: *Dies.,* A Sociology of the Absurd, New York 1970.

Lyons, B.G.: Voices of Melancholy. Studies in Literary Treatments of melancholy in Renaissance England, London 1971.

MacIver, R.M.: The Great Emptiness, in: *Larrabee, E./Meyersohn, R.* (Hrsg.), a.a.O., 1958, 118 ff.

Maduschka, L.: Das Problem der Einsamkeit im 18. Jahrhundert im besonderen bei J.G. Zimmermann, Diss. München 1932.

Mann, H.: Einleitung zu: Cholderlos de Laclos: Schlimme Liebschaften, übertragen und eingeleitet von *Heinrich Mann* (Leipzig 1920), München 1972, 5 ff.

Marcel, R.: Marsile Ficin (1433–1499), Paris 1958.

Marcuse, L.: Ignatius von Loyola. Ein Soldat der Kirche, Hamburg 1956.

Marcuse, L.: Philosophie des Glücks. Von Hiob bis Freud, Zürich 1972.

Marcuse, L.: Büchner, in: *Ders.,* Die Welt der Tragödie (1923), Nachdruck Berlin 1973.

Marquard, O.: Plädoyer für die Einsamkeitsfähigkeit, in: Walther, R. (Hrsg.), a.a.O., 1983, 127 ff.

Martens, W.: Nachwort zu: *Moritz, K. Ph.,* a.a.O., 1972, 543 ff.

Martens, W.: Die Botschaft der Tugend. Die Aufklärung im Spiegel der deutschen moralischen Wochenschriften, Stuttgart 1968.

Martin, A. von: Soziologie der Renaissance, Stuttgart ³1974.

Martin, N.: Muße, in: Historisches Wörterbuch der Philosophie, Bd. 6, Basel/Stuttgart 1964, 257 ff.

Maschewsky, W.: Zum Stand der Beratungs- und Beanspruchungsforschung, in: Soziale Welt, 1982, 328 ff.

Mattenklott, G.: Melancholie in der Dramatik des Sturm und Drang, Stuttgart 1968.

Mattenklott, G.: Der Faule. Ein Charakterbild, in: FAZ-Magazin, 5.5.1985.

Matthes, J.: Die Soziologie des Gefangenen als existentielles Problem. Beiträge zu einer Soziologie des Gefängnisses, Diss. Berlin 1956.

Matthes, J. (Hrsg.): Krise der Arbeitsgesellschaft? Verhandlungen des 12. deutschen Soziologentages in Bambert 1982, Frankfurt a.M. 1983.

Maurina, Z.: Dostojewski. Menschengestalter und Gottessucher, dt. München 1960.

Maurina, Z.: Langeweile und der gehetzte Mensch, Memmingen 1962.

Mausbach, J./Ermecke, G.: Katholische Moraltheologie, Bd. 1: Die allgemeine Moral, Münster 1959, darin: Kardinaltugenden, 291 ff., Die Hauptsünden, 353 ff.

Mayer, H.: Georg Büchner und seine Zeit, Frankfurt a.M. ²1974.

Mayer, H.: Außenseiter, Frankfurt a.M. 1977.

Melzer, F.: J.G. Zimmermanns 'Einsamkeit' in ihrer Stellung im Geistesleben des ausgehenden 18. Jahrhunderts, Diss. Breslau 1930.

Merton, R.K.: Sozialstruktur und Anomie, in: *Sack, F./König, R.* (Hrsg.), Kriminalsoziologie, Frankfurt a.M. 1968, 283 ff.

Merton, R.K.: Retreatism, in: *Ders.*, Social Theory and Social Structure, New York ³1968, 207 ff., 241 ff.

Meyer, H.: Schopenhauer und Richard Wagner. Die voluntaristisch-pessimistische Lebensphilosophie, in: *Ders.*, Geschichte der abendländischen Weltanschauung, IV. Bd.: Von der Renaissance bis zum deutschen Idealismus, Würzburg/Paderborn 1950, 549 ff.

Milch, W.: Die Einsamkeit. Zimmermann und Oberreit im Kampf um die Überwindung der Aufklärung, Frauenfeld/Leipzig 1937.

Miller, A.: The Bored and the Violent, in: Harper's Magazine, Jh. 225, New York 1962, 50 ff.

Miller, W.B.: Die Kultur der Unterschicht als ein Entstehungsmilieu für Bandendelinquenz, in: *Sack, Fr./König, R.* (Hrsg.), Kriminalsoziologie, Frankfurt a.M. 1968, 339 ff.

Mittelstraß, J.: Platon, in: *Höffe, O.* (Hrsg.), Klassiker der Philosophie, I., München 1981, 38 ff.

Mock, A.: Luthers Krankheit, in: *Ders.*, Abschied von Luther. Psychologische und theologische Reflexionen zum Lutherjahr, Köln 1958, 32 ff.

Mönninger, M.: Auf dem Fließband durchs Schlaraffenland. Vergnügungsparks in Deutschland: die Lustgärten des Industriezeitalters sind Fabriken gegen Langeweile – Spaß an der Simulation, in: FAZ, 27.8.1987, 1 f.

Mörs, K.-J.: Das Freizeitproblem im deutschen Erwachsenen-Strafvollzug, Stuttgart 1969.

Moore, C.: The English Malady, in: *Ders.*, Backgrounds of English Literature 1700–1760, Minneapolis 1953, 179 ff.

Moore, W.M.: Man, Time and Society, New York/London 1963.

Moravia, A.: La Noia (1960), dt. München 1966.

Morenz, S.: Gott und Mensch im alten Ägypten, Zürich 1984.

Moritz, K.Ph.: Anton Reiser. Ein psychologischer Roman (Berlin 1785 ff.), Stuttgart 1972

Morris, D.: Der Menschen-Zoo, dt. München/Zürich 1969.

Müller, E.H.: Erfüllte Gegenwart und Langeweile. Zeitgebundenheit und Zeitfreiheit im Leben des Kindes, Heidelberg 1969.

Müller-Wichmann, Chr.: Zeitnot. Untersuchungen zum 'Freizeitproblem' und seiner pädagogischen Zugänglichkeit, Weinheim/Basel 1984.

Münch, W.: Über die Langeweile, in: Westermanns Illustrierte deutsche Monatshefte für das gesamt geistige Leben der Gegenwart, Heft 506, 43. Jg., 1898, 188 ff.

Münzel, K./Steinberg, R./Hollmann, A.: Zeitschätzungen an depressiven Patienten: Einfluß von Intervallinhalt und Erregung, in: Zeitschrift für Klinische Psychologie, 3/1987, 221 ff.

Müri, W.: Melancholie und schwarze Galle, in: Museum Helveticum, 10, 21 (1953), 21 ff.

Murray, O.: Das frühe Griechenland, dt. München 1982.

Nachod, H./Stern, P. (Hrsg.): Briefe des Francesco Petrarca, Berlin 1931.

Nagel, P.: Die Motivierung der Askese in der alten Kirche und der Ursprung des Mönchtums, Berlin 1966.

Nahrstedt, W.: Die Entstehung der Freizeit. Dargestellt am Beispiel Hamburgs. Ein Beitrag zur Strukturgeschichte und zur strukturgeschichtlichen Grundlegung der Freizeitpädagogik, Göttingen 1972.

Nahrstedt, W.: Freizeit und Familie – Zur pädagogischen Phänomenologie der Langeweile, in: Recht der Jugend und des Bildungswesens, 22/1974, 167 ff.

Nahrstedt, W.: Freizeitberatung zur Emanzipation?, Göttingen 1975.

Nahrstedt, W.: Kulturarbeit – Freizeitpädagogik – Animation, in: Freizeitpädagogik, 1-2/1982, 20 ff.

Neuhäuser, R.: Nachwort zu Gontscharow's Roman Oblomow, 657 ff.

Noelle-Neumann, E.: Macht Fernsehen träge und traurig? Weniger Lebenslust, Arbeitsfreude und Fortschrittsgläubigkeit in unserer Gesellschaft, FAZ, 13.8.1977.

Noelle-Neumann, E.: Werden wir alle Proletarier? Wertewandel in unserer Gesellschaft, Zürich 1978.

Noelle-Neumann, E./Strümpel, B.: Macht Arbeit krank? Macht Arbeit glücklich? Eine aktuelle Kontroverse, München/Zürich 1984.

Obermüller, K.: Melancholie in der deutschen Barockliteratur, Bonn 1974.

Oberndörfer, D.: Von der Einsamkeit des Menschen in der modernen amerikanischen Gesellschaft, Freiburg 1958.

Opaschowski, H.W.: Probleme im Umgang mit der Freizeit. Schriftenreihe zur Freizeitforschung des B.A.T. Freizeit-Forschungsinstituts, Bd. 1, Hamburg 1980.

Opaschowski, H.W.: Allein in der Freizeit, Schriftenreihe zur Freizeitforschung des B.A.T. Freizeit-Forschungsinstituts, Bd. 2, Hamburg 1981.

Opaschowski, H.W.: Langeweile, zur Freizeit verurteilt?, in: Animation, 1/1983, 2 ff.

Opaschowski, H.W.: Das Fernsehen der 80er Jahre, Langeweileverursacher oder Langeweileverhinderer?, in: Animation, 3/1983, 74 ff.

Opaschowski, H.W.: Arbeit. Freizeit. Lebenssinn? Orientierungen für eine Zukunft, die längst schon begonnen hat, Leverkusen 1983.

Opaschowski, H.W.: Psychologie und Soziologie der Freizeit, Opladen 1988.

Opaschowski, H.W./Raddatz, G.: Freizeit im Wertewandel. Die neue Einstellung zur Arbeit und Freizeit, Hamburg 1982.

Palladius: Historia Lausiaca. Die frühen Heiligen in der Wüste, dt. Zürich 1987.

Pankraz: Pankraz, der Zahnarzt und die Langeweile, in: Die Welt, 5.5.1986.

Panofski, E./Saxl, F.: Dürers 'Melencolia I'. Eine quellen- und typengeschichtliche Untersuchung, Leipzig/Berlin 1923.

Pappert, Fr.: Philosophie der Einsamkeit, München/Basel 1955.

Parkinson, C.N.: Asien läuft Europa den Rang ab. Es gibt ein neues 'Parkinsonsches Gesetz': das 'Gesetz der Langeweile' – Vorschläge für einen neuen Lebensstil, in: Epoche, 107/1988, 54 ff.

Pascal, B.: Pensées et opuscules philosophiques. Extraits, Paris o.J. (in Anlehnung an Editions Brunschvicg).

Pascal, B.: Über die Religion und über einige andere Gegenstände (Pensées), Tübingen 1948 (übertragen von *E. Wasmuth* in Anlehnung an Edition Brunschvicg).

Pauleikhoff, B.: Zeit in der Psychopathologie und Psychotherapie, in: *Ders.*, Person und Zeit. Im Brennpunkt seelischer Störungen, Heidelberg 1979, 214 ff.

Paulsen, Fr.: System der Ethik mit einem Umriß der Staats- und Gesellschaftslehre, 2 Bde (in einem Band), Stuttgart 9+101913.

Pawlowsky, P.: Arbeitsorientierungen zwischen neuen Ansprüchen und alten Strukturen, in: *Klipstein, M. von/Strümpel, B.* (Hrsg.), a.a.O., 1985, 155 ff.

Pekáry, Th.: Die Wirtschaft der griechisch-römischen Antike, Wiesbaden 1979.

Peters, E.: Notes Toward an Archaeology of Boredom, in: Social Research, 42/1975, 493 ff.

Petrarca, Fr.: Dialogos de Contemptu mundi, in: *Ders.*, Opera quae exaut omnia, 4 Bde., Basel 1154, Nachdruck 1965, 373 ff.

Petrarca, Fr.: Briefe an die Nachwelt, Gespräche über die Weltverachtung, Von seiner und vieler Leute Unwissenheit, übersetzt und eingeleitet von *H. Hefele*, Jena 1925. (I. Serie, Bd. II aus: Das Zeitalter der Renaissance. Ausgewählte Quellen zur Geschichte der italienischen Kultur, hrsg. v. *M. Herzfeld*).

Petrilowitsch, N.: Zur Psychologie und Psychopathologie der Blasiertheit, in: *Ders.*, Charakterstudien, Basel/New York 1969, 24 ff.

Pfannenschmidt, Chr.: Immer wieder Sonntags, in: Die Zeit, Zeit-Magazin, Nr. 47, 15.11.1985, 24 ff.

Pfannenschmidt, Chr.: Denn sie wissen nicht, was sie tun. Langeweile bestimmt das Leben auf dem Lande ..., in: Zeit Magazin, Nr. 35, 21.8.1987, 8 ff.

Piehl, E.: Langeweile. Ein Schicksal? Verbesserungen des Lebens- und Arbeitssituation, in: *Noelle-Neumann, E./Piehl, E.* (Hrsg.), Allesbacher Jahrbuch der Demoskopie, 1978–1983, Bd. VIII, München 1983, XXXI ff. (teilweise verändert u.d.T. „Streß und Langeweile: Die groteske Landschaft der Depressionen", in: *Ders.*, Im Geflecht der kleinen Netze. Vom deutschen Rückzug ins Private, Zürich 1987, 52 ff.).

Pieper, J.: Über die Hoffnung, München 41948.

Pieper, J.: Das Vierergespann. Klugheit – Gerechtigkeit – Tapferkeit – Maß, Tübingen 1970.

Pieper, J.: Muße und Kult, München 51985.

Platon: Phaidros oder vom Schönen, Stuttgart 1979.

Plümacher, O.: Der Pessimismus in Vergangenheit und Gegenwart, Heidelberg 1984.

Pohlenz, M.: Die Ethik, in: *Ders.,* Die Stoa. Geschichte einer gestigen Bewegung, Bd. 1, Nachdruck der 6. Aufl., Göttingen 1984, 110 ff.

Popitz, H.: Der Begriff der sozialen Rolle als Element der soziologischen Theorie, Tübingen [3]1972.

Popitz, H./Bahrdt, H.P./Jüres, E.A./Kersting, H.: Technik und Industriearbeit. Soziologische Untersuchungen in der Hüttenindustrie, Tübingen 1957.

Post, W.: Melancholie und Arbeit. Unveröff. Vortrag, Dies Academicus, Sommersemester 1985, Universität Bonn.

Prenzel, M./Kapp, A./Schiefele, H.: Grundzüge einer pädagogischen Interessentheorie, in: Zeitschrift für Pädagogik, 1986, 163 ff.

Prisching, M.: Grenzen des Wertwandels – Kontinuität und Diskontinuität in kulturellen Veränderungsprozessen, in: Schweizerische Zeitschrift für Soziologie, 1/1986, 49 ff.

Prokop, D.: Faszination und Langeweile. Die populären Medien, Stuttgart 1979.

Raddatz, J.: Zwischen Marx und Rousseau ... Ein Zeit-Gespräch mit dem Philosophen und Ethnologen Claude Lévy-Strauss, in: Die Zeit, 2.9.1983, 33 f.

Rahner, K.: Die geistliche Lehre des Evagrius Ponticus, in: Zeitschrift für Aszese und Mystik, 8/1933, 21 ff.

Rammstedt, O.: Alltagsbewußtsein von Zeit, in: Kölner Zeitschrift für Soziologie und Sozialpsychologie, 27/1975, 47 ff.

Ranke-Heinemann, U.: Das frühe Mönchtum. Seine Motive nach den Selbstzeugnissen, Essen 1964.

Rehm, W.: Gonscharow und Jacobsen. Langeweile und Schwermut, Göttingen 1963.

Rehm, W.: Experimentum Medietatis. Eine Studie zur dichterischen Gestaltung des Unglaubens bei Jean Paul und Dostojewski, München 1947.

Reimann, H.: Interaktion und Kommunikation im Alter, in: *Reimann, H./Reimann H.* (Hrsg.), a.a.O., 1983, 71 ff.

Reimann, H./Reimann H. (Hrsg.): Das Alter. Einführung in die Gerontologie, Stuttgart [2]1983.

Revers, W.J.: Die Psychologie der Langeweile, Meisenheim 1949.

Revers, W.J.: Das Zeitproblem in der Psychologie, in: Archiv für die gesamte Psychologie, 116/1964, 279 ff.

Riegler, (.): Grille, in: *Hoffmann-Krayer, E./Bächthold-Stäubli, H.* (Hrsg.), Handwörterbuch des deutschen Aberglaubens, Bd. III, Berlin/Leipzig 1930/31, 1160 ff.

Riesmann, D. et al.: Die einsame Masse. Eine Untersuchung der Wandlungen des amerikanischen Charakters, dt. Hamburg 1958.

Rinderspacher, J.P.: Gesellschaft ohne Zeit. Individuelle Zeitverwendung und soziale Organisation der Arbeit, Frankfurt a.M. 1985.

Rohde, P.R.: Søren Kierkegaard in Selbstzeugnissen und Bilddokumenten, Hamburg 1959.

Rose, W.: Die Anfänge des Weltschmerzes in der deutschen Literatur, in: Germanisch-romanische Monatsschrift, XII/1924, 140 ff.

Rubinstein, C./Shaver, Ph./Peplau, L.A.: Einsamkeit. Die Kluft zwischen Wunsch und Wirklichkeit, in: Psychologie heute, 2/1980, 27 ff.

Ruprecht, D.: Tristitia. Wortschatz und Vorstellung in den althochdeutschen Sprachdenkmälern, Göttingen 1959.

Russel, B.: Langeweile und Anregung, in: *Ders.,* Eroberung des Glücks. Neue Wege zu einer besseren Lebensgestaltung, dt. Darmstadt 1951, 48 ff.

Russel, B.: The Praise of Idleness, in: *Larrabee, E./Meyersohn, R.* (Hrsg.), a.a.O., 1958, 96 ff.

Safranski, R.: Schopenhauer und die wilden Jahre der Philosophie. Eine Biographie, München 1987.

Sartory, G. und Th.: Johann Cassian, 3 Bde., Freiburg 1981, 1982, 1984.

Schalk, F.: Diderots Artikel 'melancholie' in der Enzyklopädie, in: *Ders.,* Studien zur französischen Aufklärung, München 1964, 127 ff.

Schalk, F.: Otium im Romanischen, in: Vickers, B. (Hrsg.), a.a.O., 1985, 225 ff.

Schenk, J.: Die Bedeutung von Alkoholbewertung, Persönlichkeitsmerkmalen und sozialen Umweltbedingungen für den Alkoholkonsum bei jungen Männern, in: *Berger, H./ Legnaro, A./Reuband, K.-H.* (Hrsg.), Jugend und Alkohol. Trinkmuster, Suchtentwicklung und Therapie, Stuttgart 1980, 61 ff.

Scheuch, E.K.: Die Problematik der Freizeit in der Massengesellschaft, in: *Ders./Meyersohn, R.* (Hrsg.), Soziologie der Freizeit, Köln 1972, 23 ff.

Scheuring, Chr.: Jugend 86: z.B. Diebe, in: Der Stern, 27.2.1986, 29 ff.

Schiefele, H.: Interesse – Neue Antworten auf ein altes Problem, in: Zeitschrift für Pädagogik, 1986, 153 ff.

Schings, H.-J.: Melancholie und Aufklärung. Melancholiker und ihre Kritiker in Erfahrungsseelenkunde und Literatur des 18. Jahrhunderts, Stuttgart 1977.

Schmalenbach, H.: Die Genealogie der Einsamkeit, in: Logos, Tübingen VIII/1919, 62 ff.

Schmidt, L.: Die Ethik der alten Griechen, 2 Bde., (Berlin 1882) Faksimile-Neudruck Stuttgart 1964.

Schmied, G.: Soziale Zeit. Umfang, 'Geschwindigkeit' und Evolution, Berlin 1985.

Schmitz-Scherzer, R. (Hrsg.): Freizeit. Eine problemorientierte Textsammlung, Frankfurt a.M. 1973.

Schmitz-Scherzer, R.: Sozialpsychologie der Freizeit. Bericht über den Stand der Freizeitforschung in Soziologie und Psychologie, Stuttgart 1974.

Schmückle, G./Deinzer, W.: Wird in der Bundeswehr gegammelt?, in: Hefte für staatsbürgerliche Bildung und Innere Führung, 1972, 32 ff.

Schneider, W.: Frust und Langeweile. Eine Not, eine Mode und ihr Zusammenhang mit dem Krieg, in: *Ders.,* Glück – was ist das? Versuch, etwas zu beschreiben, was jeder haben will, Hamburg 1981, 152 ff.

Schoeck, H.: Die Soziologie und die Gesellschaften. Problemsicht und Problemlösung von Beginn bis zur Gegenwart, Freiburg/München ²1964.

Schöner, E.: Das Viererschema in der antiken Humoralpathologie, Sudhoffs Archiv für Geschichte der Medizin und der Naturwissenschaft, Heft 4, Wiesbaden 1964.

Schöps, H.J.: Wenn da einer schon geknickt reinkommt. Über Langzeitarbeitslose, in: Der Spiegel, 3/1987, 52 ff.

Schomerus, H.: Über die Langeweile. Eine Krankenvisite, in: Jahrbuch der christlichen Rundfunkarbeit, 3(1959), 98 ff.

Schopenhauer, A.: Die Welt als Wille und Vorstellung I, Zweiter Teilband, Zürich 1977.

Schröder, E.Chr.: Freizeit – leere Zeit? Thesen zu einem philosophischen Aspekt des Freizeitproblems, in: Herausgebergruppe 'Freizeit': Freizeit in der Kritik. Alternative Konzepte zur Freizeit- und Kulturpolitik, Köln 1980, 55 ff.

Schuberth, R.H.: Ambivalenz der Langeweile, in: *Schurmacher, W.* (Hrsg.), Zeit der Ernte, Festschrift für A. Hübscher, Stuttgart 1982, 344 ff.

Schüller, B.: Die Begründung sittlicher Urteile. Typen ethischer Argumentation in der katholischen Moraltheologie, Düsseldorf 1973.

Schulz, W.: Kierkegaard, in: *Ders.,* Philosophie in der veränderten Welt, Pfullingen 1972, 271 ff.

Schumann, M./Einemann, E./Siebel-Rebell, Chr./Wittemann, K.P.: Rationalisierung, Krise, Arbeiter. Eine empirische Untersuchung auf der Werft, Frankfurt a.M. 1982.

Schwartz, B.: Waiting, Exchange, and Power. The Distribution of Time in Social Systems, in: American Journal of Sociology, 79.2 (1973), 841 ff.

Schwarz, Chr.: Der Blasierte. Ein Charakterbild, in: FAZ-Magazin, 6.5.1988, 24 ff.

Scobel, W.A.: Depression und Suicid, in: *Reimers, C.* (Hrsg.), Suicid. Ergebnisse und Therapie, Berlin 1982, 51 ff.

Seneca: Epistulae moralis ad Lucilium / Briefe an Lucilius über Ethik, 3 Bde., Stuttgart 1985.

Seneca: De tranquilitate animi / Über die Ausgeglichenheit der Seele, Stuttgart 1984.

Siebenschön, L.: Ehe zwischen Trieb und Trott. Eine frivole Soziologie, München 1968.

Simmel, G.: Das Geheimnis und die geheime Gesellschaft, in: *Ders.,* Soziologie. Untersuchungen über die Formen der Vergesellschaftung, Berlin ⁵1968, 256 ff.

Sombart, W.: Der Bourgois. Zur Geistesgeschichte des modernen Wirtschaftsmenschen, München/Leipzig 1923.

Sorokin, P.A./Merton, R.K.: Social Time: A Methodological and Functional Analysis, in: American Journal of Sociology, 42/1937, 615 ff.
Spitz, R.: Wiederholung, Rhythmus, Langeweile, in: Imago. Zeitschrift für Anwendung der Psychoanalyse auf die Geisteswissenschaften, 23/1937, 171 ff.
Staeubli, J.: Leerlauf und Ausbildung, in: Allgemeine schweizerische Militärzeitschrift, 2/1983, 75 und 79 ff.
Staguhn, G.: Und ewig gähnt die dunkle Nacht, in: FAZ-Magazin, 19.5.1989.
Starobinski, J.: Geschichte der Melancholiebehandlung von den Anfängen bis 1900, Documenta Geigy, Acta psychosomatica, Nr. 4, Basel 1960.
Steelman, D.: Doing Idle Time. An Investigation of Inmate Idleness in New York's Prisons and Recommendations for Change, New York 1984.
Steinaecker, G. Frh. von: Kampf der Gammelei, in: Informationen für die Truppe, 4/1983, 4 ff.
Stelzenberger, J.: Die Beziehungen der frühchristlichen Sittenlehre zur Ethik der Stoa. Eine moralgeschichtliche Studie, München 1933.
Stenzel, K.: Pascals Theorie Des Divertissement, Diss. München 1965.
Stoeckle, B.: Erlöst? Grundkonzept christlichen Daseins, Stuttgart 1973.
Stoeckle, B.: Temperamentia – Die Entschiedenheit der Tugend des Maßes / Akedia – Das Versagen gegenüber dem Auftrag der Selbstverwirklichung, in: *Ders.,* Handeln aus dem Glauben. Moraltheologie konkret, Freiburg 1977, 161 ff., 166 ff.
Stöffler, E.: Störungen des Zeiterlebens bei schizophrenen Frauen, in: Münchener Medizinische Wochenschrift, 115/1973, 2285 f.
Stommel, E.: Achtlasterlehre, in: Lexikon für Theologie und Kirche, Bd. 4, Freiburg 1957, 111.
Strasburger, H.: Der soziologische Aspekt der homerischen Epen, in: Gymnasium. Zeitschrift für Kultur der Antike und humanistische Bildung, Heidelberg 1953, 97 ff.
Strehmel, P./Degenhardt, B.: Arbeitslosigkeit und soziale Netzwerke, in: *Keupp, H./Röhrle, B.* (Hrsg.), Soziale Netzwerke, Frankfurt a.M. 1987, 139 ff.
Striker, G.: Epikur, in: *Höffe, O.* (Hrsg.), Klassiker der Philosophie, I., München 1981, 95 ff.
Stroh, W.: Labor improbus: Die Arbeit im antiken Rom, in: *Schubert, V.* (Hrsg.), Der Mensch und seine Arbeit. Eine Ringvorlesung der Universität München, St. Ottilien 1986, 111 ff.
Strugan, K.: Abgerissene Gedanken über Langeweile und die Mittel, sie zu verscheuchen, in: Über Land und Meer. Allgemeine Illustrierte Zeitung, 40/1878, 579 f., 591 ff.
Tardieu, É.: L'Ennui. Étude Psychologique, Paris 1903.
Tellenbach, H.: Melancholie. Problemgeschichte, Endogenität, Typologie, Pathogenese, Klinik, Berlin [3]1976.
Tews, H.P.: Soziologie des Alters, Heidelberg [3]1979.
Thiele, W.: Die Langeweile, das Nichts und die Neurose, in: Materia Medica Nordmark, 18/1966, 17 ff.
Thomas von Aquin: Der Überdruß, in: *Ders.,* Summa Theologica, II-II 35. Frage, Bd. 17B, Heidelberg/Graz/Wien/Köln 1966, 20 ff.
Toch, H.: Violent Men. An Inquiry into the Psychology of Violence, Chicago 1969.
Tokarski, W.: Aspekte des Arbeitserlebens als Faktoren des Freizeiterlebens, Frankfurt a.M. 1979.
Tokarski, W./Schmitz-Scherzer, R.: Freizeit, Stuttgart 1985.
Tschechow, A.: Die drei Schwestern. Drama in vier Akten (1901), dt. Zürich 1974.
Veblen, Th.: Theorie der feinen Leute. Eine ökonomische Untersuchung, dt. München 1971.
Vernan, J.-P.: Die Entstehung des griechischen Denkens, dt. Frankfurt a.M. 1982.
Vickers, B. (Hrsg.): Arbeit – Muße – Meditation. Betrachtungen zur Vita activa und Vita contemplativa, Zürich 1985.
Vischer, R.: Das einfache Leben. Wort- und motivgeschichtliche Untersuchungen zu einem Wertbegriff der antiken Literatur, Göttingen 1965.
Voegelin, E.: On Hegel – A Study in Sorcery, in: Studium Generale, 24/1971, 335 ff.
Vogt, J.: Zeiterfahrung und Zeitdisziplin. Sozialpsychologische und soziologische Aspekte individueller Zeitperspektiven, in: Fürstenberg, Fr./Mörth, J. (Hrsg.), a.a.O., 1986, 209 ff.
Vögtle, A. (I): Acedia, in: Reallexikon für Antike und Christentum, Bd. I, Stuttgart 1950, 62 ff.

Vögtle, A. (II): Achtlasterlehre, in: Reallexikon für Antike und Christentum, Bd. I, Stuttgart 1950, 74 ff.

Vögtle, A.: Lasterkataloge, in: Lexikon für Theologie und Kirche, Bd. 6, Freiburg 1961, 808 ff.

Vögtle, A.: Tugendkataloge, in: Lexikon für Theologie und Kirche, Bd. 10, Freiburg 1965, 399 ff.

Völker, L.: Langeweile. Untersuchungen zur Vorgeschichte eines literarischen Motivs, München 1975.

Völker, L.: Muse Melancholie – Therapeutikum Poesie. Studien zum Melancholie-Problem in der deutschen Lyrik von Hölty bis Benn, München 1978.

Völker, L.: Komm, heilige Melancholie. Eine Anthologie deutscher Melancholiegedichte. Mit Ausblick auf die europäische Melancholietradition in Literatur und Kunstgeschichte, Stuttgart 1983.

Vossler, K.: Leopardische Gemütszustände und das Tagebuch, in: *Ders.*, Leopardi, München 1923, 106 ff.

Voßler, K.: Die göttliche Komödie. Entwicklungsgeschichte und Erklärung, 1. Bd., I. und II. Teil, Heidelberg 1907.

Wacker, A.: Arbeitslosigkeit. Soziale und psychische Folgen, Frankfurt a.M. [3]1983.

Wahl, K. et al.: Familien sind anders! Wie sie sich sehen: Anstöße für eine neue Familienpolitik, Reinbek 1980.

Wagner-Winterhager, L.: Warum haben Jugendliche Lust zu grausamen Filmen, in: Neue Sammlung, 2/1984, 356 ff.

Waldhubel, Th.: Automationskrank durch Langeweile und Knöpfchendrücken? Kritik der Vigilanzforschung, in: Kritische Psychologie (II), Berlin/Karlsruhe 1977, 83 ff.

Wallace, M.: Future Time Perspective in Schizophrenia, in: The Journal of Abnormal and Social Psychology, 52/1956, 240 ff.

Wallraff, H.J.: Arbeit (I), in: Staatslexikon, 1. Bd., Freiburg 1957, 396 ff.

Walter, R. (Hrsg.): Von der Kraft der sieben Einsamkeiten, Freiburg 1983.

Walter, R.: Ein Schatten, den das Leben selber wirft, in: *Ders.* (Hrsg.), a.a.O., 1983, 5 ff.

Wangh, M.: Boredom in Psychoanalytic Perspective, in: Social Research, 42/1975, 538 ff.

Weber, E.: Das Freizeitproblem. Anthropologisch-Pädagogische Untersuchung, München/Basel 1963.

Weber, M.: Die protestantische Ethik, Tübingen [6]1981.

Weicker, G.: Der Seelenvogel in der alten Litteratur und Kunst. Eine mythologisch-archaeologische Untersuchung, Leipzig 1902.

Weigert, A.J.: Time in Everyday Life, in: *Ders.*, Sociology of Everyday Life, New York/London 1981, 196 ff.

Weiler, I.: Die Olympischen Spiele – Realität und Ideologie einst und jetzt. Überlegungen eines Historikers zum Aspekt ihrer Politisierung, in: *Andreas, M./Niedermann, E./Reth, S.* (Hrsg.), Sport in unserer Zeit. Arbeitstexte zum Verständnis der Olympischen Idee, Heft 3, 1986, 31 ff.

Weiler, J.: Abweichendes Verhalten von Außenseitern und sozialen Randgruppen. Ansätze zu einer Theoriebildung im Altertum, in: *Ders.* (Hrsg.), Soziale Randgruppen und Außenseiter im Altertum, Graz 1988, 177 ff.

Weinrich, H.: Das Ingenium Don Quijotes. Ein Beitrag zur literarischen Charakterkunde, Münster 1956.

Wellershof, D.: Langeweile und unbestimmtes Warten, in: *Ders.*, Die Arbeit des Lebens. Autobiographische Texte, Köln 1985, 263 ff.

Welles, A.B.: Die Hellenistische Welt, in: *Mann, G./Heuß, A.* (Hrsg.), Weltgeschichte, 3. Bd., Frankfurt a.M./Berlin 1979, 401 ff.

Welskopf, E.Chr.: Probleme der Muße im alten Hellas, Berlin (Ost) 1962.

Wendorff, R.: Der Mensch und seine Zeit. Ein Essay, Opladen 1988.

Wenzel, S.: Petrarch's Accidia, in: Studies in the Renaissance, VIII, New York 1960, 36 ff.

Wenzel, S.: The Sin of Sloth: Acedia in Medieval Thought and Literature, Chapel Hill (1960) 1967.

Werdt, J. von: Die lange Ehe: Krise und Chance, in: *Schultz, H.J.* (Hrsg.), Die neuen Alten. Erfahrungen aus dem Unruhestand, Stuttgart [3]1986, 171 ff.

Werner, J.: Die sieben Todsünden, in: FAZ-Magazin, 15.5.1987.

Wiedemann, E.: Subspezies Mensch, die sich im Kreise dreht. Über das süße Leben der Schönen, Reichen und Bösen, in: Der Spiegel, 2.5.1988, 184 ff.

Wiegand, A.: Die Schönheit und das Böse, München/Salzburg 1967.

Wiese, L. von: Ethik in der Schauweise der Wissenschaften vom Menschen und von der Gesellschaft, Bern/München ²1960.

Williams, R.M.: American Society. A Sociological Interpretation, New York ²1964.

Winter, M.: Lebensläufe aus der Retorte. Glück und Utopie, in: *Kreuzer, H.* et al. (Hrsg.), Glück, Zeitschrift für Literaturwissenschaft und Linguistik, 13/1983, 48 ff.

Winterstein, A.: Angst vor dem Neuen, Neugier und Langeweile, in: Die psychoanalytische Bewegung, 2/1930, 540 ff.

Wittkower, R. und M.: Genie, Wahnsinn und Melancholie, in: *Dies.,* Künstler. Außenseiter der Gesellschaft, dt. Stuttgart 1965, 95 ff.

Wrzol, L. (I): Die Psychologie des Johannes Cassianus, in: Divus Thomas, Jahrbuch für Philosophie und Spekulative Theologie, 2. Serie, V/1918, 181 ff., 425 ff.; VII/1920, 70 ff.; IX/1920, 269 ff.

Wrzol, L. (II): Die Hauptsündenlehre des Johannes Cassianus und ihre historischen Quellen, in: Divus Thomas, Jahrbuch für Philosophie und Spekulative Theologie, 3. Serie, 1/1923, 385 ff.; 2/1924, 84 ff.

Wulf, F.: Trägheit, in: Lexikon für Theologie und Kirche, Bd. 10, Freiburg 1965, 302 ff.

Wyatt, S.: Das Problem der Monotonie und Langeweile bei der Industriearbeit (1929), dt. in: Industrielle Psychotechnik, 4/1930, 114 ff.

Wyatt, S./Langdon, J.N.: Fatique and Boredom in Repetetive Work, London (1937) 1951.

(Die) Zeit, München/Wien 1983 (Schriften der Carl-Friedrich-von Siemansstiftung, Bd. 6).

Ziegler, Th.: Die Ethik der Griechen und Römer, Bonn 1881.

Zijderveld, A.C.: Cliché and Boredom. The Supersedure of Meaning by Function in the Experience of Time, in: *Ders.,* On Clichés. The Supersedure of Meaning by Function in Modernity, London 1979, 75 ff.

Zijderveld, A.C.: Modernität und Langeweile, in: *Schatz, O.* (Hrsg.), Was wird aus dem Menschen?, Graz 1975, 321 ff.

Zimmermann, J.G.: Über die Einsamkeit, 4 Teile, Leipzig 1884 und 1885.

Zimmermann, O.: Lehrbuch der Aszetik, Freiburg 1929.

Zöckler, O. (I): Evagrius Ponticus. Seine Stellung in der altchristlichen Literatur- und Dogmengeschichte, München 1893.

Zöckler, O. (II): Das Lehrstück von den sieben Hauptsünden, München 1893.

Zöckler, O.: Die Tugendlehre des Christentums, geschichtlich dargestellt in der Entwicklung ihrer Lehrformeln, mit besonderer Rücksicht auf ihre zahlensymbolische Einkleidung. Ein Beitrag zur christlichen Sittenlehre und Sitte, Gütersloh 1904.

Zukunftsfaktor Freizeit. Dokumentation zur Lage und Entwicklung der Freizeit vom B.A.T. Freizeit-Forschungsinstitut 1986.

Zwadadski, B./Lazarsfeld, P.E.: The Psychological Consequences of Unemployment, in: Journal of Social Psychology, Political, Racial and Differential Psychology, Princeton, 6/1935, 224 ff.

Personenregister

Sachregister

(Viele Stichworte im Umkreis von existentieller und banaler Langeweile werden seitenmä-
ßig nicht belegt, sondern zu Beginn unter 'Acedia-Syndrom' nur erwähnt. Besonders wichtige Begriffe wie z.B. Trägheit und Überdruß werden zwar gesondert ausgewiesen, seiten-
mäßig aber nicht vollständig belegt; ... bedeutet: und fortlaufend oder zwischendurch im
Text. Seitenhinweise erfolgen in der Regel nicht, wenn die mit einem Stichwort gemeinte
Sache zwar angesprochen, das Wort selbst aber nicht verwendet wird.)

Acedia-Syndrom

- Im Register ausgewiesen: Ennui, Depression, existentielle Langeweile, Grillenkrankheit, Hypochondrie, Hysterie, Malcontent, Mal de siècle, Melancholie, Misanthro-
  phie, Milzsucht, Schwermut, Spleen, Weltschmerz.
- Nur zum geringen Teil ausgewiesen sind die, so oder so bezeichneten und sich nicht
  selten überschneidenden, psychischen Ausdrucksformen und Verhaltensweisen wie:
  Aggression, Angst, Apathie, Betrübnis, Bosheit, Destruktivität, Eintönigkeit, Ekel,
  Erschöpfung, Faulheit, Freudlosigkeit, Frustration, Geschwätzigkeit, Gleichgültig-
  keit, Griesgrämigkeit, Groll, Haß, Hoffnungslosigkeit, innere Leere, Isolation, Klein-
  mut, Kummer, Lethargie, Lustlosigkeit, Mattigkeit, Mißmut, mürrisch, Mutlosigkeit,
  Nachlässigkeit, Niedergeschlagenheit, Resignation, Ruhelosigkeit, Schläfrigkeit,
  Sinnlosigkeit, Stumpfheit, Trägheit, Traurigkeit, Trübsinn, Überdruß, Unlust, Unrast,
  Unruhe, Verdrossenheit, Verzweiflung, Verzagtheit, Widerwille, Ziellosigkeit.

Abkürzungen/sonstige Zeichen/Zitation

CSEL: Scriptorum Ecclesiasticorum Latinitorum
PG: Patrologiae Graecae = Griechische Kirchenväter
PL: Patrologiae Latinitatae = Lateinische Kirchenväter
KPS: Klibanski/Panofski/Saxl = vgl. Lit.
PS: Panofski/Saxl = vgl. Lit.
zit.: zitiert in/von
a.a.O.: am angebenen Ort

(und): Umstellung eines Wortes im Originalzitat
[...]: Auslassung eines Satzteils oder Satzes im Originalzitat
[Wie entsetzlich langweilig]: Einfügung eines Wortes...

Es sind nicht in allen Fällen wörtlich übernommene Passagen mit Anführungsstrichen versehen worden. (1) Sie sind entbehrlich bei Sätzen oder Satzteilen in fremder Sprache. (2) Sie sind entbehrlich, wenn Zitate engzeilig gesetzt werden und der Autor mit Seitenzahl genannt wird. (3) Sie sind entbehrlich, wenn aus dem Zusammenhang eindeutig hervorgeht, daß es sich um ein Zitat handelt, beispielsweise: Ein Fachmann führt dazu aus: Was für ein langweiliges Buch (Bösmann: 497).

Der Autor

Dr. rer. pol., Diplom-Volkswirt, Alfred Bellebaum, geb. 1931, studierte Wirtschaftswissenschaften und Soziologie an der Universität zu Köln und promovierte bei René König mit einer Arbeit über Ferdinand Tönnies. Berufliche Tätigkeiten: Sozialabteilung der Vereinigten Seidenwebereien AG, Krefeld; Fachredakteur für Soziologie bei der 6. Auflage des Staatslexikons der Görresgesellschaft, Herder Verlag Freiburg; Wissenschaftlicher Assistent für Soziologie im Seminar für Gesellschaftslehre der Universität Frankfurt; Chefredakteur für Sozialwissenschaften im Lexikographischen Institut des Herder Verlags in Freiburg; o. Univ.-Professor für Soziologie an der Universität Koblenz-Landau/Abteilung Koblenz, und Honorarprofessor für Soziologie an der Philosophischen Fakultät der Universität Bonn; Gründung und Vorsitz des Instituts für Glücksforschung e.V.

Buchveröffentlichungen: Das soziologische System von Ferdinand Tönnies, (Hain) Meisenheim 1966. – Soziologische Grundbegriffe, (Kohlhammer) Stuttgart [1]1972 [10]1984. – Hrsg. (mit H. Braun): Reader Soziale Probleme, 2 Bde., (Herder & Herder) Frankfurt/New York 1974. – Soziologie der Modernen Gesellschaft, (Hoffmann und Campe) Hamburg [1]1977 [3]1980. – Handlungswert der Soziologie. Vermittlungs- und Verwertungsprobleme, (Hain) Meisenheim 1978. – Soziales Handeln und soziale Normen, (Schöningh) Paderborn 1983. – Abweichendes Verhalten. Kriminalität und andere soziale Probleme, (Schöningh) Paderborn 1984. – Hrsg. (mit H. Becher und M.Th. Greven): Helfen und Helfende Berufe als soziale Kontrolle, (Westdeutscher Verlag) Opladen 1985. – Hrsg. (mit K. Heinen): Christsein zwischen Entmutigung und Hoffnung. Zur Sendung des Laien in der Welt von heute, (Lahn) Limburg 1986. – Schweigen und Verschweigen. Erscheinungsvielfalt und Bedeutungsreichtum, (Westdeutscher Verlag) Opladen, Herbst 1990.

Aus dem Programm
Sozialwissenschaften

Karl Georg Zinn

Kanonen und Pest

Über die Ursprünge der Neuzeit im 14. und 15. Jahrhundert.

1989. 384 S. Kart. DM 48,–

ISBN 3-531-12107-3

Im Verlauf der ersten Pestwelle kommt es zur größten Judenvernichtung vor dem 20. Jahrhundert. Das gesellschaftliche Gewaltpotential wird durch die militärische Innovation der Feuerwaffe vervielfacht, und mit der Feuerwaffe verschafft sich Europa die technische Grundlage seiner über die neuzeitlichen Jahrhunderte entwickelten Vormachtstellung auf der Erde. Die Feuerwaffentechnik setzt eine Rüstungsspirale in Gang, die in wachsendem Maße wirtschaftliche Kräfte bindet und zu einer tiefgreifenden Veränderung des technischen Fortschritts zwischen Mittelalter und Neuzeit beiträgt: von der menschenfreundlichen Agrartechnik des Mittelalters zur Rüstungs- und Luxustechnik der Neuzeit, die zu jahrhundertelanger Massenarmut und Unterdrückung geführt hat.

Liu Bingwen und
Xiong Lei (Hrsg.)

100 unter 1 Milliarde: Gespräche mit Chinesen über Alltagsleben, Hoffnungen und Ängste

1989. 492 S. Geb. mit Schutzumschlag DM 48,–

ISBN 3-531-12136-7

Die 100 Interviews in diesem Buch stammen aus der Zeit vor dem Rückfall Chinas in die Diktatur. In ihrer unbefangenen Offenheit und freimütigen Kritik bezeugen sie die Aufbruchstimmung von Menschen, die fest daran glauben, daß in China eine Zeit grundlegender Veränderungen und Reformen angebrochen ist.

Am 4. Juni 1989 begann mit dem „Massaker auf dem Tiananmen-Platz" in Peking die gewaltsame Niederschlagung der Demokratiebewegung. Seitdem herrscht Friedhofsruhe in China. Die Interviews kämen heute wohl nicht mehr zustande, denn so zu reden ist gefährlich geworden. Aber darum sind diese Gespräche nicht weniger aktuell. Im Gegenteil: Sie dokumentieren, welche Gedanken, Wünsche und Ängste die Menschen in China nun wieder verschweigen müssen.

Christiane Doermer-Tramitz

... auf den ersten Blick

Über die ersten dreißig Sekunden einer Begegnung von Mann und Frau.

1990. 198 S. Kart. DM 28,–

ISBN 3-531-12121-9

Im Rahmen eines Forschungsprojekts über das „Flirt"verhalten wurde die Bedeutung der ersten dreißig Sekunden einer Begegnung von Mann und Frau erforscht. An der Forschungsstelle für Humanethologie in der Max-Planck-Gesellschaft analysierte die Autorin das Blick- und Sprachverhalten bei 100 Paarkombinationen von Versuchspersonen, die sich bis dahin noch nie gesehen hatten. Sie ging damit dem Phänomen der „Liebe auf den ersten Blick" zum ersten Mal wissenschaftlich nach.

WESTDEUTSCHER
VERLAG

Postfach 58 29 · D-6200 Wiesbaden